SOMMAIRE

6 INSPIRER

Les bonnes raisons d'y aller, les fêtes à ne pas manquer, petites astuces et conseils... Un avant-goût de la destination !

19 DÉCOUVRIR

Truffe, safran, gastronomie, nature... Découvrez un département où l'art de vivre s'inspire de la terre et de la beauté des chênes, forts et puissants.

49 VALLÉE DE LA DORDOGNE

Des sites d'exception s'échelonnent au gré de la rivière : Rocamadour, Autoire, Carennac, Loubressac... Une vallée que l'on surnomme espérance.

103 PAYS DE FIGEAC ET VALLÉE DU CÉLÉ

Le Célé, vallée moins connue du département recèle de trésors du patrimoine de Figeac

à Marcilhac sur Célé en passant par Cabrerets. Laissez-vous surprendre.

127 VALLÉE DU LOT ET DU VIGNOBLE DE CAHORS

Le pourpre du Malbec, le blanc de la pierre, le noir de la truffe. C'est une vallée contrastée, avec des couleurs marquées et un amour pour son terroir qui caractérise ce territoire.

207 PAYS BOURIAN

La Bouriane a déjà des airs du Périgord. Elle promet de belles forêts, des vallons, une nature explosive avec principalement des châtaigniers.

227 ORGANISER SON SÉJOUR

© MARTINM303 - ISTOCKPHOTO.COM

Lot
DORDOGNE
LOT-ET-GARONNE
TARN-ET-GARONNE
Vers Brive
Vers Brive
A20
Cressensac
Gignac
LE VIGNON-EN-QUERCY
D820
Cuzance
Vers S-arlat la-Canéda
D15
D703
Vers S arlat-la-Canéda
SOUILLAC
MEYRONNE
St-Sozy
NADAILLAC-LE-ROUGE
LACAVE
Vers Sarlat
Loupiac
Calès
MILHAC
Payrac
ROCAMADOUR
D704
D820
GOURDON
LÉOBART
LE VIGAN
GINOUILLAC
D673
D704
SÉNIERGUES
SALVIAC
D2
Dégagnac
St-Chamarand
MONTFAUCON
Concorès
Frayssinet
CAZALS
LAVERCANTIÈRE
COEUR-DE-CAUSSE
Vers Villefranche-du-Périgord
GINDOU
ST GERMAIN-DU-BEL-AIR
SOULOMES
LES ARQUES
D32
Frayssinet-le-Gélat
UZECH
NADILLAC
GOUJOUNAC
D660
LAUZÈS
MONTCABRIER
CATUS
ST-PIERRE-LAFEUILLE
ST-MARTIN-LE-REDON
DURAVEL
PUY-L'EVÊQUE
Crayssac
PRAYSSAC
Touzac
Lot
CASTELFRANC
MERCUÈS
VERS
ANGLARS-JUILLAC
LUZECH
Caillac
Laroque-des-Arcs
ST-GÉRY
Vers Villeneuve-sur-Lot
D8
Pradines
Lot
GREZELS
ALBAS
DOUELLE
ST CIRQ-LAPOPIE
MAUROUX
FLORESSAS
CAHORS
Causse de
PORTE-DU-QUERCY
D911
Sauzet
Vers Tournon d'Agenais
St-Matré
D656
AUJOLS
LABASTIDE-MARNHAC
St-Pantaléon
D653
LALBENQUE
MONTCUQ
BARGUELONNE-EN-QUERCY
D7
D19
LENDOU-EN-QUERCY
SAINTE-ALAUZIE
St Paul-de-Loubressac
St-Cyprien
SAINT-PAUL-FLAUGNAC
CASTELNAU-MONTRATIER
BELFORT-DU-QUERCY
Vers Moissac
D19
Vers Montauban
Vers Montauban, Toulouse

Le Lot
TERRITOIRE PLURIEL

Calcaire, karstique, rouge et collante ; le Lot est une terre rustique et attachante. Elle s'est faite par l'élevage des brebis caussenardes qui ont pâturé dans les prairies et les sous-bois des Causses. Elle s'est forgée par ses rivières, celle qui lui donne son nom et qui la parcourt d'est en ouest ; mais également la Dordogne qui la sillonne par son extrémité nord et le Célé. Trois rivières, trois vallées exceptionnelles et singulières qui ont dessiné une terre. Ce département est un territoire aux multiplicités fascinantes. Pour en saisir sa richesse, allez le parcourir en tout sens. Expérimentez tous ses traits, ses ratures et ses ombres. En arpentant la flamboyante cité de Rocamadour. En foulant les pavés médiévaux de Saint-Cirq-Lapopie. En touchant la lumière si particulière du Quercy Blanc. Terre de gastronomie, le Quercy réveille les papilles avec la truffe, le foie gras, l'agneau, le melon, le rocamadour, la noix, le vin cahors-malbec et le safran, l'or rouge du Lot. Autant de trésors que les chefs lotois s'efforcent de conserver dans le secret de leurs fourneaux.

Le Lot se découvre à chaque pas, il s'appréhende en tout lieu, et petit à petit, se dévoile à celui qui saura l'écouter, l'attendre, le chercher. A celui qui saura simplement le regarder avec le cœur. Pour le ressentir, un seul conseil, reprenez ce rythme lent de la marche, comme si vous posiez vos pieds dans les traces des anciens.

CORRÈZE
Autoroute
Nationale 4 voies
Nationale
Départementale
Ville
Vers Tulle
Laval-de-Cère
Vers Aurillac
Bétaille
Gagnac
Calviac
D940
BRETENOUX
RENNAC
LOUBRESSAC
D673
D653
SOUSCEYRAC
AUTOIRE
ST-CÉRÉ
PADIRAC
VIGNAC
Marinhac-Lentour
D807
D48
TERROU
LATRONQUIÈRE
CANTAL
AMAT
LEYME
LACAPELLE-MARIVAL
D802
D840
CARDAILLAC
ASSIER
Bagnac-sur-Célé
LIVERNON
FOURMAGNAC
ESPÉDAILLAC
FIGEAC
ESPAGNAC-STE.-EULALIE
CAPDENAC
BRENGUES
D19
Vers Rodez
CILHAC-SUR-CÉLÉ
Gréalou
D41
Célé
SAULIAC-SUR-CÉLÉ
RERETS
Lot
CAJARC
R-DE-FAURE
SAINT-MARTIN-LABOUVAL
CALVIGNAC
CÉNEVIÈRES
UGAGNAC
VersVillefranche-de-Rouergue
MOGNE-EN-QUERCY
BEAUREGARD
VARAIRE
Laramière
AVEYRON
Lot
30 KM
TARN-ET-GARONNE

QUAND
Y ALLER

JANVIER

2° / 8°

FETE DE LA TRUFFE
Rendez-vous à Lalbenque pour une belle omelette à la truffe, une visite du marché et des démonstrations.

$

FÉVRIER

2° / 11°

BOURSE AUX JOUETS ANCIENS
Nostalgiques et amoureux du vintage, rendez-vous pour un week-end ludique autour du jouet à Cahors lors de cette bourse unique.

$

MARS

4° / 15°

$

JUILLET

15° / 28°

LOT OF SAVEURS
Le Grand Cahors met la gastronomie à l'honneur autour d'un produit, d'un chef et d'un grand banquet. A ne pas rater !

L'ECAUSSYSTÈME
Citoyen et solidaire, c'est LE rendez-vous des musiques actuelles. Rendez-vous à Gignac !

$ $ $

AOÛT

15° / 28°

FESTIVAL DE ROCAMADOUR
Des concerts magiques dans la basilique de Rocamadour et aussi des concerts délocalisés à Autoire, Loubressac, Carrennac et les Jardins Sothys.

RENCONTRES CINÉMA DE GINDOU
Projections de films en plein air ; longs et courts métrages sont à la fête pendant quelques jours à Gindou.

$ $ $

SEPTEMBRE

12° / 24°

LES MONTGOLFIADES DE ROCAMADOUR
Un des plus beaux spectacles de l'année dans le Lot ! Des milliers de montgolfières constellent le ciel lotois.

FESTIVAL BD DE CAJARC
Après Angoulême, Cajarc est la 2e capitale de la BD en France. Rencontre avec les auteurs sur un week-end.

$ $

Le Lot est un département qui se vit au long des saisons. La lumière change et dévoile chaque mois des paysages différents. Sur un territoire pluriel, nous vous conseillons l'hiver pour la truffe noire, l'ambiance des marchés qui ont fait la réputation du Lot et la gastronomie locale ! Aux beaux jours, vous pourrez sillonner les campagnes lotoises. L'été les températures peuvent monter assez haut, l'occasion de vous jeter dans les rivières Lot, Dordogne et Célé !

AVRIL

6° / 17°

TRANSHUMANCE ROCAMADOUR-LUZECH

© SOPHIE AYMARD

Chaque année, des centaines de brebis de race caussenarde transitent depuis Rocamadour jusqu'à Luzech dans la vallée du Lot.

MAI

10° / 21°

FÊTE DES FROMAGES FERMIERS DE ROCAMADOUR

Rocamadour fête ses célèbres fromages de pays fabriqués dans la région depuis le XVe siècle !

JUIN

13° / 25°

FESTIVAL CAHORS JUIN JARDINS

Festival autour de la nature, des jardins et des paysages. Venez admirer les œuvres d'artistes spécialisés dans le végétal !

LET'S DOCKS

Porté par les Docks du Grand Cahors, ce festival de musiques actuelles programme des artistes émergents et des noms bien confirmés.

OCTOBRE

9° / 19°

LE BRAME DU CERF

© MARC CHESNEAU - ISTOCKPHOTO.COM

A l'automne au fond des bois, les mâles montrent leur puissance vocale pour impressionner les autres mâles et séduire les femelles.

NOVEMBRE

5° / 13°

DÉCEMBRE

3° / 10°

LE MARCHÉ AUX TRUFFES DE LALBENQUE

© PHILIPPE 1 BO - SHUTTERSTOCK.COM

Chaque année de décembre à mars, un marché hebdomadaire le mardi matin est entièrement dédié à la truffe noire du Quercy.

LES BONNES RAISONS D'Y ALLER

© D. BUTAEYE / SES DE PADIRAC

UN MONDE SOUTERRAIN D'EXCEPTION

Des spéléologues du monde entier se donnent rendez-vous dans les souterrains du Lot comme ici à Padirac.

POUR DÉGUSTER LE VIN DE CAHORS

Le Cahors est un vignoble reconnu protégé par une AOC qui prend ses racines au Moyen Âge.

© BERDOULAT JEROME - STOCK.ADOBE.COM

© NICOLAS PAULIN - STOCK.ADOBE.COM

PARC NATUREL DES CAUSSES DU QUERCY

Depuis 1999, le Parc protège les Causses du Quercy, un paradis pour la faune et la flore.

© HAYRI ER - ISTOCKPHOTO.COM

REDÉCOUVRIR LA BEAUTÉ DU CIEL

Le triangle noir du Quercy offre un ciel nocturne épargné par la pollution lumineuse.

© GOODLUZ - STOCK.ADOBE.COM

SA BELLE VALLÉE DU LOT

Le Lot prend sa source dans les monts de Lozère, la 2e rivière la plus longue de France !

© FOOD-MICRO - STOCK.ADOBE.COM

GOÛTER AU FROMAGE ROCAMADOUR

Un fromage de chèvre au lait cru entier, protégé grâce à une AOC depuis 1995.

© SLOWMOTIONGLI - SHUTTERSTOCK.COM

HUMER LA TERRE ET LE SOLEIL

On cultive des chênes truffiers pour récolter la truffe noire et des safranières.

LES BONNES RAISONS D'Y ALLER

DES CITÉS À COUPER LE SOUFFLE

La cité de Rocamadour, accrochée à son rocher, est le 2e site le plus visité de France.

© JULIEN - ISTOCKPHOTO.COM

© MIDGARDSON - STOCK.ADOBE.COM

LA DORDOGNE, L'ESPÉRANCE

Rebaptisée rivière espérance dans la fiction, la Dordogne regorge de merveilles.

© JEAN-PAUL BOUNINE - STOCK.ADOBE.COM

GOÛTER AU QUERCY BLANC

Comme un air de Toscane plane sur les plaines du Quercy Blanc où la pierre est blanche.

LES 12 MOTS-CLÉS

#ASTRONOMIE

Le triangle noir du Quercy est reconnu depuis une publication de 2002 par le mensuel d'astronomie Ciel & Espace. Une carte fait apparaître une zone triangulaire entre Labastide-Murat, Livernon et Sauliac-sur-Célé ; zone reconnue pour la qualité de profondeur et de limpidité de ses nuits. Un lieu privilégié pour observer les astres nocturnes.

#CAHORS

Comment mettre une ville dans une bouteille ? Demandez à Cahors qui a donné à son vin son nom et son appellation. Issu du cépage Malbec (que l'on nomme également Côt et Auxerrois, mais il ne faut pas le dire !), le vin de Cahors était autrefois appelé «le vin des Anglais». Aujourd'hui, il est connu dans le monde entier pour ses qualités.

#CANARD

Le Sud-Ouest, c'est bien connu, est le paradis du canard ! On le mange en magret, en saucisse, en confit, en pâté... Nombre de recettes contribuent à magnifier ce produit et la gastronomie locale confère également ses lettres de noblesse aux os de canard que l'on déguste avec les mains après avoir fait fondre le canard dans un chaudron en cuivre.

© ©JLPFEIFER - STOCK.ADOBE.COM

#CAUSSENARDE

La Caussenarde du Lot est une race de brebis endémique rustique. Sa caractéristique principale sont ses oreilles et ses lunettes noires. On lui doit le célèbre agneau du Quercy. Elle est élevée depuis très longtemps sur les plateaux calcaires du Lot. Aujourd'hui on compte environ 110 000 femelles essentiellement élevées dans le département du Lot.

#DIABLE

Comme souvent les histoires de construction de pont sont liées à l'intervention du Diable. L'histoire du pont Valentré à Cahors n'en fait pas exception et propose plusieurs versions. Vous pourrez vous en faire votre propre opinion en visitant ce magnifique ouvrage du XIVe siècle. Ne manquez pas la petite sculpture du diable sur la 2e tour !

© DENIS VANDEWALLE

#EGYPTOLOGIE

Le Lot a donné de grands hommes comme le Figeacois Jean-François Champollion, premier à déchiffrer les hiéroglyphes et considéré comme le père de l'égyptologie. En 1822, il déchiffre la pierre de Rosette, un fragment de stèle gravée de l'Égypte antique. Son œuvre a laissé un musée sur l'écriture, à découvrir dans sa ville natale à Figeac.

#GABARE

Les rivières du département ont permis son essor économique grâce au transport de marchandises sur les gabares fluviales, ces navires à fond plat ont navigué sur le Lot et la Dordogne pendant des siècles. De nos jours, les gabares ont de nouveau le vent en poupe ! Elles ont été remises au goût du jour pour le tourisme afin de proposer promenades.

© DEBORDE - SHUTTERSTOCK.COM

LES 12 MOTS-CLÉS

#GARIOTTE

Vous en apercevrez un peu partout dans les campagnes du Lot. Ce sont de petites cabanes circulaires bâties en pierre sèche. Elles servaient autrefois d'abri aux bergers qui gardaient les troupeaux de brebis caussenardes. Aujourd'hui, elles font partie de ce petit patrimoine que l'on affectionne et qui donne tout son charme à nos campagnes.

© ©THIERRY - STOCK.ADOBE.COM

#NOIX

Le Lot, un département à la noix ? Vous y trouverez en tout cas la noix du Périgord notamment à Martel, AOC depuis 2002 et AOP depuis 2004. La noix dans le Lot ne date pas d'hier puisqu'on a trouvé des traces de coques de noix remontant à 17 000 ans ! Aujourd'hui, elles sont notamment destinées à la consommation en cuisine et en pâtisserie.

#PÈLERIN

Le GR 65 reliant le Puy-en-Velay à Saint-Jacques de Compostelle (la via Podensia) passe par le Lot et permet aux pèlerins de choisir deux itinéraires, l'un reliant Rocamadour, l'autre les Causses. La ville de Cahors est également traversée par le chemin qui conduit les pèlerins vers la Cathédrale Saint-Etienne, point d'orgue de la ville.

#PRÉHISTOIRE

On retrouve la trace de l'homme depuis la Préhistoire comme dans la grotte du Pech Merle à Cabrerets. La grotte compte pas moins de 700 motifs peints ou gravés comme la célèbre main « au pochoir » ou encore les « chevaux ponctués ». Les grottes de Cougnac dans le gourdonnais présentent également des peintures préhistoriques (mammouths, cerfs, etc.)

#TUBER MELANOSPORUM

Le nom latin de la truffe noire du Quercy est une marque reconnue par les fins gastronomes, à ne pas confondre avec d'autres truffes qui lui ressemblent mais ne l'égalent pas. L'hiver, elle est recherchée comme un trésor dans le sol calcaire du Lot. Son prix peut atteindre 1000 € le kilo. Elle se vend sur des marchés spécifiques et bien codifiés.

VOUS ÊTES D'ICI, SI...

- **Votre accent** n'est ni marseillais ni vraiment toulousain mais il respire le soleil !
- **Dans votre vocabulaire,** vous avez définitivement remplacé le mot virage par « tournée » et sac en plastique par « poche ». De la même façon vous n'avez pas de coffre à votre voiture comme tout le monde mais une « malle » !
- **Vous intégrez des mots occitans au français** comme « pétasser » pour dire réparer, « rouméguer » pour rouspéter ou encore « poulide » pour jolie.
- **Pour vous, Brive fait partie des villes « du Nord »** au-dessus c'est un autre pays. Au-dessus de la Loire, un autre continent !
- **Vous avez été élevé aux os de canard,** biberonné au vin de Cahors.
- **Vos sorties scolaires,** invariablement, vous ont conduit à la grotte de Pech Merle de Cabrerets, au Musée de Cuzals à Sauliac-sur-Célé ou encore au Musée de l'Automate à Souillac.
- **Dans votre regard, il y a toujours un morceaux du Lot,** posé sur les chemins qui serpentent parmi les chênes et les châtaigniers.

MON LOT
avec Anna CREPIN

Interview

Originaire du Nord, Anna est arrivée dans le Lot pour des raisons professionnelles et est tombée amoureuse de ce département. Elle a d'abord commencé à travailler pour le développement de l'œnotourisme avant de devenir attachée de presse pour le compte de Lot Tourisme il y a maintenant 4 ans. Grâce à son métier, elle peut maintenant arpenter chaque recoin du Lot à la découverte de nouvelles pépites.

TOP 5

JEUNES TALENTS

Partout dans le Lot, la nouvelle génération fait le pari de maintenir une vie économique et sociale dans le monde rural. Ainsi naissent des initiatives et des lieux dynamiques qui font de ce territoire un terrain d'avenir. Voici une sélection de ces jeunes talents qui œuvrent pour demain.

LA FOURMI ROUGE

A Cahors, cette librairie-café propose des livres pour petits et grands, et pour les gourmands : thé, café, pâtisseries...

© SOPHIE AYMARD

149

© FERME DE VANADAL

199

FERME DE VANADAL

Dans sa ferme, Benjamin cultive des plantes en agriculture bio. Vous pouvez visiter le lieu, y découvrir des produits et aussi y loger.

88

© LE MAMA CAFÉ

LE MAMA CAFÉ

Tenue par deux passionnés, cette microbrûlerie coffee-shop à Saint-Céré vous fera voyager grâce à des cafés du monde entier.

CLOS D'AUDHUY

Depuis 2014, Benoît exploite 15 ha du domaine familial à Lacapelle-Cabanac et y propose sa cuvée phare des Polissons. Un vin facile à boire !

© CLOS D'AUDHUY

148

© SOPHIE AYMARD

177

PETIT BISCUIT ET GOURMANDISE

Cette adresse à Puy-l'Evêque propose des plats maison élaborés selon les saisons, et des farandoles de desserts et petits biscuits !

TOP 5

VISITES AVEC LES ENFANTS

Envie de faire découvrir le Lot à vos enfants ? De nombreux lieux s'adressent au jeune public dans le département. Nous avons sélectionné pour vous nos cinq coups de cœur, incontournables parmi les incontournables pour programmer vos vacances !

© MAISON DU PIAGE

MAISON DU PIAGE

A Fajoles, partez à la découverte de la vie préhistorique des derniers hommes de Néandertal et des premiers hommes modernes.

© DÉPARTEMENT DU LOT

ECOMUSEE DE CUZALS

Avec ce musée en plein air de Sauliac-sur-Célé, partez à la découverte de la vie rurale lotoise grâce à ses collections et les ateliers proposés.

© PARC ANIMALIER GRAMAT

PARC ANIMALIER DE GRAMAT

Situé au cœur du PNR des Causses du Quercy, le parc abrite un millier d'animaux de 150 espèces différentes !

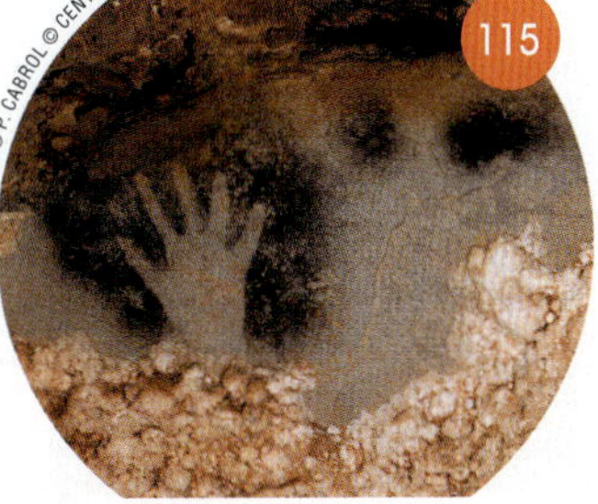

© P. CABROL © CENTRE DE PRÉHISTOIRE DU PECH MERLE

GROTTE DU PECH MERLE

A Cabrerets, plongez au cœur de l'histoire de l'humanité avec cette grotte qui renferme des peintures datant de plus de 20 000 ans !

PHOSPHATIERES DU CLOUP D'AURAL

Anciennes mines de la fin du XIXe siècle, les phosphatières de Bach offrent un magnifique regard sur la vie minière de cette époque.

© AURÉLIE MÉAU / PHOSPHATIÈRES DU QUERCY

TOP 5

HEBERGEMENTS INSOLITES

De la vie de château à l'aventure d'un séjour en lodge comme dans les contrées sahariennes, le Lot regorge d'hébergements atypiques et vous offre des variations ! Envie d'un chalet comme au Canada ? D'une nuit dans une bulle avec une vue sur le ciel étoilé ? Suivez-nous !

CHÂTEAU DE LA TREYNE

Perché sur un rocher surplombant la rivière Dordogne, le château de la Treyne à Lacave offre un spectacle remarquable.

© FRANCISCO JAVIER GIL - SHUTTERSTOCK.COM

© SERGE CHARONNAT

AUX LODGES DU MAS DE NADAL

A Sauliac-sur-Célé, au cœur de 30 hectares de verdure et de nature sauvage, venez loger dans une des 24 lodges meublées et confortables.

170

© EGI – STOCK.ADOBE.COM

LES HAUTS D'ALBAS

Séjournez au milieu des bois, dans une yourte tout équipée dont le dôme translucide vous permettra d'admirer les étoiles.

NOCT'EN BULLES

Installés dans votre bulle de 4 m de diamètre, profitez du coucher de soleil et du ciel étoilé. Un expérience atypique à vivre à Cabrerets !

© SALAH BOUANANI

© NATHALIE MAYONNADE

LE PERCHOIR DU QUERCY

A Porte-du-Quercy, avec une vue spectaculaire sur les collines « toscanes » du Quercy Blanc, ce magnifique chalet vous offre évasion et quiétude.

IDÉES DE SÉJOUR

Il existe bien des façons de rencontrer ce département, bien des manières de l'appréhender et de faire l'expérience de son authenticité. Pour prendre goût au Quercy, un week-end ne suffira certainement pas, mais vous donnera l'eau à la bouche ! Les idées de séjour ne manquent pas dans un département si complexe. Nous avons sélectionné pour vous quelques thématiques de voyage, des axes de traverse qui ouvrent bien d'autres champs des possibles. Que ce soit pour son vin, pour son art de vivre d'autrefois ou son monde souterrain, le Lot ne cesse de prouver sa multiplicité. Nous vous proposons un séjour de trois jours à la découverte des vignobles du Lot par une traverse nord-sud. Vous avez envie d'un petit week-end en famille ? ou de plonger dans le Quercy d'autrefois grâce à deux sites de visites à la découverte de la vie du XIXe siècle ? Ou bien encore de prendre la température du monde souterrain ? Suivez-nous !

ROUTE DES VINS DU LOT

Le temps d'un week-end de trois jours, partez à la découverte des atouts viticoles du Lot qui possède une AOC (Cahors), deux AOP (Coteaux de Glanes et Coteaux du Quercy) et une IGP (Côtes du Lot).

› Jour 1 : les Coteaux de Glanes

A la fin des années 1960, les Vignerons du Haut-Quercy, un groupe de passionnés, replantent un vignoble avec des cépages merlot, gamay, ségalin, adaptés au climat et à la terre d'ici. Ils produisent depuis les vins AOP Coteaux de Glanes. Les vignerons travaillent dans un esprit de coopérative mais attention, ils reçoivent les visiteurs dans chaque propriété et la vente se fait en direct chez eux. Un chemin de découverte, qui part du centre du village pour atteindre les hauteurs, vous donne des indications sur le vignoble, les cépages, l'histoire et le paysage.

› Jour 2 : Malbec, le vin de Cahors

Direction l'aire de production du vin de Cahors, porteur d'une AOC depuis les années 1970. Nous vous proposons de commencer par faire une dégustation à la Villa Malbec à Cahors, vitrine de l'AOC, afin de comprendre la complexité des vins de l'appellation. Ensuite, vous pouvez opter pour une visite auprès d'un des grands noms du cahors : Lagrezette, Vigouroux, Chambert ou Eugénie. Nous vous conseillons d'opter pour l'un de ces quatre grands puis de compléter votre visite par un plus petit domaine. En effet, le cahors est l'affaire autant des grands domaines que de productions plus confidentielles. Il se joue aussi derrière de petits domaines l'avenir du cahors avec la jeune génération, peut-être plus joueuse et moins conventionnelle. Nous vous proposons deux domaines : le Clos d'Audhuy avec Benoît Aymard et Lacombe-La-Serre avec Julien Ilbert.

Château Lagrezette.

› Jour 3 : les Coteaux du Quercy

Le vignoble du Quercy se déploie entre Cahors et Montauban, Lauzerte et Bruniquel, à cheval entre le Lot et son voisin le Tarn-et-Garonne. C'est un petit vignoble détendeur d'une AOP depuis 2011, partagée par 33 producteurs qui travaillent pour une cave coopérative. Le cabernet franc, cépage principal des Coteaux du Quercy, est présent à 60 % dans l'assemblage final, associé aux cépages complémentaires : le côt, le merlot et le gamay. Les viticulteurs de l'AOC Coteaux du Quercy sont mobilisés pour donner des gages sur les potentialités de leur vignoble. La première des haltes est à programmer à la frontière du Lot sur la commune de Montpezat-du-Quercy (82) à la cave des Vignerons du Quercy.

LE LOT PAYSAN D'AUTREFOIS

Partons d'un simple constat, celui d'une ruralité en mouvement. Le Lot illustre tout à fait l'évolution du monde paysan qui a transformé le quotidien de ces Lotois de la terre. En deux jours, nous vous proposons une immersion dans une campagne rurale fin XIXe - début XXe.

› Jour 1 : musée du Patrimoine Agricole et Automobile de Salviac

Pour se faire une idée de la vie de ce monde rural, première excursion chez Benoît Jouclar, véritable passionné d'authenticité. Pour rentrer dans son univers, direction Salviac, dans la Bourianne, dans son Musée du Patrimoine Agricole et Automobile. Tout est dans le nom ! Sur 6 000 m², vous pourrez admirer une collection composée de plus de 250 tracteurs, 150 autos et utilitaires, 200 deux-roues et un millier de pièces et objets à découvrir dans leur environnement d'époque. C'est l'une des plus importantes collections du genre du Sud-Ouest, créé par Benoît qui accumule ces petits (et gros) trésors depuis l'âge de 14 ans ! Après la visite, rien de plus naturel que de s'arrêter dîner au restaurant Chez Mourgues à Peyrilles. On poursuit ici notre excursion dans les saveurs d'antan avec la célèbre « mique », une revisite locale de la soupe au pain. Ce restaurant est connu pour y servir la meilleure de la région.

› Jour 2 : l'Ecomusée de Cuzals

À présent, direction la vallée du Célé sur la commune de Sauliac-sur-Célé pour visiter un site exceptionnel. Labellisé Musée de France, l'écomusée de Cuzals s'ouvre sur la mémoire paysanne sur 20 hectares du causse. Cuzals, c'est l'expérience de la reconstruction d'un village entier dans la campagne quercynoise du XIXe siècle et du début du XXe siècle. Ouvert de début mai à fin septembre, le site ouvre une parenthèse un peu hors du temps qui permet de découvrir les métiers d'antan comme le forgeron, le vannier, le sabotier, etc. On appréhende le quotidien dans les maisons de chaumes et une pléiade d'animations permet de concrétiser par la manipulation lors d'ateliers divers. L'idée de Cuzals est l'immersion totale dans l'univers paysan d'autrefois.

GROTTES ET GOUFFRE

Le Lot est un véritable gruyère qui attire les amoureux du monde d'en-dessous ! Improvisez-vous spéléologue en descendant dans les entrailles de la Terre !

› Jour 1 : l'émotion de Pech Merle

Faites un bond dans le temps ! Direction Cabrerets sur le site du Centre de Préhistoire et Grotte du Pech Merle. Après la visite de la grotte ornée, le centre de Préhistoire complétera ce voyage dans le temps. La grotte est un site préservé depuis des millénaires. Elle présente d'authentiques chefs-d'œuvre de l'art préhistorique. Sur les parois de la grotte, on peut admirer des chevaux, mammouths, bisons, aurochs, ours, etc. Au total, ce sont plus de 70 animaux qui sont représentés.

› Jour 2 : le petit train des grottes de Lacave

Partez pour un voyage en train bien singulier ! Celui de Lacave vous plonge dans les entrailles de la Terre pour une visite inoubliable d'une heure et demie. Spectacle visuel et sonore vers la salle des merveilles, point d'orgue de la visite. Plongés dans une quasi-obscurité où les ultraviolets rendent phosphorescentes les concrétions en formation, vous assistez ici à la beauté saisissante d'une nature souterraine insoupçonnée depuis la surface.

› Jour 3 : le vertige de Padirac

Vous ne pouvez prévoir un séjour « spéléo » dans le Lot sans programmer une visite au Gouffre de Padirac. Le site attire chaque année de plus en plus de visiteurs. Il faut dire que ce gouffre est impressionnant ! L'orifice fait 35 mètres de diamètre et le gouffre plonge à 75 mètres de la surface du causse. Ici, à 103 mètres de profondeur coule une rivière et l'on découvre avec fascination un réseau de galeries de plus de 40 km ! Le petit plaisir en plus à Padirac ce sont les embarcations qui vous attendent pour une petite croisière sur la rivière souterraine.

DÉCOUVRIR

On vous aura prévenu, partir à la découverte du Lot, c'est accepter de s'ouvrir aux sens. Gastronomie, culture, nature... Apprêtez-vous à découvrir un territoire où l'art de vivre s'inspire de la terre, de la beauté des chênes, forts et puissants. Ici, l'Homme a été précédé par des créatures qui régnaient en maître il y a des millions d'années. Elles y ont laissé des traces dans lesquelles l'Homme a posé les siennes dès les balbutiements de l'humanité. Si le Lot s'est bâti à travers les siècles, il s'est aussi forgé à travers les femmes et les hommes qui ont laissé leurs noms dans l'histoire locale, nationale et pour certains au niveau mondial. Comment visiter ce département multiple ? Que rapporter de votre voyage ? Quelles sont les activités sportives que vous pourrez y pratiquer ? Quelles sont les spécialités du Lot ? Quelle place occupe aujourd'hui l'œnotourisme dans le paysage local ? Quelques éléments de réponse dans ce chapitre.

L'OENOTOURISME, L'ENJEU TOURISTIQUE DES VINS DE CAHORS

Le vin de Cahors est l'un des plus anciens d'Europe. Ce sont les Romains qui plantèrent de la vigne dans le Quercy en 50 av. J.-C. Retour sur une saga millénaire autour d'un breuvage qui a offert à Cahors une renommée mondiale. Il a été le vin des empereurs Romains, des rois de France et d'Angleterre. Puissant, tannique, élevé en barrique, le Cahors a longtemps été un vin de bonhomme. Puis il s'est adoucit. Il a été travaillé depuis des décennies pour se faire de nos jours une place dans les meilleures caves du monde. Les voies romaines ont été un précepte aux routes des vins d'aujourd'hui qui font de la culture de la vigne un véritable axe de tourisme. A Cahors, les professionnels du secteur ont très tôt compris l'enjeu d'une communication axiale sur le cépage emblématique de leur terroir : le malbec. Cependant, le Lot ne se réduit pas au Cahors ; il possède 2 IGP et 2 AOC qui sont autant d'atouts pour développer l'œnotourisme.

Cahors vs Bordeaux

En France, on l'appelle le vin noir, en Angleterre le Black Wine. Il devient le nectar des rois et des reines, et même des papes à partir du Cadurcien Jean XXII. Le poète Marot le qualifie de « liqueur de feu ». A l'époque, on l'érige même au-dessus du Bordeaux. François Ier confie le développement des vignes royales aux exploitants du Quercy. Vin de l'élite, il est importé par Pierre le Grand en Russie qui en fait un vin de cour et de messe pour l'Eglise orthodoxe. Exporté partout, il entre en concurrence avec ses grands rivaux bordelais. Les ports d'Aquitaine sont contraints de les transporter et une lutte s'engage entre les deux régions. Des gabarres de vins sont mêmes coulées par les Bordelais. Louis XVI met provisoirement fin à la crise en partageant le marché entre les deux terroirs.

▶ **Le XXe siècle** le couronne de label et de sigle, ce qui donne aux vignerons un cahier des charges, des grands axes de développement. En travaillant pour une certaine cohérence, les professionnels de la viticulture ont été visionnaires et les ouvriers d'une grande histoire viticole. Le 5 avril 1951, le vignoble peu à peu ressuscité obtient un classement en VDQS « Vin Délimité de Qualité Supérieure ». C'était le premier pas.

▶ **En 1964**, c'est la naissance de la confrérie du vin de Cahors. Insigne privilège de cette confrérie, Sa Majesté la reine du Danemark a bien voulu accepter d'en être la protectrice. La rénovation du vignoble porte ses fruits : le 15 avril 1971, le vin de Cahors obtient l'Appellation d'Origine Contrôlée (AOC), grâce notamment au président Georges Pompidou, lotois d'adoption depuis qu'il a fait l'acquisition d'une résidence sur Cajarc. Depuis son classement en AOC, le vignoble retrouve ses lettres de noblesse et entame une progression spectaculaire. On assiste dans les années soixante-dix à un développement important du vignoble avec la création de nombreux domaines. Le syndicat prône alors la généralisation de la mise en bouteilles à la propriété.

▶ **En 1977**, l'Union Interprofessionnelle du Vin de Cahors est créée. Elle regroupe les représentants des syndicats des négociants-éleveurs et du syndicat de défense de l'appellation Cahors.

▶ **En 1982**, création de la maison du vin à Cahors, qui comprend une salle de dégustation et un laboratoire œnologique. C'est aujourd'hui une vitrine particulièrement importante pour le Vin de Cahors. La maison a été rebaptisée Cahors Malbec Lounge, on la trouve côté à côté avec l'Office de Tourisme de Cahors Vallée du Lot place François Mitterrand à Cahors.

▶ **En 2007-2008**, le vignoble de Cahors a mis en œuvre une stratégie de positionnement dénommée Cahors Malbec pour communiquer à la fois sur l'appellation et son cépage historique. Le choix de ma mise en avant du cépage sous un nom unique rend interdit l'utilisation de ses autres noms : le Côt et l'Auxerrois. Il faut aussi savoir que deux autres cépages complémentaires sont utilisés de façon extrêmement contrôlée par le cahier des charge de l'appellation : le merlot et le tannat.

La typicité d'une belle appellation

Le terroir du Cahors est typé et distant d'une centaine de kilomètres de ses plus proches voisins. Située au sud-ouest du département, l'aire d'appellation court de part et d'autre du cours du Lot et intéresse quelque 45 communes réparties sur six cantons : Cahors, Luzech, Puy-

© BERDOULAT JEROME - STOCK.ADOBE.COM

Vignobles de Cahors.

l'Evêque, dans la vallée, sur le plateau et Lalbenque et Montcuq sur le plateau sud et Catus au nord. Les terrasses et les coteaux de la vallée se situent entre 100 et 150 mètres d'altitude. Le Cahors bénéficie d'un microclimat favorable, d'un cépage spécifique, le côt, et dispose aussi d'acquis humains incontestables dans les domaines agronomiques, œnologique et commercial. La géologie du vignoble de Cahors résulte du mariage entre un socle calcaire et des masses alluviales, le plus souvent très anciennes.

Pour résumer, on peut dire que les premières terrasses argilo-limoneuses, limono-sableuses et graveleuses, sont aptes à produire des vins légers et friands, à boire plutôt jeunes. Les deuxièmes terrasses et les coteaux du piémont, argilo-siliceux, argilo-calcaires, mêlés d'éboulis du causse, donnent des vins pleins, corpulents et de bonne garde. Enfin, les coteaux du rebord du causse et le plateau lui-même, calcaires et argilo-calcaires, sont susceptibles de produire des vins moins gras mais plus structurés, un peu durs dans leur jeunesse mais de grande garde.

Qu'est-ce qui fait la typicité d'un vin ? C'est l'adaptation réciproque du terroir au cépage et du cépage au terroir. Or, le malbec a trouvé dans le terroir de Cahors les conditions géologiques et climatiques qui lui permettent d'atteindre son expression optimale et donc de marquer fortement le vin qu'il génère de sa personnalité. Il n'existe pas de vin de Cahors à moins de 70 % de malbec. La feuille du malbec est ronde avec des cloques ; sa grappe est aérée avec des grains ronds bien séparés. La peau est très colorée et riche en tanins. Sa maturité arrive généralement début octobre. Après fermentation, il donne un jus très foncé, aux tanins abondants et aux arômes soutenus de baies sauvages comme la mûre, la prunelle, d'herbes aromatiques, d'épices et, après vieillissement, de truffe. Dans sa jeunesse, le vrai Cahors peut s'avérer austère, d'où parfois l'adjonction de deux cépages complémentaires : le merlot et le tannat. Le merlot apporte sa rondeur, affine le bouquet et assouplit le vin dans sa jeunesse. Le tannat, issu de la famille des cots, confirme par ses tanins l'aptitude au vieillissement du cahors et apporte également un bon niveau alcoolique. Le merlot est présent, généralement dans des proportions de 10 % à 15 % et le tannat de 5 % à 10 %. La densité de plantation ne doit pas être inférieure à 4 000 pieds à l'hectare.

La vinification traditionnelle crée des vins charpentés, corsés, tanniques, aromatiques la première année, car près du fruit, du raisin. En bons vins de garde, ils restent robustes et puissants. Vieux, le Cahors possède des arômes de sous-bois et d'épices. Sa rondeur, son ampleur en bouche se mêlent alors aux arômes de truffes et de gibiers.

Répartie sur 4 500 ha, la production du Cahors se situe en moyenne autour de 20 millions de bouteilles chaque année, 80% étant issus de vignerons en caves particulières et 20% d'une seule cave coopérative. Si les vins de Cahors sont toujours principalement commercialisés en France (70%), leurs ventes à l'étranger ont fortement progressé ces dernières années. En 2017, les 3 premiers marchés de l'appellation à l'export ont été, en volume, la Grande-Bretagne, le Canada et les États-Unis. D'ici 15 ans, le vignoble vise les 40% minimum à l'export.

L'OENOTOURISME, L'ENJEU TOURISTIQUE DES VINS DE CAHORS

© PHB.ME - STOCK.ADOBE.COM

Coteaux du Quercy.

Dans les vins il n'y a pas que le cahors !

Le Cahors a fait la renommée du Lot, cependant, d'autres vignobles méritent également le devant de la scène viticole lotoise : les Coteaux de Glanes au nord du département ainsi que les Coteaux du Quercy à l'ouest mais également les Côtes du Lot.

Les Côtes du Lot sont issus des meilleurs terroirs : les terrasses, les coteaux et les plateaux. Les vignerons ont élaboré ces vins à partir de divers cépages : le malbec, le cabernet franc, le cabernet sauvignon, le ségalin, le gamay et le merlot pour les rouges et les rosés, le chardonnay, le sauvignon, le viognier, le sémillon et le chenin pour les blancs. Créé en 1997, le Syndicat des Vins de Pays du Lot a obtenu en 2009 l'Indication géographique protégée (IGP), avant la création en 2013 d'une nouvelle identification et d'un nouveau logo, les vins IGP des Côtes du Lot. Ils réunissent aujourd'hui 150 producteurs qui exploitent une surface de 1 000 ha. La production est passée de 3 000 hectolitres en 1997 à 65 500 en 2016, soir le tiers de la production d'appellation Cahors.

A Glanes, les Vignerons du Haut-Quercy, regroupés en coopérative, ont obtenu une IGP bien méritée. Les écrits les plus anciens concernant Glanes remontent au IXe siècle, mais l'origine du vin de Glanes serait encore plus ancienne et daterait de l'époque gallo-romaine. Menacé par l'exode rural, le phylloxéra, la diversification des productions, le vin de Glanes est sauvé par quelques vignerons, aidés par la chambre d'agriculture. Ils ont replanté le vignoble, à la fin des années soixante, avec des cépages merlot, gamay, ségalin, mieux adaptés. Le vignoble des coteaux de Glanes s'étend aujourd'hui sur une 40e d'hectares répartis sur sept communes, sur un territoire homogène avec des sols argilo-calcaires caillouteux, sur un bassin versant de la vallée de la Dordogne. Bien exposé sud-sud-ouest, le sol a toujours été reconnu comme favorable à la vigne. L'IGP Coteaux de Glanes est une affaire qui se mène à plusieurs familles. Chacun cultive ses vignes, la récolte et la vinification se font de manière collective au sein de la coopérative. On comprend que la devise des trois mousquetaires ne soit pas usurpée lorsque la qualité de son vin est l'affaire de la responsabilité de chacun.

La surface de production de l'appellation Coteaux du Quercy s'étend sur près de 400 hectares sur les départements du Lot et du Tarn-et-Garonne (production moyenne : 8 000 hl/an). Bénéficiant d'un double climat, atlantique et méditerranéen, le terroir argilo-calcaire du Quercy, également composé de boulbènes chaudes, possède une exposition avantageuse et un bon réchauffement. Deux paysages se côtoient : les causses argilo-calcaires, aux terrasses et plateaux de pierres blanches, et les coteaux verdoyants et vallonnés. Le cabernet franc, cépage principal des coteaux-du-quercy, est présent à 60 % dans l'assemblage final, associé aux cépages complémentaires : le côt, le merlot et le gamay. Un tiers des producteurs passe leur vin en fût de chêne, afin d'élargir la gamme de leurs produits et ainsi contribuer à l'image qualitative. Ce sont des vins structurés, souvent portés par des arômes de cassis lorsqu'ils sont jeunes, sur le rouge, de cerise et de framboise pour le rosé. Sa bonne structure tannique et son gras offre plus de souplesse que pour d'autres vins du Sud-Ouest. Les viticulteurs de l'AOC Coteaux du Quercy sont mobilisés pour donner des gages sur les potentialités de leur vignoble.

VERSION NUMÉRIQUE OFFERTE

Obtenez votre guide numérique en scannant ce QR code

ou rendez-vous sur le site **www.ebookfute.com** avec le code avantage **JM8HDF**

OFFRE VALABLE JUSQU'À L'ARRÊT DE COMMERCIALISATION DU TITRE EN FRANCE MÉTROPOLITAINE ET DANS LE MONDE ET SOUS RÉSERVE QUE LE NOMBRE DE TÉLÉCHARGEMENTS SOIT INFÉRIEUR OU ÉGAL AU NOMBRE D'EXEMPLAIRES DE GUIDES PAPIER IMPRIMÉS. FORMATS DISPONIBLES POUR SMARTPHONES, TABLETTES, LISEUSES ET ORDINATEURS PC OU MAC.

GÉOGRAPHIE

Au cœur même du Lot, chacun se sent appartenir à un territoire contrasté où la terre défend ses spécificités. N'est pas lotois de la même façon un habitant du Quercy Blanc, des vallées, du Ségala ou de la Bouriane. Le Lot se définit d'abord par une géographie plurielle. Il vibre autour d'un centre : les Causses du Quercy, eux-mêmes fractionnés entre les causses de Martel, de Gramat et de Limogne. Ce sont des étendues très calcaires, érodées et sèches. A l'ouest du département, nous retrouvons la Bouriane, poumon sablonneux, vallonné et fortement boisé. La Vallée du Lot forme une frontière naturelle entre cette Bouriane au Nord et le Quercy Blanc au sud. Formé de grands plateaux de calcaire blanc, c'est une région où l'on retrouve beaucoup de vignobles. Une autre vallée, celle de la Dordogne marque l'extrême nord du Lot. Enfin, à l'est du département on retrouve le Ségala lotois, la frange occidentale du Massif central, et le Limargue.

Les Causses du Quercy

Le calcaire constitue la caractéristique commune aux Causses du Quercy. Un calcaire qui façonne un paysage de plateaux chauds et secs doucement parsemés de combes et dolines. Des vallées nommées Ouysse, Alzou et Célé percent le sol en surface comme des veines saillantes. En dessous, les Causses du Quercy, terre karstique, sont le terrain rêvé de tout spéléologue. Les paysages sont creusés par de nombreux gouffres, igues, grottes et galeries, leur permettant de descendre toujours plus loin vers le centre de la terre.

Les Causses, comme le pluriel du nom le suggère, sont multiples. Les Causses de Martel tout au nord précèdent ceux de Gramat et à l'extrême sud ceux de Limogne. On observe quelques variations dans les paysages mais aussi des caractéristiques communes qui confèrent à cet ensemble une unité. Ainsi, on retrouve entre autres sur l'ensemble des Causses une forte présence de chêne pubescent, de nombreuses espèces rares d'orchidées, des pruneliers et des genévriers.

Cazelle dans les Causses du Quercy.

Le causse est également caractérisé par la présence de brebis à lunettes noires, une race caussenarde d'ovins adaptée aux sols pauvres du causse. Si les paysages ont été peu impactés par l'activité humaine, la présence agraire a dessiné au fil des siècles des lignes par les mains des paysans. Ils ont construit des murets en pierre sèche qui délimitent de petites parcelles. Ces murets font aujourd'hui partie du patrimoine local caractéristique des paysages des causses.

Le Quercy blanc

Le lien entre les Causses et le Quercy Blanc se fait par l'ADN de cette terre : le calcaire. Cette roche à couleur claire donne son nom à cette partie du Quercy. Un blanc lumineux, un blanc qui « tâche » à la fois les paysages et les Hommes. Ce Quercy déborde sur les départements du Tarn-et-Garonne et du Lot-et-Garonne. On le délimite par Moissac, Villeneuve-sur-Lot, Agen et Cahors. C'est une terre essentiellement creusée de vallées comme la Bargelonne, la plus importante.

Le Quercy Blanc, ce sont de doux reliefs, des plateaux entaillés de vallées, un air de Toscane, une lumière et une douceur très particulières. Il offre des sols prisés pour la culture de la vigne, du blé, du maïs mais aussi des cultures maraîchères et les vergers. Le melon y est un trésor de soleil, il y fait le bonheur des amateurs chaque été.

La Bouriane

Voilà une région du Lot qui ne ressemble qu'à elle-même ! Entre le Quercy et le Périgord, la Bouriane est une région attachante, vallonnée et boisée – le cèpe y est le roi – qui propose divers circuits et itinéraires jalonnés de monuments qui sont autant de signes d'une riche histoire. On retrouve autour de Gourdon, ville

© SEMMICK PHOTO - SHUTTERSTOCK.COM

Le Lot vers Saint-Cirq-Lapopie.

capitale de la Bouriane, un chapelet de petits bourgs : Les Junies, Moncléra, Milhac... Savoureuse et authentique, cette région aime multiplier les plaisirs : celui de la gastronomie, celui des traditions et des loisirs. De nombreux lacs et cours d'eau en font le paradis des pêcheurs et des amoureux de la baignade.

La Vallée de la Dordogne

Entre Souillac, son abbatiale et son musée des automates et Saint-Céré, dont l'atelier-musée des tours de Saint-Laurent rappelle le grand tapissier Jean Lurçat, la vallée et les causses environnants alignent des petits bourgs bien préservés. Les pieds dans l'eau, Floirac, Carennac, Gintrac se rappellent les temps glorieux des bateliers. Montvalent et Loubressac aux ruelles fleuries dominent en observant les collines de la Corrèze. Reculée, Autoire aux manoirs précieux cultive ses jardinets arrosés par le ruisseau qui dévale en une cascade de 30 mètres.

La bastide de Bretenoux est dominée par le château de Castelnau et ses pierres rouges où se déroule chaque été un festival d'art lyrique. Martel est surnommée « la ville aux sept tours » et regroupe autour de sa halle et de son palais des signes extérieurs de richesse.

Jardin du Ségala

Pays de confins, le Ségala-Limargue allie la montagne à la plaine. Touchant le Cantal, le premier est parcouru de reliefs abrupts au pied du Massif Central. À l'approche des villages où la pierre se colore des veines sombres des grès, où les toitures pèsent sous le schiste, des haies bocagères séparent les parcelles où pâturent des vaches. Le sol s'y tapisse de bruyères et de fougères. La forêt de Leyme rassemble sur 80 hectares des hêtres parfois centenaires, des châtaigniers et bouleaux qui tissent un écran végétal à l'ardeur du soleil. Entre Sénaillac et Latronquière, les deux petites capitales du Ségala, le plan d'eau du Tolerme, véritable petite mer à la montagne, accueille les vacanciers et les pêcheurs. Plus au sud, le château de Lacapelle-Marival et le fort de Cardaillac imposent leur présence.

Pays de Cahors

En aval de Cahors, le Lot inscrit son cours entre les collines tandis qu'en amont, elle tranche vivement dans la chair des falaises. En tout, 65 kilomètres et 14 écluses, entre Luzech et Saint-Cirq-Lapopie, certainement le plus beau domaine navigable de France. La rivière flâne en majesté au pied des châteaux liés au culte du vin et des plaisirs raffinés, effleure les nobles parties de Puy-l'Evêque entre Luzech et son donjon. À Cahors, tout au long de la boucle qui prend la ville en écharpe, le chemin fluvial passe en revue les monuments qui retracent son histoire : le guerrier pont Valentré et son diable minéral, les coupoles arrondies de la cathédrale, les tours et clochers qui hérissent la cité haute en surplomb des quais. Peu après l'emprise citadine, les coteaux de Laroque et d'Arcambal sur leur flanc de verdure. Cap au sud, à Montcuq où il fait bon s'attarder dans le quartier ancien drôlement appelé « Montmartre » et lézarder aux terrasses des cafés. « On dirait le Sud » résonne à nos oreilles... À Castelnau-Montratier, la place centrale bordée de ses galeries couvertes a beaucoup d'allure avec ses bâtisses bourgeoises, dont la maison Jacob.

Vallée du Lot et du Célé

Ces deux vallées pleines de fraîcheur abritent de nombreux villages au charme indéniable dont Saint-Cirq-Lapopie, site médiéval classé par les Monuments historiques, où André Breton avait « cessé de se désirer ailleurs ». Figeac, patrie de Champollion, dispose également d'un riche patrimoine dont le musée Champollion, musée des Écritures du monde.

NATURE

La nature dans le Lot est un atout indéniable, une qualité de vie. Ici, on ne voit pas forcément la vie en vert toute l'année, on la voit en une myriade de couleurs issues de la variété de la flore. La lumière est particulière, très brute en été, poétique aux intersaisons. Limpide surtout, elle crée des atmosphères de sérénité où l'on s'accorde à cette nature qui nous ouvre les bras. Une nature toujours plus surprenante, sans cesse changeante. Une nature qui défile au gré des pérégrinations dans un département toujours plus multiple, toujours plus caractériel. On apprécie dans le Lot une faune sauvage des bois, comptant nombre de sangliers, cervidés, lièvres mais également rapaces, petits oiseaux et autres habitants de la forêt. La faune, c'est aussi une myriade d'insectes en tout genre, fortement appréciés de nos amies les chauves-souris. La flore quant à elle est disparate selon les territoires lotois.

Du sanglier au papillon

Si un petit noyau de population de cerfs et de biches est principalement localisé dans la Bouriane, le chevreuil est, quant à lui, présent sur tout le territoire du département, de même que le sanglier, le blaireau et le lièvre. Enfin on trouve le ragondin, un mammifère aquatique dont la population a explosé ces dernières années. Sa surpopulation cause des dégâts importants sur l'environnement : écroulement et fragilisation des barges des rivières, érosion et envasement progressif des cours d'eau, destruction de jeunes pousses de culture...

Chez les rapaces, outre la buse assez commune, le faucon pèlerin qui semblait menacé voici une quarantaine d'années se compte aujourd'hui en nombre suffisant pour assurer la pérennité de l'espèce. On le trouve sur les falaises des vallées de la Dordogne et du Lot. Le circaète Jean-le-Blanc, un rapace migrateur qui se nourrit de reptiles – serpents et lézards – s'installe l'été sur les causses et au sud du du département où il trouve la sécheresse qui lui convient. Contrairement à d'autres départements limitrophes, le Lot abrite encore un nombre important de perdrix rouges, toujours proches des cultures céréalières, sur tout son territoire, hormis dans le Ségala. L'œdicnème criard, que les Lotois appellent « le courlis des champs », est un oiseau typique des causses, migrateur lui aussi, qui se nourrit d'insectes. On note également la présence du bruyant ortolan, un passereau migrateur : il ressemble comme un frère à un vulgaire moineau, et fait beaucoup saliver dans d'autres départements du Sud-Ouest de la France : sa chair délicate est, paraît-il, très recherchée. Plus inattendu et magnifique à observer en hiver dans son vol en piqué silencieux, le grand cormoran. Il remonte la Garonne et prend ses quartiers sur les bords du Lot où le gîte (les falaises) et le couvert (la ri-

On peut observer le faucon pèlerin dans le département.

vière riche en poissons gros et petits) semblent lui convenir, suscitant l'inquiétude des associations de pêche ou d'écologie : il faut savoir qu'un seul cormoran peut avaler 500 g de poisson par jour, de quoi sinistrer la rivière si une colonie s'installe. Et, bien évidemment, mésanges (nonnettes, charbonnières, bleues), pinsons, rouges-gorges et autres rossignols – si, si, avec un peu de chance, en été – offrent un festival permanent de chants variés.
La rivière Lot, l'une des plus poissonneuses de France, est plutôt le domaine des poissons carnassiers où les brochets peuvent atteindre plus de 10 kg et les sandres de 7 à 8 kg. On déplore également la présence des silures, ces énormes bêtes non comestibles qui font des ravages dans la faune aquatique. La pêche sportive de la carpe se pratique également et les plus gros spécimens peuvent atteindre de 20 à 25 kg. Les ruisseaux sont plus ou moins riches en truites et en écrevisses à pattes blanches. Il y en aura davantage dans les affluents du Célé, de la Dordogne, de la Cère. Les ruisseaux du Ségala, à l'est du département, ont les mêmes qualités que leurs voisins du Massif Central et l'on y pêche la truite « au toc », c'est-à-dire au ver. Le bassin versant du Céou, de même que le Vers et le Vert sont également riches en truites.

Les Causses du Quercy sont le refuge d'une faune spécifique, adaptée à ce milieu, comme le Nacré de la filipendule (un papillon rare du sud de la France).

Orchidées dans un pays de bruyères

Les paysages des Causses varient au fil des kilomètres, ce qui donne une végétation disparate selon les territoires lotois. Sur les terres calcaires, les chênes dominent le paysage alors qu'en vallée, l'aulne et le frêne sont les seigneurs des terrains inondables. En passant par la Bouriane, vous pourrez admirer les châtaigniers, plantés en forêt. En été, les bruyères y fleurissent en abondance. Le Quercy subit l'influence très forte de la Méditerranée, ainsi on y trouve nombre d'espèces typiques comme le thym, la lavande ainsi que des petits arbustes verts (alaterne, filaria, corroyère). Enfin, le Ségala, très commun avec l'Auvergne, est un terrain de choix pour le hêtre et le bouleau.

D'un point de vue floristique, le Lot possède plusieurs stations d'orchidées remarquables qui durant les mois de mars à juin, permettent de découvrir des espèces comme l'ophrys lutea (orchidée jaune), l'ophrys scolopax (bécasse) ou l'ophrys militaris (militaire), le limodorum (limodore) ou l'ophrys insectifera (insecte). Autant d'espèces que l'on peut découvrir à l'occasion de sorties pédestres organisées ou seul si l'on est futé. Dans les jardins grandeur nature de la campagne lotoise, ce sont genévriers, buis, cyprès et chênes nains qui peuplent la terre aride des causses où affleure

© GERDZHIKOV - ISTOCKPHOTO.COM

La surprenante ophrys insectifera.

la pierre. On recense quelque 30 000 orchidées, si délicates, mais qui s'accommodent parfaitement de ces difficiles conditions. Attention, il vaut mieux observer que cueillir certaines de ces fleurs rares. L'été passé, noyers et pruniers sauvages fourniront au promeneur solitaire ou aux randonneurs assoiffés de quoi se sustenter délicieusement.

La nature, un trésor du département

Faune, flore, paysage et patrimoine. Voici un résumé des atouts du département et le Lot, bien conscient de la fragilité de ses écosystèmes, œuvre depuis des années dans le sens de protection et de la valorisation de son territoire et de ses espaces naturels. Grâce à l'effort de tous, des sites remarquables ont pu être labellisés Espaces naturels sensibles (ENS). Ils bénéficient d'un programme de gestion et de mise en valeur mené par le Département afin d'en assurer la pérennité. 35 sites sont aujourd'hui labellisés ENS par le Département (ce qui représente 8 300 ha). En voici les 10 sites naturels majeurs : la vallée de la Masse, les landes du Frau-Dégagnazès, les vallées de l'Ouysse et de l'Alzou, la couasne de Floirac, le massif de la Brauhnie, le cirque d'Autoire, le marais de Cléjoux-Lamothe, le marais de Saint-Cirq-Madelon, le mont Saint-Cyr, les caselles de Marcilhac-sur-Célé. Huit circuits ont été établis pour permettre au visiteur de circuler dans les Espaces naturels sensibles et les visiter en toute liberté. Pour aider à la compréhension des milieux et éduquer à la préservation, des circuits d'interprétation ont été mis au point. Ce sont de petites randonnées accessibles à tous et téléchargeables sur le site du département ou de Lot Tourisme.

HISTOIRE

Si le Lot puise son histoire dans les origines même de la vie sur Terre, il faudra attendre 1808 pour voir ses contours actuels prendre forme. Sa création remonte à la Révolution Française, mais il était alors plus étendu et englobait Montauban et sa région. L'histoire de ce département est tatouée dans son paysages, ses rues, son patrimoine. On trouve des traces de l'Homme qui remontent à la pré-histoire, dans des grottes. Bien avant eux, ce sont de petits « dino » - les ptérosaures - qui ont foulé cette terre, laissant leurs empreintes. Façonnée par des siècles, l'histoire lotoise remonte à l'Antiquité. On retrouve les vestiges de ce passé dans les sous-sols de Cahors par exemple. Pour comprendre cette âme lotoise, il faut alors se plonger dans cette Histoire qui par bien des aspects s'entremêle à une Histoire de France et bien au-delà, à un mouvement universel qui forge l'Homme, enraciné mais épris de sa liberté.

150 MILLIONS D'ANNÉES AV. J.-C

Nous sommes alors à l'ère du Jurassique sur la commune actuelle de Crayssac. Une lagune inondée de soleil accueille crustacés, crocodiliens, tortues, dinosaures et ptérosaures qui ont laissé leurs empreintes sur ce lieu de vie.

29 000 ANS AV. J.-C

Des Hommes choisissent des grottes de la région du Quercy et du Périgord pour s'abriter. Ainsi on retrouve sur les parois des grottes de Cougnac près de Gourdon ou encore dans la grotte du Pech Merle à Cabrerets des dessins tracés par ces habitants pour l'éternité.

© FRANCIS JACH

Peintures rupestres dans les grottes de Cougnac.

3500 AV. J.-C

On recense dans le Quercy 600 monuments funéraires celtiques de type dolmens et mégalithes. On en trouve particulièrement dans les Causses entre Cajarc et Gréalou, à Padirac, à Prayssac, Livernon et Limogne-en-Quercy.

Ce sont des peuples celtes probablement issus du sud de l'Allemagne qui viennent peupler cette région par l'Aquitaine, créant le peuple des Cadurques (en latin Cadurci). Le nom « Quercy » viendrait du nom latin Cadurci, peuple gaulois, fusion des Celtes et des Aquitains.

VIIe - VIe SIÈCLE AV. J.-C

© GOUMI - SHUTTERSTOCK.COM

L'arc de Diane à Cahors, vestige de l'époque romaine.

51 AV. J.-C L'oppidum gaulois d'Uxellodunum au Puy d'Issolud sur la commune de Vayrac est désormais reconnu par la communauté scientifique comme le lieu de la dernière bataille de la guerre des Gaules.

I[e] AV. J.-C. - I[e] SIÈCLE Les Romains fondent la ville de Divona (Cahors) proche d'une résurgence vénérée par les Gaulois en l'honneur de la déesse Divona, au centre du territoire des Cadourques, à l'intérieur d'un méandre du Lot. La ville devient rapidement opulente, forte d'une importante activité commerçante et artisanale. Les archéologues ont retrouvé les restes de villas somptueuses, de temple, un théâtre, des thermes, un amphithéâtre, etc.

V[e] - VIe SIÈCLE Le Quercy est successivement ravagé par les Vandales, les Alains, les Suèves, les Wisigoths, les Francs puis les Arabes et les Normands.

VIIIe SIÈCLE A l'avènement de Charles Martel en 714, le Quercy fait partie du duché d'Aquitaine ou de Gascogne, puis du royaume de Carloman lors du partage effectué entre ses fils par Pépin le Bref en 768.

830 Fondation de l'abbaye Saint-Sauveur par Pépin Ier d'Aquitaine à l'origine de la ville de Figeac.

909 Première mention de la ville de Souillac dans un texte, le testament de St Géraud, Comte et Abbé d'Aurillac.

1209 Cahors subit la croisade des Albigeois contre les Cathares.

DÉCOUVRIR

XII - XVE SIÈCLES

Cahors est l'une des villes les plus importantes de France. Elle possède trois ponts fortifiés dont le fameux pont Valentré construit à partir de 1308.

© JACKF - ISTOCKPHOTO.COM

Le pont Valentré à Cahors.

1316

Le cadurcien Jacques Duèze devient le 196e pape sous le nom de Jean XXII, un des premiers de la série des papes d'Avignon. Il fonde les universités de Cahors et de Cambridge.

XVIE SIÈCLE

Le Quercy est ravagé par les guerres de religion qui opposent le Haut-Quercy – Cahors – catholique et le Bas-Quercy – Montauban – qui prend le parti de la Réforme.

1598

Au moment de l'édit de Nantes qui met fin à la guerre civile, le Quercy est intégré à la Guyenne et Gascogne.

1790 ET 1808

Le Quercy devient le département du Lot avec Cahors pour chef-lieu. Il faudra attendre cependant 1808 pour voir le contour actuel du Lot prendre forme grâce à Napoléon Bonaparte qui distingue le Lot (Haut-Quercy) et le Tarn-et-Garonne (Bas-Quercy).

À PARTIR DE 1821

Jean-François Champollion, né à Figeac, déchiffre les premiers hiéroglyphes de la pierre de Rosette (fragment de stèle gravée de l'Égypte antique). Il est considéré comme le père de l'égyptologie.

© ZU_09 - ISTOXKPHOTO.COM

Jean-François Champollion.

1870

Léon Gambetta, enfant de Cahors, devient député puis ministre de l'Intérieur et enfin chef du Gouvernement en 1879. Le 4 septembre 1870, il proclame la IIIe République.

1917

Implantation à Figeac de l'usine Ratier (fabrication d'hélices en bois dans l'aviation) qui verra son essor dans les années 1930. Aujourd'hui elle est un fleuron de l'aéronautique en France.

1939-1945

Durant la seconde Guerre Mondiale, le Lot connaît une activité résistante, à l'image de Jacques Chapou, professeur-adjoint de lettre au lycée des garçons de Cahors (actuel collège Gambetta).

30 JUILLET 1949

Cahors est la première à se déclarer ville citoyenne du monde : Cahors Mundi.

ANNÉES 1960

Le Lot est intégré à la région Midi-Pyrénées au moment de sa création.

1999

Création du parc naturel régional des Causses du Quercy (175 717 hectares, 26 000 habitants) dans une démarche de préservation du patrimoine local.

1ER JANVIER 2016

Réforme territoriale des régions qui voit la naissance de l'Occitanie en lieu et place des Midi-Pyrénées et Languedoc-Roussillon.

ARCHITECTURE

L'Homme depuis la Préhistoire façonne son habitat, marque les paysages, modèle ses villes et ses villages. Le Lot ne fait pas exception et son identité est autant forgée de la main de l'Homme que de celle de dame Nature. Dans les grottes au Paléolithique, l'Homme dessine, seules traces de sa présence. Dès l'Antiquité, il bâtit des cités comme celle de Cahors dont il reste encore beaucoup de vestiges. Au Moyen Âge, il investit toujours la roche pour se protéger, il construit alors des abris à flanc de falaise que l'on nommera plus tard « Châteaux des Anglais ». Marquée par les guerres de religion, l'architecture du Lot suit le cours de l'histoire, entre construction et destruction. Si les villes sont marchandes, et donc parsemées de villas bourgeoises de marchands, la campagne est elle tournée vers l'élevage ovin et l'agriculture. Le Lot est aussi une terre paysanne et se caractérise par une forte présence de petit patrimoine rural.

Un patrimoine pastoral disséminé

On l'a dit, le Lot est pour l'essentiel une terre paysanne. Pour délimiter de petites parcelles, les paysans ont construit des murets en pierre sèche pendant des siècles. En déclin dès la fin du XIXe siècle dû à une forme d'exode vers les villes industrialisées, les murets ont été remplacés par des clôtures électriques dès les années 1950. Aujourd'hui, ils forment les vestiges d'un passé presque éteint. Quelques passionnés, seuls ou en associations, prennent le temps de remonter quelques mètres de ces murets écroulés.

Riche de son passé rural et de par la pauvreté de ses sols en terre végétale, le Lot possède un nombre important de petites cabanes en pierre sèche que l'on nomme ici cazelle ou gariotte. La première fait directement référence à la maison, la deuxième provient du français « guérite ». Deux noms pour une même fonction : abri de vigne, remise à matériel, cellier, bergerie poulailler, étable ou encore habitation temporaire pour domestique ou ouvrier agricole. Ces constructions, provenant de l'épierrage d'une parcelle afin de la rendre cultivable, font partie intégrante du paysage lotois. La construction de ces abris est remarquable car ne faisait intervenir aucun mortier, un simple calage de pierres permet d'édifier le mur et le toit. Ce patrimoine de pierres est présent essentiellement sur les causses de Gramat et de Limogne-en-Quercy.

Cazelle, Causses du Quercy.

Châteaux des Anglais

Le Lot a la particularité de conserver une richesse médiévale très singulière. Depuis l'époque carolingienne, l'Homme s'est servi de la topologie des lieux pour bâtir des bâtiment défensifs fortifiés à flanc de falaise, le long des vallées encaissées du Lot et du Célé. Depuis leurs châteaux forts en hauteur, on pouvait contrôler le trafic sur les rivières à l'abri. Plus tard, on baptisera des constructions « Châteaux des Anglais ». C'est une dénomination un peu romanesque, aujourd'hui les historiens s'accordent pour dire que ces fortifications étaient trop exiguës pour accueillir les troupes à cheval qui combattirent pendant la guerre de Cent Ans contre les Anglais.

Alors où admirer ces châteaux perchés à flanc de roche ? Sur la vallée du Lot, de Cahors à Saint-Cirq-Lapopie, vous pourrez apercevoir quatre châteaux des Anglais. Le premier à Laroque-des-Arcs puis à Vers situé dans la partie ouest des falaises, à Saint-Géry, suivi du plus célèbre à Bouziès aux abords du pont suspendu. Direction Cabrerets pour découvrir ceux de la Vallée du Célé. Trois châteaux sont visibles : celui du Diable à Cabrerets, un à Sauliac-sur-Célé et le dernier à Brengues qui lui date du XIIe siècle. Aucun de ces sites n'est ouverts au public, trop difficile d'accès. Néanmoins, vous pourrez les observer depuis de bas des vallées.

Dans le même esprit, vous trouverez aussi quelques traces de maisons semi-troglodytes.

Château de Geniez à Sauliac-sur-Célé.

Nous pouvons citer le hameau de Saint-Martin-Labouval, la Toulzanie, dont les maisons sont partiellement troglodytes le long de la roche. A quelques encablures de Cabrerets, on retrouve aussi un moulin semi-troglodytique. De la même façon, Rocamadour présente aussi des exemples du genre avec des maisons semi-troglodytes qui s'échelonnent dans la ruelle de sa cité.

Le pont Valentré

Il est le symbole de Cahors et fleuron du patrimoine médiéval lotois. Son histoire comme beaucoup d'édifice du genre au Moyen-Âge se mêle à la légende. Avant de vous raconter l'intervention du diable, commençons par les faits. Nous sommes en 1306, les consuls de la ville de Cahors, voulant montrer à l'Eglise leur poids dans la ville, décident la construction d'un pont au lieu-dit « Valandre » sur la partie Ouest du méandre de Cahors, dans le prolongement de l'axe de la cathédrale. Deux autres ponts fortifiés existent déjà : un au sud et un à l'est. En 1308, le chantier est lancé et il va durer près de 70 ans. C'est en 1345 que l'on peut mettre en service le pont. Il mesure 172 mètres de long, possède 8 arches et trois tours.

En 1880, le pont se fait faire une beauté par l'architecte Paul Gout qui fera sculpter par l'artiste local Cyprien-Antoine Calmon un petit diable au sommet de la tour centrale. Le diable, le voici donc ! La durée du chantier fait naître en effet une légende dont plusieurs versions coexistent aujourd'hui. On raconte que le maître d'œuvre ne pouvant venir à bout de son chantier eu recours à Satan avec qui il fit un pacte. Satan s'engageait à l'aider par tous les moyens en contre partie de l'âme de l'architecte à la fin de l'ouvrage. Bien sûr l'architecte voyant son pont sur le point d'être enfin achevé il donna au diable un crible (une sorte de sceau percé) lui ordonnant de puiser de l'eau aux maçons pour délayer la chaux. Le diable échoua vingt fois et avoua sa défaite en promettant vengeance. Quelques temps plus tard, les maçons eurent presque achevé de construire la tour du milieu mais chaque matin ils trouvaient l'angle supérieur nord ouest abattu, rendant impossible l'achèvement de cette tour.

Les bastides

Entre 1236 et 1316, une douzaine de bastides a été fondée dans l'ancienne province du Quercy. Ce sont les petites villes nouvelles du Moyen-Âge, fortifiées, avec une place forte structurée. Parmi celles-ci notons Castelfranc, bastide des évêques de Cahors fondée en 1280. Aux portes de la bastide se trouve l'oratoire Saint-Roch, petite chapelle réédifiée en 1840 qui protégea les habitants lors de la peste de 1508.

A l'ouest du département, la bastide de Montcabrier a été fondée en 1298 et s'organise autour d'une place carrée bordée de belles façades médiévales avec arcades et cornières en encorbellement. L'église Saint-Louis du XIVe siècle domine la place de toute la hauteur de son clocher. Vous pourrez admirer la maison de la cour de justice du XVIe siècle, l'ancienne maison de la jugerie avec sa fenêtre Renaissance, de même que des vestiges de l'enceinte, d'anciens remparts, une porte fortifiée et une tour d'angle.

Sur un promontoire rocheux, Castelnau-Montratier était déjà habitée depuis l'époque gallo-romaine. Au milieu du XIe siècle, on édifie un château du nom de Castelnau-de-Vaux qui sera rasé pendant la guerre des Albigeois. En 1250, le Seigneur de Ratier reconstruit la ville sur le schéma des bastides et lui donne son nom.

BEAUX-ARTS

Le Lot est toujours une terre d'artistes : peintres, sculpteurs, céramistes... Ils sont nombreux à profiter de la nature quercynoise comme source d'inspiration. L'Histoire de l'art a retenu quelques noms parmi lesquels Henri Martin, Jean Lurçat, Zadkine, et bien d'autres. Qu'ils soient lotois de naissance ou amoureux du Lot, ces artistes font partie aujourd'hui du patrimoine local et nous offrent des œuvres qui ouvrent sur le monde. On peut citer quelques lieux clefs culturels lotois comme la Maison des Arts Claude et Georges Pompidou à Cajarc et les Maisons Daura à Saint-Cirq-Lapopie, le Musée Henri Martin à Cahors, le musée Jean Lurçat à Saint-Céré ou encore Zadkine aux Arques. Soucieux de faire le lien entre ses racines artistiques et une création plus contemporaine, le Lot bénéficie de plusieurs résidences d'artistes mais également de lieux d'expositions afin de faire vivre la création sous toutes ses formes.

Premières traces artistiques

L'Homme et l'artiste, une grande histoire d'amour dans le Lot ! Le bipède est peintre depuis que l'humanité est présente sur terre, c'est ce dont témoignent les grottes de Pech Merle à Cabrerets et de Cougnac près de Gourdon. Sur les parois de ces grottes, des œuvres picturales représentants des animaux, mais également des mains en négatif ont été tracées de la main d'hommes il y a plus de 20 000 ans. A Cabrerets, ce sont plus de 70 animaux qui sont représentés. Le musée de Préhistoire régionale Amédée Lemozi à côté de la grotte permet d'approfondir le sujet de l'art pariétal.

Le Lot pour atelier

Ossip Zadkine est considéré comme le maître de la sculpture cubiste. Pendant un demi-siècle – traversé par l'horreur de la Seconde Guerre mondiale – Zadkine produit plus de 400 sculptures, des milliers de dessins, aquarelles et gouaches, des gravures, etc. Il est né au tour-

DÉCOUVRIR

Mains peintes il y a plus de 20 000 ans, sur les parois de la grotte du Pech Merle.

nant de deux siècles, en 1890 dans l'actuelle Biélorussie et il est mort en 1967 à Paris. Etabli en France depuis 1910, il achète avec sa femme Valentine Prax en 1934 , une maison aux Arques, un petit village du Quercy, qui deviendra le lieu de créations de nombreuses sculptures. Son œuvre est aujourd'hui mondialement connue, elle est présentée dans deux musées en France, l'un à Paris, rue d'Assas dans la maison qu'il occupait ; l'autre aux Arques, dans son atelier.

Dans la lignée de Zadkine, d'autres artistes contemporains lotois produisent des œuvres majeures sur la scène artistique actuelle. Marc Petit est de ceux-là. Né en 1961 à Saint-Céré, il passe son enfance à Cahors où il réalise ses premières sculptures. Vous pouvez admirer son travail face au tympan nord de la Cathédrale de Cahors où est présenté L'Ange du Lazaret ou encore à la Maison Lagrive, lieu d'exposition de l'œuvre de Marc Petit, 400 quai Lagrive à Cahors.

Le sculpteur Michel Zachariou, lui est Parisien. Il choisit le Lot dans les années 70 et ce sera finalement le Lot qui l'adoptera. Depuis 1981 et son premier « mur habité » qu'il réalise pour la Bibliothèque départementale de Prêt, l'artiste a régulièrement été sollicité pour réaliser des œuvres publiques comme son « Personnage au repos » en 1984, commandé pour le Lycée technique et industriel de Souillac ou encore « l'Horloge monumentale à billes » en 1997 par la ville de Cahors, visible place Saint-Urcisse. D'autres se souviendront avec émotion de sa « Fontaine musicale » qui amusa tant d'enfants de 1989 à 2004, place Fouilhac à Cahors.

A- musées-vous !

Henri Jean Guillaume Martin, dit Henri Martin, peintre post-impressionniste, est né à Toulouse en 1860 et mort à Labastide-du-Vert dans le Lot en 1943. Ses œuvres constituent aujourd'hui le fond artistique du musée qui porte son nom à Cahors. Installé en 1920 dans un ancien évêché du XVe siècle, l'établissement connaît d'importants travaux de rénovation depuis 2016. Sa réouverture prochaine prévue courant 2021 est très attendue. Il offrira un espace plus vaste et plus contemporain, intégré au parc Tassart, adjacent au bâtiment. La scénographie, complétement revue, présentera la collection d'une quarantaine de toiles du peintre mais également d'autres pièces comme des objets archéologiques ou insolites. En tout, ce seront 900 m^{2} qui pourront accueillir les collections : environ 700 pour les expositions permanentes et 100 pour les temporaires.

Le Lot promet bien des musées singuliers comme celui de l'Insolite à Cabrerets ou encore des automates à Souillac ! Vous y découvrirez une magnifique collection de jouets mécaniques et d'automates anciens – fin XIXe début XXe siècle – qui atteste de l'histoire de la Maison Roullet-Decamps. Un voyage dans le monde de l'enfance et de la féerie de ces petits objets d'art moderne à la patine charmante et aux mécanismes certes désuets mais empreints de poésie.

Une ouverture à l'art contemporain

Didier Pierre Chamizo, dit Chamizo, est un peintre contemporain né le 15 octobre 1951 à Cahors, il est considéré comme l'un des précurseurs du street art et il a créé l'Abstraction-Figuration lettrique consistant à imbriquer des mots dans ses toiles ou sur des carcasses de téléviseurs. Artiste de la révolte, il s'engage lors des évènements de mai 68 dans la révolution prolétarienne. Une lutte qui le mènera en prison jusqu'en 1991 où il sera gracié par Mitterrand.

A Saint-Céré encore, vous trouverez l'atelier-musée Jean Lurçat. Peintre, céramiste et créateur de tapisserie, Jean Lurçat est né dans les Vosges en 1892 et mort à Saint-Paul-de-Vence en 1966. En 1945, il achète le château des Tours-Saint-Laurent, vestige d'une forteresse du XIe siècle qui domine de ses remparts la ville de Saint-Céré. Avec son épouse Simone, ils restaurent le site pour le rendre habitable et y établir des ateliers. En 1986, Simone fera don du château au Conseil Général du département du Lot, souhaitant que ce lieu soit dédié à l'exposition du travail de Jean. On y découvre l'univers de l'artiste, son activité artistique et plus particulièrement ses travaux en tapisserie dont il rénova en profondeur le langage au XXe siècle.

On ne peut parler d'art contemporain sans évoquer Georges Pompidou. Conseiller de la ville de Cajarc entre 1965 et 1969 – date de son élection à la présidence de la République – il conservera toujours son amour pour le Lot. Claude Pompidou son épouse, dans la lignée de la volonté de son mari, participera grandement à la naissance de la « La Maison des Arts Claude et Georges Pompidou » inaugurée le 26 août 1989 avec une exposition à la mémoire du Président.

La MAGCP est aujourd'hui un lieu majeur pour l'art contemporain en Occitanie. Cette maison a réussi le pari de décentraliser l'art des grandes villes pour implanter des germes dans un milieu rural. Deux grandes expositions temporaires rythment le calendrier de ce centre d'art contemporain. Les collections bénéficient d'une scénographie particulièrement choyée et donnent lieu à un travail de médiation notamment auprès des scolaires. L'ouverture au grand public est également l'une des des vocations des lieux avec un accès libre aux expositions et la mise en place chaque été d'un parcours d'art contemporain de plein air dans la vallée du Lot. Clairement, l'art est ici considéré comme un médium populaire qui a sa place dans le quotidien des habitants et visiteurs.

TOP 10

ŒUVRES D'ART

Un petit tour artistique du département avec une sélection des top 10 œuvres d'art incontournables, visibles aux quatre coins du Lot. Toutes ces œuvres représentent différentes facettes du Lot. Elles ont pour points communs d'être populaires et accessibles à tout un chacun, visibles librement et gratuitement.

DOLMEN D'AUJOURD'HUI

Le dolmen contemporain de Rigounenque est situé à Limogne-en-Quercy, il fait partie d'un circuit découverte autour des dolmens.

LA PIETA DE ZADKINE

Exposée dans l'église romane des Arques, elle est l'œuvre d'un des plus grands sculpteurs du XXe siècle.

L'ANGE DU LAZARET

Bronze monumental du sculpteur Marc Petit exposé en face de la cathédrale de Cahors depuis 2016.

FRESQUE DE CHAMIZO

A Douelle, dans la Vallée du Lot, Didier Chamizo a offert une fresque géante de 140 m à sa terre natale en 1992.

EX-LIBRIS

Sur la place des Ecritures à Figeac, Kosuth Joseph, artiste américain, a recréé la « Pierre de Rosette » de Champollion.

PARCOURS D'ÉTÉ

Chaque année, l'art contemporain est mis à l'honneur dans la vallée du Lot avec une exposition temporaire libre entre Cajarc et Saint-Cirq-Lapopie.

LE PETIT MONTCUQUOIS

Sis dans la rue du Petit Rapporteur à Montcuq. L'artiste Hugo a offert à la ville cette statue bien rigolote qui montre ses fesses aux passants !

LE TRUFFAÏRE À LALBENQUE

Statue en bronze réalisée par la sculptrice Élisabeth Cibot installée sur les marches de la mairie, elle représente un trufficulteur accompagné de son chien.

OEUVRE D'ART FLUVIAL

Visible sur un tronçon du chemin de halage entre Bouziès et Saint-Cirq-Lapopie, une œuvre taillée dans la roche calcaire de Daniel Monnier, artiste-sculpteur, datant de 1989.

LES MURS HABITÉS DE ZACHARIOU

La Bibliothèque départementale du Lot et la salle de réception Mitterrand à l'Hôtel du Département à Cahors abritent les œuvres monumentales du sculpteur Michel Zachariou.

Mur de Douelle fresque Chamizo.

MUSIQUES ET SCÈNES

Le Lot est acteur, chanteur et il sait aussi faire son cinéma ! Sont nées dans ce coin du sud-ouest quelques figures emblématiques comme Charles Dumont, cadurcien, créateur d'une quarantaine de chansons interprétées par Edith Piaf. Le Lot a aussi attiré dans son giron des artistes de la scène musicale des années 70 comme Léo Ferré et Nino Ferrer. Comme le Lotois est aussi bon rieur, il ne s'offusqua point d'être pris pour cible par deux mastodontes de l'humour français : Monsieur Coluche et Monsieur Prévost qui feront de Cajarc et Montcuq deux sketches d'anthologie ! La scène c'est aussi celle du 7e art qui est aujourd'hui célébrée à Gindou lors des Rencontres du Cinéma de Gindou fin août. Nombreux sont les films qui ont été tournés dans le Lot, nous en ferons un simple tour d'horizon. Citons tout de même Monsieur Malle qui, tombé fou d'amour des causses de Limogne-en-Quercy, s'installa dans une belle maison à Lugagnac.

Charles Dumont, « Non je ne regrette rien »

Quel est le lien entre le Lot et Edith Piaf ? Ce lien, c'est le cadurcien Charles Dumont, compositeur de génie né en mars 1929. Passionné de musique, il a été profondément marqué par le jazz et Louis Armstrong. Dans les années d'après-guerre, il crée son premier orchestre de jazz mais après une ablation des amygdales qui se passe mal, il ne pourra plus jamais pratiquer la trompette ; il doit abandonner le jazz. Il apprend à jouer de l'orgue dans une église et découvre sa voie : il sera compositeur de chansons. Après des années d'errance, c'est une rencontre avec Piaf en 1960 qui fait décoller sa carrière. Il lui propose la chanson « Non je ne regrette rien », suivront une quarantaine de chansons parmi lesquelles « Mon Dieu » ou « Les Amants » qu'il interprète sur scène avec Piaf.

D'autres grands noms chanteront les chansons de Dumont : Bourvil (Notre amour est en grève), Luis Mariano (El Guerillero), Annie Cordy (Pantaléon), Dalida (Gitane), Michel Legrand (Lorsque Sophie Dansait), Juliette Gréco (La Propriétaire), Jacques Brel (Je m'en remets à toi), Mireille Mathieu (Les Gens qui s'aiment, Mon Dieu), Barbra Streisand (Le Mur) …

Nino Ferrer / Léo Ferré

L'un a vécu 5 ans près de Gourdon dans les années 60, l'autre s'installe dans le Quercy Blanc en 1976. Léo Ferré s'éprend de la Bouriane, il achète un château à Perdrigal (Pech Rigal) sur la commune de Saint-Clair près de Gourdon. Il s'y installe pendant 5 ans avec sa femme Madeleine et Pépé la chimpanzé. C'est dans son bastion lotois qu'il met notamment en musique les poètes Verlaine, Rimbaud, Baudelaire. Le château de Saint-Clair est alors en ruine. Il aménage une aile en partie réhabilitée, et il y fonde une société d'édition et une imprimerie, où il avait édité, avec Madeleine, « Les Mémoires d'un magnétophone ». Il quitte le Lot à la mort « criminelle » de Pépé, le 7 avril 1968, le drame de sa vie.

La décennie suivante voit arriver Nino Ferrer et son épouse Kinou. Ils découvrent en 1976 le Quercy Blanc et y acquièrent leur maison, une bâtisse du XVe siècle, perchée sur une colline près de Montcuq.

Amoureux de la nature et des paysages quercynois, toujours en compagnie de ses chiens et de chevaux qu'il élève sur la propriété, l'artiste restaure avec passion sa demeure, monte des murs en pierres sèches, aménage le jardin pour créer son univers. Petit à petit, il va se lier d'amitié avec de nombreuses personnes de la région. Bercé par les paysages du Quercy, Nino s'adonne ici à la peinture et au dessin.

En 1972, Georges Brassens fait un clin d'œil à la ville de Montcuq dans le Lot dans sa chanson « Ballade des gens qui sont nés quelque part » parue sur l'album Fernande.

« (…) Qu'ils sortent de Paris ou de Rome ou de Sète
Ou du diable Vauvert ou de Zanzibar
Ou même de Montcuq il s'en flattent mazette
Les imbéciles heureux qui sont nés quelque part (...) »

En 1981 sort la chanson « Rock Amadour » écrite, composée et interprétée par Gérard Blanchard. Elle est extraite en 45 tours et se classe en tête des hit-parades au début de l'année 1982, se vendant à 1,7 million d'exemplaires. Le titre est un jeu de mots sur la ville de Rocamadour.

L'humour des seventies

La scène artistique populaire a été marquée dans les années 70 par de grands noms du paysage humoristique français. Deux au moins ont permis au Lot d'obtenir une belle renommée grâce à des sketches d'anthologie : Le Schmilblick de Coluche et Le Petit Rapporteur à Montcuq de Daniel Prévost diffusés tous les deux en 1976.

DÉCOUVRIR

C'est en passant par Cajarc pendant ses vacances dans l'Aveyron voisin que Coluche trouve l'inspiration du Schmilblick et son fameux Monsieur Moulinot, marchand d'articles de pêche à Cajarc qui dans le sketch en profite pour faire sa publicité : « un article de pêche de qualité s'achète chez Moulinot ». Coluche prend aussi les trait de « Papy Mougeot », un vieux retraité vivant à Cajarc, et qui n'arrive pas à prononcer le mot schmilblick. Ce sketch participe à la renommée de la ville qui lui doit d'avoir été cité de nombreuses fois dans les médias depuis cette époque.

« Pour la première fois, je suis heureux de montrer Montcuq à la télévision. » Et voilà comment Daniel Prévost, dans sa célèbre émission humoristique « le Petit Rapporteur » a inscrit la ville de Montcuq dans l'histoire du petit écran.

Le Lot fait son cinéma

Comme un terreau fructueux, le Lot est choisi depuis des décennies comme décor pour le cinéma. Louis Malle – qui fera du village de Lugagnac sa maison – tourne son *Lacombe Lucien* (1974) à Figeac et Arcambal. Il tournera également en 1975 son film fantastique mal compris *Black Moon*. Le décor de Black Moon est celui de sa propre maison lotoise et quelques chemins des Causses de Limogne-en-Quercy. Des chemins bordés de murets en pierres sèches et entourés d'une nature propre aux causses : des chênes, des pruniers, de la roche qui affleure les sols nus.

D'autres films prendront pour décors le département du Lot. Dans un *Un Amour de sorcière* avec Vanessa Paradis dans le rôle principal (1997) on y voit un plan parfait du pont Valentré. Luc Besson tourne une partie de son film *Jeanne d'Arc (1999)* à Cahors. *Effroyables jardins* (2003) à Martel. *Saint Jacques... La Mecque* (2004) de Coline Serreau a fait irruption à Bouziès. Les frères Larrieu tournent fin 2008 leur film *Les Derniers jours du monde* à Cabrerets. On y retrouve des figurants quercynois qui apportent fraîcheur et authenticité. Ce film apocalyptique a d'ailleurs transformé l'hôtel en un éphémère champ de bataille.

Plus récemment, en 2010, Guillaume Nicloux a utilisé comme décor le château de Mercuès pour *Holiday* avec Jean-Pierre Darroussin et Josiane Balasko. Michaël Youn a tourné plusieurs scènes de *Vive la France* avec José Garcia en juillet 2012 à Saint-Cirq-Lapopie. *Sauliac*, réalisé par Edouard Giraudo et avec Jean-Claude Dreyfus, s'est tourné en mai 2013 dans différents lieux du département, notamment autour du château de Vaillac, dans le cloître de Cahors ainsi qu'à Espédaillac, Saint-Martin-de-Vers et Labastide-Murat et Goudou. En 2013, *Meurtre à Rocamadour*, mettant en scène le célèbre village, la vallée de la Dordogne, Padirac, Autoire et le tribunal de Cahors, autour d'un mystérieux crime ; à l'affiche Clémentine Célarié. L'été 2014, le tournage d'un épisode de la série *Le Sang dans la vigne* avec Pierre Arditi a eu lieu au Château Lagrezette, au collège Gambetta de Cahors (ainsi que divers plans dans le département).

© CHRIS ROSE - STOCK.ADOBE.COM

Cabrerets a servi de décor au film Les Derniers jours du monde.

LITTÉRATURE

Terreau des mots, des vers et des rimes, le Lot est fait de littératures, de grandes plumes, d'écrivains du terroir, d'artistes de génie. Parmi les grands noms figurent au panthéon lotois de la littérature Olivier-de-Magny, Clément Marot, Françoise Sagan ou encore André Breton. Des auteurs contemporains continuent de faire rayonner le Lot à l'instar de Christian Signol, Jean-Pierre Alaux, Joël Polomski ou encore Serge Joncour qui a fait du Lot la scène de ses romans. Romanciers et poètes, lotois de naissance ou d'adoption, ils ont tous pour point commun une histoire qui les lie d'une façon ou d'une autre à cette terre. Un peu partout dans le département, des plumes plus confidentielles émergent et la production locale est abondante. Publiés à compte d'auteur ou dans de petites maisons d'édition, ces livres trouvent un public dans un département qui s'est aussi fait de ses artistes.

Au panthéon lotois de la littérature

Clément Marot est né à Cahors vers 1496. Marqué par un héritage médiéval, il appartient aux poètes modernes, précurseurs de la Pléiade. Le siècle d'après voit la naissance à Cahors du poète de la Renaissance, Olivier de Magny (1529-1561), considéré comme un disciple de Ronsard. Un troisième nom s'inscrit dans la poétique lotoise, celui d'André Breton (1896-1966). Le père du surréalisme tombe éperdument amoureux de Saint-Cirq-Lapopie au milieu du XXe siècle et déclarera « j'ai cessé de me désirer ailleurs ». Il acquiert une maison dans le cœur du village.

Françoise Sagan, figure emblématique de la nouvelle littérature d'après-guerre, est née à Cajarc le 21 juin 1935. La romancière n'oubliera jamais son village natal et donnera le goût du Lot à son ami Georges Pompidou. Elle repose à Seuzac (près de Cajarc) aux côtés de sa première compagne Peggy Roche (dont le nom ne figure pas sur la pierre tombale) et de son mari Robert Westhoff.

Des auteurs contemporains

D'autres écrivains font rayonner le Lot, comme Christian Signol, l'auteur du terroir, né aux Quatre-Routes-du-Lot en 1947. C'est sa trilogie *La Rivière Espérance* qui le propulsa en tête des ventes et en fit l'un des auteurs français contemporains les plus lus.

Plus récemment, c'est dans le Lot que Serge Joncour a choisi de planter le décor de ses romans. Pour l'écrivain parisien, le Lot est une sorte de terre idéale pour faire évoluer ses personnages. Il découvre ce département par sa belle famille lotoise et depuis *Vu,* son premier roman, il utilise le Lot comme un terreau pour ses histoires. Son dernier opus *Nature humaine* paru chez Flammarion en 2020 a obtenu le Prix Femina. On y lit encore une fois le Lot.

Au niveau local, l'écrivain Jean-Pierre Alaux est connu pour ses romans policiers autour du monde viticole. Journaliste de radio, de télé et aujourd'hui maire de sa ville Albac, l'homme a plus d'une corde à son arc. Il est l'auteur avec Noël Balen de la série oeno-policière *Le Sang de la vigne* qui compte 25 opus adaptée à la télévision. L'action d'un opus de la série, *On achève bien les tonneaux* (2012), se déroule dans les vignes lotoises.

Le petit Angoulême lotois !

Au rayon bande dessinée, un lotois d'adoption, Joël Polomski, est aujourd'hui l'une des figures incontestées du paysage littéraire local. Depuis la parution de son album *Le Diable du Pont Valentré,* Joël a rencontré son public et publié d'autre ouvrages sur le Lot *La Fondation de Figeac*, *Le Diable du gouffre de Padirac* et *Le Saut de la Mounine*.

Cajarc devient chaque année en septembre le petit Angoulême, attirant le temps d'un week-end les amoureux de la bande dessinée. Le Festival « La bd prend l'air » accueille des artistes internationaux et de renom depuis sa première édition en 1997. Lors de ce rendez-vous, une dizaine d'auteurs est invité à animer le salon. Des bouquinistes spécialisés dans la bande dessinée viennent également vendre leurs trésors.

QUE RAPPORTER ?

Le « made in Lot » même s'il n'est pas nouveau retrouve un second souffle grâce à des hommes et des femmes passionnés qui ravivent des savoir-faire ancestraux remis au goût du jour. Lors de votre séjour, vous trouverez au grès de vos pérégrinations nombre d'artisans locaux sur des petites productions variées et singulières. Il y a bien sûr tout le volet gourmand (truffe, safran, pâtisseries...) mais aussi de l'artisanat d'art ou de la cosmétique et de l'utilitaire. La particularité commune est certainement le bon sens qui pousse bien souvent nos artisans à opter pour du bio et les circuits-courts. L'industrie est très peu présente à l'échelle du département ; le passé agricole et son ancrage rural donnent les clefs aujourd'hui pour comprendre cette tendance générale. Le Lotois est certes débrouillard et imaginatif, mais il a surtout toujours dû s'adapter à son environnement et produire en conséquence.

Faïence, un savoir-faire d'excellence

Créée en 1924 à Puy-l'Evêque dans la vallée du Lot, la Maison Virebent est l'une des trois dernières manufactures de porcelaine de France. En 2007, Virebent est consacrée Entreprise du Patrimoine Vivant, label qui récompense les savoir-faire d'excellence. Fait rarissime, la maison travaille en effet les trois terres, faïence, grès et porcelaine. Aujourd'hui, Virebent, forte de ses deux boutiques dans le Lot et à Paris, crée des services de table, des bouteilles, des luminaires, des vases mais aussi du petit mobilier. La manufacture a également sa boutique en ligne avec l'ensemble des collections et même des tote-bags, ces sacs en toile souple

Cette tradition du travail de la terre est encore bien présente dans ce département où nombre de potiers et de céramistes ont établi leurs ateliers. Le point d'orgue de ce savoir-faire c'est le petit village d'Uzech-les-Oules, où la tradition potière remonte au XVe siècle. Pendant 40 ans, le savoir-faire s'est perdu, le dernier potier d'Uzech ayant cessé son activité en 1956. Heureusement, une poignée de passionnés bénévoles ont remis la poterie au jour à Uzech il y a quelques années. Trois artisans font vivre l'Oulerie à l'année et accueillent au mois d'août la Foire à la Poterie qui rassemble plus de 30 potiers.

Dessine-moi un mouton !

La laine de mouton est exploitée dans le Lot depuis des siècles... puis fut un matériau quelque peu oublié pendant des décennies. Elle aurait pu connaître l'oubli, mais c'était sans compter sur deux Lotoises complètement givrées : Cinthia et Elodie. Ces deux sacrées nanas ont créé en 2018 un sac isotherme 100% écologique en laine de mouton et en chanvre. La marque du Mouton Givré était né. Aujourd'hui elle propose deux modèles de sac, Marguerite, la lunch box qu'on emmène partout avec soi et Berthe, le modèle pour les pique-niques en famille. Fabrication française garantie.

DÉCOUVRIR

© SOPHIE AYMARD

Troupeau de brebis caussenardes.

A Loubressac, la Ferme de Siran élève de son côté des chèvres angora. Gaëlle et Julien bichonnent leurs animaux et récupèrent la laine lors de la tonte annuelle. Leurs belles toisons blanches produisent une excellente qualité de laine mohair. Au catalogue de la ferme vous trouverez : fils à tricoter pur mohair ou mélangé, soie, pulls et accessoires, couvertures, plaids, écharpes ou étoles, gants, chaussettes… tout pour se sentir au chaud !

Tout pour être beau et bio !

Dans le Lot, on n'a pas attendu que le bio ait le vent en poupe pour produire des gammes de cosmétique raisonnées. Les laboratoires Phyt's à Caillac élaborent des produits de cosmétique 100% naturelle certifiée bio et d'origine naturelle, sans parabène. Vous pouvez vous rendre directement sur place à la boutique des laboratoire pour acheter des produits et vous faire conseiller.

A Capdenac, la Savonnerie Buissonnière a opté pour une production de savons bio. Elle utilise dans la confection de ses savons uniquement des ingrédients bio et locaux comme le safran, l'huile de prune, du miel ou encore du lait d'ânesse. Côté technique de fabrication, elle s'inspire des méthodes artisanales traditionnelles : la saponification à froid.

A Rocamadour, le savon est fabriqué avec le lait de chèvre dans la boutique atelier d'Exquises Caprines. Installée dans une maison quercynoise typique, les deux artisans expliquent volontiers aux visiteurs les procédés de fabrication et les vertus de leur savon.

Le Lot, une marque !

Non loin de son cousin aveyronnais, le Lot a lui aussi sa coutellerie, le « Lotois XLVI ». Derrière ce beau couteau local se cache une figure de la petite commune d'Espédaillac : Stéphane Rossignol. Ce drôle d'oiseau tient une auberge depuis 25 ans, l'Auberge Beauville, et il a lancé son activité de coutelier depuis quelques années. Son premier couteau est sobrement appelé le Lotois, il pèse 46 grammes et il est vendu 46 euros.

En 2020 est née la toute dernière entreprise ambassadrice du Lot : Sacré Lotois. Derrière la marque, un homme, Mathieu Raynaud, qui affectionne particulièrement sa terre natale. Il crée une marque de papeterie décorative et de prêt-à-porter, 100% lotoise avec une boutique en ligne. Vous y dénicherez de jolies affiches, des cartes postales, du textile… le tout à l'effigie du Lot et de ses villages bien sûr !

Du Lot qui croustille !

Du côté culinaire, vous trouverez une pléiade de souvenirs à partager à votre retour de vacances. Pour remplir vos placards d'un doux parfum lotois, nous vous conseillons quelques denrées qui poursuivront votre séjour en cuisine !

© CURIOS - STOCK.ADOBE.COM

Le Croustilot, un pain typique du Lot.

Dans votre panier gourmand, veillez à choisir quelques bouteilles de vin (AOC Cahors, AOP Coteaux de Glanes, AOP Coteaux du Quercy et IGP Côtes du Lot) mais également du safran du Quercy (vous avez une boutique de producteurs à Saint-Cirq-Lapopie), un peu de truffe de la maison Pebeyre à Cahors, un foie gras des Fins Gourmets (associations de plusieurs éleveurs de canards, boutiques à Limogne-en-Quercy et Cajarc) ou de chez Thocaven à Gourdon, des gésiers de canard confits de la maison Marlas à Cahors, une eau-de-vie à la prune de Louis Roques à Souillac, quelques bières lotoises (Ratz est l'incontournable de l'étape mais une quinzaine de producteurs proposent également des bières locales très intéressantes), une bouteille d'huile de noix du Moulin Castagné à Martel.

Pour ceux qui n'ont pas trop de trajet à faire, et si vous n'avez pas peur des parfums de chèvre, il est un trésor : le fromage AOC Rocamadour. Attention, si ces petits fromages sont succulents, ils supportent mal le voyage dans le coffre de la voiture ! Gare au coup de chaud qui fera galoper le petit chèvre !

Croustilot : prononcer le « t » final ! Fabriqué à partir de blé de deux meuniers du Lot, naturel et garanti sans additifs, ce délicieux pain renoue avec les saveurs d'autrefois, tout en associant céréaliers, meuniers et artisans-boulangers d'aujourd'hui. Mie moelleuse, croûte… croustillante, conservation exceptionnelle, ce pain se marie admirablement avec fromage, foie gras, fritons et autres régals du cru, mais peut aussi se déguster tout seul, comme un grand. Le Croustilot ainsi que son équivalent en baguette, la Croustinoise, sont disponibles chez de nombreux boulangers lotois et dans plusieurs points de vente tels que des épiceries de village et des magasins de production locale.

SPORTS ET LOISIRS

Pour un département comme le Lot, l'atout principal, ce sont ses éléments naturels. Les sportifs apprécieront les sports de plein air ! Grâce au balisage de nombreux sentiers qui serpentent sur tout le territoire dont le célèbre GR de Saint-Jacques-de-Compostelle, il est possible de s'adonner au plaisir de la randonnée à pied, à vélo, à cheval très facilement. La grande spécificité lotoise en matière de sport et loisirs est certainement la spéléologie. En effet, le monde souterrain du Lot, sculpté dans une roche calcaire par un vaste réseau phréatique, attire chaque année des milliers de visiteurs en sous-sol. A l'opposé, parapentes, parachutes et deltaplanes font partie du jeu et sont accessibles sur de nombreux sites de vols. La terre, l'air et l'eau ! Le Lot, c'est aussi des activités fluviales avec des points de baignades en eaux naturelles mais aussi la pratique du canoë-kayak et plus généralement du tourisme fluvial.

Sur les chemins du Quercy

Marcher est tout un art qui prend son sens sur les chemins du Quercy. Ici, on avance au rythme des pas depuis des siècles. Traversé par la Via Podensis, rebaptisée GR65 dans le langage moderne, le département voit passer chaque année des milliers de pèlerins en provenance du Puy-en-Velay. Le chemin de Saint-Jacques-de-Compostelle attire toujours plus de marcheurs, en « service » depuis l'an 851 après J.-C. C'est une voie d'anthologie, jalonnée de cathédrales, d'abbayes, d'anciens hôpitaux et de haltes de pèlerins. Le chemin des étoiles est aujourd'hui plus prosaïquement devenu un sentier de randonnée. Aujourd'hui, ce chemin est l'affaire de tous et porte au département une économie particulièrement importante pour les petits villages qui ont la chance d'être traversés par le GR. Il existe bien des variantes au chemin et le département du Lot à lui seul peut se targuer d'en voir passer deux ! L'une le traverse de Montredon jusqu'à Lauzerte via Figeac, Cahors

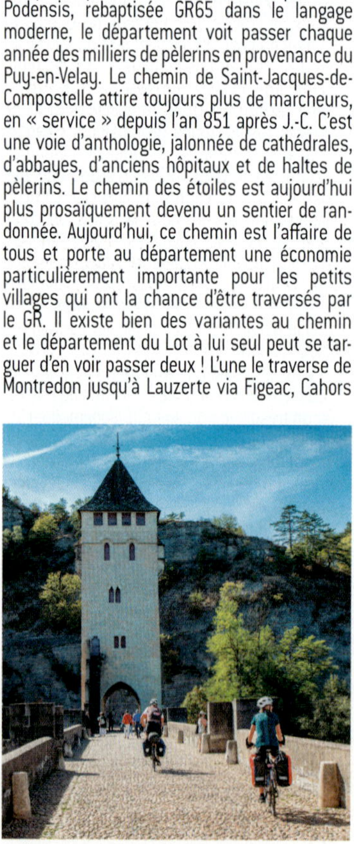

© B. PICCOLI - STOCK.ADOBE.COM

A vélo sur le Pont Valentré à Cahors.

et Montcuq, en provenance de Conques, dans l'Aveyron, et à destination de Moissac, dans le Tarn-et-Garonne. L'autre bifurque à Figeac pour emmener le pèlerin via la vallée du Célé à Rocamadour.

Bien d'autres itinéraires de promenades et de randonnées existent dans le Lot. Le département est traversé par 700 km de sentiers GR® (itinéraires de randonnées pédestres balisés en blanc et rouge, marque déposée par la FFRP), régulièrement entretenus.

Les amoureux du cheval ne seront pas en reste puisque le Lot est aussi une terre de cavaliers ! On voit par ailleurs de plus en plus d'éleveurs s'installer sur les causses. 1 500 kilomètres de sentiers balisés font le bonheur des aficionados de cavalerie. Plusieurs établissements qualifiés « accueil cheval » avec des aménagements spéciaux permettent de faire des haltes en toute sécurité. A Cabrerets, Montcléra, Creysse, Bagnac-sur-Célé ou encore Calvignac, des associations et manifestations équestres vous feront découvrir des promenades originales, dont certaines en attelage. L'âne peut également vous accompagner lors de vos randonnées et peut porter jusqu'à 40 kg de matériel. Un coéquipier qui peut s'avérer utile pour encourager vos enfants à la marche. Son rythme de 3 ou 4 km/h vous permettra de découvrir le Lot en toute tranquillité !

Le Lot et ses vallées constituent le terrain de jeu idéal pour une pratique douce du vélo. Peu de dénivelé, des parcours fléchés, des longueurs variées... De quoi satisfaire autant les familles avec enfants que les randonneurs avertis avec, au choix, 3 véloroutes, 2 voies vertes et près de 80 circuits. On aime beaucoup l'incontournable Véloroute Vallée du Lot et ses 160 km d'itinéraire entre Cahors et Aiguillon. Le parcours est fléché, le dénivelé faible et la circulation loin d'être dense – mais tout de même partagée avec les voitures. L'itinéraire permet de rejoindre le canal des 2 mers à 10 km. Optez sinon pour la

© DEBORDE - SHUTTERSTOCK.COM

Gabare sur le Lot.

Véloroute Promenade en Bouriane, de Gourdon à Groléjac, ou encore pour celle de la Vallée du Céou, entre l'Abbaye Nouvelle dans le Lot et Castelnaud-la-Chapelle en Dordogne. N'oubliez pas de tester en famille les voies vertes de Douelle à Mercuès et de Cazoulès à Sarlat. Alors tous à vos guidons et ouvrez grand vos yeux !

Le vélo électrique a fait son entrée dans le paysage local. Vous trouverez deux loueurs de matériels, les Vélos Verts du Lot près de Gourdon et Lot & Bike à Cajarc. Les deux prestataires proposent du matériels de qualité et peuvent vous aider à construire vos itinéraires. La location des vélos peut se faire à la demi-journée, la journée ou sur plusieurs jours pour de plus grandes excursions.

De la Terre aux étoiles

Le monde souterrain du Lot est un vaste territoire de conquêtes pour les adeptes de la spéléologie. Gouffres, igues, grottes sèches et rivières souterraines forment un ensemble dont les cartes offrent des trésors pour les spécialistes. Pour les spéléologues néophytes, le Lot représente le terrain de jeu idéal à l'apprentissage et à l'exploration. De la sortie familiale à l'initiation technique, les prestations sont adaptées à votre niveau. L'activité nécessite toutefois une bonne connaissance du terrain, un savoir-faire et du matériel homologué. Si vous souhaitez pratiquer la spéléologie, contactez le Centre départemental de spéléologie du Lot (CDS46), qui regroupe une dizaine de clubs et plus de 200 adhérents, et ne partez pas seul.

Jules Vernes aurait sans aucun doute adoré le Lot ! Après un voyage « au centre de la Terre », vous pourrez opter pour un aller-retour dans les nuages ! Parapente, parachutisme, montgolfières, ULM… le Lot est un terrain de jeux idéal pour prendre son envol !

L'aérodrome de Cahors-Lalbenque est certainement le point central avec des activités de parachutisme et d'ULM, des baptêmes de l'air, aviation légère et vol de planeur. La montgolfière qui trouve chaque année son festival à Rocamadour (les Montgolfiades) est pratiquée à Castelnau-Montratier où l'association Quercy Montgolfière propose des vols pour adultes et enfants à partir de 12 ans. La pratique du parapente est une évidence dans un département où les vallées creusent de magnifiques falaises. Au dessus de la Vallée du Lot ou de la Dordogne, plusieurs zones de décollage permettent de varier les plaisirs ! Il existe plusieurs clubs, à Martel, Montvalent ou encore à Douelle.

Tous à l'eau !

Avec de si belles rivières, aux eaux irrésistiblement attirantes l'été, lorsque le soleil chauffe le calcaire des causses, le Lot ne pouvait pas nous refuser les baignades. Elles sont nombreuses, 23 officielles, dont 14 aménagées et surveillées, avec partout une qualité de l'eau irréprochable. Pionnier en contrôle des eaux, le département a mis en place le dispositif « Inf'Eau Loisirs ». Chaque jour du 15 juin au 15 septembre, un bilan sur la qualité des eaux de baignade est émis et mis à disposition de tous. Liste des points de baignade et qualité de l'eau sur www.syded-lot.fr.

Dès le Moyen Âge, les gabares, ces bateaux à fond plat, descendaient le Lot pour transporter le charbon, le vin, les fruits vers les grandes villes de la plaine du Sud-Ouest. Aujourd'hui les gabares sont des bateaux habitables qui d'avril à octobre sillonnent la rivière de Luzech à Larnagol en passant par Cahors, soit 80 km de navigation. Le permis n'est pas nécessaire pour devenir capitaine de ces embarcations et se laisser bercer tout en profitant des paysages qui défilent lentement…

Enfin, il faut prévoir quelques manœuvres pour franchir les 17 écluses, manuelles pour la plupart, mais cela fait partie de l'aventure... Quel bonheur par exemple de s'arrêter au pied du village médiéval de Saint-Cirq-Lapopie ! Une semaine pour 160 km A/R à la base nautique de votre choix, c'est idéal pour découvrir le vignoble, le marché de Cahors et les jolis villages qui bordent la rivière.

Le Lot, la Dordogne et le Célé offrent également une multitude de possibilités pour pratiquer le canoë-kayak : location à l'heure, randonnées de plusieurs jours... Mais ces rivières offrent surtout un cadre exceptionnel : on aime le Célé pour son caractère intimiste et ses falaises de calcaire, le Lot pour partir à la recherche de curiosités patrimoniales, et la Dordogne pour suivre ses magnifiques méandres entre villages pittoresques et spots de pique-nique.

Chasse, pêche, nature

Entre causses et vallées, la faune lotoise est d'une grande richesse. Chevreuils, cerfs, sangliers, lièvres, mais aussi ortolans, ils peuplent les forêts et embellissent leurs sonorités. Le département compte quelque 9 500 chasseurs et 497 structures de chasse, dont 28 associations communales de chasse agréées (ACCA). Pour rappel, la détention d'un permis de chasse valide est obligatoire pour prétendre à cette activité. Un centre de formation y est dédié à Gramat.

Le département du Lot, riche d'un réseau hydrographique très diversifié, offre tous les ingrédients d'une parfaite harmonie du paysage et de l'émotion dans la pratique de la pêche. Le patrimoine naturel piscicole et halieutique lotois se compose de 1 500 kilomètres de cours d'eau de première catégorie qui combleront les traqueurs de truites fario – 12 parcours « no kill » pour les plus sportifs existent sur les rivières Lot, Célé, Ouysse, Veyre et Bave – 35 lacs et étangs, 400 kilomètres de rivières de deuxième catégorie qui offrent de nombreuses possibilités de captures de poissons blancs, « carpes record » ou carnassiers avec une population de black-bass intéressante sur le Lot entre Cahors et Puy-l'Evêque. Le Lot est d'ailleurs la rivière à carnassiers par excellence et attire de plus en plus de spécialistes. L'aménagement de nombreux postes accessibles aux handicapés permet à tous d'exercer leur passion : 8 plans d'eau, 4 lacs et 12 postes le long du Lot et du Célé bénéficient de pontons et de chemin d'accès praticable pour l'handipêche.

Astronomie

Le Lot jouit de la zone de plus faible pollution lumineuse de France métropolitaine. Baptisé « le triangle noir du Quercy », cet espace situé entre Rocamadour et la vallée du Célé se distingue par la qualité d'observation de son ciel nocturne, grâce à une lumière quasiment entièrement naturelle. Le Parc naturel régional des Causses du Quercy soutient l'aménagement de sites d'observation des astres. Lors des belles nuits étoilées, vous pouvez pleinement en profiter sur trois sites différents : Limogne-en-Quercy, Carlucet et Reilhac.

Créé en 1986, le Club d'astronomie de Gigouzac regroupe une trentaine de membres. Situé dans le fameux «triangle noir», prisé des observateurs d'astres, le club offre la possibilité de se rendre dans l'observatoire de Gigouzac, situé à 20 km au nord de Cahors, et qui porte le nom de son fondateur Daniel Chottin. Cet observatoire dispose d'une coupole de 3 m de diamètre qui abrite un télescope Newton de 310 mm. Le reste de l'année, des rendez-vous bimensuels permettent à ces passionnés de partager leurs observations. Le club participe également à la Nuit des étoiles et à la Fête de la science et organise plusieurs conférences.

Coucher de soleil à Limogne-en-Quercy, un des endroits idéal pour observer les étoiles.

GASTRONOMIE

Le Lot est gourmand mais surtout gourmet ! Depuis des siècles, on y cultive safran, truffe et noix, aujourd'hui considérés comme des valeurs sûres du raffinement culinaire. La carte du département vous convie à une promenade gustative pleine de découvertes. Les bonnes choses dans le Lot ne manquent pas : fromage de chèvre AOP Rocamadour, agneau du Quercy, truffes, châtaignes, noix, safran, foie gras, charcuterie, vin de Cahors AOC, bière artisanale, etc. La liste des petits plaisirs gustatifs ne fait pas défaut à un département où l'on aime l'art du bien manger. Pour ne pas omettre de déguster un produit, pensez à vous renseigner avant chaque visite dans une ville ou un village. Fort de sa ruralité, le Lot possède ses plats typiques, campagnards, goûteux et complets. La mique ou le mourtariol, la poule au pot farcie, la soupe au pain, les recettes de nos grand-mères sentent bon le terroir et les produits frais.

Un Quercy épicé !

On ne présente plus la truffe noire, *tuber melanosporum*, celle qui fait saliver tous les gourmets. La truffe naît en mai et juin à une vingtaine de centimètres de profondeur, se développe à la faveur des pluies des orages estivaux et commence à mûrir à partir des premiers froids. L'hiver, de fin novembre jusqu'en mars, la récolte de la truffe s'organise dans les sols calcaires des causses du Lot, plus particulièrement dans les causses de Martel et de Lalbenque.

Qu'est-ce qui est plus cher que le caviar et est le fruit d'une fleur mauve rapportée chez nous par les Croisés ? Le safran ! Dans le Lot, sa terre d'élection depuis le XIe siècle, on l'appelle l'or rouge. Il vaut d'ailleurs presque aussi cher que le précieux métal : autour de 30 000 € le kilo. Mais pas besoin d'en utiliser autant : 0,1 g suffit à parfumer un plat pour 4 personnes. Il faut récolter à la main 200 000 fleurs pour obtenir 1 kilo de safran sec ! Bien adaptée au sol des causses, la plante se récolte aux environs du 15 octobre, surtout dans les cantons de Limogne et Cajarc.

Canard, brebis, chèvre, etc.

Le canard

La gastronomie a un nom : le canard. On le déguste en magret, confit, aiguillettes, fritons... et bien sûr en foie gras. Mi-cuit, en conserve ou cru, il y en a pour toutes les papilles ! Spécialité culinaire millénaire devenue emblématique d'un certain savoir-faire français, le foie gras est le produit terroir par excellence. L'élevage et le gavage des canards sont pratiqués dans tout le département du Lot.

La brebis

Le cercle de couleur foncée autour des yeux leur donne l'air de porter des lunettes : il s'agit d'une race de brebis endémiques appelée Caussenarde, implantée sur les causses quercynois. On recense quelque 230 exploitations pour presque 200 000 brebis allaitantes, pour une commercialisation annuelle d'environ 40 000 labellisées en Agneau Fermier du Quercy. A l'origine, les élevages produisaient de la laine. Au XXe siècle, la production de la viande prend le dessus, secondée par celle du lait. Ce dernier, mélangé à celui de la chèvre, était destiné à la production du fromage roquefort. Le tendre Agneau du Quercy détient le Label Rouge depuis 1990 et est reconnu sous l'Indication Géographique Protégée (IGP) depuis 1996.

Le fromage Rocamadour

Il est petit, tout rond, tout doux et les bergers du Causse le fabriquaient déjà au XVe siècle. De vieux grimoires attestent qu'il servait à payer la dîme des seigneurs de l'époque. Les pèlerins en route vers Saint-Jacques l'emportaient dans leur besace. On l'appelait alors « cabécou » (de cabec, la « chèvre » en patois). Le fromage Rocamadour a son Appellation d'Origine Protégée (AOP) depuis 1996.

La mique

Préparation très ancienne indispensable aux paysans lorsque la vie aux champs était difficile, elle réchauffait, nourrissait et apaisait les estomacs affamés pour l'hiver. La recette est complexe et il faut avoir eu l'enseignement d'une grand-mère d'ici pour en comprendre toutes les subtilités. La mique en elle-même est une sorte de pain de campagne élaboré avec du lait, de la graisse d'oie, des œufs et du beurre. Une fois la pâte de la mique levée, elle cuira dans le faitout avec une soupe au petit-salé. Pour les hivers rudes, une autre recette vous réchauffera : le mourtariol. Célèbre soupe aromatisée au safran, elle était autrefois synonyme de fête dans les campagnes. Aujourd'hui, plus personne ou presque ne sait cuisiner cette recette de grand-mère quercynoise.

Quelques douceurs

Le pastis

Tout séjour dans le Lot s'accompagne de la dégustation de cette sorte de tourtière garnie de pommes marinées à la vieille prune.

Une pâte aussi fine qui rappelle... la pastilla. Ce sont les Maures qui ont laissé la recette dans le Sud-Ouest. Traditionnellement, le pastis est un gâteau des campagnes, réalisé par les femmes d'agriculteurs, les mamies, pour les fêtes religieuses ou familiales. La préparation est fastidieuse, la difficulté étant d'obtenir une pâte très fine qu'il faut laisser sécher pendant 4 à 5 heures tout en gardant encore de la souplesse. Le gâteau donne toutes ses saveurs lorsqu'il est servi tiède.

Les merveilles

Les beignets des grands-mères quercynoises ont leur propre petit nom tant ils ont comblé les enfants pendant des générations. On les appelle ici des merveilles ! Saupoudrés de sucre, ces beignets étaient toujours très attendus les jours de fêtes. La Pescajoun est une grosse crêpe épaisse cuite en une seule fois, servie tiède ou froide avec du sucre ou de la confiture.

La châtaigne

Base alimentaire dans la région bien avant que n'apparaisse la pomme de terre, la châtaigne a, depuis cent ans, conquis ses lettres de noblesse culinaire. Le Lot produit environ 400 tonnes de châtaignes par an, principalement dans le Ségala et la Bouriane.

Le melon du Quercy

Gorgé de sucre et de soleil, ce fruit offre sa tendre chair fraîche et parfumée. L'exposition plein sud des coteaux du Quercy blanc, ses sols riches en argile et en calcaire conviennent parfaitement à sa production. Voici quelques critères pour bien le choisir : couleur légèrement dorée, côtes encore visibles, forme régulière, fruit lourd et bien rempli avec pédoncule présent. Les melons ornés d'une sorte de broderie irrégulière sont souvent excellents. Les producteurs de melons du Quercy ont obtenu en 2004 l'Indication géographique protégée (IGP).

La noix

Appellation d'origine protégée (AOP), la noix dite du Périgord se cultive dans le Lot (ainsi que la Corrèze, la Dordogne et la Charente) – 4 640 hectares de production pour une récolte de 6 200 tonnes en moyenne sur l'aire géographique. On dénombre environ 300 nuciculteurs faisant de la commercialisation. Riche en magnésium, en phosphore, en potassium, pur cocktail de vitamines, la noix contribue à lutter contre le cholestérol, le stress, le vieillissement... Elle apparaît sur les marchés dès la mi-septembre, fraîche pour quelques semaines seulement.

Des alcools locaux

Dans le sillage du beau parcours de Christopher Ratz, premier aventurier brassicole du département (depuis 2001) de nombreuses micro-brasseries ont vu le jour dans le Lot. On compte aujourd'hui une quinzaine de producteurs de bières artisanales sur le territoire. Il est difficile d'en dresser la liste complète tellement l'engouement est important. Il se crée de nouvelles micro-brasseries régulièrement. Toutes ont leurs caractéristiques et chacun se forgera son idée sur celle qui remportera sa prédilection.Notre parcours gourmand se termine dans l'une des plus belles maisons du Lot : la distillerie Louis Roques. Il faut entrer et humer les parfums de la prune distillée pour saisir ce qui se cache derrière ce nom. Ici, on fabrique la Vieille Prune de Souillac, un des fleurons de la gastronomie locale. Basée à Souillac dans la Vallée de la Dordogne, cette entreprise centenaire produit une somptueuse eau-de-vie depuis 1835 !

AGENDA

Le Lot est un département qui ne manque pas de vie culturelle ! Le calendrier annuel est rempli d'une pléiade de rendez-vous festifs, culturels et sportifs. Si la plupart des festivals se concentre entre juin et septembre, le territoire bénéficie d'un dynamisme tout au long de l'année. De nombreuses manifestations animent le territoire jusque dans les plus petites communes. Festivals, concerts, expositions, conférences, courses... l'actualité lotoise est foisonnante. Elle est soutenue par les collectivités mais également par nombre d'associations vivantes et imaginatives qui proposent sans cesse de nouvelles offres. Nous vous avons sélectionné une dizaine d'évènements incontournables, des rendez-vous à ne manquer sous aucun prétexte. Pour autant l'agenda local est riche de bien d'autres propositions, n'hésitez pas à garder un œil ouvert sur l'actualité notamment grâce aux journaux lotois et aux offices de tourisme.

FETE DE LA TRUFFE

LALBENQUE

www.truffesnoires-lalbenque.com

Un week-end en janvier.

Elle est la reine incontestée de l'hiver et tient le devant de la scène tous les mardis matin de décembre à mars à Lalbenque lors d'un marché qui lui est entièrement consacré. Lors de la fête de la truffe, en janvier, elle connaît alors son moment de gloire. De nombreuses animations sont organisées autour du marché aux truffes : des ateliers de découverte, des concours de cavage (recherche de la truffe avec chiens et cochons), une initiation culinaire, une exposition de photos, des stands d'artisanat et de produits locaux. Tout pour découvrir ce produit noble !

LET'S DOCKS

CAHORS

www.lesdocks-cahors.fr

En juin.

Festival de musiques actuelles qui se produisent sur scène sur les allées Fénelon en plein centre-ville. Chaque soirée deux ou trois concerts sont programmés. Les dernières éditions ont vu se produire des artistes émergents de la scène musicale comme Jeanne Added ou des noms bien confirmés comme Asaf Avidan, Tom Dub, Chinese Man, etc. Le festival est porté par les Docks du Grand Cahors labellisés Scène de Musiques Actuelles. Outre le festival, les Docks animent un agenda culturel annuel dans leurs locaux et s'inscrivent dans une démarche artistique plus globale.

FESTIVAL CAHORS JUIN JARDINS

52, avenue André Breton

CAHORS

www.cahorsjuinjardins.fr

Premier week-end de juin.

Festival autour de la nature, des jardins et des paysages. Animations et ateliers autour d'une thématique propre à chaque édition. Créations éphémères proposées par des artistes plasticiens, des paysagistes, des designers du végétal. Ces œuvres sont exposées dans les Jardins Secrets de Cahors, que l'on peut visiter en suivant un circuit libre dans la ville. Le festival sort des murs de Cahors et propose des balades dans des jardins-paysages disséminés dans une vingtaine de communes.

LOT OF SAVEURS

CAHORS

✆ 05 65 53 20 65

www.lotofsaveurs.fr

Premier week-end de juillet.

Le Grand Cahors met la gastronomie à l'honneur autour d'un produit (la truffe, le melon, le safran, etc.), d'un chef et d'un grand banquet. En promouvant l'art culinaire à son plus haut niveau, Lot of Saveurs se place dans la tradition d'une cuisine qui rassemble et qui donne envie de partager. Créé pour faire honneur à ses chefs, le festival est celui du « bien manger ». Ancré et attaché à son territoire, Lot of Saveurs est inscrit au patrimoine mondial de l'Unesco pour son célèbre banquet organisé comme point d'orgue du festival.

FESTIVAL DE LA CHANSON À TEXTE

MONTCUQ-EN-QUERCY-BLANC
www.festichanson-montcuq.com
Mi-juillet.

Estrade rurale de qualité au meilleur de la chanson francophone. C'est le rendez-vous des amoureux des mots et de la chanson française. Plus confidentiel que d'autres événements lotois, ce festival fait la part belle aux textes des chansons et programme des artistes souvent confirmés, mais connus dans des cercles plutôt restreints. Loin de l'effervescence des grands rendez-vous, venez profiter d'artistes et découvrez des inconnus de grande qualité.

CAHORS BLUES FESTIVAL

Rue Wilson
CAHORS
✆ 05 65 35 87 83
www.cahorsbluesfestival.com
Du 13 au 17 juillet 2021. Billetterie en ligne.

Depuis 1982, à la mi-juillet, Cahors se pare des couleurs du blues. Chaque année, ce sont plus de 20 000 personnes qui viennent, l'espace d'un soir ou d'une semaine, profiter de l'atmosphère chaude du festival. Artistes de légende ou découvertes de la nouvelle scène, ce festival est une pépite incontournable. En marge des programmations payantes du soir, des concerts gratuits animent les après-midi et une soirée du « blues dans la ville » permet à des groupes de se produire aux terrasses des cafés et des brasseries. Toute la programmation sur le site internet.

L'ECAUSSYSTÈME

GIGNAC
✆ 05 65 32 69 05
www.ecaussysteme.com
Dernier week-end de juillet.

L'Ecaussystème est un concept de festival de musiques actuelles, citoyen et solidaire. Articulé autour des thèmes du développement durable, de l'économie solidaire et de la solidarité nord-sud. Au programme : marché bio-équitable, artisans et acteurs sensibilisés à l'écologie, etc. Et bien-sûr de la musique comme élément de ralliement autour d'un projet festif et convivial. De grands noms de la scène actuelle se sont succédé sur la scène de la plaine du Touron : Ben Harper, Manu Chao, Angèle, Asaf Avidan... Programme à consulter sur le site du festival.

RENCONTRES CINÉMA DE GINDOU

Le Bourg
GINDOU
✆ 05 65 22 89 99
www.gindoucinema.org
En août.

Festival sans compétition, qui est chaque année le point de rendez-vous de plus de 20 000 spectateurs. Une centaine de films est projetée avec pour plus de la moitié la présence des membres de l'équipe du film qui anime une «tchatche» le lendemain de la projection. Au catalogue : des courts et longs métrages, des documentaires, des fictions, etc. Le festival se termine par une grande nuit de cinéma où des films sont projetés jusqu'à l'aube. Toutes les séances ont lieu en plein air.

FESTIVAL DE THÉÂTRE DE FIGEAC ET SAINT-CERE

FIGEAC
✆ 05 65 38 28 08
www.festivaltheatre-figeac.com
En juillet. Tarifs : détails sur le site internet.

Populaire et culturel, le festival de Figeac transforme le cœur de ville en scène vivante. Des textes anciens, modernes ou contemporains, il y en a pour tous les goûts et toutes les interprétations. Une façon de donner l'impulsion à des spectacles de qualité et souvent méconnus. L'autre versant de ce rendez-vous culturel se trouve à Saint-Céré au Théâtre de l'Usine où des pièces d'opéra sont programmées. L'occasion de promouvoir la grande musique auprès de tous les publics.

FESTIVAL BD DE CAJARC

CAJARC ✆ 05 65 40 72 89
www.labdprendlair.net
Troisième week-end de septembre. Entrée : 3 €.

Après Angoulême, Cajarc est la deuxième capitale de la bande dessinée en France. Rencontres avec les auteurs sur un week-end. Chaque année, ce sont plus de 30 auteurs qui sont présents en dédicace. Certains animent des ateliers pour les enfants et les adultes. Une exposition vous attend dans le hall d'entrée. Lors de ce week-end entièrement dédié à la bande dessinée, la salle des fêtes devient un espace de paradis pour les petits et les grands. Elle se transforme en librairie géante où neufs et occasions sont une mine d'or pour les *aficionados* du genre.

UNE JOURNÉE EXCEPTIONNELLE
Copeyre
1 DESCENTE EN CANOË
Le LABYRINTHE de l'Ermite
+1 ENTRÉE
VOUS ÊTES BIEN VALLÉE DE LA DORDOGNE
+1 ENTRÉE
quercyland parc d'attractions
18€ PAR PERSONNE
RENSEIGNEZ-VOUS AU 05 65 32 72 61
www.copeyre.com - contact@copeyre.com

Les Incontournables des Vallées Lot & Dordogne

Evadez-vous...
nos sites
vous accueillent !

01 *La Maison des Abeilles*
ROCAMADOUR
Tél. 05 65 33 66 98

04 *Les Forêts des Singes*
ROCAMADOUR
Tél. 05 65 33 62 72

Rejoignez-nous !
www.incontournables-lot.com

09 *Phosphatières Cloup d'Aural*
BACH
Tél. 05 65 20 06 72

12 *Les Grottes de Lacave*
LACAVE
Tél. 05 65 37 87 03

02 *La Borie d'Imbert*
ROCAMADOUR
Tél. 05 65 33 20 37

05 *Les Rocher des Aigles*
ROCAMADOUR
Tél. 05 65 33 65 45

07 *Copeyre / Quercyland*
SOUILLAC
Tél. 05 65 32 72 61

10 *Train à vapeur de Martel*
MARTEL
Tél. 05 65 37 35 81

13 *Archéosite des Fieux Préhistoi*
MIERS
Tél. 06 16 26 74 35

03 *Reptiland*
MARTEL
Tél. 05 65 37 41 00

06 *Parc Animalier*
GRAMAT
Tél. 05 65 38 81 22

08 *Visitez Cahors et sa Vallée*
CAHORS
Tél. 05 65 30 16 55

11 *Prehisto Dino Parc*
LACAVE
Tél. 05 65 32 28 28

14 *Grotte de Presqu*
ST MÉDARD DE PRESQ
Tél. 05 65 40 32 01

VALLÉE DE LA DORDOGNE

Renommée rivière espérance par Christian Signol, la rivière Dordogne creuse sa vallée dans trois départements. Dans sa version lotoise, elle déploie son lit dans un décor somptueux, d'une nature brûlante d'émotions. En 2021, la destination Vallée de la Dordogne a une nouvelle fois été distinguée. Le site bruxellois European Best Destination met en compétition les meilleures destinations vacances en Europe. Il a classé la vallée 12e du top 20 et en tête des destinations dans le cœur des Français. Rocamadour, site touristique majeur, draine chaque année 1,5 million de visiteurs et fait rayonner son attractivité tout autour. Carte majeure du territoire, la vallée a bien d'autres atouts dans son jeu : un tourisme fluvial complet, des cités remarquables comme le triangle Carennac – Loubressac – Autoire, une proposition culturelle riche et diversifiée, une offre de logements variée, des itinéraires thématiques, etc. Une vallée incontournable.

Vallée de la Dordogne
2,5 KM
Cressensac
LE VIGNON-EN-QUERCY
Saint-Michel-de-Bannières
VAYRAC
MARTEL
Lachapelle-Haute
Saint-Denis-lès-Martel
CARENNAC
Laval-de-Cère
Gagnac-sur-Cère
Biars-sur-Cère
Glanes
BRETENOUX
Prudhomat
SOUILLAC
Peyrillac-et-Millac
Cazoulès
Lanzac
MEYRONNE
LOUBRESSAC
SOUSCEYRAC-EN-QUERCY
SAINT-CÉRÉ
Saint-Jean-Lespinasse
AUTOIRE
PADIRAC
MIERS
Pinsac
NADAILLAC-DE-ROUGE
LACAVE
Masclat
ALVIGNAC LES EAUX
Réserve Naturelle du Marais de Bonnefont
ROCAMADOUR-L'HOSPITALET
Payrac
LEYME
TERROU
GRAMAT
P.N.R. des Causses du
50

ROCAMADOUR ★★★★

Le Lot a son Mont-Saint-Michel : Rocamadour, deuxième site touristique le plus visité de France derrière son homologue normand. En arrivant de la route de Couzou, vous serez saisi par l'audace des bâtisseurs qui ont construit la cité à travers les siècles. Edifiée au sommet d'un roc de 150 à 350 mètres de hauteur, Rocamadour domine la vallée de l'Alzou. Dans son écrin de roche, la cité aux pierres blanches trouve son origine aux confins de l'histoire et de la légende. Les historiens ont du mal à retrouver la date de naissance de cette cité. Au Paléolithique déjà elle abrite les premiers hommes comme peuvent l'attester les dessins qui ornent les parois de la grotte des Merveilles. C'est au Moyen-Âge que se dessine véritablement Rocamadour. Le XIIe siècle marque un tournant dans la vie de la cité. On découvre en 1166 les restes intacts de saint Amadour qui donnera son nom à la cité. Des premiers miracles sont attestés et le rocher se dédie alors à la Vierge. Ici, elle sera noire ! C'est l'un des trésors de Rocamadour : la petite statue de sa Vierge noire dont l'origine reste un sujet de polémique. La cité mariale devient un lieu de pèlerinage réputé qui voit passer des anonymes mais aussi de bien célèbres pèlerins (Henri II d'Angleterre, Simon de Montfort, Blanche de Castille et Louis IX de France, saint Dominique et saint Bernard, entre autres figures illustres) qui viennent y vénérer la Vierge noire et le tombeau de saint Amadour. Aujourd'hui encore, Rocamadour est la deuxième cité mariale de France après Lourdes. Elle attire chaque année 1,5 million de visiteurs.

ASCENSEUR DE ROCAMADOUR

Cité Médiévale

✆ 05 65 33 62 44

www.ascenseur-rocamadour.com

Ouvert toute l'année tous les jours. Gratuit jusqu'à 8 ans. Adulte : 3,10 € (aller-retour, passage simple 2,10 €).

L'ascenseur de Rocamadour, qui existe depuis 1953, est le lien entre le coeur historique de Rocamadour et l'ensemble sacré des 6 chapelles et de la basilique Saint-Sauveur. Avec l'ascenseur, il ne faut que 40 secondes pour parcourir les 155 mètres (et les 216 marches !) du Grand Escalier des Pèlerins qui vous séparent du niveau des Sanctuaires. Vous voilà arrivés sur le parvis qui ouvre vers la basilique Saint-Sauveur, l'église Saint-Amadour et les chapelles Notre-Dame et Saint-Michel. Une bonne alternative pour ceux qui ont des difficultés à monter les marches !

BASILIQUE SAINT-SAUVEUR ✝ ★

D 673

Cette basilique des XI et XIIIe siècles est des plus singulières. Ses deux nefs sont en effet adossées aux parois de la falaise. La mezzanine en bois qui les surmonte est elle un ajout du XIXe siècle. Dans le chœur, on admire le bas relief en bois doré de l'autel représentant l'Assomption et le Christ en bois polychrome du XVIe siècle qui le surmonte. L'église basse du XIIe siècle est une crypte qui abritait jadis les reliques de saint Amadour. Sa voûte quadripartite, soutenue par un grand arc doubleau, est de toute beauté.

Basilique Saint- Sauveur.

GROTTE PRÉHISTORIQUE DES MERVEILLES ★

L'Hospitalet ✆ 05 65 33 67 92
www.grottedesmerveilles.com
Ouvert de Pâques à Toussaint. Horaires et jours de visites sur le site. Adulte : 7,50 €. Enfant de 5 à 11 ans : 4,50 €.

Situé à 100 m à peine du panorama de Rocamadour, l'accès à ces grottes est facile, une petite quinzaine de marches seulement à descendre. La visite commence par la vision de jolies concrétions et de gours où se reflètent des stalactites. On éprouve une certaine émotion devant le travail d'artistes du Paléolithique supérieur qui, voilà plus de 20 000 ans, ont fait de ce lieu un sanctuaire remarquablement orné de peintures rupestres (chevaux, cerfs, félins et six mains négatives).

LA MAISON DES ABEILLES

Route de Gramat ✆ 05 65 33 66 98
le-pain-d-epice-du-quercy.com
Fermé d'octobre à mars. Ouvert tous les jours de 10h à 12h30 et de 14h à 19h. Boutique. Gratuit.

Entrez dans un rucher vivant ! 300 m² climatisés en accès libre vous permettent d'observer au travers d'une baie vitrée la vie intense des abeilles domestiques, vaquant à leurs occupations. Un véritable document vivant sur cet univers fascinant de l'apiculture qui permet d'appréhender la vie des abeilles et la fabrication du miel. Après la visite du musée, profitez d'une dégustation gratuite des fameux produits de la ruche et de la noix. A côté du musée, une boutique propose du pain d'épices du Quercy et des produits dérivés issus de l'apiculture.

MOULIN FORTIFIÉ DE COUGNAGUET

Route de Calès-Gorges-de-l'Ouysse - **CALÈS**
✆ 05 65 32 63 09
www.cougnaguet.com
Ouvert du 1er avril au 31 octobre tous les jours de 10h à 12h et de 14h à 18h. Adulte : 5 €.

À 2 kilomètres de Rocamadour, découvrez ce moulin à eau fortifié intact, édifié au XIVe siècle par des moines sur le cours d'eau de l'Ouysse. La fortification du moulin avait pour but de protéger celui-ci contre d'éventuels pillages. Il est équipé de quatre meules d'environ 1,5 tonne. Le guide, passionné et passionnant, réside sur place et entretient son patrimoine. À découvrir comme un joyau, en flânant le long des berges de l'Ouysse et de ses reflets émeraude enchanteurs.

LA FORÊT DES SINGES ★★★

L'Hospitalet ✆ 05 65 33 62 72
www.la-foret-des-singes.com
Haute saison ouvert tous les jours de 9h30 à 18h30. Adulte : 9,50 €. Enfant de 5 à 14 ans : 5,50 €. Jeu de piste.

© LA FORÊT DES SINGES. C. ORY

La forêt présente dans un cadre naturel de 20 hectares, plus de 150 macaques de Barbarie (ou magots), une espère protégée, originaire des montagnes marocaines et algériennes. La visite s'effectue au milieu des singes en liberté sur un itinéraire de 1,3 km. La proximité avec les animaux promet bien des émotions. Vous découvrez leur façon de vivre en groupes, leurs jeux, leur mode de vie, leurs habitudes, etc. Une animation « nourrissage des animaux » est assurée toutes les 45 minutes par des soigneurs. Un vrai moment de découverte pour les visiteurs.

REMPARTS DE ROCAMADOUR ★★★

Ouvert toute l'année. Tous les jours de 8h à 20h. Accès libre. Visite guide 2 €.

De ces remparts en surplomb - vestiges d'un fort du XIVe siècle destiné à protéger le sanctuaire, le château de Rocamadour tout en haut du village interdisait l'accès à la cité par le haut de la falaise. Entre ciel et terre, la vue depuis le chemin de ronde offre depuis des siècles un panorama unique sur le site, la vallée de l'Alzou et le canyon. En cheminant par ces remparts on peut ressentir l'Histoire. En juillet et août, des visites nocturnes guidées des sanctuaires sont proposées. La descente vers la cité se fait par un ascenseur ou par le chemin de croix.

La cité de Rocamadour
© JAVIER GIL - FOTOLIA

SANCTUAIRE NOTRE-DAME DE ROCAMADOUR

Résidence des Chapelains
✆ 05 65 14 10 59
www.sanctuairerocamadour.com
En accès libre toute l'année.

Cela fait près de mille ans que le sanctuaire Notre-Dame de Rocamadour est fréquenté par les pèlerins venus du monde entier. C'est une toute petite statue de la Vierge Noire vers qui convergent tous ces pèlerins. Agrippée à la paroi rocheuse du canyon de l'Alzou, la cité de Rocamadour est saisissante. Site marial majeur dans l'Hexagone, Rocamadour est une étape incontournable pour celui qui découvre le Lot et la Vallée de la Dordogne. Un incontournable.

OFFICE DE TOURISME VALLÉE DE LA DORDOGNE

L'Hospitalet
✆ 05 65 33 22 00
www.vallee-dordogne.com/rocamadour
Deux accueils : à l'Hospitalet et dans la Cité. Se renseigner sur les jours et heures d'ouverture. Visites guidées.

Au cœur de la vallée de la Dordogne, pays d'art et d'histoire, l'office de tourisme est ouvert à l'année dans la cité, et d'avril à octobre à L'Hospitalet, au-dessus de la cité médiévale. Il vous guide à la rencontre des plus grands sites touristiques du Lot. Visites guidées de la cité médiévale tous les jours sur rendez-vous (au départ de L'Hospitalet). Pour les groupes, les visites peuvent se faire en français, anglais, espagnol et d'autres langues sur demande.

LE PETIT TRAIN

Parking de la vallée
✆ 06 08 26 25 56
www.lepetittrainderocamadour.com
Ouvert tous les jours de 10h30 à 19h30 de début avril à fin septembre. Aller-retour : 4 € adulte et 2,50 € enfant.

Le célèbre petit train de Rocamadour vous attend en «gare», au pied de la cité médiévale, Porte du Figuier, à côté du parking. Il vous amènera à l'intérieur des remparts de la majestueuse cité mariale, un moment inoubliable et magique pour les enfants. Le petit train ravira petits et grands en contant Rocamadour dans 7 langues (français, anglais, espagnol, allemand, néerlandais, italien et japonais). Le soir, la balade est agrémentée de commentaires relatifs à l'histoire de Rocamadour. Possibilité d'excursions en journée ou de nuit sur réservation.

ÉCOPARC DU ROCHER DES AIGLES ★★

Marcayou
✆ 05 65 33 65 45
www.rocherdesaigles.com
Haute saison ouvert tous les jours de 10h à 20h. Adulte : 11 €. Enfant de 4 à 13 ans : 7 €.

Ce parc ornithologique présente des centaines d'oiseaux très rares du monde entier dont le pygargue à queue blanche et un condor des Andes. Sa vocation est de montrer des oiseaux mais aussi de soigner les individus blessés recueillis par les gardes-chasses et reproduire les espèces en captivité. Une pléiade d'oiseaux vous offre un voyage aérien unique. Si les aigles sont ici les rois, vous découvrirez d'autres espèces du vautour au perroquet en passant par les chouettes et les hiboux.

© ©ROCHERDESAIGLES.AMAYLIN

© ©ROCHERDESAIGLES.AMAYLIN

L'AMADOUR HÔTEL €

L'Hospitalet
✆ 05 65 33 73 50
www.amadour-hotel.com

Ouvert toute l'année. A partir de 52 €. Petit déjeuner buffet : 8,70 €. Parking. Chèque Vacances. Animaux acceptés.

Situé à 50 m du magnifique point de vue sur le village médiéval, sur les hauteurs de la cité, l'Amadour Hôtel est certainement l'une des meilleures adresses pour profiter du spectacle permanent façonné par la nature et la main de l'homme. L'établissement allie confort, modernité et quiétude pour vous offrir des prestations à la hauteur du Rocher. Certaines chambres bénéficient d'ailleurs d'une terrasse. L'heureux propriétaire des lieux ne manquera pas de vous prodiguer tous les conseils nécessaires pour ne rien louper de l'aventure médiévale.

DOMAINE DE LAGARDELLE €

Lieu-dit Lagardelle ✆ 05 65 33 44 03
www.domainelagardelle.com

Ouvert du 1er mai au 1er septembre. Chambre double 66 €. Table d'hôte 26 €. Gîte. Chèque Vacances. Wifi gratuit.

À seulement six kilomètres du site de Rocamadour, le Domaine de Lagardelle propose trois chambres d'hôtes et un gîte de quatre couchages dans un cadre calme et verdoyant. Chaque chambre dispose d'une terrasse, qui permet de profiter de la vue magnifique dès le réveil. Le petit-déjeuner est copieux et délicieux, et l'hôte charmant. Dans une ancienne ferme, en pleine campagne, vous trouverez ici le confort et la quiétude d'un lieu empreint de poésie. Une adresse idéale pour les amateurs de calme en recherche de sérénité, en recherche de Rocamadour !

LA GRELOTTIÈRE €

Lafage
✆ 05 65 11 85 48

Ouvert de début avril à mi novembre. Chambre double 50 € petit déjeuner inclus. Accueil pèlerin. Table d'hôte.

Situé au hameau de Lafage, la Grelottière propose ses hébergements pour organiser vos étapes. Un corps de ferme du XVIIIe siècle, purement quercynois, dont l'âme a traversé le temps. Le calme et le charme du lieu restent le gage de la réussite de votre séjour en Quercy. A deux pas de Rocamadour, pour les moteurs, vous arriverez par la D673. Pour les randonneurs, un chemin pédestre et équestre à partir du château de la cité. Vous aurez également l'option d'accès direct par la vallée de l'Ouysse ou le canyon de l'Alzou. Charme, accueil, gastronomie...

HÔTEL DES VOYAGEURS €

La Gare
✆ 05 65 33 63 19
www.hoteldesvoyageurs.eu

Ouvert de mi mars à mi novembre. Chambre à partir de 47 €. Petit déjeuner : 8 €. Garage. Chèque Vacances.

L'Hôtel des Voyageurs, créé au XIXe siècle, constitue une adresse simple et authentique idéale pour une halte d'une nuit. Un accueil convivial et sympathique vous sera réservé à votre arrivée. Un petit déjeuner vous est servi sur réservation. Après une journée de découverte dans la cité et aux alentours, le retour dans votre chambre ne sera pas pour vous déplaire ! Une très bonne situation de départ de balade pour ce petit hôtel familial simple et chaleureux et d'un excellent rapport qualité-prix, surtout dans les environs de Rocamadour.

HÔTEL-RESTAURANT DU LION D'OR €

Cité médiévale ✆ 05 65 33 62 04
www.liondor-rocamadour.com

Fermé en janvier-février. Nuit à partir de 47 €. Petit déjeuner : 8,50 €. Parking. Chèque Vacances. Wifi. Restauration.

L'hôtel du Lion d'Or est une belle et authentique maison hôtelière, composée de deux établissements situés à 50 m l'un de l'autre. La réception et le restaurant se trouvent dans le bâtiment principal, où l'ensemble de l'équipe vous accueillera. Les chambres sont confortables, certaines étant desservies par un ascenseur, d'autres vous offrant une vue privilégiée sur la vallée ou sur la cité. Le restaurant de l'hôtel délivre une vue panoramique dominant le canyon de l'Alzou.

LE PETIT RELAIS €

Le Bourg - **CALÈS**
✆ 05 65 37 96 09
www.hotel-petitrelais.fr

Fermeture en janvier. Chambre à partir de 80 €. Petit déjeuner 12 €. Soirée étape 105 €. Animaux acceptés. Restauration.

Situé au cœur du village de Calès, le Petit Relais est une adresse à retenir pour sa situation idéale et ses prestations de qualité. Possibilité de prendre la demi-pension. Le restaurant est réputé et membre de l'association des Bonnes Tables du Lot, où qualité et gentillesse sont les maîtres mots. Karine et Olivier, les patrons, vous invitent à venir découvrir la diversité de la carte, renouvelée chaque saison. Les repas sont servis dans la salle, rustique, ou en terrasse. Une belle étape à quelques encablures de Rocamadour, loin du tumulte estival.

LE BOIS D'IMBERT €€€

Route de Lacave Lieu dit le Bois d'Imbert
✆ 0581314040
leboisdimbert.com

Ouvert toute l'année. Nuitée à partir de 78 €. Petit déjeuner 15 €. Animaux acceptés (+ 10 €). Restaurant.

Notre coup de cœur de l'année ! Non loin de l'agitation de la cité, Le Bois d'Imbert offre la possibilité d'un séjour entre nature et confort. Les prestations, à la hauteur des 4 étoiles qu'il arbore, sont soignées, raffinées et professionnelles. Le tout jeune établissement peut déjà s'appuyer sur les valeurs d'accueil qui en font sa signature. Les atmosphères recréées ici ont été magnifiquement imaginées avec une décoration élégante. Le volet restauration est tout aussi intéressant et la salle de restaurant offre une vue panoramique sur la vallée de l'Ouysse.

LE RELAIS AMADOURIEN €

Route du Château
✆ 05 65 34 39 19
www.relais-amadourien.com

Ouvert de Pâques à Toussaint. A partir de 60 € la nuit. Parking inclus. Chèque Vacances. Animaux acceptés (5 €/jour).

Dans une ambiance cosy et contemporaine, le Relais Amadourien accueille pèlerins et visiteurs dans le calme tout en étant à proximité immédiate de la cité. L'hôtel se situe au niveau du chemin de croix et des ascenseurs qui mènent directement aux sanctuaires et à la cité médiévale. Sur les hauteurs de Rocamadour, vous profiterez tout à votre aise de votre séjour sur le rocher. Un hôtel familial avec des prestations simples, alliant calme et confort. La salle du petit-déjeuner est ouverte sur le jardin, avec une vue panoramique sur la vallée.

LE BELLAROC €€

L'Hospitalet
✆ 05 65 33 63 06
www.hotel-bellaroc.com

A partir de 57 € la nuit, de Pâques à Toussaint. Parking inclus. Animaux acceptés (5 €/nuit). Restauration : 15 € env.

Situé sur les hauteurs de la cité médiévale, avec une vue superbe sur le château et les alentours, le Bellaroc jouit d'une des meilleures vues sur la vallée de la Dordogne, à 10 minutes à pied de la cité. Aux beaux jours il fait bon déjeuner sur la terrasse en dégustant les saveurs locales mises à l'honneur dans un esprit jeune et inventif. Il dispose d'une piscine extérieure et d'un parking réservé. Ce petit hôtel propose une excellente cuisine. Il a tous les atouts pour vous faire passer un excellent moment au cœur d'un des plus beaux villages de France.

CAMPING LES CIGALES €€

L'Hospitalet
✆ 05 65 33 64 44
www.camping-cigales.com

Ouvert du 2 avril au 30 septembre 2021. Emplacement de 22 € à 34 €/nuit. Locatifs à partir de 45 €/nuit.

Le camping Les Cigales propose un séjour en camping ou locatifs : mobil-homes, chalets et roulottes sur près de 3 hectares semi-ombragés. Rien ne manque dans ce camping grand confort : piscine chauffée et pataugeoire, terrains de pétanque et de volley, aire de jeux pour les enfants, ping-pong, baby-foot, flipper, billard, snack, pizzeria, bar, épicerie, boulangerie, sans oublier de nombreuses animations les soirées en saison. Le domaine, très propre, est très bien entretenu. Accès à la cité médiévale à pieds à partir du camping.

CAMPING PADIMADOUR €€

La Châtaigneraie-Varagne ✆ 05 65 33 72 11
www.padimadour.fr

Ouvert de début avril à fin octobre. Emplacements dès 19 €/nuit. Locatifs dès 300 €/semaine. Bain bouillonnant.

Le camping Padimadour donne de l'espace à chacun afin de privilégier des vacances confortables en pleine nature, loin de l'agitation des foules ! L'accueil est chaleureux, la propreté irréprochable, tout est mis à votre disposition pour que vous vous sentiez vraiment en vacances : ce camping mérite bien ses quatre étoiles ! Piscine chauffée couverte avec une eau à 28 °C toute la saison. Boulangerie du matin en saison, épicerie de dépannage, pizzas sur place ou à emporter, restaurant, 27 cottages grand confort : tout est pensé dans ce camping pour votre bien-être.

CHÂTEAU DE LACOMTÉ COUNTRY CLUB €€

Lieu-dit Lacomté - **CARLUCET** ✆ 05 65 38 75 46
www.chateaulacomte.com

Ouvert du 1er mai au 15 septembre. Réservé aux adultes. Emplacement à partir de 27 €. Locatifs dès 280 €/semaine.

Voici l'endroit idéal pour vous ressourcer dans le calme et la sérénité. Le camping, parmi les plus beaux du département, accueille caravanes, tentes et camping-cars, mais propose aussi à la location un gîte, des chalets et des mobil-homes. Les vacanciers qui optent pour un emplacement *freedom* se voient remettre les clés d'une voiture : un choix idéal pour se déplacer sans son camping-car ! Le camping dispose par ailleurs d'un restaurant qui sert une cuisine gastronomique locale.

HOSTELLERIE BELLEVUE €€

L'Hospitalet
✆ 05 65 33 62 10
www.hotel-bellevue-rocamadour.com

Ouvert de Pâques à Toussaint. Nuitée à partir de 60 €. Parking. Chèque Vacances. Restauration (menus 20/30 €).

Perché sur les hauteurs, la vue sur Rocamadour est de toute beauté. Le charme de l'endroit, c'est aussi l'esprit encore traditionnel de l'hôtellerie. On y est accueilli avec grande attention et la tenue des chambres est irréprochable. Avec sourire et courtoisie, on vous rendra le séjour des plus agréables. Outre le confort des chambres, on apprécie aussi un petit déjeuner buffet : charcuteries, pâtisseries, crêpes, viennoiseries, clafoutis et fromage blanc. Au goût on ne s'y trompe pas, le fait maison et le frais sont de rigueur.

HÔTEL LE TROUBADOUR €€

Lieu-dit Belveyre
✆ 05 65 33 70 27
www.hotel-troubadour.com

Ouvert du 12 fev. au 14 nov. Chambre double de 69 € à 145 €. Demi-pension 44 €. Petit déjeuner 12,50 €. Menus 34/38 €.

Le Troubadour vous accueille dans une ancienne ferme du XVIIe siècle avec son parc de 2 ha, sa piscine chauffée, son pigeonnier et sa terrasse. Avec leurs murs à la chaux, leurs portes en châtaignier, leur plancher en chêne massif chevillé à l'ancienne et leurs meubles réalisés par un ébéniste local, les chambres sont à la hauteur du standing de l'établissement. Dans la grande salle de restaurant et ses couleurs chaudes, on déguste une cuisine aux accents du terroir et aux produits frais. A noter en plus le gîte en pierre de 100 m^2 d'une capacité de 5 personnes.

HÔTEL-RESTAURANT LE BELVÉDÈRE €€

Voie Sainte ✆ 05 65 33 63 25
www.hotel-le-belvedere.fr

Ouvert à l'année sauf en janvier. Nuitée de 58 € à 84 €. Demi-pension. Petit déjeuner 9 €. Menus à partir de 19 €.

Le Belvédère est un hôtel avec de belles chambres claires et spacieuses. Ne pas se fier à la façade qui n'offre pas une bonne image. Côté restaurant, on retrouve une cuisine de tradition qui sera d'autant plus appréciée si elle est savourée sur la magnifique terrasse avec une vue imprenable sur le canyon de l'Alzou. De très belles prestations pour cet hôtel en harmonie avec la qualité des menus gastronomiques et l'accueil sans faille. Un excellent rapport qualité-prix.

LES PIRONDEAUX €€

Place des Senhals ✆ 06 87 82 28 27
www.chambrehotesrocamadour.fr

Ouvert de février à novembre. 3 chambres. Nuitée à partir de 95 €. Petit déjeuner inclus. Parking. Restauration.

La maison Les Pirondeaux, accrochée au roc surplombant la rue principale, à l'aplomb du grand escalier et face aux sanctuaires, est le lieu rêvé pour passer une (ou plusieurs) nuit(s) au cœur de la cité historique de Rocamadour. Après avoir traversé plusieurs siècles d'histoire, cette élégante demeure a été restaurée et décorée dans un esprit résolument contemporain. Chambres lumineuses, belles salles d'eau dotées de douches à l'italienne. Deux des 3 chambres, aménagées en suites-appartements (de 2 à 6 places), bénéficient d'un coin cuisine tout équipé.

LE ROC €€

Pech-Alis ✆ 05 65 33 68 50
www.camping-leroc.com

Ouvert du 1er avril à début novembre. Emplacement à partir de 16 €. Locatif à partir de 263 € la semaine.

Le camping est situé à 3 km du centre de la cité médiévale de Rocamadour et 10 minutes du Gouffre de Padirac. Répartis sur 2 hectares sous un bois de chênes et d'érables, spacieux et ombragés, les 49 emplacements de 90 à 200 m^2, mais aussi ses chalets et ses mobil-homes, offrent une ambiance propice à la détente. L'accueil chaleureux et familial du camping de Pascale et Philippe vous promet des vacances réussies. A faire sur place : pétanque, ping-pong, volley, billard et baby-foot, sans oublier les animations parmi lesquelles les soirées dansantes...

LE RYOKAN €€

Lieu-dit Magès
✆ 05 65 11 63 67
www.leryokan.com

Ouvert de début avril à début novembre. Gites jusqu'à 6 places à partir de 360 € la semaine et 65 € la nuit.

Les 3 gîtes (Kyoto, Cocon, Saïgon) du Ryokan sont le fruit d'un patrimoine lotois associé à une inspiration zen asiatique ! La vieille pierre, de style quercynoise, qui fait tout le charme des vieilles bâtisses, est ici sublimée par une décoration intérieure d'inspiration asiatique. La quiétude et l'harmonie de la nature sont très présentes et prêtent à la paix intérieure. Venez ici pour vous ressourcer, vous détendre et profitez au mieux de vos vacances lotoises. Des hôtes sympathiques, simples, agréables, souriants, généreux...

LE TERMINUS DES PÈLERINS €€

Place de la Carretta
✆ 05 65 33 62 14
www.terminus-des-pelerins.fr

Ouvert de Pâques à Toussaint. Nuitée à partir de 63 €. Petit déjeuner 9 €. Parking. Menus de 19,80 à 39 €.

Au pied des marches menant au sanctuaire, l'hôtel jouit d'une vue sur la vallée de l'Alzou. Les chambres sont modernes et authentiques à la fois, donnant un caractère unique à ce lieu plein de charme. Le style dominant est contemporain, mariant le chêne du mobilier aux couleurs apaisantes des murs et des rideaux. L'accueil est chaleureux, les produits locaux de qualité et le service impeccable et attentionné. Au final, cette adresse unique - une histoire de famille depuis 1947 - est le fruit d'une alchimie entre la chaleur d'autrefois et le confort d'aujourd'hui.

LES TILLEULS €€

Lieu-dit Le Roux
✆ 05 65 33 64 66
www.lestilleuls-roca.com
Ouvert du 1er avril au 5 novembre. Emplacement à partir de 5,50 €. Locatifs à partir de 290 € la semaine.

Petit camping familial. Piscine chauffée avec petit bassin (ouverte du 1er mai au 15 septembre), snack-bar (avec produits régionaux), ping-pong, mini-golf, bibliothèque, boulodrome... et de nombreuses possibilités de départ de balades. La situation géographique du camping facilitera la découverte de la région tout en profitant du calme de la nature et de ses distractions saisonnières. Les différentes formules de location vous permettront d'envisager votre séjour sans inquiétude. Une perle de tranquillité dans un écrin de verdure.

CAMPING YELLOH VILLAGE PAYRAC LES PINS €€€

D820 - **PAYRAC** ✆ 05 65 37 96 32
www.les-pins-camping.com
Ouvert 10/04-04/09. Emplacement à partir de 20 €. Locatifs (4/6 pers.) dès 220€/semaine. Piscine chauffée.

Ce Yelloh Camping, labellisé Qualité Tourisme, est un lieu de villégiature arboré et verdoyant, situé à 350 m d'altitude. Il vous offre une vue panoramique imprenable sur le Causse et la vallée de la Dordogne. Nombreux équipements : piscines chauffées (extérieure et couverte), toboggans aquatiques, terrain multisports, jeux gonflables, ping-pong, volley, baby-foot, billard, bodyboomers, grimpe dans les arbres, trampolair... Et l'accueil, familial et très chaleureux, est à la hauteur.

LES ESCLARGIES €€€

Route de Payrac
✆ 05 65 38 73 23
www.esclargies.com
Ouvert du 1er mars au 15 décembre. De 80 € à 165 €. Petit déjeuner 13,50 €. Supplément animaux 18 €.

Cet hôtel est enlacé par les chênes et la pierre. Situé près du château, cet hôtel 3 étoiles propose des chambres joliment décorées dans un style contemporain, chaleureux, sobre et raffiné où domine l'esprit nature. Les chambres ont toutes vue sur la chênaie, les massifs de buis ou des petits murs de pierres typiquement quercynois. En plus, la visite de Rocamadour est accessible par l'ascenseur situé à 300 mètres de l'hôtel. Une oasis de repos à deux pas de la cité mariale et des grands sites d'Occitanie. Un excellent choix et une référence dans la région.

HÔTEL BEAU SITE €€€

Cité médiévale
✆ 05 65 33 63 08
www.beausite-rocamadour.com
Nuitée de 105 € à 165 €. Petit déjeuner 14 €. Supplément animaux 10 €. Menu gourmand 34 €. Accès piscine privé à 1 km.

Pour la petite histoire, l'hôtel est l'une des anciennes demeures du commandeur Jehan de Valon, membre de l'ordre des Chevaliers de Saint-Jean de Jérusalem. Chambres rénovées avec, selon leur emplacement, vue sur la vallée, la terrasse intérieure, la rue piétonne. L'hôtel dispose d'une brasserie, Le Bistrot, et d'un restaurant gastronomique, Le Jehan de Valon, dans lequel le chef Xavier Menot, maître restaurateur, vous concoctera des plats typiques du terroir afin de vous faire découvrir toute l'authenticité des produits régionaux.

HÔTEL LES VIEILLES TOURS ROCAMADOUR €€€

Lieu-dit Lafage
✆ 05 65 33 68 01
Ouvert de début avril à mi-octobre. Nuitée à partir de 75 €. Demi-pension.

Sur un plateau sauvage dominant les vallées de l'Ouysse et de l'Alzou apparaît cette magnifique gentilhommière du XVIIe siècle, qui fut un pavillon de chasse. L'hôtel offre 15 chambres toutes personnalisées réparties sur 3 bâtiments, la gentilhommière, la grange et le bâtiment du parc, la plupart en rez-de-jardin avec un accès direct au parc. Le grand parc, justement, entoure la propriété et offre un calme absolu et une vue panoramique imprenable sur la vallée de l'Alzou !

HÔTEL-RESTAURANT DU CHÂTEAU €€€

✆ 05 65 33 62 22
www.hotelchateaurocamadour.com
Ouvert en saison estivale. Nuitée à partir de 60 €. Demi-pension. Parking privé. Wifi gratuit. Restaurant 25-45 €.

L'hôtel est situé sur les hauteurs de Rocamadour, à proximité du château tout en étant à l'écart de l'afflux touristique en saison. Les chambres s'ouvrent sur l'environnement naturel, celles possèdent un balcon offrent le privilège d'apprécier le calme et la vue sur le château ainsi que la piscine. Les chambres présentent un style épuré et raffiné avec des couleurs claires. C'est assurément un cadre reposant, avec comme seuls voisins les oiseaux du rocher des aigles.

LA MAISON DE FAMILLE €

Rue Roland-le-Preux
✆ 05 65 50 20 61

Carte : 15 € environ. Menu enfant. Galettes de 8/14 €. Chèque Vacances, Chèque Restaurant. Terrasse. Climatisation.

Une bonne petite crêperie toute simple dans un cadre idéal, avec une ambiance très sympathique. Vous êtes à la bien nommée Maison de Famille. Une très agréable terrasse ombragée ou, si vous le préférez, une salle climatisée pour apprécier les galettes toutes plus savoureuses les unes que les autres. Un peu d'affluence et parfois d'attente en saison estivale, mais rien de plus normal pour Rocamadour. Cet établissement, reconnu pour la qualité de ses assiettes, bénéficie en outre d'un accueil chaleureux et décontracté. Comme en famille !

AU PANORAMA €

L'Hospitalet ✆ 05 65 40 67 36

Ouvert 7/7 midi et soir de début avril à mi-novembre. Menus 19 €/24,90 €. Terrasse. Parking privé.

Voici une adresse qui ne désemplit pas ! Au Panorama les terrasses spacieuses et ombragées sont très agréables, tout comme la grande salle. Côté cuisine, il y en a pour tous les goûts : salades géantes, galettes, omelettes, crêpes de froment… Mention spéciale à l'assiette complète qui réunit foie gras, confit de canard, toast de rocamadour et légumes. Les produits sont de qualité, frais et de saison, l'interprétation des plats toujours réussie et le service impeccable. Dans les verres, la maison fait confiance et donne leur chance aux vignerons indépendants.

ENVIES DE TERROIR €€

Rue de la Couronnerie
✆ 05 65 33 67 38

Ouvert de mi-février à début novembre. Haute saison 7/7 midi et soir. Carte à partir de 12,50€. Menu 26,50€. Terrasse.

© ENVIES DE TERROIR

Au cœur du village, la brasserie Envies de Terroir propose de faire une halte gourmande dans un décor moderne. En misant uniquement sur la qualité et en privilégiant les collaborations avec les producteurs locaux, la cuisine de cette brasserie *made in* Sud-Ouest détonne dans l'assiette. Sur la carte, uniquement des plats typiques : foie gras de canard maison, salade quercynoise, omelette aux truffes, cassoulet gratiné maison... Tous les desserts sont faits maison. L'après-midi l'établissement fait également bar et on peut y déguster glaces, crêpes et pâtisseries !

HÔTEL-RESTAURANT DU CHÂTEAU €€

✆ 05 65 33 62 22
www.hotelchateaurocamadour.com

Ouvert de Pâques au 11 novembre. Menus 30/50 € env. Jardin. Terrasse.

Dans la salle de restaurant raffinée ou dans le magnifique sous-bois de chênes entouré de murets, vous avez rdv ici avec une cuisine authentique. Dans la plus pure tradition quercynoise, vous dégusterez foie gras, truffes, canard, sandre, rocamadour et autres merveilles gustatives de notre terroir accommodées de la plus belle des façons. Aux chaudes soirées d'été, le cadre est tout simplement magique. Un brûlant hommage est rendu là à tous les délices et bons produits quercynois !

HÔTEL-RESTAURANT DU LION D'OR €€

Cité médiévale
✆ 05 65 33 62 04
www.liondor-rocamadour.com

Ouvert de mars à début janvier. Ouvert tous les jours le midi et le soir. Menus de 14,50 € à 32 €.

Au Lion d'Or vous pourrez déguster dans un cadre exceptionnel des plats typiques comme le confit de canard ou d'oie, l'omelette aux cèpes ou aux truffes, le cassoulet maison ou encore découvrir la tartiflette au fromage de chèvre Rocamadour et les poires chaudes caramélisées avec une escalope de foie gras poêlée. En cuisine, le chef Emmanuel Vernillet prépare des plats généreux, miroir de ce que l'on trouve de meilleur parmi les spécialités de la région.

LES JARDINS DE LA LOUVE €€

Le Coustalou ✆ 05 65 33 62 93

Ouvert de mi-mars à mi-novembre. Ouvert tous les jours et les jours fériés le midi et le soir. Menus de 22 € à 30 €.

Assurément l'une des plus belles terrasses de Rocamadour ! En cuisine, ce sont les plats régionaux les plus représentés : déclinaisons autour du canard (magret, confit, foie gras...), agneau du Quercy, noix, etc. On mise sur le terroir, mais aussi sur des pizzas, des plats de pâtes, des omelettes et de nombreux desserts maison. Lorsque le temps est au beau fixe, la terrasse offre un panorama sublime dans un cadre de verdure et de calme. Située tout au fond de la rue principale vous y serez installés comme dans un cocon, loin de l'agitation du centre.

L'ESTANQUET €€

Place de l'Europe
✆ 05 65 10 98 08

Ouvert d'avril à mi-novembre 7/7 midi et soir. Ouvert l'après-midi formule bar et glacier. Menus 20 €/30 €. Terasse.

Au restaurant l'Estanquet, Amandine est en salle et Joshua aux fourneaux. Du déjeuner au dîner en passant par les glaces de l'après-midi, le duo sympathique fonctionne à merveille et ça se ressent dans les assiettes où le fait maison prédomine : sushi de saumon mariné au caillé de chèvre frais, souris d'agneau confite aux pruneaux et pain d'épices, effiloché de veau lardé et son écrasé de pomme de terre à l'oignon cébette confit à l'huile d'olives... Le foie gras est fait maison. Côté douceur, craquez pour le tiramisu spéculoos banane.

RESTAURANT LE BOIS D'IMBERT €€

Route de Lacave - Lieu dit Le Bois d'Imbert
✆ 05 81 31 40 40
leboisdimbert.com

Ouvert 7/7 midi et le soir. Carte : 7,50 € à 50 €. Menu Broche 32 €. Brunch à volonté 28 €. Accueil des groupes.

Avec vue panoramique sur la vallée de L'Ouysse et sur le bois d'Imbert, le restaurant est immergé en plein cœur de la nature. A une encablure de Rocamadour, il offre de belles prestations dans un cadre idyllique. En cuisine, le chef élabore une carte qui épouse les saisons. Il travaille avec des partenaires locaux pour une cuisine en circuit court. Tous les samedis soir le chef propose un menu spécial broche et les dimanches midi un brunch avec buffet à volonté. A tester.

LE ROC DU BERGER €€

Bois de Belveyre
✆ 05 65 33 19 99
www.rocduberger.fr

Ouverture de fin mars à fin octobre. Ouvert 7/7 midi et soir en été. Menus de 18 € à 22 €. Jardin. Terrasse. Boutique.

Situé à l'écart de Rocamadour, ce restaurant joue la carte de l'originalité en proposant une cuisine au feu de bois des viandes locales, entendez par là : canard, agneau du Quercy et truite de l'Ouysse. Les produits sont bien sûr locaux et de bonne qualité. C'est l'occasion de découvrir le magret de canard, les grillades d'agneau ou encore le confit de canard doré à la braise. En dessert, le gâteau aux noix est parfait. Pour tous les budgets, le terroir s'offre à vous dans un cadre boisé et convivial, loin du cliché gastronomique de la cuisine quercynoise.

LA TABLE DU CURÉ €€

Rue de la Courronnerie
✆ 05 65 33 65 81
www.latableducure-rocamadour.com

Ouvert de début avril à début novembre. Haute saison : 7/7 midi et soir. Environ 20-25 €. Chèque Vacances. Terrasse.

Ambiance bistrot, dans la salle ou sur la terrasse avec une splendide vue sur la vallée. Au menu, un voyage gourmand à travers le Quercy à grand renfort de cassoulet maison aux cuisses de canard, tortellinis au foie gras de canard, saucissot quercynois au foie gras et son aligot de Loubrac, salade du curé – avec noix, magret de canard fumé, gésiers confits, bloc de foie gras et pommes de terre. Il y en a pour tous les goûts. Jolie terrasse. Adresse très gourmande et décalée, à l'image de Pascal et Roland, au sein de la cité.

LE TERMINUS DES PÈLERINS €€

Place de la Carretta ✆ 05 65 33 62 14
www.terminus-des-pelerins.fr
Ouvert de Pâques à Toussaint. Menus de 19,80 € à 39 €. Chèque Restaurant. Terrasse.

La salle du restaurant de l'hôtel Le Terminus des Pèlerins offre un cadre chaleureux (grande cheminée, murs en pierre et poutres apparentes). L'accueil est assuré par Geneviève ; la maison est dans la famille depuis 1947. La cuisine, préparée par Gilles, y est traditionnelle et régionale. Les plats, que l'on peut savourer sur la terrasse panoramique, sont élaborés à partir de produits frais, essentiellement du Quercy et du Périgord. Pour les gourmands, nous suggérons la brochette de cœur d'oie et l'incontournable fromage de chèvre Rocamadour.

LES GOÛTS ET LES COULEURS

Pech de Bardy ✆ 06 46 84 74 81
www.goutsetcouleurs.fr
Ouvert 7/7 en été et fermée le lundi hors saison. Terrasse ombragée et parking, vente à emporter. CB non acceptée.

Olivier et Liesbeth, d'origine belge, sont les rois de la glace artisanale au lait de vache et de chèvre bio. Le choix est vertigineux avec une quarantaine de parfums et le panel de couleurs se prête à toutes les gourmandises. Utilisant une technique de fabrication ancienne, sans colorant, avec des fruits frais pour les sorbets, ces glaciers sympathiques traient leurs chèvres sur place et organisent aussi des animations pour les enfants ! Glaces à emporter ou à déguster sur place.

LA TERRASSE SAINTE-MARIE €€

Place des Senhals ✆ 05 65 33 63 07
www.laterrassesaintemarie.fr
Ouvert de Pâques à Toussaint. Menus de 26 € à 33 €. Carte : 15 € environ. Formule du midi : 16 €.

A deux pas de l'entrée du sanctuaire, la terrasse panoramique donnant sur la vallée de l'Alzou, voici le cadre du restaurant. La cuisine traditionnelle met à l'honneur les spécialités locales et régionales. Le fait maison est ici une religion, le surgelé est très rare. Parmi les spécialités : foie gras mi-cuit au Jurançon chutney aux poires, cassolette d'escargots de Bourgogne au chablis et aux cèpes, cassoulet à l'ancienne. Le sucré tient la route avec une tarte Tatin par exemple. La formule rapide du midi donne toute satisfaction, tout comme le reste.

AU PARADIS DES GLACES

Place des Senhals
✆ 06 76 73 44 25
Ouvert 7/7 d'avril à fin septembre. Glaces artisanales à partir de 2,50 €.

Glaces artisanales, macarons, smoothies, milkshakes, granités, cafés à emporter, crêpes, gaufres... Pas moins d'une quarantaine de parfums tous plus originaux les uns que les autres comme chèvre cabécou, foie gras, noix, vin de Cahors, safran, vieille prune, châtaigne, etc. «La coupe du paradis», composition vedette de l'établissement, avec 1 boule de chèvre cabécou arrosée d'un filet de miel, 1 boule de noix et 1 boule de vin de Cahors, «la coupe amadourienne», autre spécialité de l'établissement, avec 1 boule de foie gras, figue et safran...

BISCUITERIE ROCAMADOUR

ZA de la gare
✆ 05 65 33 70 54
www.biscuiterie-lot.com
Ouvert du lundi au samedi. Livraison possible. Boutique en ligne.

L'entreprise familiale Delbeau perpétue la production de biscuits et pâtisseries élaborés à Rocamadour. La qualité est au rendez-vous avec des produits sans colorants ni conservateurs, fabriqués de manière artisanale. La base des pâtisseries est locale avec la noix mais aussi la châtaigne, la noisette et les amandes. Autant d'ingrédients qui se déclinent en gâteaux, croquants, bonbons enrobés, grillés, palets... Sur Rocamadour, vous les trouverez dans les magasins spécialisés ainsi dans que les magasins d'alimentation du Lot. Qualité, saveur et savoir-faire.

RESTAURANT-PUB LES ÉTOILES

Lieu-dit Lacomté - **CARLUCET**
✆ 05 65 38 75 46
www.campinglacomte.com
Ouvert du 1er mai au 15 septembre - Uniquement pour les adultes. Animations. Piscine. Parc arboré.

Camping accessible uniquement aux adultes. On y sert une délicieuse cuisine de terroir, avec une carte des vins riche et variée, que vous pourrez déguster sous les étoiles en terrasse dans un cadre superbe, avec vue sur le parc et la piscine. Le restaurant propose également des pizzas et des sandwichs à emporter. Un lieu d'exception pour des moments festifs et conviviaux de qualité ou des soirées romantiques inoubliables grâce au ciel étoilé exceptionnel dans cette zone.

BAZAR CÉLESTE

Rue de la Couronnerie
✆ 06 64 36 86 95
bazarceleste.com

Ouvert de mi-février au 11 novembre du lundi au samedi de 10h à 19h et pendant les fêtes de fin d'année.

Le Bazar Céleste c'est de l'artisanat, du vintage et beaucoup de magie. De la déco, mais toujours poétique. Sur ses étagères, on trouve de tout, des jouets anciens, des créations artisanales, tout à la fois artisanat régional, de France, et commerce équitable, du prêt-à-porter avec notamment la Fiancée du Mékong... La boutique est dépositaire entre autres de Exquises Caprines, autrement dit de savons au lait de chèvres de Rocamadour, une petite pépite sur le rocher. On l'aura compris, le Bazar Céleste est un peu comme une caverne aux merveilles.

LA CRÉMERIE DU ROC

✆ 06 79 36 88 24

Ouvert de Pâques à Toussaint tous les jours de 10h à 18h et de 10h à 19h en juillet et août.

Belle adresse pour découvrir et redécouvrir les produits gourmands du patrimoine culinaire local. Ici, vous trouverez du fromage AOC Rocamadour bien sûr mais également du Cantal, du Bleu des Causses et autres fromages de la région. La noix de Martel est également bien représentée. Petite épicerie régionale, l'adresse propose une gamme de vins régionaux mais également de bières lotoises (et elles sont plutôt nombreuses !). Située dans l'artère principale de la cité, la Crémerie du Roc est une très belle adresse pour saisir toutes les qualités gustatives lotoises.

LA BORIE D'IMBERT ★★

D247
✆ 05 65 33 20 37
www.laboriedimbert.com

Ouvert toute l'année. Vente à la ferme. Visite gratuite. Atelier découverte en été. Panier pique-nique.

La Borie d'Imbert vous immerge dans le patrimoine rural du Lot. Rien ne manque dans ce lieu restauré avec soin pour comprendre le monde agricole : animations, démonstration d'élevage de cochons et de chèvres, participation à la traite des chèvres (de 17h à 19h), vente de fromages issus de l'exploitation et de produits de terroir. Durant la saison, vous pouvez vous constituer votre panier pique-nique avec les produits vendus à la boutique. La visite de la ferme est gratuite et vous permet d'avoir accès à toutes les étapes de production.

FERME DES ALIX

Lieu-dit les Alix
✆ 06 47 07 69 94
www.fermedesalix.fr

Ouvert de début avril à fin octobre. Pour le détail des jours d'ouverture et horaires de visites voir le site internet.

L'histoire de la Ferme des Alix remonte à 1930, année d'installation de la famille Soulayres. Cultivée dès les années 50, la lavande connaît son âge d'or avant de s'essouffler comme dans tout le Quercy à la fin des années 80. En 2013, Rachel et Jean-Marc décident de faire repartir l'aventure de l'or bleu… Aujourd'hui, leur plantation représente 18 ha de lavande. Aux Alix, vous pourrez comprendre les modes de culture, visiter la distillerie artisanale destinée à la fabrication d'huiles essentielles et déguster les différents produits réalisés à base de lavande.

BOUTIQUE GODARD

Rue Piétonne
✆ 05 65 33 74 52
www.foie-gras-godard.fr

Ouvert toute l'année, se renseigner sur les horaires.

La Maison Godard, entreprise familiale depuis 1978, est la spécialiste du foie gras et de la truffe du Sud-Ouest. Un label IGP garant de la provenance «Sud-Ouest» des foies et confits. Les matières premières sont sélectionnées avec soin parmi les producteurs locaux soucieux de qualité, pour des produits traditionnels élaborés avec tout le savoir-faire et l'expérience qui vous assureront un moment raffiné de pur plaisir. Profitez d'une halte à Rocamadour pour emmener dans vos valises cet incontournable de la gastronomie du Quercy.

LA FERME DES CAMPAGNES

Lieu-dit Les Campagnes
✆ 05 65 33 62 54
www.ferme-des-campagnes.com

Boutique ouverte à l'année. Visite gratuite d'avril à fin septembre. Vente assiettes complètes 8 et 12 € en été.

La ferme des campagnes offre son savoir-faire depuis 1972. Démonstration de gavage, explication de l'élevage du canard, parcours des locaux de la conserverie, présentation de préparation des produits (foie gras, confits…) et possibilité d'achat de toutes les fabrications sur place après les avoir dégustées. Une production familiale et artisanale, pour cette ferme qui vend toute sa production en frais ou conserves sans intermédiaire. Vous y trouverez également le vin Amadour que la famille Salgues élabore avec d'autres vignerons.

LA GOURMANDE - FOIE GRAS JACQUIN

Le Bourg - **PAYRAC**
✆ 05 65 37 65 67
www.foiegras-jacquin.com
Ouvert 7/7 9h/19h en été et du lundi au vendredi 9h/18h le reste de l'année. Visite de la ferme en été à 18h.

La boutique de Payrac présente les produits en provenance de la ferme située à Lamothe-Fénelon. Fraîcheur et qualité des produits garanties ! Le rayon frais occupe une place importante dans la boutique et le barbecue estival n'attend que les côtes ou les saucisses de canard. Vous y trouverez également des produits du terroir et des produits bio. A quelques kilomètres de là, vous pourrez visiter la ferme tous les soirs de semaine d'été. A tester sans modération.

LA QUERCYNOISE

5296B, rue Roland le Preux
✆ 05 65 40 42 50
www.maison-occitane.com
Ouvert d'avril à octobre tous les jours à partir de 10h.

Récompensée à maintes reprises au Concours général agricole, la Quercynoise, coopérative agricole qui regroupe quelque 200 producteurs de la région, démontre année après année son savoir-faire. Le canard dans tous ses états est disponible en boutique à Rocamadour ou en ligne, dans des coffrets pour offrir ou en simples boîtes. Côté douceurs, l'établissement propose des produits locaux travaillés avec gourmandise : miel, noix, confiture et chocolat. Le safran n'est pas en reste et façonne une gamme complète de produits séduisants.

LA MAISON DE LA NOIX

Porte Hugon
✆ 05 65 33 67 90
Ouvert tous les jours de 10h à 20h en été et de 10h à 18h hors saison.

Monique accueille les gourmands depuis plus de 25 ans dans son magasin extraordinaire. Parmi plus de 300 références de produits du terroir, vous pourrez dénicher toute une gamme de friandises, confitures, gâteaux, biscuits, huiles fines, vinaigres, moutardes, mais également du safran, de la truffe ou du foie gras. Monique travaille uniquement avec des produits artisanaux de qualité. Grande reine des lieux, la noix est déclinée à l'envi et sous toutes ses formes comme une pépite indémodable dont les arômes font le bonheur de ses amateurs.

LES VIGNERONS DE ROCAMADOUR

En vente directe au G.A.E.C. de Raillette à Alvignac, àla Ferme des Campagnes et la Borie d'Imbert à Rocamadour

En 2006, un groupe de vignerons relance la culture de la vigne sur 8 hectares de coteaux calcaires de Marcayou Haut, La Borie d'Imbert et Lagardelle. La présence d'un vignoble sur le secteur est attestée depuis l'époque romaine, mais comme nombre de vignobles, il fut détruit vers 1850. Le groupement produit 3 vins Côtes du Lot, l'Amadour rouge et l'Amadour rosé, le Marcaillou rouge, tous issus des cépages merlot, malbec et gamay donnant des vins fruités et légers.

MERCI MILLE FOIS

Le Coustalou
✆ 06 02 66 31 68
Ouvert toute l'année, 7/7 de 10h à 18h en été.

À l'intérieur de cette jeune boutique, une palette de couleurs et de formes pour le plaisir des yeux ; des idées cadeaux, des vêtements, des accessoires de mode (sacs, bijoux...) et des objets décoratifs tels que des guirlandes, des horloges, des miroirs, des peluches... Ce qui est certain c'est qu'il y en a pour tous les goûts. Pas sûr que les plus indécis se limitent à un achat unique ! Majoritairement issus de l'artisanat français, les articles de ce *concept store* sont réalisés en petite série et nous plongent dans un univers chaleureux.

LES MONTGOLFIADES À ROCAMADOUR

✆ 05 65 33 22 00
www.rocamadouraerostat.fr
Un week-end de septembre. Deux envols pendant 2 jours : matin (8h) et fin de journée (17h). Brocante toute la journée.

Chaque année, fin septembre, le ciel de Rocamadour est envahi de grosses sphères multicolores. Cet impressionnant rassemblement européen de montgolfières attire une trentaine d'engins. Au programme, le survol des Causses et de la vallée de la Dordogne admiré par des milliers de touristes et riverains, émerveillés à chaque édition. Une brocante a lieu le deuxième jour de la manifestation, ainsi que diverses animations dans les rues et sur la route menant au château.

PARC DURANDAL

Le Marcayou ✆ 06 19 39 18 00
www.parcdurandal.com
Spectacles équestres du dimanche au jeudi à 11h30 et 16h du 18 juillet au 26 août 2021. Entrée 12 €/ adulte.

Chaussez vos poulaines, revêtez vos cottes de mailles et soyez les bienvenus au Parc Durandal à Rocamadour ! Vous y admirerez personnages pittoresques et chevaux de spectacle, frissonnerez devant les combats et les cascades équestres, et savourerez l'humour et l'autodérision qui font de ce site un incontournable du Lot. Ces « fous à cheval » vous proposent des spectacles époustouflants. Actions et dialogues sont un vrai régal ! Des moments délicieux et inoubliables pour toute la famille dans un cadre agréable et ombragé. À ne surtout pas manquer !

ROCAMADOUR AVENTURE

✆ 07 89 61 22 02
rocamadour-aventure.com
7/7 vacances de Pâques 14h-19h et juillet août 10h-19h. En mai et juin tous les week-end 14h-19h. Entrée : 12-20 €.

Parc d'accrobranche jouissant d'un cadre naturel magnifique. C'est un lieu familial où chacun, à partir de 3 ans, pourra trouver parcours à son pied. La forêt ne saurait vous décevoir et quoi de mieux qu'un petit séjour en hauteur pour prendre son envol ? 6 parcours aventures en forêt, adaptés à la motivation et aux aptitudes de chacun. A noter le passage par une petite grotte et sur une rive rocheuse. Pour les sensations fortes, comptez sur plus de 1 000 mètres de tyroliennes dont une de 250 mètres allant jusqu'à 20 mètres de hauteur !

CAFÉ-THÉÂTRE CÔTÉ ROCHER

Rue Roland-Le-Preux ✆ 05 65 10 93 39
cote.rocher.pagesperso-orange.fr/
Ouvert toute l'année. Entrée : 16 €. CB non acceptée. Chèque Vacances. Bar et côté grignotage.

Corinne Delpech, ancienne comédienne de la compagnie Bouvard à Paris, parrainée par Patrick Sébastien, revient chez elle à Rocamadour en 2006 pour ouvrir ce café-théâtre. Dans un endroit atypique et intimiste, vous trouverez des spectacles pour toute la famille : spectacles comiques, one-man show, soirées musicales... Côté Rocher, une terrasse extérieure avec vue sur la grotte, et le château vous fera passer en été un agréable moment de détente. Le café-théâtre est ouvert tout au long de l'année et propose une programmation riche et variée.

LACAVE ★

Habité depuis le Paléolithique, Lacave jouit de sa position dans la Vallée de la Dordogne, en bord de rivière, avec de magnifiques plages de galets. Toutes les activités aquatiques propres à ce milieu sont praticables : baignade, pêche à la mouche, canoë ou simple contemplation du courant. Si Lacave est un petit village, il rayonne pour ses attraits patrimoniaux, gastronomiques et historiques. Petit concentré de la beauté de cette vallée, Lacave possède un magnifique patrimoine souterrain avec ses grottes remarquables. Lacave c'est aussi deux châteaux : celui de Belcastel qui est privé et celui de La Treyne qui ouvre les portes de ses jardins.

GROTTES DE LACAVE ★★★

Le Bourg
✆ 05 65 37 87 03
www.vert-marine.info/grottesdelacave/
Ouvert à l'année sauf en janvier. Horaires sur le site. Entrée 11,50 €/ adulte 7 €/enfant. Visite guidée. Restauration.

© GROTTES DE LACAVE

Un petit train électrique vous amène au cœur de la colline. Partez à la découverte de 12 salles plus féeriques les unes que les autres, dont la salle des Merveilles de 2 000 m² et celle du Grand Dôme haute de 60 mètres. Nombreux lacs, les concrétions prennent des formes curieuses. La salle des Mirages, par le reflet de son plafond, offre le spectacle fantastique d'une ville engloutie. Admirez la Cascade laiteuse, les Excentriques, la Tarasque, les 3 Parques, le Couloir des neiges, la salle des Lumières Noires. 1h30 de féerie dans les entrailles de la terre.

LES INCONTOURNABLES DES VALLÉES LOT & DORDOGNE

✆ 05 65 37 87 03
www.incontournables-lot.com

14 sites majeurs du tourisme dans le Lot : la Maison des Abeilles, la Forêt des Singes, le Rocher des Aigles et la Borie d'Imbert à Rocamadour, Reptiland et le Train à Vapeur à Martel, le Parc animalier de Gramat, Copeyre Quercyland à Souillac, les Grottes de Lacave et Préhisto Dino Parc à Lacave, l'Archéosite des Fieux à Miers, les Grottes de Presque à Saint-Médard-de-Presque, les Phosphatières du Cloup d'Aural à Bach et Visitez Cahors et sa vallée en bateaux et petit train à Cahors.

PRÉHISTO-DINO PARC ★★

Route de Rocamadour
✆ 05 65 32 28 28
www.prehistodino.com

Ouvert de Pâques à Toussaint. Entrée 8,50 €/adulte. 4,80 €/de 5 à 13 ans. Visite libre.

Partez à la découverte des stégosaures, brachiosaures, dimétrodons, archéoptéryx ! Et tremblez devant l'impressionnant tyrannosaure rex de 9 mètres de long ! Dans une forêt préservée sont présentées près de 50 scènes avec des animaux et des personnages grandeur réelle. Des reconstitutions saisissantes retracent l'apparition de la vie dans les océans, les premiers oiseaux, les dinosaures, les mammifères préhistoriques jusqu'à l'évolution de l'homme. Le parcours, qui dure environ une heure, est accessible aux plus jeunes (possible en poussette).

CAMPING LA RIVIÈRE €€

Le Bougayrou ✆ 05 65 37 02 04
www.campinglariviere.com

Ouvert du 1er mai au 18 septembre.
Emplacement 2 pers à partir de 16,40€ et locations à partir de 280€ (hors saison).

© CAMPING LA RIVIÈRE

Entre Lot et Dordogne, dans un site naturel d'exception, le Camping La Rivière vous accueille au bord de la Dordogne, les pieds dans l'eau ! Vous y trouverez une piscine chauffée et des animations pour les enfants, les ados et les adultes. Restauration à emporter en saison. Pain et viennoiseries, bar hors saison. Le Camping La Rivière est un camping familial où toutes les générations se retrouvent ! Labellisé Camping Qualité et Hébergement Pêche, vous pourrez pratiquer toutes les activités de rivière : baignade, canoë, pêche... Bienvenue au Camping La Rivière !

CHÂTEAU DE LA TREYNE €€€

la Treyne ✆ 05 65 27 60 60
www.chateaudelatreyne.com

Ouvert de Pâques à Toussaint. Chambre double env. 250 € à 1 250 €. Réceptions et mariages. Menus env. 50 à 140 €.

Perché sur un rocher surplombant la rivière Dordogne, le château de la Treyne offre un spectacle remarquable. Les chambres au noms prestigieux seront un nid douillet et luxueux dans un cadre majestueux. La chambre située au sommet de la tour carrée présente un cachet romantique pour amoureux ou jeunes mariés. Dans le grand salon Louis XIII ou sur la magnifique terrasse surplombant la Dordogne, vous profiterez de la cuisine du chef étoilé Stéphane Andrieux qui officie ici. Vous serez conquis par les délices confidentiels que vous pourrez déguster ici. Royal !

LE PONT DE L'OUYSSE €€€

✆ 05 65 37 87 04
lepontdelouysse.fr

Ouvert de Pâques à Toussaint. Chambre double de 110 € à 245 €. Menus de 65 € à 95 €. Bain bouillonnant.

L'établissement de la famille Chambon est de grande tenue. Ici, la cuisine du maître de maison est mise en valeur par l'indéniable cachet de l'endroit, entre l'à-pic du château de Belcastel, au pied duquel vous profiterez de la piscine, et un pont en ruine en bordure de l'Ouysse. Haut lieu de la gastronomie lotoise, récompensée par une étoile au Michelin. Quant aux chambres, aux parquets cirés et patinés à l'ancienne, elles sont en adéquation avec l'environnement, claires et noyées dans la verdure. De très belles prestations dans un lieu magique.

SOUILLAC ★★

La présence humaine et animale est très ancienne et a été révélée par des fouilles mettant au jour des crânes humains et des squelettes de chevaux datant de 250 000 ans. C'est entre les rivières Dordogne et Borrèze que Souillac fut fondée au Xe siècle par les moines bénédictins qui asséchèrent les marécages « souilh ». Petite ville commerçante, elle grandit au XIIe autour de l'abbaye. Aujourd'hui, les atouts de Souillac sont d'abord touristiques avec sa situation géographique en vallée de la Dordogne, son musée de l'Automate, et économiques grâce à la distillerie Louis Roque qui produit une eau-de-vie réputée, et à la vitalité du lycée hôtelier.

ABBAYE SAINTE-MARIE DE SOUILLAC ✝ ★

Place Pierre Betz

✆ 05 65 33 22 00

Ouvert toute l'année. Visites en dehors des offices religieux.

La légende attribue la fondation de l'abbaye à saint Eloi, ministre de Dagobert au VIIe siècle. Néanmoins, l'existence de cette abbaye n'est avérée qu'au Xe. L'église actuelle a été construite entre 1075 et 1150. Après une phase de prospérité, un premier déclin intervient durant la guerre de Cent Ans. Les bâtiments monastiques sont détruits en 1573. En 1790, les moines sont chassés, l'abbaye est vendue et abandonnée. En 1803, l'abbatiale devient église paroissiale.

LE LABYRINTHE DE L'ERMITE

✆ 05 65 32 72 61

www.copeyre.com

Ouvert de juin à septembre 7j/7 de 10h à 19h. Adulte 8 € Enfant moins de 1 m 20 6,50 €.

A 30 min de Souillac, à 10 min de Sarlat, au lieu-dit Turnac, à Domme, dans le département de la Dordogne, l'Ermite vous attend de pied ferme dans son labyrinthe, ludique et poétique. Un labyrinthe de maïs où se perdre et s'amuser, ponctué de charades à élucider. Qui parviendra à retrouver le chemin de la sortie ? Besoin d'une pause et de reprendre des forces pour survivre au labyrinthe ? Boissons et glaces sont à votre disposition. Des châteaux gonflables sont aussi disponibles !

DISTILLERIE LOUIS-ROQUE

41, avenue Jean-Jaurès

✆ 05 65 32 78 16

www.lavieilleprune.com

Ouvert toute l'année. Visite gratuite et dégustation offerte. Du lundi au vendredi de 8h30 à 12h et de 14h à 18h.

Vous avez envie de découvrir un haut lieu du patrimoine local ? La Distillerie Louis Roque est la visite qu'il vous faut ! Un espace ludique où vous apprendrez l'art de la distillation mais également ce que l'amour pour un territoire peut créer. C'est toute l'histoire du XIXe et du XXe qui se raconte en miroir de celle de la famille Roque, distillateur de père en fils depuis 1835. Installée en 1905 à Souillac par Louis, la distillerie a été transmise dans la famille depuis 5 générations ! Dans cet antre du bon goût et du savoir-faire, vous pourrez découvrir la magie de cette alchimie agrémentée d'un parcours retraçant la vie du lieu au travers de photos, matériel - alambics - accompagnés par les commentaires passionnés de ses collaborateurs. Dans ce musée aux couleurs chaudes, le cuivre des alambics côtoie pressoirs, conges, filtres et chaudrons. Vous partagerez le silence serein des chais où les eaux-de-vie s'affinent lentement dans les vieux fûts de chêne. Vous y observerez le personnel en train de remplir, cirer et étiqueter manuellement les bouteilles de façon traditionnelles. Après votre visite, vous pourrez repartir avec une bouteille, pour votre régal ou pour un cadeau. En effet, la distillerie Roque produit de nombreux spiritueux : sa spécialité phare, la Vieille Prune, toute une gamme de carafes, d'apéritifs, de liqueurs, crèmes et eaux-de-vie, des coffrets cadeaux, des fruits en bocaux et même des petites douceurs et des condiments. Une palette gustative que l'on vous recommande chaudement !

MUSÉE DE L'AUTOMATE ★

Esplanade Alain Chastagnol

✆ 05 65 37 07 07

www.musee-automate.fr

Ouvert de Pâques à Toussaint 7/7 10h-12h30/14h-18h30 en été et du mardi au dimanche 14h-18h hors saison. Entrée 3/7 €.

L'ensemble patrimonial abbaye-abbatiale du XIIe siècle abrite une collection unique en Europe : des automates et des jouets mécaniques de la fin du XIXe siècle et du début du XXe siècle, période faste dans l'histoire de ces objets. Vous allez ainsi admirer plus de 300 automates - frappeurs, publicitaires, à musique, jouets pour enfants, animaux, etc. - qui se mettent en mouvement devant vous ou qui prennent vie sur écran vidéo. Le musée de l'Automate accueille notamment des automates de la prestigieuse collection Roullet-Decamps.

COPEYRE

Les Ondines ✆ 05 65 32 72 61
www.copeyre.com

Ouvert 7j/7 d'avril à octobre. Parc Aquatique. Accrobranche Canoë. Restauration. Activités de plein air.

Copeyre vous offre un large choix d'activités pour tous à travers 3 départements : location de canoë-kayak et paddle d'Argentat à Beynac (en journée ou randonnées), location de VTT et vélos électriques. Parc Aquatique, Accrobranche et restaurant à Souillac. Labyrinthe de Maïs à Domme. Balade en gabare électrique à Puy L'Evêque ainsi que canoë, pédalos, bateaux, vélos. Restaurez-vous à la Guinguette estivale à Copeyre Martel dans un cadre idyllique. Accès offert à Quercyland et/ou au Labyrinthe de l'Ermite le même jour pour toute location de canoë !

LA TOUR-CLOCHER

Visite libre.

Située à l'intérieur des murs d'enceinte de la ville médiévale, près de la porte Barnicou. Elle fut l'église paroissiale de Souillac jusqu'à la Révolution. Le clocher-porche fut utilisé comme beffroi lorsque l'église servit de mairie de 1829 à 1985. Elle date du XIIe siècle et les vestiges de l'église Saint-Martin du XVIe siècle. À l'intérieur, la nef restaurée au XVIIe siècle est, de nos jours, salle de réunion ou d'exposition. Une partie de l'église abrite à présent l'office de tourisme dont l'accès s'effectue par le boulevard Malvy.

LA TOUR-PORCHE

Visite libre.

Elle est la partie la plus ancienne de l'église abbatiale Sainte-Marie qui fut, elle, construite entre 1075 et 1150. C'est le dernier vestige d'une église du IXe siècle. Cette magnifique tour-porche carolingienne a livré de nombreux secrets historiques. Début 1999, dans le sous-sol de la tour plusieurs tombes et sarcophages des XIe et XIVe siècles ont été exhumés. Certains d'entre eux contenaient des coquilles Saint-Jacques, une preuve attestant que la ville était l'une des étapes sur le chemin de Saint-Jacques-de-Compostelle.

OFFICE DE TOURISME VALLÉE DE LA DORDOGNE

Boulevard Louis-Jean-Malvy
✆ 05 65 33 22 00
www.vallee-dordogne.com
Ouvert du lundi au samedi toute l'année 10h-12h30/14h-18h et 6/7 l'été 9h30-13h/14h-18h30 + dimanche matin.

A l'office de tourisme Vallée de la Dordogne, vous trouverez toutes les informations concernant les activités touristiques, hébergements, loisirs pour la ville elle-même et pour l'ensemble de la vallée de la Dordogne. Ici aussi, les compétences territoriales s'élargissent pour former un office de tourisme interdépartemental englobant le nord du Lot et le sud-est de la Corrèze, dont les sites prestigieux de Rocamadour, Padirac et Collonges-la-Rouge.

CAMPING LES BORGNES €

SAINT-SOZY ✆ 05 65 32 21 48
www.campinglesborgnes.fr
Ouvert de fin avril à mi septembre. Emplacement à partir de 18 €. Locatifs de 4 à 6 pers. à partir de 150 € /semaine.

Le camping vous offre une adresse clef pour découvrir la région. Le camping Les Borgnes est situé en bord de Dordogne, il est pourvu de nombreux services appréciés des campeurs et il est situé à proximité des commerces, cet établissement vous permettra sans nul doute de profiter au maximum de votre séjour dans le département. Tente, caravane, camping-car : vous êtes tous les bienvenus ! Vous pouvez aussi séjourner en mobil-homes, en bengali, en pagan (tentes en dur avec kitchenette pour 4 personnes) ou en coco sweet. Animations en soirées et ambiance conviviale.

Abbaye Sainte-Marie de Souillac.

HÔTEL LE QUERCY €

1, rue de la Recège
✆ 05 65 37 83 56
www.le-quercy.fr

Fermé du 15 décembre au 20 mars. Nuitée à partir de 55 €.

En plein centre-ville, au bord de la rivière Espérance, le Quercy séduit par son calme, sa luminosité et sa simplicité. On apprécie la convivialité sans façon, le service et les équipements dignes d'une bonne adresse. Toutes les chambres, récemment redécorées et personnalisées, présentent de charmantes couleurs pastel. Si des chambres sont libres, vous pourrez choisir vous-même la vôtre en fonction de vos goûts. La piscine à l'arrière de l'hôtel permet détente et farniente. Une adresse agréable avec une jolie vue au cœur de Souillac.

AUBERGE DE L'ÎLE €€

Le bourg - **CREYSSE**
✆ 05 65 32 22 01
www.auberge-de-lile.com

Fermé de décembre à début mars. Nuitée à partir de 65 €. Menus 25-30 €.

Auberge traditionnelle où Pascal et Antoinette ont su préserver le charme de cette très belle demeure. Les superbes chambres offrent un bon niveau de confort. Dans une atmosphère bucolique, vous pourrez profiter du restaurant - dans une salle restée rustique - où l'on sert une cuisine traditionnelle du Quercy. Aux beaux jours, la très belle terrasse ombragée est parfaite pour savourer la gastronomie locale. Les environs, notamment le pont de pierre à l'ombre du platane, sont tout aussi agréables. Une adresse qui a beaucoup de charme.

LA BONNE FAMILLE €€

Le Bourg - **CRESSENSAC-SARRAZAC**
✆ 05 65 37 70 38
www.labonnefamille.fr

Ouvert toute l'année. Nuitée à partir de 62 €. Menus 20 / 50 €.

Maison familiale, tenue depuis trois générations, c'est l'endroit idéal pour venir séjourner en famille, au calme, loin de la cohue des villes. Un accueil chaleureux dans une ancienne maison de forgeron. C'est aussi une adresse gourmande où vous pourrez savourer une cuisine de terroir très inventive. Le « maître » des cuisines sait avec adresse et expérience faire varier les foies gras, les confits. Une véritable auberge à l'ancienne, accueil, bonne chère et convivialité sont au menu. Une très bonne adresse, simple et efficace.

CAMPING LA VERTE RIVE €€

Pinsac
✆ 05 65 37 85 96
www.camping-laverterive.com

Ouvert du 1er avril au 1er octobre. Emplacement à partir de 16 €. Locatifs (4 à 6 pers.) à partir de 250 € / semaine.

Au coeur des plus beaux sites touristiques du Périgord, en plus de ses équipements de services, piscine chauffée, bain de bulles et animations, le camping la Verte Rive offre une plage privée et un accès direct en bord de Dordogne pour pratiquer la pêche dans un cadre verdoyant. Petit camping familial et convivial, de soixante-cinq places sur un hectare et demi, avec des jolies parcelles ombragées ou ensoleillées, au choix, qui vous offriront un moment propice à la détente bucolique en emplacement ou en location. Idéal avec des enfants.

DOMAINE DE LA PAILLE BASSE €€

La Paille-Basse
✆ 05 65 37 85 48
www.lapaillebasse.com

Ouvert d'avril à septembre. Emplacement à partir de 20 €. Locatifs à partir de 209 €/semaine.

À la confluence du Lot, de la Dordogne et de la Corrèze, autour d'un hameau restauré avec soin, le domaine de 80 hectares de bois et de collines, à 250 mètres d'altitude, est l'endroit idéal pour poser sa caravane ou planter sa tente. Une équipe dynamique et disponible et des spectacles pour les enfants tous les soirs sans oublier la ferme avec des animaux. Un cadre vraiment superbe, une grande adresse de charme au cœur du Quercy pour des vacances nature en famille.

FLOWER CAMPING LES ONDINES €€

Rue des Ondines
✆ 05 65 37 86 44
www.camping-lesondines.com

Ouvert de début mai à fin septembre. Emplacement env. 25 €. locatif à partir de 50 €/ nuit.

Pour un séjour alliant nature, quiétude et repos, vous trouverez au camping Flower Camping Les Ondines un endroit où il fait bon vivre. Des emplacements confortables, une piscine chauffée, la possibilité d'emprunter des boules de pétanque, ping-pong, location de barbecue... Vous trouverez à proximité du camping : lieux touristiques, centre aquatique, tous commerces et de très nombreuses activités. Pour les enfants, des animations sont prévues sur place.

HÔTEL BELLE VUE €€

68, avenue Jean-Jaurès
✆ 05 65 32 78 23
www.hotelbellevue-souillac.com

Ouvert toute l'année. Chambre double de 55 € à 60 €. Bar ouvert de 16h à 22h. Piscine. Boutique de produits régionaux.

Situé sur les hauteurs de Souillac à proximité de la gare, l'Hôtel Belle Vue a le charme si particulier des «pensions de famille». L'accueil est très sympathique et l'hôtel convient bien aux familles. Le cadre est particulièrement agréable avec un grand parc ombragé et une piscine. Les chambres possèdent salle de bains et télévision écran plat, avec en prime la vue sur la ville de Souillac pour les chambres côté sud. La salle de restaurant, la réception et l'office ont récemment été rénovés. Une bonne adresse toute simple et chaleureuse.

HÔTEL DU PUY D'ALON €€

1, rue de Pressignac
✆ 05 65 37 89 79
www.hotel-puy-dalon.com

Fermé en janvier. Chambre double de 60 € à 75 €. Petit déjeuner 9,50 €.

Sur les hauteurs de Souillac, à quelques pas de la gare, cette grosse maison bourgeoise transformée en charmant hôtel familial tenu par Fabienne vous accueille tout au long de l'année. Les chambres confortables à la déco vintage se répartissent sur trois niveaux, celles du 2e étage étant mansardées. L'accueil est on ne peut plus convivial. Le petit-déjeuner est servi dans la véranda côté jardin où la vue sur la très agréable piscine et sa terrasse fleurie est un appel à la détente avant de descendre découvrir la vieille ville de Souillac.

HÔTEL LES AMBASSADEURS €€

21, avenue du Géneral de Gaulle
✆ 05 65 32 78 36
www.ambassadeurs-hotel.com

Ouvert toute l'année. Chambre double à partir de 70 €. Garage inclus. Chèque Vacances. 2 chambres PMR. Menus 16-29€.

Au coeur du Souillac, établissement au charme délicieusement désuet, accueil chaleureux. La propriétaire se met en quatre pour vous rendre service. Une adresse bien connue et fréquentée par les gens du pays, à retenir pour une découverte de la vallée de la Dordogne en toute simplicité. Côté table, une cuisine du terroir privilégiant l'authenticité des produits. Côté chambre, le confort est appréciable et fait de petits détails. Les services, piscine en tête, sont nombreux : remise fermée pour les vélos, terrain de boules, jardin, etc.

HÔTEL-RESTAURANT GRANGIER €€

20, avenue de l Occitanie
SAINT-SOZY
✆ 05 65 32 20 14
www.hotel-grangier.com

Ouvert toute l'année. Fermé en février. Chambre double à partir de 62 €. Menus à partir de 21,50 €.

À quelques minutes de Martel et Souillac, Bernard et Véronique vous accueillent dans leur bel établissement aux chambres spacieuses et confortables et sont prêts à vous faire partager de bons moments autour d'une cuisine raffinée qui ne déplaira pas aux fins gourmets du terroir. La qualité est constante. Très bon rapport qualité-prix, un accueil agréable et un excellent point de départ pour visiter la région. Magnifique piscine et jardin à l'ombre des platanes mûriers.

HÔTEL RESTAURANT LA TRUFFIÈRE €€

D 820
GIGNAC
✆ 05 65 27 01 01
www.truffiere-vacances.com

Ouvert toute l'année. Nuitée à partir de 48 €. Demi-pension. Petit déjeuner 8 €. Restauration.

Ambiance conviviale et cosmopolite pour une clientèle internationale qui aime à se retrouver dans la bibliothèque où les livres sont en de nombreuses langues ! Le bar est lui doté d'un salon agréable avec une grande cheminée pour les soirées fraîches. Vous apprécierez de vous reposer sur les sièges et transats installés sur les terrasses de la piscine, où il fait bon piquer une tête après une journée de découverte des sites touristiques du nord du Lot.

LE PAVILLON SAINT-MARTIN €€

5, place Saint-Martin ✆ 05 65 32 63 45
www.hotel-saint-martin-souillac.com

Ouvert toute l'année. Nuitée de 55 € à 115 €. Petit déjeuner 12 €. Parking inclus. Wifi gratuit.

En plein cœur de Souillac, face à l'abbatiale ou au beffroi, vous tomberez immédiatement sous le charme de cette bâtisse de caractère datant du XVIe siècle. La séduction se prolonge dès l'entrée, entre les vieillies pierres et sous les poutres apparentes, et dans le hall d'accueil où trône un piano à queue. Les 11 chambres sont soignées et élégantes. Tout y est lumineux et harmonieux. Autre point fort de l'hôtel, son petit-déjeuner, copieux, avec des produits frais issus de fournisseurs locaux et servi dans une superbe salle voûtée et empierrée.

LA VIEILLE AUBERGE €€

1, rue de la Recège
✆ 05 65 32 79 43
www.la-vieille-auberge.com
Ouvert toute l'année sauf en décembre et janvier. Nuitée à partir de 55 €. Demi-pension. Menus 33-55 €.

Situé dans un quartier calme, à deux pas du centre, en bordure de rivière, l'établissement fait figure d'institution à Souillac. Cet ancien relais de diligence sous le Premier Empire a su se reconvertir en une charmante auberge pleine d'authenticité. Sa façade aux pierres blanches éclatantes et sa typique entrée à colombage en témoignent. L'hôtel compte 9 vastes chambres, 5 au premier étage, 4 autres mansardées au second, sobrement décorées et équipées. Vous trouverez ici un accueil chaleureux et des conseils avisés pour découvrir la région.

SOUILLAC GOLF & COUNTRY CLUB €€

Le Mas del Teil - **LACHAPELLE-AUZAC**
✆ 05 65 27 56 00
www.souillaccountryclub.com
Nombreux forfaits pour les golfeurs. A partir de 40 € parcours 18 trous. Résidences de standing à partir de 105€ / nuit.

A quelques kilomètres au nord de Souillac, une nature préservée accueille un parcours de golf 18 trous dans un écrin de verdure. Prolongez votre séjour d'une semaine dans l'une des maisons bordant le golf. Des maison confortables, parfaitement aménagées et équipées (le linge de lit et de toilette sont fournis et un ménage en fin de séjour effectué), pour vous faire profiter du golf à 100 % et d'une échappée dans la région pour des visites inoubliables.

AU TIP TOP €

2, avenue Jean Jaurès ✆ 05 31 60 04 84
www.autiptop.com
Ouvert toute l'année du mardi au samedi 9h30-14h30/18h30-21h30 et le dimanche 18h30-21h30. Carte env. 10 €. Terrasse.

Le Tip Top c'est LE bistrot traditionnel, celui où l'on s'arrête pour la gentillesse des patrons, les cafés entre étudiants, ou un déjeuner sur le pouce. Ne vous y trompez pas, si la carte est simple, elle est de qualité avec des salades et des assiettes composées de produits du terroir en provenance de fournisseurs locaux, des hamburgers, des paninis, des classiques de brasserie (omelettes, croque-monsieur, tarte aux poireaux, quiche lorraine...) des grillades, des cassoulets... Très bon rapport qualité-prix pour une adresse à l'ambiance très sympathique.

AUBERGE DE CARTASSAC €€

D720 - **CRESSENSAC-SARRAZAC**
✆ 05 65 32 64 10
www.aubergecartassac.com
Fermé du 15 novembre au 15 janvier. Ouvert le soir du lundi au samedi. Menus 24-32 €. Formule 22 €. Jardin. Terrasse.

Aux beaux jours, la cuisine inventive de l'Auberge de Cartassac se déguste sur la terrasse ensoleillée. Lorsque le ciel est chagrin, le réconfort n'est pas loin ! La salle de restaurant vous convie à tous les délices près de sa cheminée qui réchauffe les cœurs. Dans l'assiette, été comme hiver, les plats traditionnels du terroir sont sublimés pour le plus grand plaisir de nos papilles. Les produits transformés dans les cuisines du restaurant sont issus de productions locales. Nul n'en doute, le restaurant de l'Auberge de Cartassac est comme un bijou précieux !

LE BEFFROI €€

6, place Saint-Martin
✆ 05 65 37 80 33
Ouvert du lundi au samedi midi et soir. Fermé les soirs de semaine de novembre à mars. Formule midi 13,50 €. Terrasse.

En plein cœur de la cité souillagaise, rendez-vous au restaurant de Marie et Christopher. Superbe terrasse sous une glycine centenaire. Le Beffroi propose une cuisine traditionnelle et locale, axée sur les circuits courts et mettant en valeur les produits frais et les fournisseurs du terroir. Dans les assiettes, la truite entière est servie avec un beurre citronné, le magret avec une sauce à la moutarde de Brive, le foie gras est maison... En dessert, le Petit Futé craque pour le gâteau aux noix nappé de chocolat. C'est pro, simple et bon !

L'OPTIMISTE €€

Le bourg - **CRESSENSAC-SARRAZAC**
✆ 05 65 37 78 92
www.loptimiste-restaurant.com
Ouvert tous les midis et vendredi et samedi soir. Menus 18-36 €. Formule du midi 13,50 €. Terrasse.

Le chef, Jonathan, a fait ses armes au Château de Mercuès, fleuron de la gastronomie du Quercy. Pas étonnant, dans ces conditions, de trouver dans ses assiettes des produits sélectionnés chez des producteurs locaux et cuisinés sur place. Tout ici est fait maison, des frites jusqu'aux desserts en passant par son velouté du moment ou son gaspacho. La carte propose des classiques mais aussi des créations originales qui valent le détour. Le tout est copieux et à déguster dans l'une des deux charmantes salles de cette auberge datant du XIXe siècle ou en terrasse.

TERRE ET MER €€

64, boulevard Louis-Jean-Malvy
✆ 05 65 32 45 80
www.terre-et-mer-souillac.fr

Toute l'année du mercredi au dimanche midi et soir. Menus 23-31 €. Formule du midi 15 €. Terrasse. Vente à emporter.

Dans un décor boisé, découvrez une cuisine du terroir et des beaux produits de la mer à la plancha. La fraîcheur est de rigueur et la qualité au rendez-vous. Le mélange des saveurs est haut en couleur : moules gratinées à l'aïoli ou moules en crumble de chorizo, assiette du mareyeur, pièce de bœuf sauce roquefort ou grand veneur, joues de porc confites au Banyuls, brochette de cœurs de canard, steak de thon mi-cuit, filets de loup ou de dorin, calamars à la catalane... Entre douceurs locales et produits du terroir, nos papilles entament un beau voyage gustatif.

LES TILLEULS €€

143, route de Sarlat
✆ 05 65 27 28 53

Ouvert 7/7 midi et soir sauf mercredi et dimanche soir. Menus 15-20 €. Formule du midi 13,50 €. Terrasse.

Il faut franchir la porte de la façade en pierre et aux volets rouges pour découvrir l'atmosphère conviviale et même familiale de ce restaurant à la cuisine traditionnelle, simple et copieuse. Tous les produits sont frais, de saison et dénichés auprès de producteurs locaux. On travaille ici à l'ardoise. Vous ne trouverez pas de carte des vins, les clients choisissent eux-mêmes leur bouteille dans des casiers. L'établissement dispose d'une vaste et calme terrasse ombragée, où il fait bon déguster une cuisine généreuse de terroir.

LA VIEILLE AUBERGE €€

1, rue de la Recège
✆ 05 65 32 79 43
www.la-vieille-auberge.com

Fermeture annuelle en décembre et janvier. Fermeture hebdomadaire le lundi midi. Menus 33-55 €. Formule du midi 19 €.

Christine Bonhomme et son chef proposent une cuisine évolutive à l'image de la trilogie de foie gras façon torchon, en crème brûlée, en escalope croustillante et son chutney, filet de bœuf Rossini avec son écrasée de pommes de terre au parfum de truffe et légumes de saison. La mer est aussi un jardin que le chef sait cultiver avec son filet de bar rôti mousseline de patates douces et légumes glacés au soja. La carte des vins est complète et équilibrée, et les desserts personnalisés. Une bonne adresse qui perdure dans le temps à Souillac.

ATRIUM

Avenue du Général de Gaulle
✆ 05 65 37 20 80
www.atrium-vigouroux.fr

Ouvert du lundi au samedi 9h-12h/14h-19h. En juillet et août ouvert tous les jours 9h-19h30.

Producteur vigneron, Bertrand Gabriel Vigouroux propose dans ses caves Atrium les vins de sa production où ses 2 Châteaux incontournables de l'appellation Cahors sont mis à l'honneur : Château de Haute-Serre et Château de Mercuès. Vous retrouverez dans ses caves Atrium, concept unique de magasin caviste qui compte plus d'une centaine de références une large sélection de vins et spiritueux, des apéritifs et produits régionaux, un espace de dégustation et des conseils de professionnels. L'Atrium est l'ambassadeur des vins de la Maison Georges Vigouroux.

DISTILLERIE LOUIS-ROQUE

41, avenue Jean-Jaurès
✆ 05 65 32 78 16
www.lavieilleprune.com

Ouvert du lundi au vendredi de 8h30 à 12h et de 14h à 18h. Visite gratuite et dégustation offerte.

La distillerie Louis Roque est le fruit d'une tradition familiale, une passion qui se transmet depuis 5 générations. Elle a été installée en 1905 à Souillac par Louis Roque. L'héritage de recettes ancestrales alliées à un savoir-faire immuable dans le respect d'un travail bien fait et le lent vieillissement en fûts de chêne donnent toute leur noblesse à ces produits authentiques. Ici, tout est fait dans la plus pure tradition ancestrale. On y produit de nombreux spiritueux dont sa spécialité phare : la Vieille Prune et bien d'autres déclinaisons gourmandes.

LA FERME - FOIE GRAS JACQUIN

Le Bourg - **LAMOTHE-FÉNELON**
✆ 05 65 37 65 67
www.foiegras-jacquin.com

Visite de la ferme tous les soirs à 18h en été (sauf le week-end). Boutique à Payrac du lundi au vendredi 9h-18h.

La ferme Foie Gras Jacquin vous accueille toute l'année. En juillet et août, tous les soirs Emmanuel vous fera visiter son exploitation avec passion : élevage des canetons juste nés, élevage des canards adultes en plein air, gavage, visite de la conserverie. Vous terminerez votre visite par une dégustation de différents produits. Un endroit où le terroir se marie à la perfection avec convivialité. Avis aux gourmands et aux bons vivants ! Visite gratuite.

INTERVIEW

RENCONTRE AVEC PHILIPPE DENOIX

LE DIRECTEUR DE LOUIS ROQUE NOUS PARLE DE PRUNE !

Qu'est-ce qui donne envie de faire perdurer l'héritage de Louis Roque ?

Quand André Bizac (propriétaire de la Distillerie), petit-fils de Louis Roque, m'a proposé de prendre la direction de la Distillerie en 1997, j'ai accepté avec grand plaisir. Ce monde ne m'était pas inconnu car je suis moi-même descendant d'une famille de distillateurs depuis 5 générations. Il y a des gènes contre lesquels on ne peut batailler ! La Vieille Prune est un joyau dont il faut être fier. Ici la star ce ne sont pas les hommes mais le produit qu'on essaye de servir au mieux : la Vieille Prune est indissociable de Souillac. Quelle jolie vitrine de notre terroir qui fait rayonner Souillac dans le monde entier.

Le produit phare de la Distillerie Louis Roque reste depuis des décennies la Vieille Prune. Les eaux-de-vie sont-elles des digestifs intemporels ?

Depuis la nuit des temps l'eau-de-vie est désignée par le nom d'*Aqua vitae*. Eau-de-vie en latin. C'est ce que pensaient autrefois les alchimistes du Moyen Age qui ont élaboré l'eau-de-vie dans un but médical qu'ils appelaient même élixir de vie. Désormais l'élixir a laissé place au plaisir. De nos jours, la consommation des digestifs a changé, on consomme moins mais plus qualitatif. La Vieille Prune, on l'aime à température, dans les desserts ou en Café Quercynois (café, vieille prune, chantilly), d'autres la consomment frappée...

Avez-vous fait évoluer la recette de le Vieille Prune ?

Cela fait plus de cent ans que Louis Roque a mis au point ce joyau de la gastronomie française. La recette tout comme l'étiquette calligraphiée à la main sont intemporelles. Comme lui, nous assemblons toujours nos différentes variétés d'eaux-de-vie afin d'obtenir ce parfum si particulier qui a fait de la Vieille Prune ce produit unique.

› DISTILLERIE LOUIS-ROQUE

41, avenue Jean-Jaurès
46200 Souillac
✆ 05 65 32 78 16
www.lavieilleprune.com

© LOUIS ROQUE

© LOUIS ROQUE

© LOUIS ROQUE

FERME DE GREZELADE

Le bourg - **LANZAC**
✆ 05 65 32 66 37
www.ferme-grezelade.fr

Visite de la ferme en saison. Aire de camping-car sur le site. Livraison possible.

La Ferme de Grezelade vous invite à la visite gratuite du fonctionnement et de la production des conserves de foie gras de canard (plats cuisinés et confits) sur rendez-vous. Au programme : démonstration de chiens de troupeau, démonstration de gavage à l'ancienne, découpe et explication culinaire du canard gras et, pour finir, vous pourrez déguster gratuitement cette production locale. Le foie gras de canard et les plats cuisinés (cassoulet, rillettes, saucisson au magret...) vous permettront de vous régaler. Une production artisanale et gourmande à souhait.

POTERIE DE CRESSENSAC

D 820
CRESSENSAC-SARRAZAC
✆ 05 65 37 72 50
www.poteriecressensac.fr

Ouvert 7/7 en été 9h30-13h/14h-19h. Horaires variables le reste de l'année. Livraison possible.

Près d'une centaine d'artisans de la région et au-delà exposent leurs œuvres. Il est impossible de ne pas repartir avec un petit souvenir tant ces poteries attirent l'œil et le cœur : terre cuite vernissée décorée, grès au sel ou émaillé, cuviers, cruches, pots à graisse, vases, cache-pots, services de table ou faitouts. Ici la poterie se décline entre utilitaire et artistique, c'est l'adresse incontournable pour des cadeaux de caractère toujours appréciés ou pour se faire plaisir. Entre tradition et modernité, vous voici au paradis de la poterie !

COPEYRE CANOË

Les Ondines
✆ 05 65 32 72 61
www.copeyre.com

Ouvert d'avril à octobre, de 9h à 18h. Canoë 18 €/pers. Kayak 22 €/pers.

Copeyre canoë, c'est 120 km de descente sur la Dordogne pour découvrir ses richesses. D'Argentat à Beynac, vous naviguerez à travers 3 départements aux paysages variés : Corrèze, Lot et Dordogne. Descente en journée, ou randonnées sur plusieurs jours, créez votre propre parcours. Paddles ou Paddles géants (8 personnes max) disponibles à Copeyre et Gluges. Remontée en bus gratuite. Seule condition : savoir nager seul 25 m. Également location de vélos VTT, VTC et vélos électriques. Pour toute location, l'accès au parc aquatique de Quercyland est offert le même jour.

COPEYRE QUERCYLAND

✆ 05 65 32 72 61
www.copeyre.com

Ouvert 7j/7 de mai à septembre 11h-20h. Parc Aquatique et accrobranche. Tarif unique 10 € la journée toutes activités.

Parc d'attractions aquatiques dans le Lot avec 30 000 m² pour passer une journée inoubliable : 5 bassins, 4 toboggans, structures gonflables, 3 parcours accrobranche et tyrolienne, espaces bébés, karting, trampolines, jeux de sable, bateaux à aubes, manège, bulles sur l'eau, baby-foot humain et bien d'autres ! Profitez aussi du restaurant en terrasse au bord de la Dordogne, et dégustez pizzas cuites au feu de bois, hamburgers maisons et cuisine locale et traditionnelle, midi et soir. Parc de loisirs incontournable dans la Vallée de la Dordogne.

PISCICULTURE LE GOUFFRE DU BLAGOUR

Blagour - **LACHAPELLE-AUZAC**
✆ 05 65 37 83 93
www.gouffredublagour.com

Ouvert 7/7 en période de pêche 7h30-12h/14h-18h. Restaurant midi env. 20 €. Boutique. Animations. Pêche à la truite.

Sur les berges du Blagour, les propriétaires de ce coin des délices vous font déguster les produits de leur jardin mais sont surtout très fiers de cuisiner la reine des lieux : la truite. Déclinée sous toutes ses formes, c'est leur spécialité, leur savoir-faire. Tous leurs poissons sont issus de leur élevage et transformés sur place ! Pour les amateurs de pêche, il est possible d'apprécier les poissons que vous avez pêchés vous-même ! Un concept unique, ludique et original.

SOUILLAC GOLF & COUNTRY CLUB €€

Le Mas del Teil - **LACHAPELLE-AUZAC**
✆ 05 65 27 56 00
www.souillaccountryclub.com

Nombreux forfaits pour les golfeurs. A partir de 40 € parcours 18 trous. Résidences de standing à partir de 105€ / nuit.

A quelques kilomètres au nord de Souillac, une nature préservée accueille un parcours de golf 18 trous dans un écrin de verdure. Prolongez votre séjour d'une semaine dans l'une des maisons bordant le golf. Des maison confortables, parfaitement aménagées et équipées (le linge de lit et de toilette sont fournis et un ménage en fin de séjour effectué), pour vous faire profiter du golf à 100 % et d'une échappée dans la région pour des visites inoubliables.

NADAILLAC-DE-ROUGE

Situé sur le plateau qui domine au sud la vallée de la Dordogne, Nadaillac-de-Rouge est une commune d'abord peuplée de chênes verts et de pins, de bovins et de quelques privilégiés ! Lors d'une balade champêtre, vous pourrez y admirer un magnifique château classé au titre des monuments historiques. Détruit pendant la Guerre de Cent ans, l'édifice a été reconstruit entre le XVe et le XVIIIe siècle. L'église, qui possède un clocher-mur gothique est l'ancienne chapelle du château. Construite à partir de 1400, elle subit par plusieurs fois les assauts des guerres de religions. Nadaillac-de-Rouge possède un nom connu : le politologue Edmond Jouve.

AUTOIRE ★

Surnommé le Petit Versailles, Autoire est encerclé par un impressionnant cirque de falaises, le village émerge avec sa forêt de tourelles, de façades ouvragées et d'élégantes gentilhommières où les notables de Saint-Céré venaient se détendre. Entourant son église romane du XIIIe siècle, qui conserve d'amusants modillons sculptés, une abside en cul-de-four et une coupole sur pendentif, le village dévoile ses maisons à encorbellement et leurs toits de tuiles brunes, égayées de lucarnes, dominé par l'ancien château de Limargue, manoir du XVe remanié aux XVIe et XVIIIe siècles. Cet écrin fut pourtant assiégé par les Godons puis devient une base pour les raids d'un tristement célèbre chef écorcheur de Figeac, Bernard de la Salle, à la fin du XIVe siècle. Les vestiges accrochés à la roche du cirque auraient été ceux de son nid d'aigle. Autoire est classé parmi les « Plus Beaux Villages de France ». Une très belle vue d'Autoire vous est offerte depuis le circuit de la cascade lorsque vous arrivez au point haut du parcours à Siran. Sa cascade justement est l'un des points d'orgue des lieux. Elle attire de nombreux visiteurs en quête de nature et de curiosités. C'est la cascade la plus haute du Lot avec ses 30 mètres de hauteur. A noter que pour en apprécier toute la puissance, il vaut mieux venir l'admirer hors saison. L'été, lorsque l'eau est plus rare, elle coule couvent en petits filets. Cependant la balade, dans la fraîcheur de la forêt reste très agréable. Pour les plus sportifs, nous vous conseillons de pousser la randonnée jusqu'au château des Anglais, petit trésor du patrimoine.

LA CASCADE D'AUTOIRE

Accès libre. Bien respecter le circuit balisé.

© LOT TOURISME C. NOVELLO

Autoire et ses environs, avec sa célèbre et magnifique cascade, font partie de ces lieux enchanteurs, nichés au cœur du Lot et qui font l'âme du Quercy. C'est la cascade la plus réputée du département. Elle est située dans la vallée de la Dordogne, à 2 km du village d'Autoire. Un GR permet de découvrir une partie magnifique de la rivière où plonge une cascade de 30 mètres - la plus haute du département. Ce même GR rejoint une crête en passant par le « château des Anglais » ou château de la Roque d'Autoire, datant du XIIIe siècle.

AUBERGE DE LA FONTAINE €€

Le Bourg
✆ 05 65 10 85 40
www.auberge-de-la-fontaine.com

Ouvert du mardi au dimanche midi et soir de mars à novembre. Formule du midi 14,50 €. Menu terroir 25,50 €. Terrasse.

Delphine et Stéphane vous proposent une cuisine régionale à base de produits du terroir qui se décline en tourin, truite, foie gras en terrines, confits, magrets. C'est un plaisir de déguster cette cuisine dans la grande salle en pierres apparentes, agrémentée par la cheminée. Une vie de château à prix modique ! Et si vous avez succombé aux saveurs locales, la boutique « terroir » saura satisfaire vos envies. Possibilité de dormir sur place dans une des neuf chambres dont dispose l'auberge pour profiter plus longuement de l'authenticité du village d'Autoire.

LES JARDINS D'EINI

Le bourg
✆ 05 65 10 77 08
www.lesjardinsdeini.com
Dégustation gratuite de truffes, omelette aux cèpes...

Arnold Marcillac utilise 4 méthodes ancestrales pour conserver les champignons : le séchage à l'air ou au soleil avec 15 variétés à découvrir en poudre et brisures ; le confisage avec notamment du cèpe confit à l'armagnac ; le champignon cuisiné à l'huile d'olive à déguster froid ou chaud, de l'apéritif jusqu'au fromage ; et enfin torréfié au sel. Côté champignon frais, on n'est pas déçu avec notamment les truffes que l'on peut déguster gratuitement tous les jours quand la saison du diamant noir débute. Originalité et saveur garanties.

LE PELERIN GOURMAND

Place de la Fontaine
✆ 05 81 71 67 76
Ouvert toute l'année et 7/7 en été. Terrasse avec glaces et rafraîchissements.

S'il est un lieu de délices, c'est bien Le Pèlerin Gourmand d'Autoire, véritable caverne d'Ali Baba. Chez Ghislaine, ambassadrice de la gastronomie lotoise, on trouve de tout mais que du bon et du très très bon ! Dans sa petite boutique aux allures de brocante chic, cette amoureuse du travail bien fait est une véritable connaisseuse des produits qu'elle vend et elle connaît chaque artisan, chaque petite entreprise détentrice de savoir-faire d'exception. La liste des produits est infinie et d'une très belle qualité que ce soit en version salée ou sucrée.

CARENNAC

Fleuron du pays de la vallée de la Dordogne lotoise, classé parmi les Plus Beaux Villages de France, Carennac est construit autour d'un ancien monastère fondé au Xe siècle. Il abrita comme doyen, de 1681 à 1695, le grand Fénelon qui y aurait écrit ses *Aventures de Télémaque*. Ce qui fait tout le charme de Carennac est caché dans la poésie de ses vieilles pierres et on ne saurait décrire son émotion en découvrant, dans son cœur, son magnifique tympan roman. Carennac est également le berceau de la prune reine-claude dorée. Originaire du Moyen-Orient, elle fut importée sous François 1er par les moines de Cluny en cadeau aux frères du prieuré de Carennac.

ÉGLISE SAINT-PIERRE ★

Visite guidée de l'église et du cloitre de Pâques à Toussaint 3 €. Rens. auprès de l'office de tourisme.

Au pied des falaises du causse de Gramat, baigné par les eaux de la Dordogne, le bourg monastique de Carennac s'est développé autour d'un prieuré clunisien fondé au milieu du XIe siècle. Célèbre pour son tympan roman et sa mise au tombeau gothique, l'église Saint-Pierre, édifiée à la fin du XIe siècle, se trouve au centre de l'ensemble monastique. Le porche, élevé devant cette façade, offre un tympan sculpté représentant le Christ en majesté dans une mandorle, entouré par le Tétramorphe et par les apôtres. Classés Monuments historiques.

Au cœur de Carennac.

ESPACE PATRIMOINE ★

Château des Doyens
✆ 05 65 33 81 36
www.pays-vallee-dordogne.com
Ouvert d'avril à octobre du mardi au vendredi 10h30-13h/14h-18h ; le week-end et les jours fériés 14h-18h.

L'Espace Patrimoine est installé dans le château des Doyens qui date de la Renaissance et qui abrite un superbe plafond peint du XVIIe siècle. Siège du Pays d'art et d'histoire de la vallée de la Dordogne lotoise, il accueille sur 4 niveaux une expo permanente et des expo temporaires présentant le patrimoine et les paysages du territoire. Il propose des animations gratuites toute l'année et organise en saison estivale des visites guidées avec des guides-conférenciers agréés par le ministère de la Culture, des ateliers pour adultes et enfants, et des stages.

LES RUINES DE TAILLEFER

Accès libre.

L'origine de l'édifice du XIIIe siècle reste énigmatique. On peut encore y distinguer une chapelle dédiée à Notre-Dame. Construites en aplomb de falaise (le roc Saint-Lazare) avec une vue magnifique sur la Dordogne, elles se découpent sur la hauteur. Pour y accéder, il est recommandé de se garer au hameau Les Bourruts, à côté du grand chêne. Prenez le chemin qui descend, goudronné au début, passant le long des maisons, puis poursuivez sur 400 mètres et à la patte d'oie, prend tout droit le chemin creux entre les hauts murets pour rejoindre les ruines.

OFFICE DE TOURISME VALLÉE DE LA DORDOGNE CARENNAC

Cour du Prieuré ✆ 05 65 33 22 00
www.vallee-dordogne.com
Ouvert d'avril à octobre du lundi au samedi 10h-12h30/14h-18h et 7/7 en été 9h30-13h/14h-18h30. Visites guidées.

Classé parmi les Plus Beaux Villages de France, Carennac possède un charme incontesté. Construit au bord d'un bras de la rivière Dordogne, il offre de multiples richesses comme son tympan sculpté, son cloître et sa mise au tombeau, son château... Les conseillers en séjour de l'office de tourisme vous donneront leurs meilleurs conseils pour profiter de cette petite cité de caractère et des activités à faire dans le coin : canoë, balade, baignade, parcours acrobatique...

HOSTELLERIE FÉNELON €

Le Bourg
✆ 05 65 10 96 46
www.hotel-fenelon.com
Restaurant 7/7 du 1er avril au 30 novembre, sur réservation le reste de l'année. Nuitée 54-101€. Menus 19-26€.

L'hôtel-restaurant Fénelon se caractérise par son élégance, son confort et son cachet traditionnel, avec des chambres lumineuses donnant sur la Dordogne et l'île Calypso ou sur la terrasse et le village médiéval de Carennac. Le restaurant de l'hôtel, aux allures d'auberge, propose une cuisine traditionnelle et régionale où agneau du Quercy, canard, cèpes et cabécou ont la part belle. Des paniers pour vos pique-niques, sont concoctés sur demande, et feront le bonheur des randonneurs. Piscine extérieure ouverte en saison estivale.

CHÂTEAU LAKMÉ €€

cour du prieuré
✆ 06 85 12 86 71
chateau-lakme.business.site/
Ouvert toute l'année. Fermé en janvier. De 80 € à 130 €. Petit déjeuner inclus. Wifi.

Imaginez-vous plonger dans l'histoire médiévale, logé dans une tour du XIVe siècle ! Le Château Lakmé - situé face au tympan de Carennac, cour du Prieuré - propose 2 chambres et 1 studio avec une cuisine tout équipée. Ici, le charme des vieilles pierres sublime une décoration vintage très bien choisie par Anaïs et Jean-François. Accueil chaleureux et bonne humeur vous attendent pour vous garantir un séjour inoubliable. La chambre du premier offre une vue unique sur le tympan. Une adresse qui vous convie à la rêverie. Bon plan futé pour découvrir Carennac.

LE PRIEURÉ €€

✆ 05 65 39 76 74
Ouvert de Pâques à Toussaint tous les midis + vendredi et samedi soir. 7/7 en été midi et soir. Formule du midi 19 €.

En vous promenant dans le magnifique village de Carennac, attiré par son tympan roman en son cœur, vous trouverez ce petit restaurant comme une bonne surprise. Ici, pas d'adresse attrape-touristes. Vous serez accueillis sur la belle terrasse ou en salle selon le temps et surtout selon la disponibilité. Sa situation géographique privilégiée mais surtout la fraîcheur des plats à la carte assure le succès du restaurant. L'accueil est chaleureux. Les assiettes - notamment une belle sélection de salades mais également des plats régionaux - sont gourmandes.

LE COMPTOIR DE LA NOIX

✆ 06 79 36 88 24

Ouvert de Pâques à Toussaint tous les jours de 10h à 18h et de 10h à 19h en juillet et août.

Reconnue pour ses qualités gustatives et produites dans la région de Martel depuis des siècles, la noix de Martel est ici élevée au rang de reine ! Fous d'elle, Anaïs et Jean-François ne la récoltent pas mais la transforment ! Dans cette jolie petite épicerie fine vous la trouverez torréfiée et caramélisée selon une recette secrète des maîtres confiseurs, au chaudron de cuivre. En vous promenant, vous serez saisi par ce parfum unique d'un bonbon local. Elle est ensuite déclinée sous toutes ses formes : huile, tartinade, etc. Vente également de produits régionaux.

LOUBRESSAC

Le village de Loubressac est un coup de cœur du Petit Futé. Encore loin des assauts touristiques, il reste un des villages les plus authentiques de la vallée de la Dordogne. Un joyaux à l'état brut. Depuis son éperon rocheux, ce village médiéval fortifié offre un magnifique panorama sur les vallées de la Dordogne, de la Bave, de la Cère et leurs nombreux châteaux : Castelnau, Montal, la Treyne et les tours de Saint-Laurent. C'est l'un des plus beaux villages fleuris du Quercy, classé parmi les Plus Beaux Villages de France. Loubressac dresse sur son promontoire son château du XVe siècle, sa chapelle du XIVe siècle au portail à tympan sculpté – retable et bénitier remarquables – et ses maisons quercynoises de pierre ocre coiffées de tuiles brunes. Le 14 juillet 1944 eut lieu à Loubressac l'un des plus importants parachutages de la Seconde Guerre mondiale avec 600 Américains. Le photographe Robert Doisneau aimait y séjourner, pour les occasions de fixer sur la pellicule les balcons et les escaliers chargés de fleurs, la porte fortifiée donnant sur les ruelles, le château manoir et le superbe panorama sur la vallée de la Dordogne du haut du promontoire. Autre anecdote locale : trouvez le point commun entre Michel Galabru, Miou-Miou et Loubressac ! Réponse : ils ont joué tous les deux en 1973 dans le film *Quelques messieurs trop tranquilles* de Jean-Marie Poiré tourné dans le village de Loubressac. On peut suivre dans ce film la vie paisible du village jusqu'à l'arrivée d'une bande de jeunes hippies et une enquête pour meurtre ! Un opus truculent des années 70 françaises !

LOU CANTOU €

La Place

✆ 05 65 38 20 58

www.lou-cantou.fr

Ouvert toute l'année. Chambre double de 60 € à 72 €. Menus de 14 à 35 €.

Marie-Claude et Hubert ont repris l'hôtel familial qui a servi de cadre à l'épicerie du fameux film de Georges Lautner, *Quelques Messieurs trop tranquilles*. La cuisine d'Hubert puise sa force dans la tradition. Copieux, délicieux, avec un service impeccable, laissez-vous aller à la dégustation avec en prime un magnifique panorama. Dans les chambres lambrissées, des photos de Robert Doisneau dédicacées à toute la famille Cayrouse. Le célèbre photographe, qui passait ses vacances à Loubressac, venait régulièrement manger ici. Incontournable.

LA GARRIGUE €€

327, route de Sarrouil

✆ 05 65 38 34 88

www.camping-lagarrigue.com

Ouvert du 9 avril au 24 septembre. Emplacement à partir de 10,50 €. Locatifs (2/6 pers.) à partir de 190 €/semaine.

Amateurs de tranquillité, soyez les bienvenus ! Ici on écoute les grillons au soleil du Midi. Très bien situé à 200 mètres du magnifique village de Loubressac, avec une vue imprenable sur la vallée, ce camping «familial» est un véritable havre de paix encore adouci par le sourire sympathique des gérants. Aux petits soins afin de rendre votre séjour le plus agréable possible, Jean-Philippe fait en outre d'excellentes pizzas. L'entretien est irréprochable, le cadre bucolique à souhait. Le genre d'endroits où l'on revient avec bonheur année après année.

RELAIS DE CASTELNAU €€

Route de Padirac ✆ 05 65 10 80 90

www.relaisdecastelnau.com

Ouvert de mi avril à mi octobre. Nuitée 89-145 €. Demi-pension. Petit déjeuner buffet 12 €. Menus 25-36 €.

Sur un site unique surplombant la vallée de la Dordogne et le château de Castelnau, des couleurs gaies s'inscrivent dans les vastes et lumineuses chambres ouvrant sur un exceptionnel panorama. Thierry vous accueille dans la salle claire et fraîche aux tons pastel. Laurent est en cuisine. Pour le poisson, en bon Breton qu'il est, il est champion. Mais il se défend aussi bien quand il s'agit de plats quercynois et il a la sagesse de faire appel à de bons producteurs locaux. Un établissement de standing pour amateurs de tranquillité dans un environnement de classe.

A PY LOUBRESSAC €€

Lieu-dit de Py
✆ 05 65 38 52 09
www.levieuxpigeonnier.fr
Midi et soir 7/7 en été et le week-end hors saison. Menu env. 20 €. Thé dansant dimanche et lundi 15h, entrée 12 €.

Une adresse aux multiples facettes à noter dans vos incontournables ! Logé dans un ancien corps de ferme, en pleine campagne, l'établissement est à la fois un restaurant, une crêperie et un thé dansant. Côté restaurant, la carte affiche un large choix de crêpes et galettes, de nombreuses pièces de gril d'origine française et des salades, pas de la haute gastronomie donc, mais simple et bon avec une carte composée de produits locaux. L'accueil est chaleureux et attentif. Vue imprenable sur le château de Castelnau depuis la piscine. Concept intéressant.

BRETENOUX ★★

Le baron Guérin de Castelnau décide en 1277 la création d'une ville nouvelle, fortifiée en l'honneur de l'imposant château de Castelnau construit aux environs de l'an mil. La bastide de Bretenoux venait ainsi de naître. Le village ne manque pas d'intérêt avec ses bastides médiévales à colombages, la place des Consuls, la porte en ogive de la Guierle, les remparts, le manoir de Cère, celui du fort et de l'île de la Bourgnatelle. On peut admirer la maison de vacances de l'écrivain français Pierre Loti lorsqu'il était enfant, à l'angle de la rue d'Orlinde et de la rue Pierre-Loti. A noter, la place s'anime les jours de marché, les mardis et samedis matin.

CHÂTEAU DE CASTELNAU-BRETENOUX ★★

PRUDHOMAT ✆ 05 65 10 98 00
www.castelnau-bretenoux.fr
Ouvert toute l'année avec différents horaires selon la saison. Gratuit jusqu'à 25 ans. Adulte 8 à 12 €. Visite guidée.

C'est en 1050 que les barons de Castelnau construisent ce château. Ses tours, son donjon carré du XIIIe siècle, son rempart, sa chapelle et ses profonds fossés en font l'une des plus belles forteresses de l'architecture militaire du Moyen Age. Il est racheté en 1896 par le ténor lotois de l'Opéra comique, Jean Mouliérat, qui y entreprend d'importants travaux. La mémoire de Mouliérat est honorée chaque été lorsque le château accueille le festival d'art lyrique de Saint-Céré.

AUBERGE DU VIEUX PORT €€

Port de Gagnac - **GAGNAC-SUR-CÈRE**
✆ 05 65 38 50 05
www.auberge-vieuxport-lot.com
Nuitée à partir de 65 €. Demi-pension. Menus 17-29 €.

La vue sur les bords de la Cère n'est qu'un des nombreux atouts de l'Auberge du Vieux Port, mais non des moindres, et y déguster un plat quercynois aux beaux jours est en soi un bonheur. Les 8 chambres sont chaleureuses et calmes. Tout est réuni pour un agréable séjour au calme et profiter des merveilles de la vallée de la Dordogne, des gorges de la Cère, ou du patrimoine lotois à proximité. L'accueil est très chaleureux, on s'y sent tout de suite à l'aise et détendu, la cuisine est pleine de saveurs, subtile, goûteuse et copieuse.

Château de Castelnau-Bretenoux.

COOPÉRATIVE VITICOLE LES VIGNERONS DU HAUT-QUERCY

84, route de Pontouillac - **GLANES**
✆ 05 65 39 73 42
www.coteauxdeglanes.fr
Vente directe chez les vignerons. Pas de vente à la coopérative.

© LES VIGNERONS DU HAUT-QUERCY

Depuis 1976, le vignoble privilégie le cadre coopératif et l'esprit traditionnel des générations pour une implication plus naturelle dans la qualité des vins. 5 vins sont proposés – le rouge *Tradition*, la cuvée *Fondateurs* (100 % Merlot), la cuvée *Quatre Saisons* (100% merlot élevée en fûts de chêne), le rosé *Gourmandise* et le blanc *Chenin Chardonnay* – fruits du travail de 7 producteurs associés au sein d'une seule cave. Agriculture raisonnée. Cépages : merlot, gamay et ségalin.

CAMPING DE LA SOLE €€

Lieu-dit La Sole - **PUYBRUN**
✆ 05 65 38 52 37
www.la-sole.com
Ouvert d'avril à octobre. Emplacement à partir de 16 €. Locatifs à partir de 249 €/semaine.

Gîtes, mobil-homes, bungalows toilés meublés, Coco Sweet ou emplacements pour votre tente ou votre caravane, vous aurez l'embarras du choix... Situé à seulement 600 mètres de la Dordogne, le camping de la Sole vous accueille dans un cadre calme et familial aux nombreux équipements et activités. Vous pourrez tranquillement vous baigner, pêcher ou faire du canoë sur les rives de la Dordogne, ou tout simplement vous relaxer dans le spa mis à votre disposition, ou vous promener dans les environs. Un endroit jeune et animé qui fera le bonheur des enfants.

HÔTEL-RESTAURANT DES ARTS €€

50, Place Grande - **PUYBRUN** ✆ 05 65 38 67 65
www.hoteldesarts-puybrun.com
Ouvert toute l'année. Restaurant fermé le samedi midi et dimanche. Nuitée à partir de 50 €. Menu 15-20 €.

Hôtel situé face à la place du village. L'été, une sympathique extension de la terrasse y est installée. L'accès aux chambres situées au-dessus du restaurant peut se faire de façon indépendante par une rue perpendiculaire à la rue Nationale. Les chambres sont claires et spacieuses, celles du dernier étage sont mansardées. La dernière côté rue bénéficie de la vue sur le château de Castelnau. Une vue à prix modique en somme. Côté resto, les plats sont variés et la cuisine excellente.

LE CANARD QUI RIT €

Bonneviole - **PRUDHOMAT**
✆ 05 65 33 87 76
Ouvert du lundi au samedi le midi. Vendredi et samedi soir en été. Formule du midi 13 €. Terrasse.

Voilà une adresse qui mérite de figurer sur votre itinéraire touristique. Salle à l'atmosphère assez rustique, service sans chichis, Le Canard Qui Rit comblera les amateurs d'une cuisine simple, élaborée avec des produits frais, le tout à un excellent rapport qualité-prix. Les plats sont traditionnels : tartiflette, cassoulet, pot-au-feu, mique et petit salé... Après l'assiette de fromage à discrétion, vous aurez le choix entre plusieurs desserts, faits maison bien sûr ! Le service est rapide, la terrasse agréable et le service toujours effectué avec le sourire.

HOSTELLERIE BELLE RIVE €€

Port de Gagnac - **GAGNAC-SUR-CÈRE**
✆ 05 65 38 50 04
www.bellerive-dordogne-lot.com
Ouvert toute l'année. Menus env. 20-40€. Nuitée à partir de 60 €.

Les pieds dans l'eau, entourée d'un panorama exceptionnel, la belle maison à colombages Belle-Rive est dans la famille Dumont depuis quatre générations. Les chambres, meublées avec soin, ont chacune une particularité. En cuisine, le duo Valérie Dumont-Pascal Steffan suit son inspiration pour mieux réinventer la tradition quercynoise, et sa carte accompagne le fil des saisons. Aux beaux jours, profitez d'une terrasse ombragée. Une adresse de grande qualité, soulignée par l'accueil chaleureux et le service irréprochable. Une hostellerie traditionnelle de charme.

LES SAVEURS €€

Place des Consuls
✆ 05 65 39 72 39
www.restaurant-les-saveurs.fr
Ouvert du jeudi au mardi le midi ; le vendredi et le samedi le soir. 7/7 en été midi et soir. Menus 17-25 €.

Cet établissement porte son nom à merveille ! Les Saveurs... ici se déclinent à l'envi entre cuisine régionale et étrangère. Du Brésil au continent africain en passant par l'Asie, l'accent est mis sur les saveurs ! Le chef met un point d'honneur à cuisiner tout lui même ! Chaque jour, le menu change, s'adapte au gré des saisons, des arrivages et de l'humeur du patron. Le restaurant propose tous les jours un plat de poisson frais, un plus très apprécié dans une région qui n'est pas spécialiste des produits de la pêche. Tonnelle en fer forgé style années 20.

LA TABLE DE LA TOUR €€

Le Bourg - **TEYSSIEU**
✆ 05 65 33 82 02
Ouvert les midis du lundi au vendredi et le dimanche. À partir de juin le mardi soir et le vendredi soir. Terrasse.

Une petite auberge chaleureuse et typique, située à 15 kilomètres de Bretenoux au cœur du charmant village de Teyssieu, la Table de la Tour mérite un détour ! Une escapade gourmande, si possible en terrasse, pour admirer en mangeant la tour médiévale de Teyssieu. Cuisine simple, familiale avec des produits frais, bonne et copieuse ! Vous profiterez également de l'ambiance de ce village authentique du Quercy. L'accueil y est chaleureux, tout le charme des petits restos de campagne, une adresse à retenir, hors des sentiers battus.

COPEYRE CANOE

✆ 05 65 32 72 61
www.copeyre.com
Ouvert d'avril à octobre, de 9h à 18h. Canoë 18 €/pers. Kayak 22 €/pers.

Copeyre canoë, c'est 120 km de descente sur la Dordogne et découvrir ses richesses. D'Argentat à Beynac, vous naviguerez à travers 3 départements aux paysages variés : Corrèze, Lot et Dordogne. Descente en journée, ou randonnées sur plusieurs jours, créez votre propre parcours. Paddle ou Paddle géant (8 personnes max) disponible à Copeyre et Gluges. Remontée en bus gratuite. Seule condition : savoir nager seul 25m. Également location de vélos VTT, VTC et vélos électriques. Pour toute location, l'accès au parc aquatique de Quercyland est offert le même jour.

MEYRONNE

Riche de paysages contrastés et passionnément nature, Meyronne surplombe la rive gauche de la rivière Dordogne. Le village est séculaire et on retrouve mention de ses terres dans un acte de 932. Le dessin actuel de la commune se mêle à l'histoire. Ainsi l'église et les maisons entourant la place sont située dans l'ancien château épiscopal partiellement détruit à la Révolution Française. On remarquera particulièrement l'église classée Monument historique. Le château qui se dresse encore dans le centre-bourg servait de résidence d'été aux Evêques de Tulle. Aujourd'hui c'est un hôtel-restaurant 3 étoiles qui bénéficie d'une vue imprenable sur la vallée.

CAMPING LA PLAGE €€

Rive gauche ✆ 05 65 32 23 26
www.camping-laplage.com
Ouvert du 1er mai au 30 septembre. Locatifs 200-650 €/ semaine, 85-120€ / w-end. Forfait emplacement 14-24 € / nuit.

© CAMPING LA PLAGE

Un coin de paradis au bord de la Dordogne. Ambiance conviviale et familiale au cœur d'un parc de 2 ha, naturellement ombragé. Pour vous baigner, vous aurez le choix entre la piscine chauffée à débordement et l'eau vive de la rivière grâce à un accès direct, plage de galets et location de canoë. Le camping dispose d'une grande aire de jeux pour enfants, ping-pong, boulodrome, volley, basket, appareils de fitness extérieur. De nombreux chemins de randonnée partent du camping. Des animations variées sont proposées en juillet/août. Nouveauté 2021 : 2 Tiny house !

HÔTEL-RESTAURANT LA TERRASSE €€

Le bourg ✆ 05 65 32 21 60
www.hotel-la-terrasse.com
Hôtel fermé de novembre à mi-mars. Restaurant ouvert toute l'année, fermé le mardi. Nuitée 85-230 €. Menus 32-58 €.

Ancienne villégiature médiévale d'évêques. Tout ici est confort, sérénité et bien-être. Les chambres allient raffinement et noblesse, associent le luxe d'un grand établissement et le charme rustique du Lot avec voûte en pierres, cheminée, vue sur la Dordogne et meurtrières. Côte restaurant, le chef nous invite à savourer une cuisine généreuse, sur la base d'un terroir que l'on choisit ici pour sa fraîcheur et son naturel. Une adresse à la hauteur de son écrin, un château du XIe siècle.

COPEYRE CANOË

✆ 05 65 32 72 61
www.copeyre.com
Ouvert d'avril à octobre, de 9h à 18h. Canoë 18 €/pers. Kayak 22 €/pers.

Copeyre canoë, c'est 120 km de descente sur la Dordogne pour découvrir ses richesses. D'Argentat à Beynac, vous naviguerez à travers 3 départements aux paysages variés : Corrèze, Lot et Dordogne. Descente en journée, ou randonnées sur plusieurs jours, créez votre propre parcours. Paddles ou Paddles géants (8 personnes max) disponibles à Copeyre et Gluges. Remontée en bus gratuite. Seule condition : savoir nager seul 25 m. Également location de vélos VTT, VTC et vélos électriques. Pour toute location, l'accès au parc aquatique de Quercyland est offert le même jour.

VAYRAC

Vayrac ne vous dit rien ? Il est pourtant mémorable depuis 51 avant Jésus-Christ ! Pendant des siècles, les historiens ont recherché activement le site d'Uxellodunum, nom d'un oppidum gaulois, connu dans la littérature pour avoir été le lieu de la dernière bataille de la guerres des Gaules. Longtemps sujet à débat pour localiser cet oppidum, il a finalement été admis qu'il se trouvait au Puy d'Issolud sur la commune de Vayrac. Pendant la Seconde Guerre mondiale, la Maison Bournazel dans le centre-bourg abrita un certain nombre d'œuvres du musée du Louvre comme d'autres lieux dans le Lot, participant à la sauvegarde de trésors artistiques.

CAMPING LES GRANGES €€

Lieu-dit Les Granges
✆ 05 65 32 46 58
www.les-granges.com
Ouvert de mai à mi-septembre. Emplacement 22 € env. Locatifs (1 à 5 pers.) à partir de 200 € / semaine.

Dans un parc de 5 hectares, le camping propose 150 emplacements dans un agréable environnement fait de grands arbres qui s'apprécient au moment des fortes chaleurs d'été. Son emplacement en bordure de rivière en fait un lieu de départ pour de nombreuses activités comme la baignade, le canoë, le VTT ou encore la randonnée équestre. Ce parc arboré constitue le site idéal pour les amateurs d'un tourisme familial et vert. Une très belle situation dans un écrin de verdure avec accès direct, via un petit sentier, à la rivière et ses charmantes plages de galets.

CHALETS MIRANDOL DORDOGNE €€

Vormes
✆ 05 65 32 57 12
www.mirandol-dordogne.com
Ouvert de début avril à fin septembre. De 180 € à 730 € la semaine selon saison

Les Chalets Mirandol Dordogne offrent calme et tranquillité dans un écrin de verdure entre la rivière et un lac de 13 ha. Seul véhicule autorisé : le vélo. Jeux pour enfants, parcours santé, circuit de VTT et nombreux chemins de promenade. Cadre idéal pour les amateurs de pêche. Dotés de terrasses sans vis-à-vis, les chalets en bois, d'une capacité d'accueil de 2 à 6 places, sont confortables et bien équipés. Piscine sécurisée. Un séjour dans une nature préservée vous attend.

SAFARAID DORDOGNE

Les Granges ✆ 05 65 37 44 87
www.canoe-kayak-dordogne.com
Ouvert 7/7 de 9h30 à 19h d'avril à septembre. Départs de 9h30 à 15h. Location canoë dès 20€. Remontée bus gratuite.

La Dordogne, paisible et authentique, vous attend pour une descente en canoë ou en kayak ! Balade incontournable de la région. Sur plus de 120 km de descente, elle s'offre à vous comme un cadeau de la nature. Forte de son expérience, Safaraid Dordogne, l'une des toutes premières sociétés de location de canoës, offre une gamme complète de réservations, à la journée ou pour plusieurs jours. Les parcours en canoë-kayak peuvent se faire aux départs de Vayrac ou Saint-Sozy. Que vous soyez débutant ou confirmé, vous trouverez sans difficulté votre parcours.

LE VIGNON-EN-QUERCY

Le Vignon-en-Quercy est une commune nouvelle française résultant de la fusion au 1er janvier 2019 des communes de Cazillac et Les Quatre-Routes-du-Lot. Cazillac était le chef-lieu d'une vicairie carolingienne alors que les Quatre-Routes a été créée beaucoup plus récemment, en 1912 autour de la gare de chemin de fer. Rôle essentiel dans la construction de la commune, la gare sert au commerce de biens agricoles : bestiaux, noix, etc. En ce début du XXe siècle, ce nouveau regroupement de population permet l'essor de la commune où l'on compte alors des bars, restaurants et toute une économie de services. Cet essor ralentit à partir des années 70.

SAINT-CÉRÉ ★★

En 1611, un ingénieur hollandais divisa le lit du cours d'eau qui traversait la ville en plusieurs canaux pour réduire les dégâts causés par les inondations. La cité fut appelée la Petite Venise lotoise jusqu'à la fin du siècle dernier quand tous les canaux furent recouverts. Ce qui frappe en entrant dans cette ville, c'est le dynamisme actuel de ses commerces et son niveau d'équipement. Totalement enclavé, Saint-Céré a dû apprendre compter sur elle-même en développant ses propres infrastructures. Aujourd'hui, la ville compte aussi sur son dynamisme culturel avec l'implantation réussie du Théâtre de l'Usine, lieu de créations et de spectacles.

AU VIEUX FOUR €€

Avenue Augustin Garcia
✆ 05 65 32 01 98

Ouvert toute l'année. Réservation recommandée. Menus 35 € env. Formule du midi 15 €. Terrasse.

Aux Quatre Routes du Lot, un établissement aux notes gourmandes régionales. Sur la partition des gourmets, vous retrouverez une tonalité de fraîcheur, une note copieuse alliée à celle du goût. Pas d'erreur dans le rythme entrée - plat - dessert, harmonieux et gourmand. On redécouvre des saveurs oubliées et des plats authentiques comme le foie gras au torchon fait maison, la crépinette d'agneau ou les ris de veau. Le travail à l'assiette est remarquable. Pas de fausse note. Dernier accord, le vin choisi avec connaissance. Une terrasse coquette et intimiste.

ATELIER MUSÉE JEAN LURÇAT ★

Château de Saint-Laurent-les-Tours
✆ 05 65 38 28 21

Ouvert du mardi au dimanche 10h30-12h30/14h30-18h30 du 1er avril au 3 octobre. 12-26 ans 2€. Adulte 4€.

Sur un site extraordinaire, dans le château de Saint-Laurent-les-Tours, l'atelier-musée rend hommage à Jean Lurçat, considéré comme le grand rénovateur de la tapisserie moderne. Il achète le château en 1945 où l'artiste marque chaque pièce de son empreinte. C'est un artiste complet puisque fresque, gravure, peinture, céramique, lithographie et dessin n'ont pas de secret pour lui. Un lieu rare, lieu de travail et lieu de vie, qui nous invite dans l'intimité de l'artiste. Incontournable.

Fontaine, sur la place du Mercadial - Saint-Céré.

VALLÉE DE LA DORDOGNE

© VIDEOBUZZING - SHUTTERSTOCK.COM

Château de Montal.

CHÂTEAU DE MONTAL ★★

✆ 05 65 38 13 72
www.chateau-montal.fr/
Ouvert toute l'année et 7/7 de 10h à 12h30 et de 14h à 18h30 du 2 mai au 31 août. Hors saison voir site. Entrée 8 €.

C'est ici que la Joconde et de nombreux autres tableaux du musée du Louvre furent entreposés de 1942 à 1945. Juché sur un mamelon boisé, il ressemble à un manoir médiéval. A l'intérieur, la cour dévoile la véritable nature de l'édifice et l'empreinte de celle qui fit construire ce château en 1523, Jeanne de Balzac. A voir : les jardins à la française, les cheminées monumentales, et l'escalier monumental sans équivalent en France. Le château, vendu en pièces détachées aux musées du monde entier, a retrouvé ses biens grâce à la volonté d'un mécène, M. Fenaille.

GROTTES DE PRESQUE ★★

215, Route de Gramat - **SAINT-MÉDARD-DE-PRESQUE** ✆ 05 65 40 32 01
www.grottes-de-presque.com
Ouvert de mars à novembre et toutes les vacances. Haute saison 9h30-18h30. Entrée 8,50 €. Parking gratuit. Buvette.

La grotte dévoile une suite ininterrompue de concrétions aux formes et teintes variées, mises en valeur par un éclairage moderne. La grotte semble encore vivante avec les infiltrations d'eau qui continuent à générer des stalactites, stalagmites et autres colonnes (âgées de 400 ans à quelques 80 000 ans...). Dans les différentes salles, la grotte présente des draperies insolites, une Vierge noire, une cascade figée et de nombreux piliers stalagmitiques de 8 à 10 mètres de haut - uniques dans le Lot - certains d'une grande finesse comme les « cierges ».

OFFICE DE TOURISME VALLÉE DE LA DORDOGNE

13, avenue François de Maynard
✆ 05 65 33 22 00
www.tourisme-vallee-dordogne.com
Ouvert du lundi au samedi 10h-12h30/14h18h. En été du lundi au samedi 9h30-13h/14h-18h30 et le dimanche 9h30-13h.

Le bureau d'accueil de Saint-Céré fait partie de l'office de tourisme de la Vallée de la Dordogne lotoise. Une dizaine de communes dépendent de cette référence en matière de tourisme. Le bureau de Saint-Céré est ouvert de début avril à début novembre et accueille les touristes qui souhaitent se renseigner sur la commune, surnommée la Petite Venise - elle était jadis sillonnée par plusieurs bras de la Bave - et les alentours (villages, châteaux, randonnées, canoë...).

GRAND HÔTEL MAURY €

9, place de la République
✆ 05 65 38 29 99
www.grand-hotel-maury.fr
Fermé en octobre. Nuitée de 55 € à 65 €. Parking fermé. Wifi gratuit. Bureau de tabac sur place.

Hôtel de famille, joliment fleuri avec des géraniums, situé au cœur de la ville de Saint-Céré. Les onze chambres, très spacieuses, sont entièrement équipées – téléphone, salle de bains et wc séparés – et accessibles par un magnifique escalier d'époque. Certaines chambres possèdent télévision et cheminée. Celles du dernier étage possèdent le charme de la mansarde, avec vue sur la ville. L'accueil est toujours très chaleureux, le petit déjeuner copieux. On saura vous donner les bonnes adresses de la région, et même en anglais s'il le faut !

LE VICTOR HUGO €

7, avenue des Maquis
✆ 05 65 38 16 15
www.hotelsaintcere.com

Ouvert toute l'année. Nuitée à partir de 67 €. Menu Gourmand à 30 ou 37 €.

Bâtisse à colombages du XVIe siècle, établie dans la partie calme du village, située entre le centre-ville. L'hôtel allie charme et savoir-faire afin d'accueillir les clients de différents horizons. Deux types de chambres sont à votre disposition : standard et privilège. Elles offrent un point de vue exceptionnel sur les tours de Saint-Laurent et l'écoulement du cours d'eau « la Bave » bercera vos nuits d'été. Au rez-de-chaussée se trouve le restaurant. Le titre de Maître Restaurateur garantit un repas à la hauteur de la réputation de l'établissement.

LE SOULHOL €€

Quai Auguste Salesse
✆ 05 65 38 12 37
camping-le-soulhol.e-monsite.com

Ouvert du 3 avril au 31 octobre. Emplacement à partir de 4,80 €. Mobil-homes (4 à 6 pers.) à partir de 236 € /semaine.

Dans un parc de 3 ha, le camping bénéficie de la proximité des équipements sportifs de la ville tout en profitant des commerces. Vous ne manquerez par conséquent de rien dans ce camping agréable où vous apprécierez de vivre loin de chez vous le temps d'un séjour. Outre la piscine chauffée, vous aurez à votre disposition une bibliothèque gratuite et des informations touristiques locales, les programmes de cinéma, l'accès aux courts de tennis, aux terrains de basket, aux pistes de VTT et skateboard situées juste à l'entrée. Le centre-ville est à 400 mètres à pied.

VILLA RIC €€

Route de Leyme
✆ 05 65 38 04 08
www.villaric.com

Ouvert d'avril à novembre. Nuitée 90-100€ env. Table d'hôte 36-40 €.

Sur les hauteurs de Saint-Céré, la Villa Ric est un petit hôtel comme on les aime : intimiste et avec du caractère. Ici, tout est raffiné, que ce soit le décor, la terrasse joliment fleurie, mais également la cuisine de terroir. Les plats y sont savoureux, les légumes frais cueillis du jardin selon l'inspiration du jour et des saisons. Chaque chambre a été décorée avec soin avec pour thématique la fleur, qui se décline à l'envie dans chacune d'elles. L'accueil chaleureux est conçu pour que votre séjour soit reposant et ressourçant.

LES TROIS SOLEILS DE MONTAL €€€

Les Prés de Montal ✆ 05 65 10 16 16
www.3soleils.fr

Ouvert à l'année. Nuitée de 95 € à 280 €. Pension complète. Demi-pension. Petit déjeuner 13,50 €. Menus de 36 à 92 €.

Très belle adresse. Le hall est décoré de belles tapisseries de Jean Lurçat. Les chambres, climatisées, présentent des matériaux de qualité et une douche spacieuse à l'italienne. Autant dire qu'elles sont extrêmement confortables et possèdent de petites terrasses donnant sur le parc. Les suites, qui possèdent leur terrasse privée, sont également climatisées, et les salles de bain, toujours dans le ton chocolat, sont immenses. Cuisine gastronomique très réputée. Halte de charme.

LE BISTROT DE BACCHUS €€

2, rue des Roubinets
✆ 05 81 71 60 45

Ouvert du mardi au samedi et le dimanche midi en été. Env. 20 €.

Tout à la fois bistrot, bar à vin et restaurant, cet établissement à la terrasse située face à la Maison des Consuls s'est rapidement fait une place de choix à Saint-Céré. Il faut dire que le chef Stéphane D'Hoest ne manque ni de talent ni d'imagination. Venu du Nord, il décline une cuisine inventive et d'influence flamande, aidé par sa femme. Sur son ardoise en perpétuelle évolution, il propose des plats élaborés à base de poisson frais. La décoration intérieure, où le bois domine, et la présence de tonneaux rappellent que nous sommes aussi dans un bar à vin.

L'INFORMEL €€

Les Prés de Montal ✆ 05 65 10 16 16
www.3soleils.fr/hotel-restaurant-lot-46/le-restaurant/linformel

Fermé du 11 novembre au 15 janvier. Fermé le mardi soir, mercredi soir, jeudi soir et samedi midi. 20-30 €.

L'Informel, c'est le deuxième restaurant ouvert par l'équipe de l'hôtel-restaurant Les Trois Soleils de Montal, dont le chef n'est autre que l'étoilé Frédéric Bizat. C'est son second, William Nirrengarten, qui est au piano de ce deuxième établissement pour décliner une cuisine «bistronomique». La souriante épouse de Frédéric Bizat, Florence, est à l'accueil et au service dans un environnement bucolique. Dotée d'une cuisine ouverte, la grande salle climatisée se prolonge par une terrasse végétale au pied de la piscine de l'hôtel.

L'INSTANT T €€

3, place du Mercadial
✆ 05 65 10 66 82

Ouvert toute l'année du lundi au samedi midi et soir. Réservation recommandée. Formule du midi 14,50 €. Terrasse.

Sur la mythique place du Mercadial en plein cœur du bourg médiéval, l'Instant T vous propose une halte gourmande emplie de charme et de saveurs. L'été, depuis la terrasse, vous profiterez du cadre exceptionnel de la place, avec vue sur les tours Saint-Laurent. L'hiver, de l'ambiance chaleureuse de la salle de restaurant. L'accueil est agréable, la cuisine savoureuse, élaborée avec des produits frais de saison, des spécialités maison ainsi qu'une carte snacking, des tartes/tartines. Pour toutes les faims... L'adresse vaut le détour.

LES TROIS SOLEILS DE MONTAL €€

Les Prés de Montal ✆ 05 65 10 16 16
www.3soleils.fr

Ouvert 7/7 sauf du dimanche soir au mardi midi inclus. En été ouvert 7/7 sauf lundi et mardi midis. Menus 36-92 €.

Frédéric Bizat concocte ses plats selon l'opportunité du marché et renouvelle très souvent ses plats, inspirés tant par les produits de région, que par les poissons. Cuisine légère, créative, saupoudrée de saveurs venues d'ailleurs. Les plats sont à savourer soit en salle ou sur la terrasse ou encore directement dans le parc proche du château de Montal, accompagnée de l'une des 350 références de vins. Lorsque la saison est au diamant noir, un menu 100 % truffe vous est proposé.

LE MAMA CAFÉ

2, Rue des Roubinets
✆ 09 72 57 65 75

Ouvert toute l'année du mardi au samedi et les jours fériés 9h-12h30/13h30-18h30 et le dimanche 9h-12h. Terrasse.

Le Mama café est une microbrûlerie coffee-shop tenue par deux passionnés : Johanna, colombienne et son mari Jean-Philippe. C'est ce dernier qui torréfie lui-même le café, café du monde qui ouvre nos palais vers l'Ouganda, l'Éthiopie, le Pérou, le Guatemala, la Colombie ou encore le Mexique. Jean-Philippe vous explique volontiers son métier et peut même vous en faire la démonstration. Le café est ici un art. De son côté, Johanna sert les pâtisseries vendues dans le coffee-shop. Une très belle adresse qui fait du bien à Saint-Céré.

CHEMIN ART NATURE

LATOUILLE-LENTILLAC
www.appel.asso.fr

Accessible toute l'année 7/7.

Sept circuits de randonnée ont été aménagés, dont le sentier Art Nature. Au centre de Latouille-Lentillac, à gauche de l'église, un petit chemin grimpe jusqu'au lieu-dit de Larraufie où démarre la balade. Le chemin Art Nature est un véritable musée dans les bois, combiné avec un chemin botanique. Tout au long d'une balade de plus d'un kilomètre, vous découvrirez une soixantaine d'œuvres surprenantes, tendres, magiques... Une promenade poétique et enchanteresse. À voir et à revoir, seul, à deux ou en famille, c'est toujours un grand plaisir et c'est... gratuit.

GOLF DE MONTAL

Marot Bas
✆ 05 65 10 83 09
www.golf-montal.fr

Ouvert toute l'année tous les jours de 9h à 18h30. Restauration. Boutique.

À deux pas du château, le golf de Montal est un lieu privilégié où l'on peut pratiquer tout en appréciant la vue sur le château de Montal et les tours Saint-Laurent. Le parcours de 9 trous est disposé en terrasse pour grimper progressivement vers le versant nord des Césarines. Le golf possède sa propre école où les jeunes peuvent s'initier en ayant accès gratuitement au matériel. Au club-house, vous serez accueilli chaleureusement et vous pourrez vous restaurer et vous désaltérer entre vos entraînements ou après votre parcours.

LEYME

Leyme était dans le haut Moyen Âge le nom de la vaste forêt de hêtres qui couvre la région. Le village possédait une abbaye cistercienne dont il ne reste que le corps central à deux étages. En 1221, Guillaume de Cardaillac, évêque de Cahors, fonde dans un vallon isolé et boisé une abbaye dont sa mère, Aigline, fut la première abbesse. Pendant la guerre de Cent Ans, l'édifice est ruiné, puis partiellement brûlé pendant les guerres de religion. Au XVIIe siècle, l'abbaye est relevée de ses ruines lorsque Jeanne de Noailles est nommée abbesse. En 1835, l'abbaye est transformée en asile pour aliénés. L'hôpital psychiatrique existe toujours.

TERROU

Terrou est habité au mois depuis le Moyen Âge, comme peuvent attester les fouilles réalisées par M. Mounier de 1984 à 1986. Elles ont permis de mettre au jour les restes d'une nécropole du haut Moyen Âge au bord de la route, près de la rivière. L'Histoire marquera une nouvelle fois ce petit bourg en 1944 qui sera témoin de la brutalité de la Seconde Guerre mondiale : en mai avec l'incendie de la forêt par des soldats nazis puis en juin avec l'incendie de l'école et la destruction systématique de toutes les maisons. Le village a reçu comme 16 autres communes françaises la médaille de la Résistance pour saluer le courage de ses habitants.

VILLAGE VACANCES LE RELAIS DU TERROU €€

✆ 05 64 13 64 44
capfrance-terrou.com

Ouvert de mars à octobre. De 75 € à 85 €/ la nuit. Club enfants. Restauration. Bain bouillonnant. Animations.

Un village vacances dans un village, voilà une idée atypique et unique en son genre ! Equipé d'une cinquantaine d'hébergements avec terrasse privée, le village vacances a tout d'un vrai village : boulangerie, école, presbytère... il occupe tout le centre-bourg. Jean-Christophe, Nathalie et toute l'équipe de ce Village de Vacances Relais Cap France vous accueillent chaleureusement. Comme dans un village, vous y trouverez de nombreuses animations sur place.

AUBERGE LA FORGE €€

Le Bourg
✆ 05 65 38 45 14

Ouvert toute l'année. Horaires selon saisons. Menus à partir de 19,50 €. Formule du midi 13,90 €. Terrasse.

Xavier et Peggy, tout droit venus de Bordeaux, œuvrent en duo et en harmonie pour faire de cet établissement un endroit de la gourmandise. Les plats envoyés en salle sont d'une très grande qualité. Parmi les spécialités maison, on citera la délicieuse soupe de poissons, le jarret de porc confit au fondant inimitable et, côté douceurs, la crème renversée au caramel. La vitalité et la générosité de ce couple sont des atouts remarquables qui font aussi de l'Auberge La Forge une adresse familiale où l'on se sent presque comme à la maison : la gastronomie en plus !

SOUSCEYRAC-EN-QUERCY

Sousceyrac-en-Quercy est une commune nouvelle française regroupant cinq communes : Sousceyrac, Calviac, Comiac, Lacam-d'Ourcet et Lamativie. Au cœur du Ségala, carrefour aux confins du Quercy et du Cantal, il faut découvrir Sousceyrac qui garde de fiers vestiges de son passé. Parmi les curiosités que l'on peut y découvrir, il faut noter le Carrayrat, antique rue principale bordée de vieilles demeures, les portes Notre-Dame et Saint-Antoine permettant l'accès à la vieille ville et un relais de poste du XIVe siècle, l'Ostal del Patje. Le village est aussi connu pour avoir servi de cadre au roman de Pierre Benoît, Le Déjeuner de Sousceyrac.

AU DÉJEUNER DE SOUSCEYRAC €€

Rue Pierre Benoit
✆ 05 65 33 00 56
www.au-dejeuner-de-sousceyrac.com

Ouvert toute l'année. Chambre double de 65 € à 100 €. Menus de 30 € à 80 €.

L'établissement tire son nom du livre écrit en 1931 par Pierre Benoit lors d'un de ses séjours dans l'hôtel. Vous y retrouverez la chaleureuse atmosphère d'un vrai restaurant à l'ancienne si bien décrite par le romancier. Le chef met un point d'honneur à servir une cuisine traditionnelle de haute qualité. Un excellent rapport qualité-prix pour un des fleurons de la cuisine du terroir. Traditionnel, mais aussi inventif et subtil. Service chaleureux en prime. Un sans-faute !

DOMAINE LES TEUILLÈRES €€

Lieu-dit Les Teuillères
✆ 05 65 11 90 55
www.lesteuilleres.com

Ouvert du 1er mai au 1er octobre. Emplacement 21-37 €. Gîtes (6 pers.) dès 553€/semaine. Chambre d'hôtes dès 70€/nuit.

A 1 kilomètre du lac de Tolerme, vous êtes ici dans le Ségala, point haut du département du Lot, qui devrait ravir les amoureux de la nature et des pratiques outdoor. Vous pourrez rejoindre le lac, à 12 minutes à pied du camping, pour y nager, pêcher ou pratiquer le canoë. Fort de ses emplacements, de ses trois gîtes et de ses trois chambres d'hôtes, le camping, subdivisé en trois terrains autour de la maison des propriétaires, s'ouvre sur les champs environnants. Table d'hôtes sur place. Ambiance ombragée, fleurie, calme et convivialité assurée.

GRAMAT ★

Gramat, ville carrefour à l'intersection de plusieurs voies romaines, a su résister aux douleurs de la guerre de Cent Ans et des guerres de Religion. Le grand couvent Notre-Dame-du-Calvaire a été fondé en faveur des déshérités, son champ d'action s'étend en Afrique et en Amérique du Sud. Le 22 juillet 1944, André Malraux est arrêté à Gramat par les Allemands. Depuis le XIXe siècle avec l'arrivée du chemin de fer, Gramat voit plusieurs foires très importantes animer son centre. En 1880, on comptait ainsi 21 hôtels et auberges ainsi que de nombreux cabarets et cafés. Il perdure encore aujourd'hui une vraie tradition d'accueil à Gramat.

Au cœur de Gramat.

RÉSERVE NATURELLE RÉGIONALE MARAIS DE BONNEFONT

MAYRINHAC-LENTOUR

www.rnr-maraisdebonnefont.fr

Ouvert toute l'année. Tous les jours. Gratuit. Label Accueil Parc naturel régional.

Site unique dans le département du Lot. Les zones humides ont souvent été délaissées, considérées comme terrain du diable et autres feux-follets. Durant des siècles, on a asséché ces milieux humides. Plus de 50 % des zones humides ont disparu au cours du siècle dernier en France. Pourtant ces zones sont essentielles. Classé réserve naturelle régionale, le Marais de Bonnefont est ouvert au public en accès libre. De nombreuses visites guidées à thèmes sont régulièrement organisées.

OFFICE DE TOURISME VALLEE DE LA DORDOGNE

Place de la République ✆ 05 65 33 22 00

www.vallee-dordogne.com

Ouvert 7/7 avril-octobre 10h-12h30/14h-17h. En été 9h30-13h/14h-18h30. Boutique. Billetterie. Vente cartes de pêche.

Vous trouverez de nombreuses brochures et l'hôtesse d'accueil ne manquera pas de vous donner de précieux conseils pour ne rien rater de votre visite. Sur demande, un fascicule intitulé « Promenons-nous dans la ville de Gramat » vous guidera dans les rues de la ville. A l'intérieur vous trouverez 2 itinéraires : un pour visiter le cœur de ville et un autre qui contourne sur 2 km la commune. Vous y trouverez également toutes les informations nécessaires à un séjour réussi dans la région.

LE GRAND COUVENT €

33, rue Louis Mazet

✆ 05 65 38 73 29

www.grandcouventgramat.fr

Hôtel 30 € - 37 €/ pers. Demi-pension 44 € - 59 €. Dortoir : 12 € / nuitée et 32 € soirée étape. Repas : 14 €.

Le Grand Couvent de Gramat est la maison mère des sœurs de Notre-Dame du Calvaire. Le Grand Couvent propose deux types d'accueil. L'un en dortoir à L'Oustal pour une capacité de 62 personnes. Il est plus particulièrement destiné aux groupes et aux pèlerins. L'autre à l'hôtel avec une trentaine de chambres simple, double, twin et familiales rénovées proposées aux visiteurs de passage. Un grand parc arboré permet des balades en toute quiétude dans cet écrin de sérénité. Possibilité de participer aux offices et de partager les repas.

CAMPING SITES ET PAYSAGES LE VENTOULOU €€

Lieu-dit Ventoulou - **THÉGRA**

✆ 05 65 33 67 01

www.camping-leventoulou.com

Ouvert de Pâques à Toussaint. Emplacement à partir de 22 €. Locatifs à partir de 50€/nuit

Quatre étoiles pour ce site à l'ombre des noyers, respirant le calme… Un bon résumé pour Le Ventoulou qui est un camping de qualité à taille humaine et à l'ambiance familiale. Avec ses 66 emplacements dont 32 de camping traditionnel, 41 locatifs (chalets, cottages, mobil-homes, tentes lodges, Coco Sweet et bungalows toilés), le camping adhère à la chaîne Sites et Paysages, une référence. Devenez résidents et propriétaires de votre mobil-home ou chalet pour vos vacances !

LES CHALETS DE THEGRA €€

Camp de Vayssie - **THÉGRA**
✆ 06 82 46 57 37
www.les-chalets-de-thegra.com

Ouvert toute l'année. Nuitée à partir de 85 € en semaine à partir de 380 €. Service de ménage.

Un véritable îlot de tranquillité au cœur de l'effervescence estivale ! Parc en pente douce de 2,5 ha. Ambiance zen et environnement rêvé autour de la piscine. 14 coquettes maisons en bois aux allures de gîtes avec terrasse couverte équipée d'un salon de jardin et d'un barbecue, donnent sur des espaces jardinés où ont été conservés végétation locale et murets en pierres sèches. D'une capacité de 6 à 8 places, les chalets comptent 1 chambre avec 1 lit double, une autre avec 2 lits superposés, 1 salon-cuisine doté d'un canapé convertible et 2 salles de bains !

HOSTELLERIE DU CAUSSE €€

Route de Cahors ✆ 05 65 10 60 60
www.hostellerieducausse.com

Ouvert toute l'année. Chambre à partir de 60 €. Restauration.

Les chambres modernes et lumineuses s'ouvrent sur le parc et la piscine et jouissent d'une vue paisible et harmonieuse. Le parc arboré vaste d'un hectare se prête à la contemplation et à la promenade. Une terrasse ombragée sous des chênes séculaires est particulièrement agréable en plein été lorsque le soleil lotois réchauffe la terre. Laissez-vous tenter par le forfait week-end adaptable sur deux ou trois jours incluant l'hôtel (renseignements auprès de l'établissement), le restaurant et les visites des grands sites aux alentours.

HÔTEL DU CENTRE €€

Place de la République
✆ 05 65 38 73 37
www.lecentre.fr

Ouvert toute l'année. Nuitée de 72 € à 89 €. Petit déjeuner 10,90 €.

Situé au cœur de Gramat, l'Hôtel du Centre propose des chambres claires et spacieuses avec un confort que l'on est en droit d'attendre pour un 3 étoiles : climatisation, lit en queen size, double vitrage, coffre-fort, etc. L'hôtel est équipé d'un ascenseur et d'une grand parking. Résolument moderne, la décoration joue sur les couleurs et les matières. A quelques kilomètres seulement de Rocamadour et des grands sites de la vallée de la Dordogne, Gramat et son hôtel du centre est un bon compromis pour poser ses valises et profiter du nord du département.

PARC ANIMALIER DE GRAMAT ★★

RD 14
✆ 05 65 38 81 22
www.gramat-parc-animalier.com

Haute saison ouvert tous les jours de 9h30 à 19h. Adulte : 14 €. Enfant de 4 à 13 ans : 9 €.

Sur 42 hectares ombragés vivent un millier d'animaux soit 150 espèces différentes. Carnivores, cervidés, bovidés, primates, camélidés, suidés et oiseaux. Un circuit de trois heures permet de découvrir toute la richesse de cette faune sauvage et domestique. Des panneaux explicatifs permettent de connaître mieux chaque espèce observable. Le temps d'une demi-journée, devenez soigneur, partez à la rencontre des vedettes du parc, loups, ours, lynx, loutres, renards. Préparez et distribuez les repas. Nettoyez les espaces de certains. Aires de jeux et de pique-nique.

© PARC ANIMALIER DE GRAMAT

© PARC ANIMALIER GRAMAT

LE BOIS DE FARAL €€€

LE BASTIT
✆ 05 65 40 13 38
www.bois-de-faral.com

Ouvert toute l'année. Chalets en bois de 320 € à 1 140 €/semaine selon saison. Tarif à la nuitée hors été.

Sur un site de 18 ha, dans une forêt de chêne du Parc naturel régional des Causses du Quercy, vous séjournez dans de charmants écogîtes, de spacieux chalets tout confort avec terrasse, capteurs solaires pour l'eau chaude, assainissement par plantes aquatiques, toilettes sèches. Outre nature environnante, une grande piscine au sel est à disposition ainsi qu'une aire de jeux pour les enfants, une ludothèque, une immense bibliothèque, des terrains de jeux, de boules... On aime les petits déjeuners bio et la boutique de produits du terroir en été.

LES 2 PATTES €

LE BASTIT
✆ 05 65 34 32 82

Ouvert toute l'année du jeudi au mardi le midi ; du jeudi au dimanche le soir. Réservation recommandée. Carte 18 € env.

Cuisine du terroir à tomber à la renverse, un comble pour les 2 pattes de Pinto et Sylvie. Tout est fait maison, du foie gras au confit en passant par les soupes et les desserts, et cerise sur le gâteau en collaboration avec les producteurs locaux notamment bio, le miel par exemple est produit au Bastit. Le soir et le week-end, le client fait son choix à la carte ou à l'ardoise avec une formule avantageuse car si on prend entrée et plat, on peut également se faire plaisir avec fromage et dessert sans supplément. Belle sélection de vins au pichet.

LES CŒURS GOURMANDS €

1, rue de la Poste
✆ 05 65 11 97 66

Ouvert toute l'année en continu du mardi au samedi de 8h à 23h. Menus 16,50 € ou 22,50 €. Terrasse.

Les Cœurs gourmands - tout est dans le titre : pain perdu à la mique et aux cèpes, cœurs de canard à la moutarde à l'ancienne, trio de tartines (tartine de cou de canard farci et au rocamadour, tartine au chorizo et au cheddar, tartine de la mer au saumon et à l'emmental). Tout est frais, tout est maison, tout est généreux. L'après-midi, place au salon de thé avec 40 thés au choix, 15 chocolats et des gaufres notamment, maison. On en redemande. Possibilité de petit-déjeuner, déjeuner et dîner. Soirées repas-concert organisées occasionnellement.

LA CUISINE D'ALAIN €€

2, rue de la Liberté
✆ 05 65 38 87 87
www.lacuisinedalain.com

Ouvert toute l'année du lundi au samedi midi et soir. Menus 15-20 €. Formule du midi 12 €. Terrasse. Vente à emporter.

Un petit coin d'Amérique à Gramat et du bonheur dans les assiettes. La déco des trois salles de la Cuisine d'Alain est un hymne aux Etats-Unis et à sa culture. Alain officie en cuisine et on n'est pas déçu par le voyage. Une formule du midi où tout est fait maison bien sûr avec uniquement des produits frais : cassoulet, six burgers dont le *Duck* avec filet de canard. Vous pouvez aussi déguster des assiettes complètes, des salades, des plats garnis. Et pour compléter le tableau, une bonne carte de vins. La Cuisine d'Alain, c'est l'Amérique au cœur du Lot !

HOSTELLERIE DU CAUSSE €€

Route de Cahors ✆ 05 65 10 60 60
www.hostellerieducausse.com

Ouvert du lundi au vendredi le midi et le soir et 7/7 en été. Menus 25-34 €. Jardin. Terrasse.

Dans les cuisines de l'hôtel-restaurant Hostellerie du Causse, l'esprit de la maison mise sur le travail de produits traditionnels mais en apportant une touche innovante. Afin d'agrémenter les plats, le chef propose une quarantaine de références de vins de Cahors. Les plats sonnent comme un hymne au terroir et à une gastronomie raffinée. Un grand choix d'apéritifs maison est également une des forces de l'établissement. La terrasse ombragée avec une tonnelle et le parc fleuri aux senteurs méridionales sauront à coup sûr vous séduire.

ATRIUM

9, place de la République ✆ 05 65 38 70 30
www.atrium-vigouroux.fr

Ouvert du lundi au samedi 9h-12h/14h-19h et en été 9h-19h30 + certains dimanches et jours fériés.

Producteur vigneron, Bertrand Gabriel Vigouroux propose dans ses caves Atrium les vins de sa production où ses deux Châteaux incontournables de l'appellation Cahors sont mis à l'honneur : Château de Haute-Serre et Château de Mercuès. Vous retrouverez dans ses caves Atrium, concept unique de magasin caviste qui compte plus d'une centaine de références, une large sélection de vins et spiritueux, des apéritifs et produits régionaux, un espace de dégustation et des conseils de professionnels. L'Atrium est l'ambassadeur des vins de la Maison Georges Vigouroux.

MAISON OCCITANE

Route de Figeac
✆ 05 65 10 15 34
Ouverte toute l'année de 9h30 à 12h30 et 14h30 à 18h30 du lundi au vendredi et de 9h30 à 12h30 le samedi.

Depuis 1975, près de 200 producteurs de canards gras du Lot sont regroupés en coopérative agroalimentaire. Dans le respect de la tradition, la coopérative propose des conserves de foie gras, de confit de canard et autres coffrets gastronomiques sous la marque « Maison Occitane ». Les canards sont certifiés IGP Sud-Ouest, ce qui garantit une fabrication dans les règles de l'art. Deux magasins sont ouverts, un à Brive et un à Rocamadour. L'enseigne propose également de la mettre en ligne via son site internet où l'ensemble des gammes est commercialisé.

ALVIGNAC

On ne peut évoquer Alvignac sans sa source Salmière ! C'est elle qui a donné à la commune un souffle économique au début du XXe siècle, faisant d'Alvignac une ville thermale. On construit alors des infrastructures permettant d'accueillir des curistes, un grand hôtel mais également un casino. De 1962 à 1981 l'eau de la source est même mise en bouteilles, elles sont vendues en pharmacies et en magasins diététiques. Depuis 2015 tout le site thermal appartient à la mairie. Des visites sont organisées régulièrement. Le Grand Hôtel de la Source, lui, est fermé. Le Casino est en revanche toujours en activité, donnant de l'attractivité à Alvignac.

LE BOUT DU ROC €

Le Roc
✆ 06 77 60 14 10
www.leboutduroc.com
Ouvert toute l'année. 4 chambres de 55 € à 75 € petit déjeuner inclus. Table d'hôte 25 €/pers.

Eleveurs d'agneau fermier du Quercy, Marie et Yves vous ouvrent chaleureusement les portes de leur maison. Entre Rocamadour et Padirac, vous viendrez au contact de l'authentique vie campagnarde à la lotoise au milieu d'une nature préservée. Les chambres sont mansardées, présentées dans un style épuré, finement décorées. Labellisé gîte panda. Les repas du soir viendront vous ravir le palais de ses saveurs de terroir et fumés typiques. Excellent accueil et prestations, dans un endroit magnifiquement calme, à deux pas de Rocamadour.

HÔTEL DU CHÂTEAU €

Place de la mairie
✆ 05 65 33 60 14
www.hotelduchateaualvignac.fr
Ouvert de Pâques à Toussaint. Nuitée de 54 € à 117 €. Petit déjeuner buffet 9 €.

L'hôtel du Château nous offre différents visages suivant les saisons avec sa magnifique vigne vierge : de vert en période estivale à bordeaux en période automnale. Accolé à l'église, l'hôtel semble veiller sur cette dernière. Accueil impeccable, chambres à la décoration contemporaine tout en conservant l'authenticité de la bâtisse. Un parc bien entretenu, avec piscine, fait face à l'hôtel. Un lieu pour se détendre en plein cœur d'Alvignac avant de monter, pourquoi pas, tenter sa chance au seul casino du département. Une belle adresse pour se ressourcer.

LE PETIT RESTO €

Place de la Poste
✆ 05 65 11 46 43
De début février à mi-novembre du mardi au dimanche midi et soir. En été 7/7 midi et soir. Pizzas 8-15 €.

Ce Petit Resto est une perle, grâce à un accueil des plus chaleureux. Ici c'est du fait maison et du bon ! Le couscous et les tajines sont excellents (celui aux pruneaux est un délice), les galettes parfaites, et les pizzas délicieuses (il y a parfois rupture en saison, si vous arrivez un peu tard...). Le menu quercynois fait également l'unanimité, le tout pour des prix serrés et une ambiance formidable. Profitez également du service de vente à emporter et de la terrasse lorsque les jours s'éternisent. Ambiance festive en été.

CASINO D'ALVIGNAC

Route de Padirac ✆ 05 65 33 77 70
www.casino-alvignac.com
Ouvert toute l'année 7/7 de 11h à 3h du matin. Restauration 12h-14h/19h-22h. Fermeture le mardi et le mercredi.

Le casino d'Alvignac, c'est 75 machines à sous, des jeux de table (roulette anglaise, black-jack, stud-poker) mais également un espace ludique, lumineux et convivial. De nombreuses animations sont organisées selon le moment de l'année. Tous les dimanches après-midi de 15h à 20h, le casino devient un thé dansant. Pour compléter la gamme de services, un restaurant, Le Bois des Jonquilles, ouvre deux salles de 55 à 120 couverts modulables selon les occasions : banquets, repas de groupe, cocktails, spectacles, etc. Côté cuisine, la tradition se mêle à la modernité.

PADIRAC ★★★

Padirac sonne comme le nom d'une marque de tourisme, mais c'est avant tout celui d'un village des Causses du Quercy. Il est marqué par l'histoire dont les traces sont visibles par les murs : ceux de son château, de l'église Saint-Julien et de la chapelle romane du XIe siècle. En parcourant la voie romaine, nous pouvons encore remonter le temps jusqu'aux dolmens, nombreux dans les environs. Padirac c'est aussi son gouffre, rendu célèbre en 1889 par Edouard-Alfred Martel, père fondateur de la spéléologie. C'est l'une des plus grandes curiosités géologiques françaises. On y accède par son entrée monumentale de 35 m de diamètre et de 103 m de profondeur.

PARC ZOOLOGIQUE PADIPARC

✆ 05 65 34 68 49

www.padiparc.com/

Ouvert 7/7 juillet/août 10 h-19 h. Basse saison 7/7 sauf lundi 10 h-18 h. Fermé décembre janvier. Tarif 8 €.-12 ans 6 €.

Bienvenue au paradis des reptiles et autres petites bêtes sympathiques ! Ne cherchez pas du sensationnel, Padiparc c'est surtout du bon sens et le respect du bien être animal. Pour Raphaël, le créateur du site, rien n'est plus important que ses animaux : serpents, tortues, caméléons, etc. Vous pourrez les observer en toute quiétude, et poser toutes vos questions aux soigneurs présents sur le site. Bel espace de contact avec les tortues géantes africaines que l'on découvre bien plus véloces que dans nos idées reçues ! Un site familial et très instructif.

GOUFFRE DE PADIRAC ★★★★

Le Gouffre

✆ 05 65 33 64 56

www.gouffre-de-padirac.com

Ouvert 7/7 de Pâques à Toussaint. Réservation sur le site internet. Gratuit -4 ans /- de 12 ans 12,50 € / adulte 17 €.

Cavité naturelle de 33 mètres de diamètre et profonde de 75 mètres, le Gouffre de Padirac est le premier site du patrimoine naturel souterrain en France. On célèbre cette année les 130 ans de sa découverte ! Exploré par Edouard-Alfred Martel en 1889, il est considéré comme une curiosité géologique majeure. L'exploration débute par la descente d'un escalier d'inspiration Eiffel totalisant 207 marches sur les 543 que vous allez parcourir. Trois ascenseurs sont également à votre disposition. Après la découverte de galeries accessibles uniquement à pied, un embarcadère permet de prendre place dans une barque, menée par un guide-batelier, pour une promenade pédagogique au fil de l'eau. Le spectacle est grandiose ! Dans les entrailles de la Terre, vous marchez ensuite jusqu'au Grand Dôme, véritable cathédrale souterraine de 94 mètres de hauteur où la nature s'est figée. En redescendant, vous plongez sur la Grande Colonne, spectaculaire stalactite de 75 mètres de longueur. Un audioguide gratuit est disponible pour vous accompagner dès le début de votre visite. Il mêle habilement les explications techniques avec des reconstitutions de l'aventure d'Edouard-Alfred Martel et de son compagnon d'exploration. Inutile de manipuler l'appareil, il se déclenche automatiquement. Les réservations sont vivement recommandées, surtout l'été où les 13 degrés du gouffre sont recherchés et la file d'attente, sous une tonnelle prévue à cet effet, peut longuement s'étirer ! Si vous ne voulez pas être déçu, pensez bien à réserver.

© C. GERIGK / SES DE PADIRAC

Le Puits, le Gouffre de Padirac.

LA CHARMILLE €€

✆ 05 65 33 64 47

www.lacharmille.info/fr

Nuitée de 50 € à 75 €. Demi-pension. Petit déjeuner 10 €. Parking inclus. Menus env. 20 €. Sauna.

Pierres et tradition caractérisent les prestations offertes par cette charmante adresse. Cette bâtisse quercynoise a tous les atouts pour vous combler : un emplacement privilégié dans un lieu hautement touristique tout en gardant une grande quiétude, des pierres apparentes à tous les étages et un agréable jardin agrémenté d'une piscine chauffée en retrait de la route. Le tout couronné par une cuisine dans laquelle on retrouve tout le terroir du Lot. A partir d'octobre, le chef propose de déguster des recettes à base de gibier. Salle de bridge, boulodrome et sauna.

ROULOTTE PETIT GOUFFRE €€

Penot

✆ 06 86 03 53 77

A partir de 693 € la semaine.

Plusieurs roulottes de bois aux couleurs personnalisées, reconverties en gîtes ruraux, vous attendent dans ce lieu de verdure paisible, 100 % nature, à deux pas du Gouffre de Padirac. Vous pouvez loger à quatre (un couple et deux enfants) par roulotte. Un lieu parfait pour vous ressourcer au milieu d'une vallée entourée de pâturages et de forêts, sur un domaine de 5 ha. Allez à la rencontre des ânes, Bambi, Chacha et Paulo et profitez de la piscine sur place à partager avec les chambres d'hôtes. Un séjour insolite et agréable.

CAMPING ROCA D'AMOUR €€€

Lieu-dit Mathieu ✆ 05 65 33 65 54

www.camping-roca-damour.fr

Ouvert de fin avril à début septembre. Emplacement à partir de 16 €. Locatifs (4-8 pers.) à partir de 160 € /semaine.

Le camping Roca d'Amour propose des emplacements spacieux, bien délimités, au milieu d'une nature préservée. Camping classé 4 étoiles, il est divisé en deux parties, Roca d'Amour 1 (les Chênes) et Roca d'Amour 2 (le Parc). Vous pourrez ainsi profiter de 2 espaces aquatiques : le 1er chauffé avec piscines et toboggans (ouvert d'avril à septembre), le 2nd sur 1 000 m² (ouvert de fin juin à début septembre) avec une piscine, une pataugeoire et 6 toboggans aquatiques. Vous pouvez choisir de réserver un emplacement nu, louer une tente, un mobil-home ou un chalet.

L'AUBERGE DE MATHIEU €€

✆ 05 65 33 64 68

auberge-de-mathieu.monsite-orange.fr

Ouvert en haute saison. Terrasse.

A moins de 300 m du Gouffre de Padirac, cette auberge est tenue depuis près de 30 ans par Catherine et Christian. En 2021 l'auberge change de ton et propose à partir du 1er juillet un bistro boutique d'un nouveau genre. Vous trouverez des produits du terroir - fil d'ariane de l'adresse - des salades, des verrines, des grillades.... A la découverte des produits du terroir, vous pourrez profiter de la salle, de la véranda ou de la terrasse fleurie, très appréciable aux beaux jours. Service minimaliste : tout se passe derrière notre vieux comptoir en bois. A tester.

L'AUBERGE DU GOUFFRE €€

Gouffre de Padirac

✆ 05 65 33 64 56

www.gouffre-de-padirac.com

Ouverture liée à celle du gouffre, mêmes horaires que la billetterie. Snack à partir de 11h30. 20 € env.

Avant ou après votre visite, l'Auberge du Gouffre vous propose de quoi vous restaurer à travers une cuisine familiale et conviviale grâce à deux formules l'Auberge et la Buvette. Avec la première proposition, vous trouverez une vraie table ; avec la buvette c'est une formule snack. Spécialités régionales : canard, saucisses fraîches, salade lotoise ou amadourienne, truite, rocamadour et noix du Périgord figurent en bonne place. Côté snack, on retrouve une carte traditionnelle du genre. Un accueil sympathique et un parking tout proche du site, n'hésitez pas !

LA GRANGE AUX TRUFFES

Lieu-dit Le Ratier

✆ 05 65 34 57 28

www.lagrangeauxtruffes.fr

Ouvert du mardi au samedi 10h-12h30/15h-18h30. Semaines avant Noël et Pâques, ouvert le dimanche et le lundi après-midi.

La Grange aux Truffes abrite des mets chocolatés d'exception. Jan Vanderborght, pâtissier, boulanger et chocolatier, s'est formé en Belgique. Désormais installé en pays lotois, il nous propose ses créations et réalise aussi les vôtres sur demande. Des 35 chocolats différents en ballotins aux tablettes en passant par des figurines gourmandes - et parfois coquines -, notre chocolatier répond à chaque événement : le calendrier de l'Avent et ses pâtes de fruits accompagnent notre fin d'année. Gourmands, amateurs de vrai chocolat, votre paradis est ici.

MIERS

Miers est un témoin précieux de l'histoire de l'humanité. Les premières traces humaines retrouvées ici remontent au Paléolithique moyen (300 000 ans BP) comme l'a révélé le site préhistorique des Fieux. Si la commune regorge de grottes, gouffres, igues (puits naturel) et autres territoires d'exception pour les spéléologues férus d'aventure, c'est bien la grotte préhistorique des Fieux, découverte le 2 novembre 1964, qui constitue à ce jour la plus grande promesse pour les visiteurs. L'histoire de la commune est très riche, elle offre également toute une vision du Moyen Âge : monastère, prieuré, hôpital, château... Les pierres sont des archives à ciel ouvert.

ARCHÉOSITE DES FIEUX - SITE PRÉHISTORIQUE

✆ 05 65 34 70 10

www.archeositedesfieux.com

Ouvert 13h30-18h de Pâques à Toussaint mercredi, samedi, dimanche jours fériés. En été 7/7 10h-20h. Entrée 6-8€.

L'archéosite des Fieux présente un gisement archéologique dont les plus anciens vestiges remontent à environ cent mille ans. Plus de 13 500 pièces d'outillage ont été retrouvées ! Outre les visites, l'archéosite propose des activités pour petits et grands : démonstration de taille de silex, allumage d'un feu, initiation à la chasse aux propulseurs, art pariétal, fabrication d'une lampe à graisse, modelages en argile, fabrication de collier... Une superbe plongée dans l'histoire.

CAMPING LE PIGEONNIER €€

Estayrie ✆ 05 65 33 71 95

www.campinglepigeonnier.com

Ouvert de Pâques à Toussaint. Emplacement à partir de 5 €. Locatifs à partir de 269 € la semaine.

Camping agréable et fleuri niché sur les hauteurs de la vallée de la Dordogne. Il est composé de 45 emplacements sur un hectare ombragé. Sur place, son pigeonnier restauré et le camping sont lovés dans un écrin de verdure entre Carennac et Rocamadour. Convivial et familial, vous y trouverez tout ce qu'il faut pour vous évader le temps des vacances et découvrir les alentours. Les emplacements sont bien délimités et assurent un minimum d'intimité. Piscine extérieure chauffée, château gonflable, jeux sur ressort, randonnées pédestres, sorties canoë-kayak, etc.

MARTEL ★★

Cité médiévale, la ville aux 7 tours se dresse sur un plateau calcaire, le causse qui porte son nom. Voilà l'occasion de découvrir son histoire à travers la visite de plusieurs de ses monuments. La halle du XVIIIe siècle, bâtie sur l'emplacement du premier hôtel de ville où les consuls et le sénéchal de la ville se réunissaient, est remarquable, avec sa lourde charpente en châtaignier sur des piliers massifs et ses quatre mesures à grain. Un marché s'y tient mercredi et samedi matin pour perpétuer la tradition. La tour de Tournemire a servi de défense et de prison. On peut d'ailleurs y lire d'étranges graffitis sur les murs. Allez voir aussi la Maison Grise (XVIe siècle) qui fut la demeure d'Antoine Judicis, président du tribunal révolutionnaire de Paris, celui qui envoya Fouquier-Tinville dit l'archange de la terreur, à l'échafaud en mai 1795. Enfin, terminez la visite par l'église Saint-Maur, pour bien avoir Martel en tête ! Outre ce patrimoine architectural exceptionnel, Martel est aussi connue pour ses trésors gastronomiques : la truffe noire dite *tubermelanosporum* et la noix. Il ne faut pas venir à Martel sans programmer un petit tour de train à vapeur appelé le Truffadou. Outre le plaisir de voir une locomotive à vapeur en action, le voyage est également l'occasion d'admirer la vallée de la Dordogne d'un point de vue unique. Vous emprunterez une partie de l'ancienne ligne ferroviaire de Bordeaux à Aurillac fut construite entre 1880 et 1884, et mise en service en 1889. Cette ligne est taillée dans la falaise de Mirandol, surplombant la Dordogne de 80 m. !

ÉGLISE SAINT-MAUR ✝ ★

De l'église romane fondée par le doyen du monastère de Souillac, il ne subsiste que le portail avec son tympan sculpté du milieu du XIIe siècle. L'église gothique qui la remplace fut construite pendant la première moitié du XIVe siècle, puis largement reprise à la fin de la guerre de Cent Ans et augmentée, au début du XVIe siècle, d'une tour-clocher, véritable tour de défense. L'église, intégrée à l'est au mur d'enceinte de la ville, possède des chambres de guet au sommet des contreforts et une bretèche défendant la grande baie du chevet.

VALLÉE DE LA DORDOGNE

CHEMIN DE FER TOURISTIQUE DU HAUT-QUERCY ★★

Près de la gare ✆ 05 65 37 35 81
www.trainduhautquercy.info
Ouvert de Pâques à Toussaint. Train vapeur 7-11 €. Train diesel 5,50-8,50 €. Restauration. Musée 1 €.

© © TRAIN À VAPEUR DE MARTEL-CFTHQ

Nous vous invitons à embarquer à bord d'un véritable train à vapeur pour un voyage de 13 km aller-retour, à plus de 80 mètres de hauteur à la découverte de la vallée de la Dordogne. Les billets se prennent depuis le hall de gare refait à neuf mais... avec de l'ancien comme le magnifique bar en cuivre provenant d'une voiture du Trans-Europ-Express. A l'étage, le musée d'objets ferroviaires anciens vous attend. Un coup de sifflet, un panache de fumée... en voiture s'il vous plaît !

EMBARQUEZ POUR UN VOYAGE DANS LE TEMPS !

Construite en 1880 et 1882, l'ancienne ligne de chemin de fer Bordeaux-Aurillac a été « déferrée » en 1914 afin de participer à l'effort de guerre. Elle a été refaite en 1918 avec du rail américain. Dans ces années-là, le train servait à l'expédition des truffes du marché de Martel, l'un des plus importants de France. Des années plus tard, une poignée de passionnés ont remis en état 6,5 km de rails, des locomotives, des voitures de train et tout un patrimoine ferroviaire et ont créé le Chemin de Fer Touristique du Haut Quercy. A bord du Truffadou, un authentique train à vapeur, vous empruntez une partie pittoresque de la ligne au départ de Martel pour une belle aventure !

PLACE DES CONSULS OU DE LA HALLE ★

Située dans le centre historique de la ville, cette place se remarque par sa halle du XVIIIe siècle construite sur l'ancien emplacement de la maison des Consuls. Elle est bordée d'anciens hôtels particuliers. Sa magnifique charpente en bois de châtaignier repose sur des piliers de pierre imposants. La halle témoigne de la vocation marchande de Martel et perpétue la tradition en accueillant le marché tous les mercredis et samedis matin et les mercredis soir d'été bal gratuit.

PALAIS DE LA RAYMONDIE ★

Le musée d'Uxellodunum est ouvert de fin juin à mi septembre du mercredi au vendredi de 15h30 à 18h30. Entrée 2 €.

Edifié à partir de 1280, le palais de la Raymondie fut achevé vers 1330. Palais urbain composé de 4 ailes autour d'une vaste cour, dominé par un beffroi, il a connu diverses fonctions : hôtel de ville à la Révolution, il héberge maintenant le musée d'Uxellodunum, qui renferme une collection permanente issue des fouilles effectuées sur le territoire de la Dordogne lotoise, allant du paléolithique supérieur à l'époque gallo-romaine. On y trouve en particulier les objets témoins de la dernière bataille livrée par César en -51 av. J.-C., à Uxellodunum.

REPTILAND ★

Puy Lombry ✆ 05 65 37 41 00
www.reptiland.fr
Haute saison ouvert tous les jours et jours fériés de 10h à 18h30. Adulte : 10,50 €. Enfant de 4 à 12 ans : 7 €.

Venez changer votre vision des reptiles ! Dans un espace couvert et climatisé, Reptiland présente la plus belle collection de reptiles en Europe exposée en lumière du jour, soit plus de 100 espèces et plus de 200 spécimens (serpents, crocodiles, lézards, varans, iguanes, tortues, et également mygales, scorpions...), mais aussi la plus grande de France en espèces venimeuses. Chaque année, de nouvelles espèces sont ainsi présentées. Vous pouvez tout savoir sur ces reptiles grâce à des fiches disposées à chaque sas d'entrée. Un monde fascinant à découvrir.

GALERIE MOANA

rue droite
✆ 06 43 92 23 32
Ouvert toute l'année du mardi au samedi 10h30-12h30 / 15h30-18h en hiver et 10h30-12h30 /15h-19h30 en été.

Dans le monde de Cécile - dite Mona - l'art se contemple en musique et s'ouvre à tous. La porte des lieux est grande ouverte ! L'ambition de cette galeriste hors du commun : rendre l'art accessible. Néophyte ou averti, le public est accueilli de la plus jolie des manières. La galerie - dans une des plus jolies rues de Martel - expose 2 artistes permanents : W. Van Hoylandt, peintre belge flamand détonnant et la sculptrice et peintre Véronique Guinard. Leur point commun : l'émotion. La galerie s'est agrandie et l'annexe recevra différents artistes temporaires.

OFFICE DE TOURISME DE MARTEL

Place des Consuls
✆ 05 65 33 22 00
www.vallee-dordogne.com
Ouvert d'avril à fin octobre.

Agréablement situé place des Consuls, l'office de tourisme de Martel est le point d'accueil et de renseignements des visiteurs se rendant dans la région de Martel et ses environs. Que vous cherchiez des renseignements sur les différents sites à visiter, des classiques aux plus confidentiels, un hébergement, une bonne table, ou des activités de loisir, l'équipe saura vous informer afin de faciliter votre séjour dans le Lot. Ouvert uniquement en saison.

LA FERME DE LA TRUFFE

Pouzols - **CUZANCE**
✆ 05 65 37 82 57
www.agritourismetruffe.fr
Ouvert toute l'année du mardi au samedi. Boutique 9h-19h. Visite guidée 5 €. Restaurant sur réservation. Menu 28-75 €.

Il y a plus d'un siècle, Cuzance était la capitale mondiale de la truffe. En 1912, dix tonnes de truffes furent présentées en une seule journée sur la foire aux truffes de Cuzance. Même si la production a bien baissé depuis cet âge d'or (de 0,5 à 1,5 tonne dans le Lot actuellement, suivant les années), de nombreux trufficulteurs lotois passionnés maintiennent la tradition. A travers ce site, l'association veut transmettre cet héritage et ce passé glorieux et faire connaître le diamant noir du nord du Lot. Au programme, des visites, balades dans la truffière familiale entre chênes, noisetiers, vigne et haies, démonstrations de cavage avec la chienne Rosabelle, et dégustation d'un toast de beurre truffé dans l'ancienne maison de la duchesse du Quercy. Mais ça, on laisse le soin à Delphine, jeune trufficultrice, de vous narrer l'histoire. Après cela, vous aurez le loisir d'acheter des truffes en verrines ou bocaux, des huiles, des vinaigres, des moutardes, des pâtés, ou une nourriture plus spirituelle grâce aux nombreux livres sur la truffe. Visite et repas sont possibles sur réservation toute l'année dans la maison familiale quercynoise. Une bien jolie façon de faire connaissance avec la «rabasse». Si vous souhaitez prolonger la visite, Delphine se fera un plaisir de vous indiquer des gites environnants où poser vos bagages. Enfin, pour ceux qui ne pourraient pas venir jusqu'à Cuzance, une boutique en ligne vous permet de faire vos achats en toute sécurité mais également de réserver votre repas.

AUBERGE DES SEPT TOURS €€

Avenue de Turenne ✆ 05 65 37 30 16
www.auberge7tours.com
Ouvert toute l'année. Nuitée 75-100 €. Demi-pension. Petit déjeuner 9 €. Menus 15-33 €.

L'auberge des 7 tours propose le gîte et le couvert. Pour le gîte, c'est une bâtisse en pierre qui abrite sept chambres tout confort face au restaurant. Tranquillité assurée pour vos nuits, l'hôtel est situé à l'entrée de Martel en venant des Quatre Routes du Lot et vous aurez comme voisin Dame Nature. Pour la restauration, il n'y a qu'à monter les escaliers de la maison d'en face pour goûter aux plats confectionnés par la chef Emmanuelle qui nous gratifie en plus de sa cuisine raffinée, d'un accueil chaleureux. Une adresse sympathique.

CAMPING LE PIC €€

Le Pic - **MAYRAC**
✆ 05 65 32 25 04
www.campinglepic.com
Emplacements à partir de 4,20 €. Locatifs (5 pers. max.) à partir de 300 €/semaine. Sauna. Spa.

Sur 3,5 hectares entre champs et bois, calme et ombragé, ce camping de qualité est doté de 50 emplacements aménagés en terrasse, avec vue imprenable sur le mont Mercou. Sur place : snack-bar, épicerie, boulangerie, laverie, salle de jeux, animations, piscine, avec de nouveaux toboggans et pataugeoire, boulodrome, location de canoës... Le camping est en pleine nature. Vous aurez le choix entre gîtes quercynois tout confort, chalets, mobil-homes, emplacements de camping, Coco Sweet, concept à la fois fonctionnel, cosy et douillet.

CHÂTEAU DE LA TUILERIE €€

D840 ✆ 05 65 27 04 47
www.latuilerie-martel.fr
Ouvert toute l'année. Chambre double de 80 € à 100 €. Petit déjeuner inclus. CB non acceptée. Billard.

En vallée de la Dordogne, les châteaux sont nombreux et certains ouvrent leur porte aux hôtes comme celui de la Tuilerie, une manière d'entretenir la vie au sein de cette grande demeure du XIXe siècle. Vous accéderez à la vie de château en empruntant le bel escalier en pierre dans la tour est qui dessert les 5 grandes chambres à plafond haut, parquet massif et décor soigné. Les chambres sont superbes et étonnamment spacieuses. Le petit déjeuner, copieux et délicieux, est servi avec des confitures maison. Vous pourrez jouer au billard français dans l'orangerie.

DOMAINE DE LA VAYSSE €€

Route de Creysse ✆ 05 65 32 49 87
www.domainevaysse.wixsite.com/martel
Nuitée de 74 € à 80 €. Gîtes à partir de 85 €/nuit et 800 €/semaine en été. Table d'hôtes 27 €/pers.

Ferme du XIXe siècle, sur les hauteurs de la rivière Dordogne. Les chambres sont situées dans une longère, elles mélangent poutres et pierres apparentes et possèdent une vue sur le jardin et la piscine. Les propriétaires proposent également deux gîtes de caractère, aménagés dans les dépendances de la demeure principale. Le petit déjeuner est copieux. Vous apprécierez de flâner en pleine nature dans la propriété de 20 ha. Les repas peuvent être pris en commun dans une ambiance conviviale. Vous y dégusterez des mets savoureux de la cuisine lotoise.

DOMAINE LES FALAISES €€

Lieu-dit Gluges
✆ 05 65 27 18 44
www.les-falaises.com
Ouvert de Pâques à Toussaint. Nuitée 57-159 €. Restaurant réservé aux clients de l'hôtel. Menu 27 €.

Hôtel niché au pied des falaises de Gluges, dans un cadre verdoyant. Les spacieuses chambres décorées sobrement et agrémentées de touches de couleur, apportent calme et confort. La grande terrasse d'été permet, aux beaux jours, de profiter du cadre verdoyant au petit déjeuner, et du bar extérieur en soirée. La piscine finit par nous combler. Le restaurant ouvert chaque soir et exclusivement réservés aux clients de l'hôtel, nous offre une cuisine locale et gourmande façonnée de produits frais de producteurs environnants. Une belle adresse.

LES FALAISES €€

Gluges
✆ 05 65 37 37 78
www.camping-lesfalaises.com
Ouvert de mi-juin à mi-septembre. Emplacement à partir de 4 €. Canoë, stand-up paddle, escalade, canyoning.

Au bord de la Dordogne, dans un site absolument superbe et sauvage, le camping Les Falaises vous accueille pendant toute la saison estivale pour des vacances en pleine nature et dédiées aux activités sportives. De nombreux emplacements ombragés. Le camping possède un accès direct aux berges de la Dordogne, où la baignade est surveillée. Accolée à la réception, une petite épicerie avec les produits de base et quelques spécialités locales est à disposition. Vous y trouverez également une buvette où vous pourrez prendre vos petits-déjeuners.

GÎTE DE LA BOUYSSE HAUTE €€

La Bouysse Haute - **CUZANCE** ✆ 05 65 37 07 66
labouyssehaute.com/
Ouvert toute l'année. Gite à partir de 830 €/semaine selon saison. Chambre d'hôtes 65-95 €/nuit.

Vous êtes conviés à un voyage aux confins de l'authentique et de l'excellence. Le gîte, imaginé et décoré avec raffinement et goût offre 4 chambres, 4 univers à explorer : les années folles, l'Andalousie, le romantisme ou l'esprit zen asiatique. À chaque envie, une chambre ! La maison de pierre est située au cœur d'un parc de 5 ha où la nature foisonne : vallons, bois de chênes centenaires et truffiers, chemins de randonnée, murets en pierres sèches s'y mêlent en parfaite harmonie. Accès piscine avec plage immergée, hammam et salle cardio-training.

LES HAUTS DE MAGRIÈRES

2 chambres. Chambre double à partir de 137 €.

Réalisée par un architecte, la construction actuelle associe une ancienne bergerie édifiée en 1726 à une extension contemporaine dominant la vallée de la Dordogne et le village de Montvalent. La situation est particulièrement calme sans aucune nuisance. Les deux chambres sont aménagées dans le bâtiment ancien et bénéficient d'un accès indépendant. Elles sont grandes, avec des salles de bains et w.c. privatifs, et des terrasses particulières. Une belle piscine est accessible aux hôtes. Le petit-déjeuner est frais, copieux, et maison.

LE POURQUOI PAS €

Le Barry - **FLOIRAC**

✆ 05 65 32 46 79

www.lepourquoipas.fr

Ouvert du mercredi au vendredi midi et soir + samedi soir et 7/7 midi et soir en été sauf samedi midi. Terrasse.

Paradis de la bière et de la crêpe. Un lieu atypique. Rachel et Philippe vous proposent plus de 110 bières belges, irlandaises, anglaises, allemandes, françaises… blondes, brunes, ambrées, blanches. Ils vous emmèneront dans cet univers sans oublier celui de la crêpe au froment et des super coupes de glaces ! L'hiver soirées à thèmes. Un mariage réussi dans une ambiance pub. L'été, vous pourrez profiter d'une des deux terrasses de l'établissement : l'une devant, l'autre derrière, sous une tonnelle recouverte de glycines. N'oubliez pas de réserver.

MANOIR DE MALAGORSE €€€

CUZANCE

✆ 05 65 27 14 83

www.manoir-de-malagorse.fr

Ouvert toute l'année. Nuitée de 160 € à 480 €. Table d'hôtes 52 €. Massage : 50 €/30 minutes.

Demeure du XIXe siècle. Les chambres ont été superbement restaurées dans le style de la maison avec pierres et poutres apparentes, spacieuses et très cosy. Abel, en cuisine, sait choyer ses hôtes en sélectionnant les meilleurs produits pour que les papilles gardent un souvenir intact du Lot. Anna, kinésithérapeute, vous propose quant à elle des massages, des conseils d'étirement... Un lieu idéal et enchanteur, véritable écrin de buis sauvage et de chêne sur 5 ha, avec une piscine, pour se reposer et partir à la découverte des sites du Lot.

RELAIS DU PALSOU €

BÉTAILLE

✆ 05 65 32 41 24

Ouvert toute l'année du lundi au samedi et le dimanche en été. Menus 12-15 €. Jardin. Terrasse. Vente à emporter.

Eric, partenaire de la route de la Noix, décline ses menus au gré de ce fruit goûteux, comme à travers son filet mignon à la crème de noix. La salle est belle, agréable, rendue conviviale avec son salon en rotin face à la cheminée et l'exposition des artistes locaux. C'est propret avec un zeste d'autrefois, arrangé avec bon goût. La cuisine est raffinée et succulente et le service toujours souriant. Le patron est en cuisine et décline ses menus au gré des produits locaux. Cette ancienne auberge dispose d'un parking privé et d'une agréable terrasse ombragée.

LA GUINGUETTE DE COPEYRE €

✆ 06 14 94 63 89

www.copeyre.com

Ouvert de mai à septembre. Réservation obligatoire pour le soir uniquement par téléphone. Grand parking gratuit.

Située sur une grande plage le long de la Dordogne, La Guinguette de Copeyre vous accueille tous les jours de mai à septembre dans un cadre de détente absolue. Snack et plats brasserie le midi et repas dansant le soir dans un esprit Guinguette estivale. Savourez un moment de calme en famille ou entre amis, les pieds dans l'eau ! De nombreuses activités sont disponibles sur place pour agrémenter votre journée : canoë, paddle, baignade, terrain de pétanque, châteaux gonflables. Profitez de boissons et de glaces tout au long de la journée.

RESTAURANT CRÊPERIE - LE CHANT DU COQ €

Le Causse

CAVAGNAC

✆ 05 65 32 01 28

www.lechantducoq.net

Ouvert toute l'année. Formule du midi 13 €.

Ce bar-restaurant-grill vous accueille autour de sa piscine. Abdou officie en cuisine avec une pointe d'exotisme et de fantaisie. Il vous fera déguster couscous, tajine et d'autres spécialités du Maghreb ainsi que quelques recettes du terroir, sans oublier d'excellentes crêpes à savourer sur place ou à emporter. En été, grillades autour de la piscine sur la terrasse. Soirées musicales en saison. Les plats peuvent être aussi à emporter. Ambiance conviviale et cuisine savoureuse.

AUBERGE DES SEPT TOURS €€

Avenue de Turenne
✆ 05 65 37 30 16
www.auberge7tours.com

Ouvert toute l'année. Menu complet 29 €. Formule du midi 15 €. Chèque Vacances. Jardin. Terrasse avec vue panoramique.

Nous voici dans la partie « couvert » de l'auberge. Voilà plusieurs années qu'Emmanuelle officie en cuisine sur les terres lotoises et que Vincent vous accueille avec soin en salle. Hôtes de passage, vous accèderez au terroir à travers une large palette de saveurs locales. Vous goûterez ainsi un foie gras de canard préparation maison, des aiguillettes de canard ou encore la sphère au noix mi-moelleux mi-glacé. La salle de restaurant chaleureuse s'ouvre sur le terroir avec ses larges baies vitrées et sa terrasse dont la vue panoramique est époustouflante.

LE MOULIN À HUILE DE NOIX €€

Lieu-dit Les Landes
✆ 05 65 37 40 69
www.moulin-martel.com

Ouvert d'avril à novembre mardi au dimanche midi et soir sur réservation. Menus 22-28 €. CB non acceptée. Boutique.

Animé depuis 6 générations par la famille Castagné, cet ancien relais de chasse du XVe siècle est devenu un moulin à huile de noix où une meule de pierre broie les cerneaux et une presse hydraulique exprime l'huile de noix. A l'étage se trouve la salle en pierre avec sa cheminée de la ferme auberge pour vous restaurer des produits de la ferme cuisinés par Marie-Claude Castagné. Pensez à réserver, le nombre de couverts est réduit. Accueil chaleureux et intimiste.

LE PETIT MOULIN €€

✆ 06 59 59 27 66

Ouvert de mi-mars à mi-novembre. Réservation recommandée. Menu 33 €.

3 bonnes raisons de découvrir un lieu unique : un restaurant, un bar à vin et une épicerie fine. Elixir subtil entre une cuisine raffinée et élégante et le produit terroir modernisé. Au moment de l'apéritif, la dégustation peut s'accompagner d'assiettes à partager, finement confectionnées dans l'alliance met vin dont on raffole. Et parce qu'ici on aime le produit dans son acception la plus large, le Petit Moulin c'est aussi une épicerie aux rayons gorgés de produits régionaux, foie gras, huile de noix, etc. Un endroit à ne surtout pas oublier.

PLEIN SUD €€

Place des Consuls
✆ 05 65 37 37 77

Ouvert de mi-mars à mi-novembre. Menu 28,50 €. Plat du jour 12 -15 €. Terrasse. Vente à emporter.

Charmant petit restaurant donnant sur les halles et le marché aux truffes. La vaste terrasse est très agréable, l'accueil des jeunes patrons Mélanie et Guillaume sympathique et sans chichis, la cuisine traditionnelle, simple... et copieuse ! Le menu change au gré des saisons et des inspirations du chef. Et la carte est elle aussi généreuse avec une quinzaine de pizzas, des plats traditionnels et des spécialités locales, comme le foie gras mi-cuit maison. Une adresse qui, grâce à son cadre et son bon rapport qualité-prix, ravira les familles.

LE SANS-LYS €€

Place Gambetta
✆ 05 65 37 31 17

Ouvert toute l'année et 7/7 en été midi et le soir. Menus de 14-26 €. Chèque Restaurant. Terrasse.

Cuisine traditionnelle. L'été, le service glacier de l'établissement est parfait pour faire une pause en terrasse et profiter du soleil. L'hiver, la cheminée et la terrasse fermée font le bonheur des clients, ravis de pouvoir profiter d'un cadre chaleureux et agréable. Pour remplir l'assiette, une carte composée de plats du terroir et de plats traditionnels vous offre un choix intéressant avec un excellent rapport qualité-prix. Le midi, le plat du jour permet de se restaurer à moindre coût tout en se régalant. A conseiller à toutes les petites ou grandes faims.

SAVEURS DES HALLES €€€

Rue Sans-Lys
✆ 05 65 37 35 66
www.restaurant-saveurs-des-halles-martel.fr

Ouvert de février à mi-novembre. Réservation recommandée. Carte : 40 € environ. Terrasse.

Dans le superbe cadre de la cité médiévale de Martel, Sylvie, en salle, et Alexis, en cuisine, vous promettent un accueil chaleureux et une ambiance conviviale. Formé à la Toque Blanche à Pujols et ayant fait ses classes chez Guérard au château Eugénie et Couillon à Noirmoutier, Alexis vous régalera de sa cuisine créative et originale, concoctée avec les meilleurs produits de terroir. Et le dressage est à la hauteur de la carte ! Un restaurant gastronomique où vous passerez un pur moment de plaisir. Succès oblige, il est fortement recommandé de réserver.

PAIN D'ÉPICES DU QUERCY

Route de Carennac
BÉTAILLE
✆ 05 65 32 03 20
www.le-pain-d-epice-du-quercy.com
Ouvert du lundi au samedi de 10h à 12h30 et de 14h30 à 19h. Dégustation. Vente. Animations.

S'appuyant sur d'anciennes recettes traditionnelles transmises de génération en génération depuis 1964, Didier Darnis propose des produits de ses ruches et de ses noyers. Depuis plus de 40 ans, la maison produit une authentique et succulente recette familiale au goût unique et savoureux qui lui a valu une reconnaissance qui s'accroît chaque année. Le secret de fabrication de cette recette s'est transmis jusqu'à ce jour et en assure la pérennité. On y trouve aussi des miels, des produits à base de propolis, produits de beauté, des noix, etc.

BRASSERIE DE LA CÈRE - LES BIÈRES DE JULIEN

Layrac
✆ 09 51 46 04 61
Label Nature & Progrès.

Installée en 2010 sur la commune de Saint-Céré, la Brasserie de la Cère a finalement emménagé à Martel. Avec ses bières, Julien a su conquérir le marché brassicole de la région. C'est une bière fabriquée de manière artisanale et au fond de sa bouteille se dépose un lie de levure. La matière première est labellisée en Bio. L'éthique est un engagement profond de la brasserie qui privilégie la vente en local et s'engage à récupérer les bouteilles. Et en plus, la bière est délicieuse !

LE COMPTOIR DE LA NOIX

✆ 0679368824
Ouvert de Pâques à Toussaint tous les jours de 10h à 18h et de 10h à 19h en juillet et août.

Reconnue pour ses qualités gustatives et produites dans la région de Martel depuis des siècles, la noix de Martel est ici élevée au rang de reine ! Fous d'elle, Anaïs et Jean-François ne la récoltent pas mais la transforment ! Dans cette jolie petite épicerie fine vous la trouverez torréfiée et caramélisée selon une recette secrète des maîtres confiseurs, au chaudron de cuivre. En vous promenant, vous serez saisi par ce parfum unique d'un bonbon local. Elle est ensuite déclinée sous toutes ses formes : huile, tartinade, etc. Vente également de produits régionaux.

COMPTOIR DES BOURIETTES

Les Bouriettes ✆ 05 65 37 42 01
www.lesbouriettes.com
Ouvert du mardi au samedi 9h30-12h30/15h-18h et 7/7 en été.

Petite boutique alimentée par les produits de la conserverie des Bouriettes. Dans un cadre de charme, à l'intérieur d'une magnifique bâtisse médiévale, vous trouverez vins, conserves, huiles et vinaigres parfumés à la truffe, condiments, fleur de sel, apéritifs et digestifs issus de distilleries de haute qualité... Pour les gourmets qui ne peuvent attendre les beaux jours, tous les produits en vente sont disponibles à la vente à distance via le site Internet des Bouriettes. Une épicerie fine comme un souvenir d'antan. À découvrir absolument !

COPEYRE CANOE

✆ 05 65 32 72 61
www.copeyre.com
Ouvert d'avril à octobre, de 9h à 18h. Canoë 18 €/pers. Kayak 22 €/pers.

Copeyre canoë, c'est 120 km de descente sur la Dordogne pour découvrir ses richesses. D'Argentat à Beynac, vous naviguerez à travers 3 départements aux paysages variés : Corrèze, Lot et Dordogne. Descente en journée, ou randonnées sur plusieurs jours, créez votre propre parcours. Paddle ou Paddle géant (8 personnes max) disponible à Copeyre et Gluges. Remontée en bus gratuite. Seule condition : savoir nager seul 25m. Également location de vélos VTT, VTC et vélos électriques. Pour toute location, l'accès au parc aquatique de Quercyland est offert le même jour.

PARC AQUATIQUE DE LA SAULE

Borgne de la Saule - **BÉTAILLE**
✆ 05 65 32 55 75
www.lasaule.fr
Ouvert de mai à septembre. Horaires sur le site internet. Entrée 4-8 €. Restauration. Boutique. Parking. Boutique.

Piscine de 2 500 m^2 - dont l'eau vient d'une nappe phréatique - avec pieuvre aquatique et champignon d'eau, bordée de toboggans dont le « kamikas » et ses 4 pistes, ainsi que le Big yellow, d'une hauteur de 8 mètres. Mais pas de panique, des maîtres nageurs veillent à votre sécurité. Jeux gonflables, tyrolienne, tourniquets, château, trampolines, terrain de pétanque, transats et balançoires viennent compléter le panorama. Un paradis pour les enfants.

PAYS DE FIGEAC ET VALLÉE DU CÉLÉ

Dans sa version nord-est, le Ségala lotois est plus auvergnat que quercynois. Encore une preuve que le Lot est multiple, fait de paysages contraires et d'humeurs venues d'ailleurs. Le Ségala lotois fait partie de la Châtaigneraie cantalienne voisine, en cousin germain de son voisin, le Ségala aveyronnais. Contrairement au Quercy qui est une identité historique, le Ségala est lui une région naturelle dont l'unité est assurée par la géologie et les espèces endémiques. Voilà de quoi donner du caractère à Figeac, célèbre cité de Champollion. Entre le Célé et le Lot, vous entrez ici dans une région du Lot sauvage qui a déjà un avant-goût de Massif central. La vallée du Célé, plus authentique que ses cousines, vallée de la Dordogne et du Lot, reste une vallée pleine de promesses où vous irez à la rencontre d'un territoire plus préservé, encore rural. Figeac joue ici un rôle de capitale, place forte du commerce et de la culture.

Pays de Figeac et Vallée du Célé
Alvignac les Eaux
Rocamadour-l'Hospitalet
Gramat
Thémines
Parc national régional des Causses du Quercy
Montfaucon
Labastide-Murat
104
Rudelle
LACAPELLE-MARIVAL
Terrou
LATRONQUIÈRE
Vitrac
Boisset
Saint-Étienne-de-Maurs
Maurs
Saint-Constant-sur-Célé
CARDAILLAC
FOURMAGNAC
ASSIER
LIVERNON
ESPÉDAILLAC
Cambes
FIGEAC
L'aiguille
ESPAGNAC-SAINTE-EULALIE
BRENGUES
MARCILHAC-SUR-CÉLÉ
CAPDENAC-GARE
CAPDENAC-PORT
Faycelles
Saint-Julien d'Empare
Boisse-Penchot
Livinhac-le-Haut
Bouillac
Viviez
Decazeville
Asprières
Combes
Firmi
Aubin
Cransac-les-
2,5KM
CABRERETS
SAULIAC-SUR-CÉLÉ

FIGEAC ★★

Pour comprendre Figeac, il faut se plonger dans son histoire séculaire. La cité née au IXe siècle sur les rives du Célé. C'est alors une abbaye bénédictine fondée par Pépin Ier, roi d'Aquitaine, arrière-grand-père du fameux Pépin le Bref. Les pèlerins venus du Puy par Conques vers Cahors ou Rocamadour, puis Saint-Jacques-de-Compostelle, passaient par Figeac. C'est aujourd'hui une halte toujours très prisée par les pèlerins. Cité flamboyante de la vallée du Célé, Figeac attire par ses nombreux atouts. Elle a été rendue célèbre dans le monde entier par l'un de ses enfants, l'égyptologue Champollion, celui qui a su déchiffrer la pierre de rosette.

OFFICE DE TOURISME DU PAYS DE FIGEAC

Place Vival
✆ 05 65 34 06 25
www.tourisme-figeac.com
Ouvert toute l'année, consulter le site internet pour les jours et horaires d'ouverture.

Installé au sein de l'Hôtel de la Monnaie, Place Vival, l'office est le lieu incontournable pour parfaire vos connaissances touristiques. Rien que pour son écrin de pierres, le site vaut le détour. Il sera également votre allié pour découvrir les animations qui font ce territoire. Bons plans, bonnes adresses, agenda complet des festivités sans oublier les prestations des visites guidées proposées par l'office qui vous permettront de plonger dans les secrets de la cité de Champollion.

MUSÉE D'HISTOIRE DE FIGEAC

Espace Henri Vayssettes
✆ 05 65 50 31 08
www.musee-champollion.fr/musee-dhistoire
Ouvert en juillet et août, 7/7 de 14h30 à 18h30. Hors saison sur rdv. Gratuit jusqu'à 12 ans. Adulte 3,50 €.

Le musée incarne la mémoire matérielle de la Ville et du département du Lot et témoigne des voyages effectués par ses généreux donateurs. Il est aménagé en véritable cabinet de curiosités et fait la part belle aux sciences naturelles. On y découvre les toiles lotoises du peintre catalan Pierre Daura (1896-1976), des outils préhistoriques, un crapaud-buffle et un hippocampe naturalisés, ainsi que des minéraux et des fossiles provenant de la région de Figeac.

HÔTEL CAFÉ CHAMPOLLION €

3, place Champollion ✆ 05 65 34 04 37
www.hotelchampollion.fr
A partir de 58 €/nuit. Petit déjeuner 8 €. Animaux acceptés. Petite restauration sur place. Abri vélo.

L'hôtel-café le Champollion domine la place et accueille les touristes dans une ambiance des plus chaleureuses. Ici, le visiteur trouve un endroit où se détendre. Les chambres, modernes, sont spacieuses et confortables. Une salle commune est mise à disposition pour les repas avec un four à micro-ondes en accès libre. L'accès au wifi est à volonté et l'ordinateur des propriétaires est prêté avec le sourire. C'est l'endroit idéal pour un week-end en famille. Mythique à Figeac, des générations successives y ont refait le monde dans la joie et la bonne humeur.

Maisons à Figeac.

LE QUATORZE €

14, place de l'Estang
✆ 05 65 14 08 92
www.le-quatorze.fr
De 68 € à 99 € la nuit. Petit déjeuner 8 € à 13 €. Parking fermé 8 €. Chèque Vacances.

Baptisé le 14, un clin d'œil à son adresse et à son nombre de chambres, cet hôtel bénéficie d'un emplacement idéal sur une place calme, derrière l'église Saint-Sauveur. Dans ce bâtiment de 3 étages doté d'un ascenseur, dont une partie date du XIIIe siècle, les chambres sont spacieuses et confortables. Le copieux petit-déjeuner fait la part belle aux circuits courts : la fraîcheur et la qualité du pain, des viennoiseries, du fromage, des yaourts, de la charcuterie et des fruits ! L'après-midi, il fait bon se prélasser dans le jardinet à l'ombre du tilleul...

BEST WESTERN HÔTEL LE PONT D'OR €€

2, avenue Jean Jaurès
✆ 05 65 50 95 00
www.hotelpontdor.com
Ouvert toute l'année. Accueil 24h/24. Nuit à partir de 85 €. Petit déjeuner : 14 €. Restauration. Sauna.

Près du cœur historique, sur les rives du Célé, cet hôtel Best Western est logé dans un immeuble quercynois du XIIIe siècle. Il en a gardé le charme tout en étant décoré de façon moderne et raffinée. On apprécie l'intimité de la piscine à débordement sur le toit et la salle de fitness. Son restaurant-cave à vins vous accueille dans une ambiance feutrée pour vous faire découvrir une cuisine régionale, avec ses menus au très bon rapport qualité-prix comme le menu Quercynois.

CAMPING DU DOMAINE DU SURGIE €€

Moulin du Surgié ✆ 05 61 64 88 54
www.domainedusurgie.com
Avril à octobre. Emplacement à partir de 66 € la semaine / 1 pers. Locatifs à partir de 339 € / la semaine. Animations

Au coeur de 23 hectares aménagés sur les rives du Célé, le camping possède des aménagements de qualité pour des vacances « grandeur nature ». Le choix du type d'hébergement est important entre les 150 emplacements et les locatifs variés : lodge, mobil-homes, chalets et gite. Sur place les loisirs se déclinent entre l'espace aquatique (piscine à vagues, pataugeoire, toboggan) et les terrains de sports (volley, boulodrome, ping-pong). Des animations sont organisées.

MUSÉE CHAMPOLLION - LES ÉCRITURES DU MONDE ★★★

Place Champollion ✆ 05 65 50 31 08
www.musee-champollion.fr
Ouvert toute l'année. Consulter le site pour le détail des jours et horaires. Adulte 5 €. Enfant de 13 à 18 ans 2,50 €.

Cette histoire a commencé il y a plus de 5 000 ans... Cette histoire, c'est celle des Écritures du Monde. Si les premières traces graphiques remontent à 50 000 ans, l'histoire de l'écriture à proprement dite nous ramène effectivement 5 300 ans en arrière. Pour comprendre cette fabuleuse épopée humaine, vous êtes au bon endroit ! Bienvenue dans la maison natale de Jean-François Champollion, le père de l'égyptologie. Le Figeacois est mondialement connu pour avoir réussi à déchiffrer pour la première fois les hiéroglyphes : c'est la fameuse Pierre de Rosette dont vous pourrez admirer la reconstitution géante place des Écritures, à quelques pas du musée. Derrière sa magnifique façade aux mille lettres du monde entier, faite de cuivre et de verre, découvrez à partir des travaux du célèbre déchiffreur des hiéroglyphes, des collections qui racontent la fabuleuse aventure de l'écriture et invitent à un voyage passionnant à travers les cultures. Pour découvrir ce musée, vous pourrez opter pour la visite libre ou la visite guidée. La visite guidée s'adapte en fonction de votre temps. Vous pouvez opter pour la visite-conférence en 1h30 et explorer le thème de votre choix : Champollion et l'Egypte ; La naissance des écritures ; Le musée et ses chefs-d'œuvre ; De la lettre au mot : la révolution des alphabets. L'autre option, pour les plus pressés, est la visite presto en 55 min qui vous invite à une introduction du musée et de ses collections. N'oubliez pas l'exposition temporaire !

CAMPING PECH IBERT €€

Mas de Vergnes - **BÉDUER**
✆ 05 65 40 05 85
www.camping-pech-ibert.com
Ouvert de Pâques à Toussaint. Emplacement à partir de 16,80 €. Locatifs dès 310 € /semaine. Aire camping-cars.

Dans ce camping fleuri, verdoyant et ombragé vous trouverez piscine, jeux, buvette, autant d'ingrédients pour se détendre et passer des vacances réussies. En saison, des promenades sont proposées pour découvrir le causse et la vallée. Les randonneurs du chemin de Compostelle trouveront là un toit pour la nuit. Pour les férus de cheval, sachez que le camping est aussi une halte équestre et met 3 boxes à votre disposition. Sur les terres d'une ancienne ferme, parcourue de murets en pierres sèches, un camping de charme en pleine nature à découvrir !

LE BOUTARIC €

3, rue Boutaric
Sur place ou à emporter. Galettes à partir de 9,90€. Burgers à partir de 8,50 €.

© LE BOUTARIC

La crêperie le Boutaric nous offre un joli voyage aux pays des crêpes salées et sucrées et des burgers ! De belles assiettes généreuses et savoureuses concoctées par monsieur avec des produits frais, de saison et issus de circuits courts. Le pain utilisé pour les burgers par exemple est réalisé par le Fournil de Pierre à Figeac. Le mot d'ordre des lieux est certainement la simplicité dans son sens le plus noble. Simple comme des liens avec des fournisseurs locaux, comme une cuisine qui allie bien-être, techniques culinaires et gourmandises.

DOMAINE DE LA PIALE €€

Lieu-dit La Piale - **FONS** ✆ 05 65 40 19 52
www.domainedelapiale.com
Chambre double env. 90 €. Gîte (2 à 4 personnes) de 500 à 1 200 € / semaine. Bain bouillonnant. Massages bien-être.

Nichée au cœur de 8 ha de prés et de bois où s'ébattent 1 cheval et 3 ânesses, cette demeure lotoise du XVIIIe siècle est un petit bijou d'authenticité et de confort dans un cadre magnifique. Le caractère historique des lieux est renforcé par la beauté élégante et la décoration raffinée des chambres et des suites. Le gîte Prune affiche un caractère moderne et chaleureux dans une grange récemment rénovée. En communion avec cette nature chatoyante, vous pourrez également bénéficier de la piscine et de toute une gamme de soins du corps, spa de plein air et massage.

LE HAMEAU DU QUERCY €€

385, route du Mas de Graves - **FRONTENAC**
✆ 05 65 14 01 21
www.hameauduquercy.com
Chambre d'hôtes à partir de 115 €/nuit. Gîtes (4 / 5 pers) à partir de 500 € / la semaine. Petit déjeuner 15 €.

Ce hameau datant du XVIIIe siècle est situé dans la partie en amont de la vallée du Lot. La nature est omniprésente et les maisons ont gardé leur cachet quercynois, mêlant pierres et bois. Les chambres sont situées dans des annexes à deux pas de la piscine naturelle. Le gîte reflète l'habitat lotois avec son pigeonnier, son cantou, son évier en pierre et les poutres apparentes. Les petits déjeuners, entièrement bio et façonnés de produits locaux, sont à savourer sur la terrasse. Un second gîte, aménagé selon le Feng Shui, côtoie la piscine naturelle.

HÔTEL DES BAINS €€

1, rue du Griffoul
✆ 05 65 34 10 89
www.hoteldesbains.fr
Ouvert toute l'année. Accueil jusqu'à 21h. Chambre à partir de 58 €. Petit déjeuner 9 €. Parking. Chèque Vacances.

Cette jolie bâtisse du début du XXe siècle, située au bord de la rivière Célé, accueillait autrefois les Bains Publics. En mettant en valeur un charme rétro, les chambres sont claires, spacieuses et confortables. Les petits-déjeuners, ainsi que les boissons servies au bar, sont à déguster en salle ou, quand viennent les beaux jours, sur la jolie terrasse. L'orientation est parfaite : soleil levant sur le pont Gambetta et soleil couchant à l'heure de l'apéro ! Douceurs sucrées et paniers de pique-nique peuvent aussi être commandés.

MERCURE VIGUIER DU ROY €€

52, Rue Emile Zola ✆ 05 65 50 05 05
cite-hotels.com/fr/etablissements/hotel-le-viguier-du-roy.html
Ouvert toute l'année. De 79 € à 249 €. Petit déjeuner buffet : 15 €. Parking : 10 €. Chambres PMR. Restauration.

Pendant 4 siècles, il fut la demeure des «Viguiers du Roi» au cœur du quartier médiéval de la ville, l'Hotel Mercure Viguier du Roy vous accueille aujourd'hui dans 5 000 m² dans un établissement classé 4 étoiles. Il conjugue respect et audace, générosité et hospitalité, grâce à une rénovation inspirée. Toutes les chambres sont personnalisées. Modulables, les chambres familiales deviennent un véritable espace de vie. Une piscine privée esprit rooftop est accessible, elle surplombe le magnifique jardin du cloître. Un établissement somptueux.

LES ANGES GOURMANDS €

4, rue Séguier
✆ 05 65 34 08 01
Ouvert toute l'année. Carte : 15 € environ. Vin au verre. Chèque Restaurant. Accueil des groupes. Terrasse.

L'histoire du lieu c'est la cuisine ! Après avoir accueilli une boucherie et une poissonnerie, l'adresse est aujourd'hui un restaurant, celui de Coco et Freddo. Ils ont choisi une décoration simple et une cuisine traditionnelle qui fait la part belle aux produits locaux, aussi bien pour les mets que pour les boissons (bières artisanales, vins de la région). Soupes, foie gras et confiture d'oignons, coq au vin, canard confits, etc. Le goût du terroir est revendiqué, au service du rapport qualité-prix, l'incontestable point fort des Anges Gourmands.

RESTAURANT-PIZZERIA DEL PORTEL €

9, rue Orthabadial
✆ 05 65 34 53 60
www.restaurant-delportel.net
Ouvert toute l'année midi et soir, fermé le lundi. Formule du midi : 12,50 €. Pizzas de 11 € à 16 €. Terrasse.

Depuis plus de 35 ans, Yves se plaît à faire cohabiter différentes cultures culinaires de la France. Il nous régale ainsi de ses ravioles de foie gras mais aussi de son welsh et de sa déclinaison en burger. Vous profiterez également de ses incontournables pizzas à déguster sur place ou à emporter. Le chef travaille uniquement avec des produits frais. Le succès faisant, le service est parfois long en été. Pensez à réserver. Terrasse ombragée en été.

LE SARRASIN €

6, rue Balène
✆ 05 65 34 76 44
Ouvert toute l'année. Réservation recommandée. Carte : 15 € environ. Chèque Restaurant. Terrasse.

Le Sarrasin, c'est l'une des crêperies de Figeac, située rue Balène, en plein centre historique. Les crêpes, 100 % sarrasin et sans gluten, sont délicieuses notamment la Quercy qui en calera plus d'un. On peut aussi se laisser tenter par une des salades de la carte, des grillades, des brochettes présentées sur potence ou une assiette brunch. Côté sucré, on n'est pas déçu du voyage avec une mention spéciale pour le café gourmand. Tout est frais, tout est maison et le sourire est au rendez-vous. Pourquoi s'en priver… Gluten-free friendly.

LE SETH €

5 & 7, place Champollion
✆ 05 65 34 50 25
Ouvert toute l'année. 7/7 en été. Réservation recommandée. Menus de 28 € à 36 €. Chèque Restaurant. Terrasse.

Le chef travaille des produits frais, souvent choisis sur le marché local, et opte fréquemment pour la plancha quand il s'agit de snacker ses viandes. Le menu du jour est vivement recommandé avec au choix trois entrées, quatre plats et trois desserts. Pas de routine, l'ardoise est effacée tous les jours. Le soir, le plaisir se prolonge à la carte avec 4 ou 5 choix différents de l'entrée au dessert. Le restaurant, dont le charme tient beaucoup à ses belles pierres, bénéficie d'une salle à l'étage et d'une vaste terrasse sur la place.

LA MÉMÉ DU QUERCY €

1, place Vival ✆ 09 83 55 06 07
www.memeduquercy.com
Toute l'année 9h-19h/21h. Fermé mardi et mercredi en hiver. Plat sur place ou à emporter env. 15 €. Terrasse. Boutique.

La place Vival a son adresse gastronomique juste à côté de l'office de tourisme : La Mémé du Quercy. Une vingtaine de producteurs locaux se sont regroupés sous cette enseigne. Côté restaurant, les plats font la part belle aux produits de la boutique. En terrasse ou à l'intérieur, les assiettes déclinent les spécialités du terroir. On retrouve bien sûr les mêmes produits côté boutique où toute la gastronomie de la région est synthétisée. Foie gras, vins de Cahors, pâtés, truffes,… Des dégustations en magasin vous assureront de dénicher à coup sûr la perle rare.

LA CUISINE DU MARCHÉ €€

15, rue Clermont
✆ 05 65 50 18 55
www.lacuisinedumarchefigeac.com
Ouvert toute l'année du lundi soir au samedi soir. Menu à partir de 32 €. Formule du midi : 19 €. Terrasse.

Le patron ici c'est Thérèse. Avec Santiago aux fourneaux, ils mettent une touche ibérique dans une cuisine fraîche, locale et fidèle aux plus beaux produits. En témoignent les plats à la carte : parillada de poissons, obélisque croustillant de confit de canard, caille rôtie, sabayon gratiné, entre autres. Foie gras de canard frais, filet de bœuf, agneau du Quercy et fromages de la région s'invitent aussi naturellement dans les assiettes. Vous pouvez apprécier le travail du chef grâce à la cuisine ouverte sur la jolie salle gothique.

LOT OF SUSHIS €€

2, place Besombes
✆ 05 65 34 13 01
www.lot-of-sushis.com
Ouvert toute l'année du mardi au samedi. Menus dès 10,20 €. Formule du midi dès 7,90 €. Vente à emporter.

Le Japon au cœur de la cité de Champollion, une présence inattendue mais pour le plus grand plaisir des papilles. Une fois la porte franchie, on est happé par une ambiance asiatique sobre et moderne. Pour les novices, on vous expliquera les rouages de la cuisine traditionnelle japonaise : sushi, maki, sashimi, yakitori, soupe miso, rien ne manquera à votre dégustation ! Le choix est varié tout en proposant des pièces travaillées maison avec des produits frais. Les différentes formules permettent de manger selon ses goûts et sa faim.

LA FLAMBÉE €€

26, rue Caviale
✆ 05 65 34 72 12
restaurant-flambee-figeac.fr
Ouvert toute l'année. Fermé mercredi midi et dimanche. Menus à partir de 16,50 €. Formule du midi : 13,50 €. Terrasse.

Une charmante petite table simple et authentique dans le vieux Figeac. Le cadre typique et la jolie terrasse couverte sont le lieu idéal pour apprécier une aumônière de chèvre chaud aux herbes et au miel, un confit de canard rôti, du veau à la crème de girolles, un dos de cabillaud à la crème de chorizo, des gambas flambées au whisky sauce safranée, de l'agneau du Quercy aux herbes, une fricassée de ris d'agneau aux cèpes ou un magret de canard grillé et sa sauce au poivre ou au bleu. Un petit resto avec un accueil chaleureux.

LA MONNAIE €€

5, Place Vival
✆ 05 65 50 29 55
Café brasserie de 7h30 a 20h du lundi au samedi, jusqu'a 15h les dimanches. Formule du midi 13 €. Terrasse.

L'accueil est sympathique, les assiettes goûteuses et la fraîcheur est de mise dans un établissement où on privilégie les bons produits. Pour les amateurs, le ris de veau est ici une institution. Il est travaillé amoureusement et ravit les papilles des gourmets. A la carte, vous trouverez bon nombre de plats régionaux dont un foie gras maison ou encore des cèpes quand c'est la saison. Mention spéciale pour les frites maison, croustillantes comme on les aime. Lorsque les beaux jours arrivent, le restaurant possède une terrasse très agréable.

LE JARDIN SUR LE TOIT €€

4, rue de la République
✆ 05 65 34 05 92
Ouvert toute l'année. Réservation recommandée. Menu 20 € le midi / 25 € le soi. Chèque Restaurant. Terrasse.

Adresse de référence à Figeac ! Son nom résume son atout et nous réserve bien des surprises. Au rez-de-chaussée, une salle style bistrot parisien, décoration chic, sobre et moderne. Puis un escalier extérieur mène à une vaste terrasse délicatement végétalisée sur le toit de l'établissement. Un petit coin de paradis ! Côté assiette, le chef insuffle des notes thaïes à la cuisine traditionnelle lotoise. Et le mariage des saveurs vaut le détour. Réinventé quotidiennement, le menu du marché met évidemment à l'honneur les produits frais et les fruits de saison.

LA PUCE À L'OREILLE €€

5-7, rue Saint-Thomas
✆ 05 65 34 33 08
Ouvert du mardi au samedi. Réservation recommandée. Menus à 28 € et 36 €. Formule du midi : 20 €. Terrasse.

Excellent restaurant au cœur d'une maison médiévale. Les produits frais et de saison composent deux menus, une formule du midi et des suggestions. Le chef, prépare également de savoureuses recettes à base de poissons selon les arrivages (cabillaud, dorade...). Tout est fait maison. Le charmant patio ombragé est appréciable, en période estivale, par la fraîcheur de ses pierres apparentes ; l'imposante cheminée de la salle instaure une ambiance chaleureuse en hiver. Cadre intimiste et adresse à retenir dans le centre historique.

LA RACINE ET LA MOELLE €€

6, rue du Consulat
✆ 09 83 53 81 58
Ouvert du mardi au samedi le midi et le soir. Haute saison : le dimanche midi. 40 € environ.

Michael et Julie tiennent dans le centre de Figeac l'une des tables les plus en vue. Leur cuisine, c'est celle de l'amour des bons produits. Achetés bruts et entiers, ils sont travaillés dans l'art du métier. Ils s'appuient sur des filières courtes efficaces et qualitatives. Dans l'assiette, ce sont les saisons qui s'affichent et colorent les plats de saveurs authentiques. Le restaurant propose poisson et viande qui varient selon les arrivages. De l'entrée au dessert, pas de fausses notes, nos papilles sont comblées par tant de finesse !

O TEMPS D'AUTREFOIS €€

CAMBES ✆ 05 65 40 29 89
Ouvert toute l'année. Consultez les horaires. Menu tradition 26 €. Formule du midi : 14 €. Jardin. Terrasse.

A quelques minutes de Figeac, il existe un petit paradis, niché dans un coin de verdure : vous y êtes. Ce temps, prenez-le et laissez-vous embarquer par une cuisine savoureuse et authentique. Pas de quoi se lasser, la carte évolue tous les mois, au fil des saisons et de l'imagination du chef. Ici les saveurs explosent en bouche. Le cuisinier ne travaille qu'avec des produits frais et locaux. Le menu tradition vous invite au voyage dans les pages d'un grand livre de cuisine où on revisite en respectant les produits. La douceur de vivre est palpable à Cambes.

RESTAURANT LA HALLE €€

Le Bourg
FONS
✆ 05 65 40 06 49
Ouvert toute l'année sur réservation. Menus de 27 € à 30 €. Formule du midi : 14 €. Chèque Restaurant. Terrasse.

Incontournable. Après une balade dans le magnifique vieux Fons, arrêtez-vous à la Halle pour un pur moment de gastronomie lotoise. «Qualité-frais-maison» est la devise de Xavier qui officie en cuisine et Fabienne qui vous accueille en salle. Le menu du jour est une petite invitation qui ne se refuse pas. La carte des vins regroupe 95 références, tous les vignobles étant représentés. Outre le menu du jour, il y a deux formules, entrée, plat, fromage, dessert. La carte change tous les trois mois. Ce restaurant pour gourmets se distingue par sa finesse.

LE SAFRAN €€

17, rue de Clermont
✆ 05 65 38 45 41
www.le-safran.wixsite.com/figeac
Ouvert du mardi midi au dimanche midi - 7/7 en été. Formule du midi 22 €. Terrasse. Vente à emporter.

Cuisine orientée vers les produits de la mer. Le safran fait référence à l'épice reine du département, mais aussi à la pièce de bateau, partie immergée du gouvernail. Dans l'assiette, les fruits de mer s'invitent de novembre à mars, avant que les recettes de moules, au safran comme il se doit, ou encore à la crème et au chorizo, ne prennent le relais à partir du mois d'avril. Le safran vient également parfumer la soupe de poissons et la timbale du pêcheur. Une cuisine raffinée et gourmande qui peut aussi se savourer dans le lumineux patio du restaurant.

LA STRADA €€

3, rue Gambetta
✆ 05 65 40 41 93
www.restaurant-pizzeria-figeac.fr
Ouvert 7/7 midi et soir. Pizzas 9 / 17 €. Chèques non acceptés. Chèque Restaurant. Terrasse. Vente à emporter.

En plein cœur de ville, la Strada offre un petit coin aux accents d'Italie avec une belle carte de pizzas. Romana, andalouse, pello de la Roma, tropicale ; rien qu'à la lecture de la carte, les papilles s'envolent aux quatre coins du monde. Une belle adresse quand une envie irrésistible de pizzas vous surprend au détour d'une ruelle Figeacoise ! Avec sa façade élégante en bois, la Strada attire et ne déçoit pas. Pour les beaux jours, la terrasse est aussi un atout charme indéniable, avec une vue des plus agréables sur le vieux Figeac. Un régal !

LA TABLE DE MARINETTE €€

51, allée Victor-Hugo ✆ 05 65 50 06 07

Ouvert toute l'année. Fermé le jeudi et vendredi. Menu à 20 et 29 €. Accueil des groupes sur demande.

Alain œuvre en cuisine en ne travaillant que des produits frais et locaux tandis qu'Eliane assure le service en salle. Il concocte une cuisine raffinée et personnalisée de terroir, jugez plutôt : gilet de merlu et son beurre safrané, araignée de veau à la tomate, salade de chèvre chaud et son sirop de safran, feuilleté de ris d'agneau dans son jus, croustillant aux noix accompagné de sa glace vanille et caramel beurre salé faite maison... La présentation exemplaires des assiettes ne manqueront pas de vous mettre en appétit. Une très bonne adresse.

LA TERRASSE DE FIGEAC €€

6, quai Bessières

✆ 05 65 34 10 07

Ouvert toute l'année du mardi au samedi midi et soir. Menus 17-20 €.

L'établissement, un bar-brasserie, renoue avec le traditionnel. Pour les budgets serrés, voilà une adresse qui devrait en combler plus d'un. Au menu, des plats typiques de ce genre d'établissement, pavé de saumon, parmentier de canard délicieux, les desserts ne sont pas en reste, avec la crème brûlée aux spéculoos ou le classique fondant au chocolat parfaitement maîtrisé, pour les puristes gourmands. Des produits frais, du fait maison, de l'espace et un accueil chaleureux. Une adresse de qualité en toute simplicité où l'on a envie de revenir.

LA DINÉE DU VIGUIER €€€

4, rue Boutaric

✆ 05 65 50 08 08

www.ladineeduviguier.fr

Ouvert midi et soir 7/7 l'été et du mardi au samedi le reste de l'année. Sur réservation. Menus à 39 et 59 €. Terrasse.

Restaurant gastronomique du Mercure Figeac Viguier du Roy, la Dinée s'est offert une nouvelle vie avec l'arrivée du chef Anthony Carballo. Ce jeune talent propose sa vision d'une cuisine tout en douceur. Sa carte s'inspire des recettes régionales qu'il réinvestit comme le foie gras au naturel accompagné d'une gelée de Malbec épicé, l'agneau du Quercy rôti à l'ail des ours, fèves et petits pois cuisinés à la menthe sauvage ou encore la coque meringue aux noix de Figeac et crème glacée au pop-corn... Assurément une des meilleures tables de Figeac.

LE 13/70

8, rue de la République

✆ 05 65 40 71 01

Fermée le lundi. Cave et bar à vin.

Baptisée 13/70 en référence aux conditions idéales de conservation du vin (13 °C et 70 % de taux d'hygrométrie), cette enseigne a tout pour séduire. Sur 160 m² élégamment décorés en pierres et bois, vous découvrez tout d'abord l'épicerie fine et ses quelque 1 000 références. S'y mêlent produits régionaux, thés, cafés et chocolat, huiles d'olive et vinaigres, et encore tant et tant de gourmandises. Vient ensuite la cave à vin, forte de 600 références. Les vins du Lot sont largement représentés sans oublier les bières artisanales et les spiritueux.

EPICERIE BEZIEU

4, place Barthal

Ouvert du mardi au samedi jusqu'à 19h.

La petite boutique est en une sorte de palais du goût. Grand rayon primeur. Epicerie du monde avec huile d'olive en vrac, graines et épices en tout genre - dont le safran du Quercy - pains d'épice et exceptionnels fruits secs en cascade, pâtes parfumées aux fruits rouges - pour les civets - au piment, aux noix, anchois, fruits exotiques… et tout un bric-à-brac d'ustensiles inspirés de l'Orient lointain. Une épicerie fine/ primeur comme une madeleine de Proust, un mélange de saveurs et d'odeurs qui font les souvenirs d'enfance et les grandes tablées joyeuses.

Place Champollion à Figeac.

FOIE GRAS GODARD

5, boulevard Juskiewenski
© 05 65 50 08 71
www.foie-gras-godard.fr
Ouvert du mardi au samedi de 10h à 12h30 et de 14h30 à 19h. Livraison possible. Boutique en ligne.

Foies gras, cassoulets, truffes, et pâtés sont préparés de façon traditionnelle dans cette maison familiale. Les dizaines de médailles reçues au Concours général agricole de Paris depuis 1993 témoignent de cette qualité et du savoir-faire de Godard. L'origine des produits est garantie par le label IGP Sud-Ouest et des recettes savoureuses pour un sans-faute culinaire. La maison a été créée en 1978 et depuis perpétue les traditions et les savoir-faire. La maison-mère se trouve dans une autre ville du Lot, Gourdon. Accueil sympathique.

FOIE GRAS JEAN LARNAUDIE

ZA de l'Aiguille © 05 65 34 32 17
www.larnaudie.com
Ouvert du lundi au vendredi de 8h30 à 12h30 et de 14h à 17h et jusqu'à 18h de mi-novembre au 31 décembre.

Le savoir-faire de la maison Jean Larnaudie remonte à 1950 avec l'ouverture d'une petite boutique à Figeac, qui déménagera en 1991 dans des locaux plus grands dans la zone artisanale de l'Aiguille. Dans cette boutique, vous trouverez des corbeilles terroirs à composer vous-même : foies gras, confits, plats cuisinés, spécialités régionales... La maison Jean Larnaudie, récompensée par une quarantaine de médailles au Concours général agricole de Paris depuis 1987 fait aujourd'hui figure de référence. Une cuisine simple et généreuse dans de nombreuses déclinaisons.

LE MOUTON GIVRÉ

CAMBES
© 06 27 88 87 94
www.lemoutongivre.com
Uniquement en e-commerce. Sac isotherme écologique 48 €.

Un sac isotherme 100 % lotois ça n'existe pas ? ! Détrompez-vous : dans le Lot on trouve de tout et surtout des hommes et des femmes ingénieux. La dernière innovation en date, c'est celle-ci : un sac isotherme 100 % écologique réalisé en laine de mouton française et en chanvre. Derrière ce mono-produit séduisant se cachent Cinthia et Elodie, deux sacrées nanas qui ont décidé de valoriser la laine et la culture du chanvre en textile. De leurs savoir-faire est né ce petit sac particulièrement pratique pour transporter votre lunch-bag.

CABRERETS ★

L'imposant château des Gontaud du XVe siècle flanqué de deux grosses tours rondes ouvre l'accès au petit village situé au confluent de la Sagne et du Célé. En face sont plaquées contre la falaise du Roche-Courbe les ruines du « château du diable » détruit en 1390 afin de le rendre inutilisable par les pillards anglais. Il ne faut pas manquer de visiter la remarquable grotte de Pech-Merle. En remontant la vallée, on parvient à la Pescalerie, un des sites les plus enchanteurs de la vallée : un moulin semi-troglodytique accueille la fontaine de la Pescalerie, résurgence d'une rivière souterraine du causse de Gramat. Attention, le site est privé.

© IRÈNE ALASTRUEY - AUTHOR'S IMAGE

Vue générale de Cabrerets.

MUSEE DE L'INSOLITE

Lieu-dit Liauzu
© 05 65 30 21 01
www.museedelinsolite.com
Ouvert de Pâques à Toussaint 7/7 de 9h à 19h/20h. Gratuit jusqu'à 4 ans. Enfant de 4 à 13 ans : 2 €. Adulte : 3 €.

Ce musée de l'insolite est le rendez-vous de l'humour et du surréalisme. Le maître des lieux, l'artiste Bertrand Chenu, y a rassemblé tous les objets qu'il collectionne depuis son enfance, qu'il stocke dans son grenier avant de l'utiliser. Une machine à coudre à cornes qui devient « chèvre de M. Singer », « Don Quichiotte », un couteau suisse géant « spécial potager », des loups de l'âge de fer uniques au monde, voilà un extrait de ce qu'il vous reste à découvrir. Poétique, émouvant, furieusement artistique, remue-méninges assuré, et du rêve plein les yeux !

LE RÉSEAU DES PALÉONAUTES

Avez-vous envie... de plonger au cœur d'authentiques scènes de vie jurassique ? De vous rendre dans les premières galeries d'art de l'humanité ? D'écouter la fabuleuse odyssée des climats et des paysages ? De mettre vos pas dans les traces de nos ancêtres d'il y a 25 000 ans ? De contempler des pièges à fossiles de plus de 600 espèces animales ? De vous initier aux techniques de fouilles ? Alors suivez le réseau des Paléonautes, un réseau unique en France, créé en 2012.

Les Paléonautes proposent dans le Lot et le Quercy des visites, des activités festives et de découverte autour d'authentiques traces préhistoriques et paléontologiques. Mêlant rigueur scientifique et poésie, anecdotes et récits, les Paléonautes cherchent à rendre accessibles aux petits comme aux grands l'histoire de l'évolution et les grandes questions de notre humanité par des sentiers détournés. Lieux pédagogiques par excellence, ils contribuent également à une meilleure compréhension des techniques et métiers de l'archéologue et du paléontologue, proposant une culture scientifique accessible à tous.

Les membres participant au réseau des Paléonautes : les Grottes de Cougnac (Lot), et Foissac (Aveyron), le Centre de Préhistoire du Pech-Merle (Lot), la Plage aux Ptérosaures à Crayssac (Lot), le musée de l'Homme de Néandertal à La Chapelle-aux-Saints (Corrèze), la Maison du Piage à Fajoles (Lot), l'Archéosite des Fieux à Miers (Lot), les Phosphatières du Cloup d'Aural à Bach (Lot).

› Pour plus d'informations rdv sur le www.paleonautes.fr

GROTTE DU PECH MERLE ★★★

2550, route de la grotte du Pech Merle
✆ 05 65 31 27 05 - www.pechmerle.com
7/7 de Pâques à Toussaint. Horaires et ouverture d'hiver sur le site. 14€/ 8,50€ -14 ans/3,50€ - de 5ans. Visite guidée.

Le département du Lot a son Lascaux : la Grotte du Pech Merle située dans la vallée du Célé ! Mais ici, on visite la véritable grotte ornée avec d'authentiques peintures de plus de 20 000 ans. Une plongée fascinante au cœur de l'histoire de l'humanité. Qualifiée par l'abbé Breuil de «chapelle Sixtine des Causses du Lot, un des plus beaux monuments de l'art pictural paléolithique», cette grotte fut découverte en 1922 par trois adolescents. Avec près de 800 motifs recensés dans la cavité, Pech Merle est un site majeur de la préhistoire européenne. Sur 600 mètres de galeries et de vastes salles, vous découvrirez successivement la frise noire (bisons et mammouths, chevaux et bovidés sur 7 m de long), la salle des disques aux curieuses concrétions discoïdales et ses émouvantes empreintes de pieds humains, la gravure d'une tête d'ours, un mammouth en relief puis la galerie de l'Ours. Enfin, vous apprécierez la célèbre fresque des Chevaux ponctués, entourés de mains au pochoir. Le centre de Préhistoire est aussi un musée : vous avez accès à deux salles d'exposition sur la Préhistoire et l'art du Quercy et à un film documentaire sur l'art préhistorique. La bonne nouvelle, c'est que le musée est entièrement accessible aux personnes à mobilité réduite. Et un conseil précieux pour éviter les frustrations : réservez votre visite de la grotte ! En effet, pour la conservation de la grotte et des peintures, le nombre de visiteurs est limité chaque jour. Il est nécessaire, toute l'année, de réserver sa visite à partir du site.

GÎTE DU BARRY €

Le Bourg
✆ 05 65 22 91 79

Gite d'étape du 1er avril au 30 novembre. 17,50 €/pers. Petit déjeuner 6,50 €. Repas 15 €. Panier Pique-Nique : 8,50 €.

Situé dans une demeure du XIXe siècle entièrement rénovée, le gîte du Barry peut accueillir jusqu'à 16 personnes réparties dans 4 chambres, toutes ayant une salle de bain et un WC indépendants. Une cuisine équipée vous permettra de préparer vous-même vos petits-déjeuners avant de partir sur la route de Compostelle ou de visiter la région. Vous pourrez également manger au restaurant de Christelle, La Roue. Possibilité de prendre l'option pique-nique, une idée judicieuse pour les marcheurs du chemin de Saint-Jacques-de-Compostelle.

LE REFUGE DU CÉLÉ €€

Le Bourg
✆ 09 88 66 20 15
www.lerefugeducele.com

Nuitée 17 €/pers en dortoir, 34 € en chambre double. Petit-déjeuner 9 €. D-P. 25 €. Panier pique-nique 9,50 €.

Halte privilégiée – ce n'est pas à chaque étape du chemin que l'on trouve une piscine pour se détendre ! – et lieu de séjour paisible au cœur du Quercy dans un refuge destiné aux randonneurs et pèlerins en chemin vers Saint-Jacques de Compostelle. Deux chambres privatives et deux dortoirs pour un hébergement adapté à chacun. Restauration possible sur place. Le matin, profitez sur les terrasses d'un petit-déjeuner composé de produits locaux, bio et fermiers. Le petit plus : l'option paniers pique-nique pour repartir sur le chemin.

HÔTEL-RESTAURANT DES GROTTES €€

Le Bourg ✆ 05 65 31 27 02
www.hoteldesgrottes.com

Ouvert d'avril à septembre. Chambre double à partir de 55 €. Parking. Wifi. Restauration à la carte à partir de 10 €.

Idéalement situé en bord de Célé dans le cadre magnifique de Cabrerets, l'Hôtel des Grottes propose aux voyageurs une halte agréable. Beaucoup de charme pour ce petit hôtel familial ancien mais confortable et décoré avec beaucoup de goût. Les chambres offrent au choix un regard sur la piscine privée, la rivière ou le parc naturel des Causses du Quercy. Côté cuisine, on mise sur la qualité avec de bons burgers, des salades mais également des plats plus traditionnels.

CHAMBRE D'HÔTE & GÎTE ATYPIQUE €€€

Le Bout du Lieu ✆ 05 65 21 48 97
www.chambresdhoteatypique.com

Ouvert de mars à fin octobre. Nuitée à partir de 100 €. Espace bain nordique : 45 €. Chèque Vacances. Sauna.

Au coeur du magnifique paysage de Cabrerets, adossé à la falaise, quatre chambres aux noms lotois, Saint-Cirq, Lapopie, Padirac, Pech Merle et son lit suspendu, mais aussi un tipi, la cabane Rocamadour et la bulle transparente avec un lit rond et un spa privatif. Autant de promesses de voyages ! Ici, tout est poétique comme si l'architecture ne répondait plus aux lois mathématiques. L'accueil est adorable en tous points, le petit-déjeuner délicieux. Un vrai pays des merveilles !

NOCT'EN BULLES €€

Lieu-dit Merlan
✆ 06 15 20 41 54
www.noct-enbulle.fr

Ouvert du 1er avril au 31 octobre. Nuit pour 2 personnes dans une bulle à partir de 169 €. Roulotte pour 2 per : 89 €.

Entre Lot et Célé, sur les hauteurs de Cabrerets, Annie accueille ses hôtes dans l'une des 4 bulles de 4 m de diamètre sur des terrasses en bois regardant la vallée et l'horizon. De votre nid douillet, vous pourrez admirer le coucher de soleil, vous endormir dans la voie lactée du Parc naturel régional des Causses du Quercy, courue par les astronomes du monde entier pour la pureté de son ciel. Une expérience unique à vivre à deux. Envie d'autre chose, vous pouvez aussi opter pour une roulotte des années 1930. Un lieu insolite et hors du temps.

CAFÉ-RESTAURANT O'LOUISE €

Le bourg
✆ 05 65 21 23 64

Ouvert 7/7 de Pâques à octobre. Carte : 12 € env. Terrasse.

Le O'Louise : en irlandais, fils de... hommage de Claude à son arrière-grand-mère qui a tenu ce café pendant de très nombreuses années. Depuis 20 ans, c'est Annie qui tient le restaurant. Cuisine de pays familiale toujours savoureuse et à un prix très correct, pour ce petit restaurant fort sympathique, avec terrasse sous la glycine en été, et en prime une vue magnifique, une jolie déco et une ambiance pub au bar où les habitants aiment se retrouver en soirée. Accueil chaleureux et convivialité assurée. Arrêt vivement recommandé !

LE JARDIN DE CABRERETS €€

Le Bourg ✆ 05 65 21 40 28
www.lejardindecabrerets.com

Ouvert de mi mai à fin septembre 7/7. Carte : 10 € environ. Formule du midi : 14 €. Jardin. Terrasse.

Niché au creux des falaises de Cabreret, un magnifique jardin qu'on croirait sorti d'un tableau impressionniste. Sous un saule, des poufs moelleux et un hamac vous invitent irrésistiblement au farniente et à la rêverie apéritive. Au détour d'une allée, des tables ombragées près d'un muret fleuri, sous une tonnelle... une aire de jeux pour les enfants. La maîtresse des lieux cuisine fabuleusement les produits frais, et bio principalement, et propose également de succulents plats végétariens et végétaliens. Un enchantement pour les yeux et les papilles.

LA ROUE €€

Le Bourg
✆ 05 65 22 91 79
www.chemindecompostelle.com

Ouvert midi et soir de Pâques à la Toussaint. Carte : 20 € environ. Accueil des groupes. Terrasse. Vente à emporter.

Christelle se plie en quatre pour offrir des prestations de qualité principalement à destination des marcheurs de Saint-Jacques-de-Compostelle. Aménagé dans un ancien garage avec vue sur les falaises, le restaurant propose avant tout des plats traditionnels tout au long de l'année. Pour vous reposer, le gîte du Barry, tenu également par Christelle, peut accueillir jusqu'à seize personnes réparties dans quatre chambres. Pour les marcheurs accompagnés de leurs animaux, il faut savoir que les chiens, ânes et chevaux sont également les bienvenus.

SAULIAC-SUR-CÉLÉ

Installé à l'origine à flanc de falaise, le village de Sauliac-sur-Célé s'est déplacé au XIXe siècle sur une terrasse accrochée au-dessus d'un large méandre du Célé. A la fin du XIXe siècle, entre 1840 et 1850, la route du Célé relie Bouziès à Figeac. Le tracé évince Sauliac, ce qui précipitera l'abandon du village. L'ancien village, aujourd'hui en ruine, fait face au château de Géniès, ancien castrum romain. Lors de la guerre de Cent Ans, ce lieu stratégique a connu les assauts des Anglais avant de subir la Révolution française. Les lieux témoignent encore aujourd'hui des pages d'Histoires inscrites dans les pierres de Sauliac. Le long du chemin parcourant ce « vieux village de Sauliac », un tronçon du GR 651, il existe un point de vue sur la vallée du Celé à ne pas manquer. A découvrir au détour d'une balade, habitée depuis la préhistoire, la commune conserve bien des trésors : habitations troglodytiques, murets en pierres sèches, dolmens, etc. Ces grottes fortifiées ont abrité les habitants pendant les guerres. Son moulin à papier a conservé sous la falaise les vestiges de l'emplacement pour le séchage du papier. Près de Blars se trouve la grotte du Robinet [fermée aux visites] dont les stalactites auraient servi à faire des objets d'art pour orner les châteaux de Catherine de Médicis.

ECOMUSEE DE CUZALS

Domaine de Cuzals
✆ 05 65 31 36 43
musees.lot.fr

Ouvert de mai à septembre. Horaires sur le site. Adulte 4 € et de 12 à 26 ans 2,50 €. CB non acceptée. Animations.

Bienvenue sur un site hors du commun, à la découverte de la culture rurale lotoise. Un musée hors les murs où les familles sont les bienvenues ! L'Ecomusée de Cuzals, musée en plein air du Quercy, propose de nombreuses collections sur les différents thèmes de la vie rurale, plus de 5 000 objets témoins du passé et 35 expositions originales : les vieux métiers, les tracteurs et les fermes d'autrefois, l'imprimerie, la céramique, les véhicules, la vannerie, les bouilleurs de cru, la ferme de la fin du Moyen Age, la ferme au début du XXe siècle... Vous êtes invité à vivre « de l'intérieur » l'histoire de l'exploitation rurale. Proche de la vallée du Célé, sur un domaine boisé de 50 ha où se dresse un château bâti dans les années 1920, Cuzals est un musée « vivant » où l'on reprend les anciennes cultures : chanvre, tabac, truffe et safran. On peut visiter deux fermes témoins de la vie d'autrefois, l'une du XVe siècle avec son toit en chaume, l'autre du XIXe siècle, et mesurer le chemin parcouru. Et dans la semaine, la boulangerie prend du service avec fabrication du pain que vous pourrez acheter. En été, le site profite de sa situation dans le « triangle noir » pour organiser des soirées sur l'astronomie. C'est également un musée ludique où nombre d'ateliers sont organisés tout au long de sa période d'ouverture. Attention, pour y participer, il est obligatoire de s'y inscrire en amont afin de s'assurer sa place ! Consultez-les directement pour connaître le calendrier et les tarifs de chaque atelier.

LES CADICHONS €

Les Bouygues
✆ 05 65 30 91 56
www.les-cadichons.com

Ouvert de mai à septembre. Emplacement 21 €. Yourte 60€/nuit. Tente saharienne 45€/nuit. CB non acceptée.

Les Cadichons, c'est avant tout un lieu de vie, un esprit nature et atypique. Cette aire naturelle est située entre le Lot et le Célé, sur les Causses du Quercy. Ce site calme et serein vous héberge avec plaisir. Vous serez charmé par la beauté des paysages et apprécierez les nombreux chemins et pistes qui sillonnent le Causse. Idéal pour partir en randonnée avec pour compagnie un âne qui portera votre équipement. Un gîte, des yourtes, tipis et roulottes sont à louer sur place. Les Cadichons offrent un séjour dépaysant et ressourçant en toute authenticité.

AUX LODGES DU MAS DE NADAL €€

Mas de Nadal
✆ 05 65 31 20 51
www.masdenadal.com

Ouvert de mai à fin septembre. Emplacement à partir de 22 €. Lodges dès 58€ la nuit. Chèque Vacances. Restauration.

Ce coin de bonheur, loin des trépidations du monde, offre l'occasion de s'échapper en se réfugiant dans l'une des 24 lodges disséminées au cœur de 30 hectares de verdure et de nature sauvage. Meublées et confortables, les lodges possèdent chacune une terrasse couverte privative. Les campeurs pourront choisir de planter leur tente à l'ombre ou au soleil et opter pour une vue dégagée ou cachée. Les cavaliers trouveront de quoi faire une halte. Piscine chauffée.

LE BISTRO DES LODGES DU MAS DE NADAL €€

Mas de Nadal ✆ 05 65 31 20 51
www.masdenadal.com

Ouvert de mai à la fin septembre. 7/7 en été. Réservation impérative. Formule dès 25,90 €. Jardin. Terrasse.

Ouvert aux résidents des Lodges mais également au public extérieur. Une cuisine fine, locale concoctée à base de produits frais est ici mise en évidence. Au menu, des mets de qualité qui font voyager avec au choix de la viande, du poisson ou des plats végétariens ! Ici les incontournables sont revisités et sublimés afin que le palais se souvienne longtemps de l'expérience ! Un espace Lounge est présent pour les moments de détente ou encore les apéritifs conviviaux autour de Tapas.

MARCILHAC-SUR-CÉLÉ

Face à Marcilhac-sur-Célé, c'est l'émotion intacte de la pierre. Celle des grandes falaises de calcaire qui se reflètent dans la rivière du Célé. Celle des ruines d'une abbaye du XIe siècle. Celle de l'église romane, beauté minérale s'il n'en faut. Marcilhac est une petite cité douce et paisible où l'on trouve un peu de fraîcheur en été sur les rives du Célé. Une cité millénaire logée au bord de l'eau et autour de son abbaye. Des fouilles entrepris à la fin des années 60 ont révélé des similitudes avec la célèbre Abbaye de Conques, confirmant la date de sa construction. Très abimée par le temps, elle conserve une poésie brute indescriptible.

Sauliac-sur-Célé.

ABBAYE SAINT-PIERRE DE MARCILHAC-SUR-CÉLÉ ✝

✆ 07 69 46 07 79
www.abbayedemarcilhac.com
Visites libres. Visite guidée sur réservation.

L'abbaye de Marcilhac a longtemps été ignorée des touristes et parfois même des Lotois jusqu'à l'arrivée d'un curé bien décidé à sortir l'abbaye de l'oubli. C'est toute l'histoire de l'abbé Guillaume Soury-Lavergne, le curé qui sauta en parachute pour sauver son abbaye en 2015. L'année d'après, il réitère ses exploits sportifs en effectuant cette fois une plongée de 250 m dans le célèbre gouffre du Ressel. Chaque exploit lui permit de récolter des fonds. Alors quelle est donc cette mystérieuse Abbaye ? Il est vrai que cette antique et majestueuse abbaye a bien de quoi vous émerveiller par ses fascinants atouts. Son histoire nous ramène au Ve siècle au temps des Carolingiens. L'abbaye bénédictine en tant que telle a été fondée au IXe siècle et est entrée plus tard sous la dépendance de l'abbaye de Moissac. Les ruines actuelles témoignent des ravages de la guerre de cent ans, puis des guerres de religion et retracent l'histoire d'une construction du XVIIe, XVIIIe siècle précédée de ruines romanes. On y trouve le deuxième plus vieux tympan d'Europe encastré dans les fascinants restes romans laissés à ciel ouvert. La salle capitulaire ornée de délicats chapiteaux vous rappellera les grandes heures de l'abbaye, et l'église gothique qui recèle de vrais trésors vous permettra d'entrer dans toute l'actualité d'un bâtiment millénaire. Pour une visite guidée, n'hésitez pas à vous rapprocher de l'association qui œuvre à la sauvegarde de l'édifice.

O PIEDS DANS L'EAU €€

Route de Saint-Chels
✆ 06 20 78 27 67
Ouvert 7/7 juillet/août. Réservation recommandée. Menus dès 10 €. CB non acceptée. Terrasse. Location canoë sur place.

Niché au creux des falaises au coeur du Parc naturel régional des Causses du Quercy et au bord du Célé, Marcilhac-sur-Célé est un de ces villages-écrin du Lot, riche de son panorama et de son histoire. C'est dans ce cadre idyllique, sur la terrasse sur pilotis ombragée, que vous pourrez goûter pour un prix très raisonnable une cuisine traditionnelle savoureuse ou des grillades conviviales. Le charme de l'endroit appelle tant à des moments inoubliables en amoureux qu'à des souvenirs en famille ou entre amis. Adresse très prisée des locaux, pensez à réserver !

PASSION AVENTURE

Pont de Marcilhac
✆ 06 10 73 73 12
www.location-canoe-cele.com
Ouvert d'Avril à Septembre. 5 parcours au choix de 10 à 26€/pers. ANCV. Pas de CB.

© PASSION AVENTURE

Au cœur de la vallée du Célé, Marcilhac, site unique où coule une rivière calme et ombragée… Passion Aventure, une équipe souriante et dynamique, vous propose différents parcours en location de 1h30 à plusieurs jours, en canoë ou en kayak. Classée en première catégorie, niveau facile, le Célé est une rivière idéale pour naviguer à deux, en famille ou entre amis. Moment ludique et rafraîchissant garanti ! Laissez-vous glisser au fil de l'eau, la vallée du Célé se déroule sous vos yeux en toute intimité… Respirez. Profitez. C'est pour vous !

BRENGUES

Le petit village de Brengues est essentiellement connu pour les vestiges d'un château plaqué contre la paroi rocheuse. Inscrit au titre des Monuments historiques depuis 1925, ce château dit «château des Anglais» est l'une des curiosités lotoises les plus impressionnantes. Son histoire est entremêlée à l'une des familles les plus influentes de l'histoire locale et nationale : les Cardaillac. L'une de ses branches : les Cardaillac-Brengues mettront la main sur la seigneurie de Brengues en 1504. Brengues possède un charme fou. Dolmen, fontaine, château, oppidum : Brengues est un poème romanesque et bucolique et se prête à la promenade et à la rêverie.

CAMPING LE MOULIN VIEUX €€

Le Moulin Vieux ✆ 05 65 40 00 41
www.camping-lemoulinvieux.com
Ouvert de Pâques à Toussaint. Emplacement 2 pers dès 12,60€. Locatifs (2 à 8 pl.) à partir de 224 €/la semaine.

Au cœur de la vallée du Célé, et du Parc régional des Causses du Quercy, le Moulin Vieux vous accueille au bord du Célé. Les emplacements sont spacieux et ombragés en pleine nature. Il y a tout sur place ! Ping-pong, volley, badminton et canoë pour les sportifs, piscine et mini-golf pour les autres. Les mobil-homes peuvent être loués même à la journée pour les marcheurs désireux de faire une étape. Epicerie, restaurant-brasserie et bar sont aussi à votre disposition. Animations en été. Très belles prestations pour ce camping idéalement situé.

ESPAGNAC-SAINTE-EULALIE

Avec un si joli toponyme, Espagnac Sainte-Eulalie ce petit village-monastère présente une architecture médiévale significative du XIIe siècle, date de son prieuré, le Val-Paradis ! Niché dans un méandre du Célé rive gauche, le village accueille de nombreux pèlerins depuis son origine. Le monastère, rattaché à l'ordre de Saint-Augustin, est aujourd'hui magnifiquement bien conservé. On imagine facilement la vie religieuse médiévale qui s'écoulait alors en ces lieux sublimes. De nombreuses nonnes passèrent leur vie en ces murs. Ravagé par la guerre de Cent Ans, le couvent se releva mais la Révolution quelques siècles plus tard mit fin à son activité.

PRIEURÉ ★

✆ 05 81 48 06 57
Du 1 mai au 30 septembre. Ouvert du dimanche au vendredi. Visite guidée 2 € sur rdv.

Situé sur la rive gauche du Célé et accessible par un pont, le village, véritable joyaux de la vallée, dont ce prieuré, qui appartient aujourd'hui à la commune, porta le nom de Val-Paradis. Il a accueilli une centaine de religieuses et remonte au XIIe siècle. Le premier prieuré a été fondé entre 1130 et 1140 par Bertrand de Griffeuille, un moine itinérant. Il comportait plusieurs bâtiments, une enceinte fortifiée entourait l'ensemble. Durant la visite, M. Christian Thiry, habitant du village, vous expliquera avec humour et compétence la riche histoire de ce lieu.

LES ÂNONS DU CÉLÉ €€

St. Eulalie ✆ 05 65 50 26 57
lesanonsducele.free.fr
Ouvert 15 mars-15 nov. Chambre double 70-75 € ; chambre triple 96 €. Petit déjeuner inclus. Diner 25 €, panier repas 10€

Dans un environnement fleuri et bucolique, en parfaite harmonie avec la nature, Enza et Paul vous proposent de dormir dans des chambres rénovées dans un ancien séchoir à tabac avec vue sur la rivière Célé. La maison est accueillante, c'est un mas du XIXe s. qui a tous les caractères d'un habitat typiquement Quercynois. Classé gite Panda, cette adresse vous propose sur un plateau toutes les activités nature dont vous rêvez, dans le cadre grandiose de la Vallée du Célé. Pour les marcheurs sur le chemin de Saint-Jacques-de-Compostelle, l'adresse est à retenir !

GÎTE D'ÉTAPE COMMUNAL €€

✆ 05 65 11 42 66
www.espagnac-ste-eulalie.fr/sur-le-chemin/notre-gite-detape
Ouvert du 1er avril au 31 octobre. Nuitée en dortoir : 14 €. Chambres : 30 €/pers. Diner 15 €. Petit déjeuner 5 €).

Situé sur le chemin de Saint-Jacques-de-Compostelle, dans l'enceinte même du prieuré de ce superbe village, ce gîte d'étape de caractère peut accueillir 21 personnes. Pèlerins, marcheurs, adeptes du canoë ou randonneurs avec des ânes, ainsi que tous ceux souhaitant faire halte dans ce reposant village sont bienvenus. Cuisine commune à tous les randonneurs. Accueil des pèlerins : mois d'avril et octobre : en mairie, de 16 à 18 h. Mois de mai à septembre : dans la cour du prieuré, de 16 à 19 h, où vous trouverez également un bar et un point office de tourisme.

LACAPELLE-MARIVAL...

Traversée par une voie romaine nord-sud, Lacapelle-Marival est fréquentée par l'homme depuis l'Antiquité. On raconte qu'une jeune bergère aurait été martyrisée lors de la retraite des Arabes vaincus en 732 par Charles Martel à Poitiers. Une petite chapelle aurait été bâtie à cet endroit : la capelle de la Marie del Val, dont les vestiges ont été découverts en 1957. Ce n'est pas cette légende pourtant mais bien l'imposant château médiéval daté des XIIe et XVe siècles qui témoigne des origines de Lacapelle-Marival. Construit par Géraud Ier de Cardaillac, c'est l'édification de ce château qui donnera vraiment naissance à la petite ville actuelle.

Place du village de Lacapelle-Marival.

CHÂTEAU DE LACAPELLE-MARIVAL ★

Rue du Château
✆ 06 21 80 54 02
ap-chateau-lacapelle-marival.fr
Visite guidée 7/7 en été sur réservation. Adulte 4 €. Enfant 3 € jusqu'à 16 ans.

Ce château médiéval en impose ! Dès le XIIe siècle, la grande famille de Cardaillac qui, à l'époque, dominait toute la région, entreprend la construction d'un donjon sur le site. Solide construction carrée de 18 mètres de côté avec des murs épais de plus de 3 mètres s'élevant à 30 mètres de haut et comportant 3 étages, chacun divisé en 4 pièces. Ce n'est qu'aux XVe et XVIe siècles que s'élève le corps de logis. Exposition de peintures, sculptures et artisanat chaque été.

OFFICE DE TOURISME DE LACAPELLE-MARIVAL

Place de la Halle ✆ 05 65 40 81 11
www.tourisme-figeac.com
Juillet/Août lundi au ven. 10h-12h30/14h-18h (fermé mercredi matin). Septembre lundi et mer. 9h30-12h30/14h-17h30.

Ce bureau dépend de l'office du tourisme du Grand Figeac. Vous trouverez ici un guide touristique idéal avec toutes les adresses indispensables afin de faciliter votre séjour : centre équestre, campings, circuits de randonnées, chambres d'hôtes, fêtes et manifestations, visites... ainsi qu'un guide très bien fait pour les activités des tout-petits (3/6 ans), le *Pitchou guide*. Un indispensable pour planifier son séjour agréablement. Très bon accueil et conseils avisés assurés.

LE BOIS DE SOPHIE €

Route d'Aynac
✆ 05 65 40 82 59
camping-lot-leboisdesophie.com
Ouvert de fin mars à mi octobre. Emplacement 2 pers à partir de 15,50 € / nuit. Locatifs dès 45 € / nuit.

Un camping comme on les aime dans un cadre naturel, ombragé, bien situé et avec toutes les commodités. Le camping est idéal pour les randonneurs et pèlerins avec un tarif préférentiel qui leur est dédié à la nuitée. Un food truck, installé à l'entrée du camping, vous permet d'y prendre votre petit déjeuner, mais aussi votre déjeuner et dîner. On apprécie également l'aire de vidange pour les camping-caristes. Nos amis les animaux étant les bienvenus, l'offre de séjour est d'autant plus appréciée par les touristes venus découvrir en famille la région.

LE LAC BLEU €€

Lieu-dit Le Lac
✆ 06 48 43 33 37
www.lelacbleu.com
Ouvert toute l'année. 40 maisons tout confort pour 6/8 personnes. De 434 € à 1 162 € la semaine. Bain bouillonnant.

Ce village-vacances tout confort vous attend au cœur d'un vaste domaine en pleine nature, et au bord d'un lac. Les maisons de 80 m^{2} sont toutes construites suivant le même modèle : deux chambres en rez-de-chaussée et une à l'étage, les trois chambres disposant de leur propre salle de bains et wc. Le salon situé en mezzanine dispose d'un canapé-lit permettant d'augmenter la capacité d'hébergement. Pour rompre l'enfilade de maisons sur le vaste domaine, un plan d'eau a été créé, assurant un cadre naturel, tout cela aux portes de Lacapelle-Marival.

LA TERRASSE €€

Place de Larroque

✆ 05 65 40 80 07

www.hotel-restaurant-la-terrasse.com

Ouvert de mars à novembre. Nuitée à partir de 85 €. Menus de 32 à 58 €.

Esperanza Romero et Dominique Merckel ont apporté un souffle nouveau à cette belle adresse, ancien château aménagé pour assurer confort, calme et bien-être. Les recettes cuisinées sont savoureuses, raffinées et originales, avec beaucoup de fait maison jusqu'aux confitures pour la partie hôtel, les produits sont frais et de terroir. Le service est accueillant et souriant. Une excellente adresse, d'autant que le restaurant possède une vue imprenable sur le château, l'église, le jardin et son petit ruisseau. La carte des vins est irréprochable en Cahors et Alsace.

CHEZ HÉLÈNE €

THÉMINETTES

✆ 0581240266

www.chezhelene.net

Ouvert toute l'année, fermé le lundi. Carte : 13 à 55 €. Formule du midi : 15 €. Jardin. Terrasse. Bar lounge en soirée.

Ne trouvez pas une autre bonne raison de venir à Théminettes ! La seule bonne raison de faire le détour, c'est Chez Hélène ! La jeune femme a su donner aux vieilles pierres médiévales de cet ancien château (puis Presbytère), la chaleur d'un lieu unique où l'on aime prendre son temps. Magnifiquement rénové, ce lieu s'ouvre aux beaux jours au jardin pour manger les pieds dans l'herbe. Les produits travaillés en cuisine par la petite sœur d'Hélène sont simples, authentiques, de saison et du terroir (certains du jardin et de la ferme d'à côté). Incontournable.

BRASSERIE DU MATOU

Rd 940

✆ 06 78 17 31 80

Ouvert du lundi au vendredi de 8h à 12h et de 14h à 18h. Visite de la brasserie sur rendez-vous.

Florence est la première femme brasseur du Lot et avec ses bières du Matou, elle a su se faire une place dans l'univers brassicole lotois. Chaque brassin est unique, issu d'un choix rigoureux des ingrédients. Elle propose actuellement trois bières blondes, une fermentée avec une levure fruitée, une fermentée avec une levure de champagne et une autre brassée avec du houblon sauvage local. Elle fabrique aussi une blanche fermentée avec une levure citronnée, une rousse fermentée avec une levure de Bordeaux et enfin une ambrée avec une levure d'abbaye épicée.

ASSIER

Assier est liée au destin remarquable d'un de ses enfants : Galiot de Genouillac né en 1466. Il connut une brillante carrière militaire auprès de Charles VIII, Louis XII et François Ier, qui le nomma grand écuyer de France. Spécialiste de l'artillerie, Galiot améliora le système du canon et permit la victoire des Français lors de la bataille de Marignan en 1515. Il fit souffler sur le Quercy le vent de la Renaissance italienne, en faisant construire en 1526 son château dont il ne reste qu'une des quatre ailes. Autres trésors de la commune, un pigeonnier, deux anciens moulins à vent, des dolmens, menhirs et tumulus ainsi que la grotte du Cirque.

CHÂTEAU D'ASSIER ★

✆ 05 65 40 40 99

www.chateau-assier.fr

Ouvert de début mai au 31 août, 7/7 sauf le mardi, de 10h à 12h30 et de 14h à 18h30. Gratuit jusqu'à 25 ans / 4 €.

Galiot de Genouillac, grand écuyer de France fit bâtir ce château, de 1525 à 1535. Au XVIIIe siècle, le château fut abandonné par ses propriétaires et servit de carrière - quelques maisons du village possèdent d'ailleurs certains de ses éléments. De ce joyau de la Renaissance qui se composait de quatre ailes, il ne reste aujourd'hui que l'aile occidentale, un bel escalier gothique, de nombreuses représentations d'empereurs romains, d'Hercule et de ses travaux. À voir : Musée lapidaire, exposition sur Galiot de Genouillac et un ensemble de peintures monochromes.

ASSOCIATION DE TOURISME EQUESTRE DU LOT

Place de la Halle

✆ 06 64 79 12 93

www.cheval-lot.com

Cette association destinée au tourisme équestre vient en aide aux visiteurs gourmands de découvertes lotoises en proposant des sentiers et des hébergements adaptés, en les balisant et les entretenant. En respectant une charte dédiée, les hébergeurs qualifiés «Accueil Cheval» proposent des étapes adaptées à votre venue. Les circuits, les adresses des hébergeurs, des maréchaux-ferrants, des vétérinaires et des structures équestres sont disponibles sur le site de l'association.

RESTAURANT DE LA GARE €

Route de la Gare ✆ 05 65 33 78 86

Ouvert toute l'année. Menus à partir de 12,50 €. CB non acceptée. Chèque Restaurant. Jardin. Terrasse.

Au restaurant de la gare, les gourmands ne vont pas rester à quai. Cuisine traditionnelle, je crie ton nom et le conjugue au fait maison. Pascal en cuisine et Valérie en salle sont là pour vous proposer un agréable moment. Tous les deux originaires de Savoie, ils peuvent faire découvrir les spécialités de leur région sur commande : raclette et fondue. Sinon, le menu du jour ravira les papilles. A la carte, on peut aussi se laisser tenter pour des spécialités. De la convivialité et un magnifique parc de chênes où passer un superbe moment aux beaux jours.

L'ASSIÉROIS €€

Place de l'Église

✆ 05 65 40 56 27

www.lassierois.com

Fermé dimanche soir, lundi toute la journée et mercredi soir. Réservation recommandée. Menu dès 36 €. Terrasse.

Installé sur la jolie terrasse ombragée ou dans l'élégante salle où des pierres apparentes ornent un pan de mur, vous dégusterez une cuisine aux ambitions gastronomiques. Deux menus au choix. Côté entrées, imaginez une fricassée de ris d'agneau ou une terrine de foie gras de canard. Poursuivez avec le paleron de veau braisé ou le pigeonneau rôti au lard ou encore le dos de cabillaud rôti sur sa peau. Terminez avec la tarte sablée ananas poché aux épices douces et sa crème glacée mascarpone. Une très bonne table réputée dans la région. Pensez à réserver !

CARDAILLAC

Fief de la branche ainée de la famille de Cardaillac, la commune a été bâtie à partir de 1064 sur un promontoire rocheux à la demande de Hugues baron de Cardaillac. En 1188, il subit l'assaut de Richard Cœur de Lion, futur roi d'Angleterre. Pendant les guerres de religions qui déchirèrent le Quercy, Cardaillac est donné aux protestants par l'édit de Nantes. Cette riche histoire est tatouée dans les pierres qui ont construit le village. Lorsqu'on le regarde aujourd'hui, on remonte le temps et c'est un concentré de l'atmosphère médiévale qui est encore palpable. Ne manquez pas le puits Manganel creusé dans le rocher et le Musée Eclaté.

JARDIN MÉDIÉVAL

✆ 05 65 40 14 32

www.tourisme-lot.com/sites-a-visiter/jardin-medieval-658134

Jardin médiéval municipal ouvert en permanence. Gratuit. Aire de jeux et aire de pique-nique.

Jardin passionnant et étonnant ! Plus qu'une balade, il vous convie à une histoire : celle des plantes médicinales et tinctoriales. Vous découvrirez comment la guimauve était utilisée en pommade, les propriétés de l'angélique, les utilisations en textiles de la garance, etc. Ce sont plus de 150 espèces qui sont présentes dans ce jardin, que l'on utilisait jadis, au Moyen-Âge pour leurs multiples propriétés aujourd'hui presque oubliées. Le jardin est aussi un parc avec des jeux pour enfants, un boulodrome et un espace pique-nique.

MUSÉE ÉCLATÉ ★

Place de la Tour

✆ 05 65 40 10 63

Ouvert toute l'année sur rdv. 7/7 sauf le samedi en été : visite guidée à 15h et à 16h30.

L'association Musée Pour l'Avenir présente ce musée instructif et amusant, récompensé pour son originalité par le Prix du tourisme. La visite se partage en plusieurs lieux : la maison du semaillier, le séchoir à châtaignes, l'étuve à pruneaux, le moulin à huile de noix. Dans la salle de classe du début du siècle, blouses noires, pupitres, encriers et cahiers ont l'air d'attendre l'arrivée du maître et des élèves. Dans la dernière bâtisse, nous sommes chez la fileuse, le maréchal-ferrant. À chaque halte, meubles, vêtements et outils racontent l'histoire du lieu.

SAVONNERIE DE CARDAILLAC

Le Mercadiol

www.savonnerie-de-cardaillac.fr

Visite de la Savonnerie sur rendez vous uniquement. E-boutique.

Célia a choisi le procédé de saponification à froid qui préserve les vertus des huiles essentielles et végétales, en même temps que l'environnement. Les savons fabriqués ainsi sont naturellement surgras et riches en glycérine : une formule gagnante pour tous les types de peau, même les plus délicats. Elle a également développé une petite gamme de cosmétiques naturels : baumes pour le visage, les lèvres, les mains ; huiles de soin ; et liniment oléo-calcaire pour le démaquillage des dames ou le change des bébés. La savonnière propose aussi du sur-mesure.

CAPDENAC

Le site de Capdenac était déjà habité par l'homme au Néolithique moyen. Particulièrement propice à un habitat, il a été occupé de très longue date. Pendant l'Antiquité, Capdenac était un oppidum romain longtemps considéré comme étant le dernier bastion gaulois contre César. Lorsque Galiot de Genouillac en devient le Seigneur au XVIe siècle, le livre d'histoire de la ville est déjà bien rempli de batailles, pillages, envahissements, etc. La citadelle nous révèle des remparts des XIIIe et XIVe siècles avec portes, donjon carré avec échauguettes – tour de Modon –, maisons médiévales et haut calvaire de pierre du XVIIe siècle. Un îlot de pierres suspendu.

LE RELAIS DE LA TOUR €€

Place Lucter

✆ 05 65 11 06 99

www.lerelaisdelatour.fr

Fermé aux vacances de la Toussaint et les vacances d'hiver. Chambre double à partir de 73 €. Menu du jour 11,50 €.

Une décoration simple, de belles tables, une ambiance qui invite à la convivialité et de très belles chambres décorées dans des matériaux nobles et bien équipées. Dans la salle à manger, sous un beau plafond à la française, près de l'imposante cheminée de pierre, vous hésiterez sans doute entre terrine de foie gras mi-cuit ou escalope de foie gras aux fruits rouges. En été, prenez le temps de profiter de ce lieu magique en vous prélassant sur la terrasse. Une très bonne adresse, avec des produits simples, de qualité, des portions généreuses..

L'OLTIS €

Rue de la Commanderie

✆ 05 65 34 05 85

Ouvert toute l'année. Réservation recommandée. Menus dès 15 €. Terrasse. Vue panoramique.

Situé sur les hauteurs lotoises, l'Oltis est une taverne médiévale avec une terrasse panoramique à la vue imprenable sur la vallée du Lot. Côté carte, une farandole de galettes salées et crêpes sucrées, des assiettes gourmandes de fromages, charcuterie et produits du terroir, sans oublier quelques classiques du Sud-Ouest : confit de canard et foie gras. Les plats sont généreux et gourmands, et l'accueil toujours au rendez-vous. L'établissement propose également une boutique de produits régionaux : bières artisanales, cidre fermier bio, fouaces, infusions, etc.

ESPÉDAILLAC

Village typiquement caussenard, restauré avec soin et respect, Espédaillac se trouve au cœur du Parc naturel régional des Causses du Quercy. Espédaillac tient son nom des hospitaliers qui s'y installèrent au XIIe siècle. De nombreux murets en pierre sèche, lacs et prés communaux, puits ouverts, cazelles et granges à moutons enrichissent le patrimoine rural de ce village. Lors de sa venue, Maurice Faure, résistant, ministre, député et sénateur du Lot, et membre du Conseil constitutionnel (1922-2014), avait qualifié Espédaillac « de balcon des causses du Quercy ». On y fabrique un fromage persillé réputé, le Bleu des Causses, cousin du Roquefort.

AUBERGE BEAUVILLE €€

Le Bourg

✆ 05 65 40 55 62

Ouvert 7/7 midi et soir en été et 7/7 midi le reste de l'année. Réservation recommandée. Menus de 14 € à 26 €. Terrasse.

Une cuisine généreuse et familiale de terroir, interprétée avec brio par Stéphane Rossignol, qui a la particularité d'être également un talentueux coutelier. Cette cuisine copieuse et goûteuse saura rassasier les plus affamés : soupe, charcuterie à foison, foie gras local, fromage et délicieux desserts maison, par exemple l'incontournable pastis. Et les prix sont très raisonnables ! Le tout servi dans une belle maison quercynoise traditionnelle. La terrasse sous les marronniers offre, aux beaux jours, un cadre idéal. À tester sans hésiter.

FOURMAGNAC

Près de son église romane, édifiée sur l'emplacement d'un vaste cimetière gallo-romain qui s'étendait jusqu'à Cardaillac, on peut voir une curiosité de la nature, unique dans le département : la fontaine de Griffoul pétrifiée par le calcaire sur 3 mètres de hauteur. Une eau discrète s'écoule depuis le sommet et continue d'abreuver la fontaine. C'est l'atout principal de cette petite commune. Profitez de votre visite pour pousser jusqu'à Saint-Bressou, à 10 minutes en voiture de Fourmagnac, c'est un site d'origine volcanique, contrefort du Massif Central. Le pic de Saint-Bressou qui culmine à 618 mètres offre une vue très étendue depuis son calvaire.

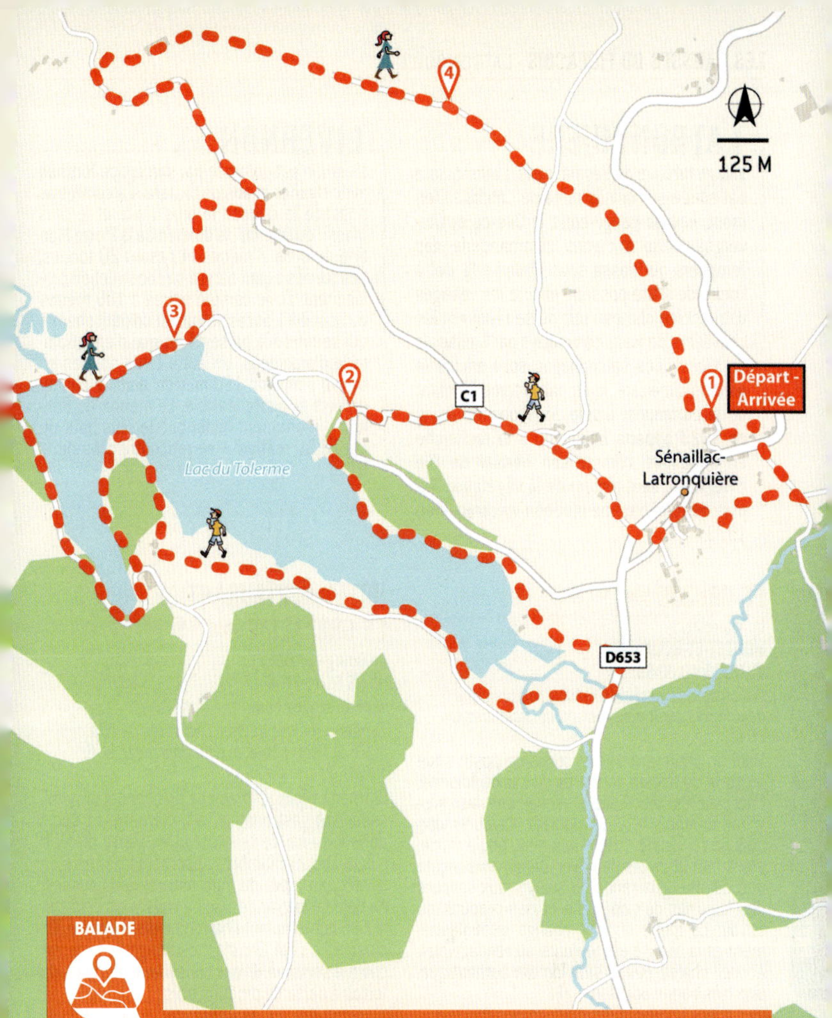

BALADE

RANDONNÉE AUTOUR DU LAC DU TOLERME

A chaque saison, le Lac du Tolerme se prête à la détente. Vous pouvez en faire le tour : une balade pédestre de 2h30 est balisée en jaune. C'est une randonnée de 9 km accessible à tous. Départ de Sénaillac-Latronquière, place de la Mairie.

1. Partez en milieu de matinée avec votre pique-nique et votre maillot de bain. Sur la place de la mairie de Sénaillac-Latronquière, prendre le chemin à droite au bout du parking. Traverser la D 653 et en face, prendre la route vers Cassagnouse.

2. Suivez le balisage jaune jusqu'au Lac du Tolerme et commencer le tour du Lac pour la gauche.

3. Pause pique-nique et baignade sur la plage du Lac. Pour reprendre la randonnée, à la dernière digue avant la plage, rejoindre le chemin qui monte à gauche pendant environ 1 km puis continuer à suivre le balisage jaune.

4. Arrivé à la route, continuer à droite puis emprunter le second croisement à droite dans ce tournant pour rejoindre la place de la mairie.

LATRONQUIÈRE

Village typique du Ségala lotois, Latronquière est située sur la voie romaine Cahors - Clermont, lieu de péage entre le Quercy et l'Auvergne. Cette ancienne commanderie des Templiers qui passa sous Philippe le Bel à l'ordre de Malte possède encore les vestiges d'un ancien château fort où se réunirent les chevaliers de Malte convoqués par Guillaume de Vilaret. Les sarcophages sont encore là dans le cimetière, figés par le temps. Enfant de la commune, Gisèle Jónsson née Dailly en 1923 apporta beaucoup à la recherche en botanique comme son herbier de l'île d'Heimaey, seul témoin de la végétation initiale détruite par une éruption volcanique en 1973.

LIVERNON

Livernon est dominée par son église fortifiée avec clocher et abside romans. La commune possède le dolmen le plus visité et le plus massif du Quercy : le dolmen de la Pierre Martine, long de 7 mètres et pesant 20 tonnes. Les pierres ayant servi à sa construction proviennent d'une carrière située à 100 mètres du dolmen. L'accès se fait par un petit chemin qui se retrouve parsemé en mai d'une multitude d'orchidées. Un autre beau dolmen se trouve à environ 150 mètres, dans le champ derrière la pierre Martine. Le menhir de Bélinac – monument historique le plus haut du Lot : 3,50 mètres – se rencontre près de la D113, en direction de Grèzes.

LE GOUZOU €

La Vitarelle
MONTET-ET-BOUXAL
✆ 05 65 40 28 56
Ouvert toute l'année, se renseigner. Chambre double 65 € petit déjeuner inclus. Restauration 16 €.

Voici un charmant ancien relais de poste situé au cœur du Ségala, tout près du Lac du Tolerme. L'adresse est labellisée « accueil chevaux » et « rando-étape », Vous pourrez savourer une cuisine régionale : truite aux noix, poule farcie, stock fish et civets de gibier. Didier vous mijote une cuisine généreuse de saison, aux saveurs des légumes de son jardin et des produits du terroir. Le menu du jour change quotidiennement et la qualité est toujours au rendez-vous. Accueil chaleureux et simplement authentique. Une très bonne adresse.

LAC DU TOLERME

SÉNAILLAC-LATRONQUIÈRE
letolerme.fr
Accès libre.

Au cœur du Haut Ségala lotois, le lac du Tolerme se situe entre les contreforts du Massif central et le Ségala. Avec ses 38 hectares, c'est le plus grand plan d'eau artificiel du département. Créé en 1990 grâce à deux barrages, il est aujourd'hui un véritable îlot paradisiaque tant pour la faune et la flore que pour les adeptes de pêche, de marche ou de farniente. Une plage a été aménagée et la baignade est surveillée en été. Les promeneurs apprécient des sentiers et un parcours de santé. Aire de pique-nique et de loisirs nautiques.

HÔTEL RESTAURANT LE GRÉZALIDE €€

Le Bourg - **GRÈZES**
✆ 05 65 11 20 40
www.grezalide.com
Fermé en janvier/ février. Chambres de 76 € à 176 €. Demi-pension. Petit déjeuner : 11 €. Menus à partir de 25 €.

Carmen et Tomy ont amené un concept original, associant gastronomie, art, bien-être et sport dans le cadre de ce château en pierre du XVIIe siècle. Les 19 chambres absorbent la lumière du Quercy, au cœur du Parc naturel des Causses. Au bord de la grande piscine vous vous délasserez en contemplant l'harmonie de la nature. En cuisine, le chef Christophe change ses menus chaque semaine. Il vous concoctera des plats du terroir à partir de produits frais.

LE RESTO'DROME €

Aérodrome de Figeac-Livernon - **DURBANS**
✆ 05 65 40 89 48
Ouvert toute l'année 7/7. Carte : 15 € environ. Formule du midi : 14 €. Repas ouvrier. Douches. Terrasse. Parking.

En bord de piste, décollage immédiat pour les gourmands de tous bords avec le Resto'Drome. Avec un plat du jour et un buffet d'entrées, ce restaurant conjugue bonne chère et bon prix. Son emplacement original et sa grande salle lumineuse sont propices aux grandes tablées. Côté assiette, la tête de veau sauce gribiche est tout simplement délicieuse. Le pain de Brengues cuit au feu de bois fait office de madeleine de Proust. Le Resto'Drome, c'est le petit «routier» sympa où l'on s'arrête pour l'ambiance et la cuisine bonne, familiale, copieuse et sans chichis.

VALLÉE DU LOT ET DU VIGNOBLE DE CAHORS

D'est en ouest, la vallée du Lot divise le département et dessine une ligne de vie dans la main lotoise. C'est en Lozère que la rivière Lot prend naissance. Elle rencontre son département éponyme par l'est à Cajarc et le quitte à l'ouest par Soturac avant de se jeter dans la Garonne. A l'est de Cahors, la capitale lotoise, s'égrainent de petits villages au caractère bien trempé : Saint-Cirq-Lapopie, Cénevières, etc. A l'ouest, ce sont les vignobles de l'AOC Cahors qui font les paysages et les couleurs de la vallée. En prenant par le sud, on rencontre les causses de Lalbenque et de Limogne qui donnent du corps au territoire et préfigurent un Quercy Blanc qui chante le Sud. Autour de Montcuq et Castelnau-Montratier, ce Quercy doline entre un soleil de Toscane et une douceur dans l'air. En résumé, la vallée du Lot confère à ce département une vitalité économique liée à la culture de la vigne et au tourisme.

Vallée du Lot et du Vignoble de Cahors
P.N.R. des Causses du Quercy
2,5 KM
Sauveterre-la-Lémance
Frayssinet-le-Gélat
Goujounac
Montgesty
Catus
MONTCABRIER
DURAVEL
PUY-L'ÉVÊQUE
Touzac
PRAYSSAC
CASTELFRANC
ANGLARS-JUILLAC
GRÉZELS
MAUROUX
FLORESSAS
ALBAS
LUZECH
Saint-Vincent-Rive-d'Olt
PORTE-DU-QUERCY
Sauzet
Calamane
Espère
MERCUÈS
Pradines
DOUELLE
Laroque-des-Arcs
Lamagdelaine
Bégoux
CAHORS
SAINT-PIERRE-LAFEUILLE
Vers
SAINT GÉRY-VERS
Arcambal
SAINT-CIRQ-LAPOPIE
BOUZIÈS
TOUR-DE-FAURE
SAINT-MARTIN-LABOUVAL
CÉNEVIÈRES
CALVIGNAC
CAJARC
LUGAGNAC
AUJOLS
Concots
LIMOGNE-EN-QUERCY
LABASTIDE-MARNHAC
BARGUELONNE-EN-QUERCY
MONTCUQ-EN-QUERCY-BLANC
Montaigu-de-Quercy
LENDOU-EN-QUERCY
SAINT-PAUL-FLAUGNAC
CASTELNAU-MONTRATIER
LALBENQUE
VAYLATS
VARAIRE
BEAUREGARD
BELFORT-DU-QUERCY
Puylagarde
Parisot

Gare de Cahors
Rue de la Brasse
BRIT HÔTEL CAHORS LE VALENTRE
Rue Joachim Murat
BRIT HÔTEL CAHORS LE FRANCE
Avenue Jean Jaurès
Rue du Périé
Avenue Pierre Sémard
Avenue André Breton
D108
Rue Anatole France
Impasse du Pal
Rue des Capucins
BEST WESTERN PLUS HÔTEL DIVONA CAHORS
D8
AUBERGE DE JEUNESSE HI CAHORS LE CHAI
Avenue André Breton
FIL DES DOUCEURS
PARENTHÈSE
Rue du Président Wilson
Rue du Président Wilson
LAGARRIGUE
PONT VALENTRÉ
Allée des Soupirs
D8
Rue Gustave Sindou
Rue Saint-Géry
Rue Donadieu
Le Lot
COMPTOIR D'OLT
VINS SUR 20
TERRASSES VALENTRÉ BY LA CHARTREUSE
LAGRÉZETTE CAHORS
Allée des Soupirs
Rue Michelet
Rue Victor Hugo
Rue Saint-Maurille
Chemin de la Chartreuse
Rue du Lot
Rue Donad
PETIT TRAIN DE CAHORS
CROISIÈRES FÉNELON
D108
Cahors
Quai Eugène Cavaignac

Rue Émile Zola
Rue du Bousc
Rue Fondue-Haute
Rue Gustave Larroumet
Cours de la Chartreuse
Rue de la Chartreuse
BUREAU
BISTRO DE L'ISA
Rue du
Boulevard Léon Gambetta
Rue Jean François Caviole
Rue Jean-
GALETTE ENCHANTÉE
Rue Frédéric Suisse
L'INTERLUDE
Rue c
Rue Anatole France
Rue Henry Puget
BOUCHERIE COMPOZIEUX
PETIT SALON
ESCAPADE
D8
Rue du Président Wilson
Place François Mitterrand
Rue Pasteur
Sq. H. d. Jouvenel
Allées Fénelon
MARCHÉ DE PLEIN AIR DE LA PLACE CHAPOU
COURS
All. F. de Fenelon
L'Ô À LA BOUCHE
Sq. Jouvenel
Square Jouvenel
Rue Saint-Géry
OH MY BEER
Place Émilien Imber
Place Antonin Bergon
Rue Hautesserre
Rue Pierre Brunies
Rue des Hortes
Rue Victor Hugo
CANNELL
Rue Gabriel Niel
Rue Victor Hugo
Place Victor Hugo
Rue Saint-Maurille
Rue des Jardiniers
Imp. des Hortes
Rue Hautesserre
Rue du Pot-Trinquat
GÎTES DE FRANCE LOT
D108
Vers LA CHARTREUSE

Cahors
JARDIN DES THÉS
TIGER MILK
BIOCOOP CATHÉDRALE
Imp. Séguier
BALINAISE
AUBERGE DES GABARES
CATHÉDRALE SAINT-ÉTIENNE
VALETTE FOIE GRAS
MARCHÉ
HÔTEL RESTAURANT LE COIN DES HALLES
MACARONS DE PIM
Place Jean-Jacques Chapou
Rue Saint-James
Rue Daurade
Quai Champollion
Rue de la Légion d'Honneur
Jardin Mauresque
Imp. Catonne
Rue du Tapis-Vert
Rue du Petit Mot
Rue Saint-Urcisse
Pl. St-Maurice
Rue Lestieu
GOURMANDISES DE LILU
HALLE DE CAHORS
PIZZAS DU CAMION JAUNE
MARIE-COLLINE
Rue Georges Clemenceau
Pl. Galdemar
LAMPARO
AUBERGE DU VIEUX CAHORS
Pl. St.-Urcisse
GRAINS DE FOLIE
DOUSIL
Rue Saint-Priest
SUDREAU
Rue du Docteur Bouscarat
CRÈMERIE MARTY
Rue de Lastié
Rue Donzelle
Rue Roty
FRENCH COFFEE SHOP
FOURMI ROUGE
Rue Mascoutou
Rue du Col. Georges Delmas
Quai Ségur d'Aguesseau
Le Lot
Rue Dominici
P'TIT BOUCHON
Rue Nationale
Rue Blanqui
Rue Foucault
Pl. Claude Rousseau
Rue de l'Université
Rue Étienne Brives
Rue Sainte-Barbe
Rue des Badernes
Rue Dedrain
D653
Rue Hébrard
Rue St.-Laurent
Rue des Maures
Pl. des Acacias
Crs. Vaxis
Pont Louis-Philippe
D620
100 M

PAGES

CAHORS ★★★★

Cahors est connue pour un certain art de vivre dont la légende s'est forgée autour de son produit emblématique : le vin de Cahors. La ville, nichée dans une boucle du Lot, est séparée en deux par un axe nord-sud, matérialisé par le boulevard Gambetta. La vieille ville se trouve limitée à l'ouest par cette grande artère, et à l'est et au sud par le Lot. Bien que l'agglomération ait fait éclater les limites de la vieille ville, elle est peu industrialisée, vivant essentiellement des commerces et de son vignoble réputé. Cahors tire son nom de la peuplade gauloise des Cadourques, qui faisait ses dévotions auprès de la fontaine dédiée à la déesse Divona.

LES BADERNES ★

L'ancienne ville basse de Cahors est lovée dans un méandre du Lot et entourée par les collines et les hauteurs arides des causses. Derrière la cathédrale, voici le quartier des Badernes ou bas quartier, la rue Nationale avec les rues du Château-du-Roi et des Soubirous formaient l'artère principale de la ville médiévale. Ce quartier est formé de rues étroites bordées de nombreuses maisons médiévales. Le quartier du lavoir, bordé par la façade remontée du magnifique hôtel de Vayrols (333, rue Nationale), offre un curieux mélange d'ancien et de moderne.

CATHÉDRALE SAINT-ÉTIENNE ★★★

Place Jean-Jaques-Chapou

La cathédrale et son cloître se visitent chaque jour de 9h à 19h.

© DENIS VANDEWALLE

Cathédrale romaine bâtie sur l'emplacement d'une cathédrale construite au VIIe siècle par saint Didier, cet édifice est totalement rebâti à partir du XIIe siècle : son maître-autel est consacré en 1119 par le pape Calixte II. De nombreuses modifications auront ensuite lieu jusqu'à la fin du XIXe siècle. Le trésor, et notamment la relique de la Sainte Coiffe du Christ, est visible sur réservation dans une chapelle du début du XVIe siècle. Le cloître, inachevé, est de toute beauté et forme un ensemble gothique flamboyant. A ne pas manquer.

CAP NATURE ★★★★

Chemin de l'Ile - **PRADINES** ✆ 05 65 22 25 12

www.capnature.eu

7/7 d'avril à novembre de 10h à 19h. 12 € de 2 à 4 ans. Accrobranche 15-21 €. Paintball 20-35 €. Lazerwood 20 €.

Accrobranche avec de nombreux atouts : ponts de singe, tyrolienne, filets… Plus de 110 jeux sont répartis sur des parcours adaptés à chaque âge. La pratique ne nécessite pas de compétence physique particulière et fait abstraction des notions d'extrême ou de compétition… Les parcours acrobatiques en hauteur sont accessibles à tous et pour tous niveaux à partir de deux ans, pour un très bon moment en famille ou entre amis. Autres attractions : bubble game, paintball, chasse aux trésors, etc. La nature préservée du site participe à l'atmosphère de détente !

FONTAINE DES CHARTREUX

Quai Albert Cappus

✆ 05 65 53 20 65

Accès libre.

La Fontaine des Chartreux est un site archéologique d'origine romaine. Cette résurgence de type vauclusien qui borde le cours du Lot fut un lieu de dévotion des Cadourques à Divona, déesse des eaux d'origine celtique, qui donna son nom à Cahors (Divona Cadurcorum). Occupée au Moyen Âge par un moulin cédé aux chartreux, elle fournit depuis le milieu du XIXe siècle la ville de Cahors en eau potable. Seule une partie de son lit souterrain a été explorée par des plongeurs, qui y ont trouvé près d'un millier de pièces gallo-romaines jetées en guise d'ex-voto.

JARDINS SECRETS DE CAHORS

✆ 05 65 53 20 65

www.cahorsvalleedulot.com

Jardin remarquable. Ouvert toute l'année. Visite guidée (s'adresser à l'office de tourisme).

Parcours dans la ville à partir d'une thématique : les jardins secrets de Cahors. Le visiteur se voit proposer une découverte originale des jardins de la ville, des jardins liés aux anecdotes, aux rues et à l'histoire de Cahors. Se promener dans le vieux quartier de Cahors, c'est à coup sûr s'imprégner d'une ambiance médiévale, évoquer un état d'esprit basé sur la symbolique, l'esthétique et l'utile. Découverte, sous l'angle végétal, le riche passé de la cité. Itinéraire à l'office.

MAISON DE L'EAU

Quai Albert Cappus

✆ 05 65 53 04 99

Ouvert de février à octobre. Horaires variables selon la saison. Gratuit.

Cette usine, créée en 1854 et fermée depuis 1971, utilisait la force hydraulique du Lot pour pomper l'eau de la fontaine des Chartreux, avant de la distribuer ensuite dans la ville. Pourvue de sa machinerie d'origine, elle est aujourd'hui aménagée en espace d'expositions permanentes sur le fonctionnement et l'histoire de l'ancienne station de pompage, la découverte du pont Valentré, l'eau à Cahors, et l'aménagement de la rivière Lot. Une visite originale et ludique. Petit plus futé : après la visite, profitez de la terrasse face au pont Valentré.

PONT VALENTRÉ ★★★

Gratuit.

Le pont Valentré, ou pont du diable, est un pont fortifié du XIVe siècle enjambant le Lot à Cahors. Monument historique, il est bâti entre 1308 et les années 1380. Monument emblématique de la ville, édifice défensif en même temps qu'ostentatoire, il fut le troisième pont de pierre de Cahors. Soutenu par 7 arches principales, son tablier en dos d'âne est surmonté de trois tours culminant à près de 50 m au-dessus du Lot. Restauré en 1879 par l'architecte Paul Gout, émule de Viollet-le-Duc, il est le plus impressionnant des ponts médiévaux fortifiés en France.

LES SOUBIROUS

Rue des Soubirous

La ville ancienne était coincée entre une ligne de muraille longeant l'actuel boulevard Gambetta et le cours du Lot. C'est dans la partie haute de la ville que se trouvent les deux palais urbains médiévaux de Cahors : le palais de Via et le palais Duèze. L'église Saint-Barthélemy, bordée d'un clocher-porche et le monument des Mobiles du Lot situé près de son chevet, terminent la perspective de ce quartier au nord. En redescendant la rue des Soubirous vers le sud, on arrive à la rue du Château-du-Roi. Une des rues emblématiques du vieux Cahors.

OFFICE DE TOURISME DE CAHORS

Place François Mitterrand

✆ 05 65 53 20 65

www.cahorsvalleedulot.com

Ouvert toute l'année du lundi au samedi de 9h30 à 12h30 et de 14h à 18h. Ouvert le dimanche en été.

Ville d'art et d'histoire, capitale historique du Quercy, la ville de Cahors, dans le décor majestueux de la vallée du Lot, s'impose. Afin de mieux préparer son séjour, d'obtenir des conseils ou encore de programmer une visite guidée de la ville de Cahors ou de toute la vallée du Lot, l'office du Tourisme met tout en œuvre pour recevoir et aiguiller les visiteurs. Une mutualisation des offices de tout le sud du Lot permet d'obtenir ici un service global.

BABOU MARINE

Port Saint-Mary

✆ 05 65 30 08 99

www.baboumarine.com

Location de bateaux d'avril à novembre. Bateaux de 2 à 12 personnes à partir de 497 € la semaine.

Babou Marine est le spécialiste bateaux à Cahors. Les services sont multiples : location de bateaux à la semaine ou des gabares à l'heure, vente des plus grandes marques de bateaux, neufs ou d'occasion, avec livraison partout en France, entretien et réparations. Difficile de passer à côté si vous êtes passionnés de navigation en eau douce. En bateau habitable sans permis, sa flotte prévue pour 2 à 12 personnes, Babou Marine guide vos premiers tours de barre, vos premiers passages d'écluse, et vous transmet toutes les ficelles de la navigation.

VISITEZ CAHORS

allées des Soupirs ✆ 05 65 30 16 55
bateau-cahors.com

… en Petit Train et/ou en bateau, visites commentées en direct. Réservation en ligne. Ouvert de Pâques à Toussaint, 7/7.

Presqu'île enserrée dans un méandre du Lot, l'histoire de Cahors est depuis toujours liée à celle de sa rivière. Découvrir la ville en bateau, c'est se promener au travers de son passé antique, médiéval et contemporain. Partagez le quotidien des bateliers d'antan en franchissant l'écluse du Moulin de Coty. Tarifs malins : jumelez avec la visite de Cahors en Petit Train, qui vous permettra de sillonner le cœur de la ville médiévale et de découvrir ses différents quartiers (la cathédrale St Etienne, la Maison Henri IV, les remparts nord, la tour du Pape Jean XII…)

ÉVIDENCE

2, boulevard Léon Gambetta
✆ 05 65 31 62 58
www.evidence-grandcahors.fr
Ouvert du lundi au vendredi de 9h à 12h et de 14h à 17h. Gratuit.

Evidence, le réseau de bus de l'agglomération, met tout en œuvre pour une offre simplifiée et pratique pour vos déplacements que vous soyez résident ou de passage. Il couvre une grande partie du Grand Cahors de Pradines à Begoux en passant par la zone commerciale de Laberaudie. Toutes les lignes de bus sont gratuites pour tout le monde. La solution Evidence peut se révéler très pratique dans une ville où il est parfois très difficile de trouver une place de parking. Toutes les lignes avec les horaires et les tracés sont consultables sur le site Internet.

AUBERGE DE JEUNESSE HI CAHORS LE CHAI €

52, avenue Henri-Breton ✆ 05 36 04 00 80
www.hifrance.org/auberge-de-jeunesse/cahors-le-chai.html
Ouvert toute l'année. Accueil 24h/24 (7j/7). Nuit + petit déjeuner à partir de 26,50 €. Draps et couverture fournis.

Le centre d'hébergement et d'accueil international (Chai) est situé à quelques minutes de la gare. Erigée entre le pont Valentré et le Lot, l'auberge compte 38 chambres fonctionnelles et partagées de 2 à 3 lits, réparties sur les 2 étages supérieurs. Cuisine individuelle en gestion libre. Accueil de tous sans condition d'âge : « ici la jeunesse c'est dans le cœur », explique la directrice. Toit-terrasse panoramique, avec une vue splendide sur le pont Valentré.

BRIT HÔTEL CAHORS LE VALENTRE €

252, avenue Jean-Jaurès
✆ 05 65 35 16 76
cahors-valentre.brithotel.fr/
Ouvert toute l'année. Nuitée à partir de 51,30 €. Petit déjeuner 9,50 €. Parking.

Situé à proximité immédiate de la gare, du centre-ville de Cahors et du pont Valentré, le Brit Hotel Cahors le Valentré** offre un grand confort. Les chambres sont toutes pourvues de la climatisation, télévision avec chaînes étrangères, Canal+ et beIN Sport, ainsi qu'un accès wifi gratuit. Tout est pensé pour vous assurer un agréable séjour. Le petit déjeuner, composé de produits frais sélectionnés chez des producteurs du Lot, en est le parfait exemple.

LE CLOS GRAND €

12, rue des Claux-Grands - **PRADINES**
✆ 05 65 35 04 39
www.leclosgrand.fr
Nuitée à partir de 49 €. Demi-pension. Petit déjeuner 8 €. Parking fermé. Soirée étape. Menus 16,90-35 €.

Sur les hauteurs des rivages du Lot, à deux pas de Cahors, l'hôtel familial animé par le sourire de Helena est idéal pour les vacances avec sa piscine et ses jardins. Les chambres au-dessus du restaurant ont entièrement été refaites, mais nous leur préférons celles du bâtiment au fond du parc même si les tarifs sont légèrement plus élevés. Un excellent rapport qualité-prix pour cet hôtel-restaurant au charme quercynois, un service impeccable, de l'authenticité, et un accueil chaleureux. Une très bonne adresse pour découvrir le charme lotois.

DOMAINE LES TUILERIES €

1602, Les Tuileries - **LE MONTAT**
✆ 05 65 21 04 72
www.domainelestuileries.com
Ouvert de mars à novembre. Nuitée de 66 € à 120 € petit déjeuner inclus. Wifi. Repas sur réservation 20 €.

Au cœur du Quercy blanc sur un domaine de deux hectares, dont un parc boisé et une truffière, trois superbes chambres chauffées avec la climatisation réversible vous attendent dans un ancien corps de ferme, à 6 km de Cahors. Un grand confort, du calme et une finition parfaite peaufinée par André. Dans la salle de déjeuner rustique, la cuisine régionale et familiale est à l'honneur : confits, magrets, tourtières. Des randonnées sont possibles à pied - GR65 à 2 km, à cheval, en vtt, à travers sentiers ombragés et bois truffiers.

HÔTEL JEAN XXII €

2, rue Edmond Albe
✆ 05 65 35 07 66
www.hotel-jeanxxii.com
Ouvert toute l'année. Nuitée à partir de 58 €. Petit déjeuner : 8 €. Wifi gratuit.

L'ancien palais Duèze du XIIIe siècle, au pied de la tour Jean XXII garde ses chambres tout confort (salle de bains privative, tv) à l'abri des bruits de la ville. Cet hôtel deux étoiles est un nid idéal, avec son atmosphère médiévale qui sied à un séjour indispensable à Cahors. Toutes les chambres sont situées au calme à l'arrière du boulevard et équipées de douche, wc, télévision et téléphone. Si vous êtres trois, Sandrine et Guy Rouqual vous conseilleront la chambre n° 9, pour sa mezzanine et surtout sa fenêtre à remplage du XIVe siècle.

BRIT HÔTEL CAHORS LE FRANCE €€

252, avenue Jean-Jaurès ✆ 05 65 35 16 76
cahors-france.brithotel.fr/

Ouvert toute l'année. Accueil 24h/24. Nuitée à partir de 63 €. Petit déjeuner 9,50 €. Parking fermé. Chèque Vacances.

Proche du pont Valentré et de la gare, l'hôtel bénéficie d'une proximité immédiate avec le centre-ville. Pour autant calme et sérénité sont assurés par son retrait du boulevard Gambetta, artère névralgique de la ville. Les chambres spacieuses sont toutes équipées d'un mini-bar, télévision LCD, lits *Queen-size* dans chaque chambre, Mini-bar, sèche-cheveux et enfin d'une climatisation intégrale. Les chambres communicantes sont un plus pour les déplacements en famille.

CAMPING CAMPEOLE LES REFLETS DU QUERCY €€

Mas de Tiliry
CRAYSSAC
✆ 05 65 30 00 27

Ouvert d'avril à septembre. Emplacement 2 pers. 26,90 €/nuit. Locatifs à partir de 48 €/nuit. Snack en juillet et août.

Les Reflets du Quercy se situent à 15 km de Cahors entre vallée du Lot et de la Dordogne. Avec ses 4 étoiles, le camping est très bien équipé et propose une multitude de services pour faciliter le quotidien : snack, épicerie, laverie, salle de jeux... Côté infrastructures, tout y est : piscine chauffée, terrain multi-sports, court de tennis, terrains de pétanque et de beach-volley, etc. Animations en été. Belle palette d'activités et d'infrastructures dans un cadre très attirant !

CAMPING RIVIÈRE DE CABESSUT €€

1180, rue de la Rivière ✆ 05 65 30 06 30
www.cabessut.com

Ouvert du 1er avril au 30 septembre. Emplacement 2 pers 17-24,60 €. Mobil-homes 4 pers. 260-680 € / semaine.

Le camping Rivière de Cabessut, c'est une histoire familiale, celle de la famille Coste. On aime particulièrement leur philosophie du camping : la nature, les amis, la famille, la détente, l'entraide... L'accueil est toujours chaleureux et bon enfant. Situé en bordure du Lot, à deux pas du centre-ville de Cahors, mais en pleine nature, le camping propose des emplacements spacieux et semi-ombragés. En communion avec la nature qui l'entoure et qui lui donne tout son charme.

LE CLOS DU MAS DE BASTIDE €€

CRAYSSAC
✆ 05 65 30 18 33

Ouvert toute l'année. Chambre double à partir de 122 €. Petit déjeuner inclus. Wifi gratuit.

Aménagées dans une maison du début du XVIIIe siècle, ces chambres d'hôtes vous proposent un séjour authentique au cœur d'une ancienne ferme. Les chambres sont logées dans l'ancien four à pain et dans les anciens chais. La maison mise sur un gage de proximité, de disponibilité et de convivialité. Intimistes, les lieux se prêtent à la tranquillité de l'âme et au repos des esprits. Ici on favorise la déconnexion avec les tracas du quotidien et l'évasion par la lecture et les promenades.

HÔTEL LE TERMINUS €€

5, avenue Charles-de-Freycinet
✆ 05 65 53 32 00
www.balandre.com

Ouvert toute l'année. Nuitée de 45 à 130 €. Demi-pension. Menus de 24 à 70 €.

Ambiance Art déco et vieil hôtel à la française. C'est l'adresse historique de Cahors, discrète derrière ces vieilles pierres blanches rafraîchies par des lierres. A l'intérieur, l'ambiance feutrée et chic est animée par un personnel en tenue stylée. Les chambres spacieuses et confortables offrent un nid de quiétude. L'hôtel assez cossu alterne charme de l'Art déco et modernité fonctionnelle avec de belles salles de bains avec baignoire, décorées de faïences blanches et bleues, et sont entièrement équipées. L'ensemble, avec ses vitraux, est un joyau Belle Epoque.

HÔTEL RESTAURANT LE COIN DES HALLES €€

30, place Saint-Maurice
✆ 05 65 30 24 27
www.lecoindeshalles-hotel.com

Ouvert toute l'année. Nuitée à partir de 55 €. Demi-pension. Ardoises de suggestions du jour 15 € env.

En plein cœur de ville, cet hôtel-restaurant est, comme son nom l'indique, situé en face des halles, place Chapou. Les chambres personnalisées sont confortables et la décoration plutôt décalée de l'hôtel issue de matériaux de récupération, elle fait la part belle aux affiches rétro et panneaux de signalisation routière. Le restaurant sert une cuisine de bistrot, gourmande et régionale, avec des produits du marché, bien sûr ! L'ardoise est renouvelée quotidiennement.

LE RELAIS DES JACOBINS €€

12, rue des Jacobins
✆ 05 65 21 00 84
www.lerelaisdesjacobins.fr
Ouvert du 1er mars au 31 octobre. Nuitée seule 16 €. Formule demi-pension 36 €. Panier pique-nique 7 €.

Adresse bien connue des pèlerins. De passage à Cahors, le Relais des Jacobins offre un accueil à moindre coût et en toute simplicité. Une grande maison de deux étages avec un superbe jardin calme sur l'arrière, de la simplicité et un accueil chaleureux. Pour quelques euros, vous pourrez faire une machine à laver. Grâce à un point wifi, l'accès à Internet sera lui gratuit. Une table d'hôtes le soir sur réservation permet de se restaurer avant de reprendre la route le lendemain. Calme, confort et accès direct au centre-ville garantis.

BEST WESTERN PLUS HÔTEL DIVONA CAHORS €€€

113, avenue André Breton ✆ 05 65 21 18 39
divona-hotel-cahors.com/
Ouvert toute l'année. Accueil 24h/24. Nuitée à partir de 129 €. Petit déjeuner 14,50 €. Parking fermé 9 €. Sauna.

A 2 pas du centre historique, le dernier-né des hôtels de Cahors est remarquable. De standing haut de gamme, mais sans luxe ostentatoire, Le Divona offre à tous ses hôtes une vue imprenable sur le Pont Valentré. On est séduit par son architecture épurée et design, tout comme par son intérieur au mobilier *fifties* jusque dans les 38 spacieuses chambres. Celles-ci sont fort bien équipées et inspirent volupté et sérénité. L'espace aquatique intérieur est un must absolu. Très belle adresse.

DOMAINE DE LABARTHE €€€

1, rue des Granges - **ESPÈRE** ✆ 05 65 30 92 34
www.domainedelabarthe.com
Ouvert toute l'année. Chambre double à partir de 139 €. Petit déjeuner inclus.

Chambres d'hôtes haut de gamme au sein d'une gentilhommière du XVIIIe. Une base idéale, proche de Cahors pour découvrir le vignoble mais d'abord et surtout pour se reposer au calme, à l'ombre des noyers séculaires. L'accueil courtois et attentionné, l'ameublement et le décor qui conjuguent confort et authenticité permettent très vite de se sentir à l'aise. Et au retour de quelques escapade rien de tel qu'un peu de farniente sur les bords de la piscine. À la belle saison également, dîner en plein air et possibilité de barbecue.

L'ESCAPADE €

227, rue du Président-Wilson
✆ 05 65 22 11 52
Ouvert toute l'année du lundi au samedi. Carte 12 € environ. Accueil des groupes. Terrasse. Vente à emporter. Bar.

Rendez-vous incontournable des Cadurciens ! Il faut retenir ici la simplicité et tout le charme d'une cuisine qui réconforte. Pas de grands chichis, simplement ce qu'on aime ! Spécialistes depuis des décennies de le hamburger *made in* Lot, ils envoient des sandwichs goûteux et raffinés. Chaque jour, un menu est proposé sur les ardoises. Ambiance bonne enfant, l'accueil est au top. Les salles se succèdent et très vite les tables se remplissent. Les midis le restaurant affiche souvent complet, et on sait pourquoi ! C'est simple, rapide et bon.

LE BISTRO 1911 €

5, Avenue Charles de Freycinet
✆ 05 65 53 32 00
www.balandre.com
Ouvert toute l'année. Du mardi au vendredi le midi ; le mercredi et le jeudi le soir. Menus de 24 € à 32 €.

Le Bistro 1911 c'est l'autre visage du restaurant le Balandre, célèbre enseigne de la famille Marre qui officie dans Cahors depuis… 1911 justement ! A la tête de cette institution, la famille Marre tient lieu ici d'emblème de la gastronomie. Les plats évoqués sur la carte ne trahissent pas les origines de la famille. Ici on cuisine local avec de bons produits du Quercy. Pas de doute, c'est une adresse où vous ne risquez pas d'être déçu. Dans une véritable atmosphère de bistro authentique et moderne, prenez le temps de vous arrêter.

AU BUREAU €

22, boulevard Gambetta
✆ 05 65 30 17 58
www.aubureau-cahors.fr
Ouvert 7/7 toute l'année à partir de 9h. Carte : 15 € environ. Terrasse. Animations.

Ambiance pub anglais avec grand choix de bières, irish coffee, cocktails maison. La carte brasserie est vaste adaptée à toute heure et 7 jours sur 7 : flammekueches, burgers, pizzas, des plateaux de dégustation à partager, des salades généreuses, des plats du terroir… Il y en a pour tous les goûts ! Un son de cloche avertit de la dernière commande. Un second tintement annonce la fermeture… De nombreuses soirées à thème, karaoké, concerts… y sont organisées et vous ne manquerez rien des grands événements sportifs retransmis en direct sur grands écrans.

© LA CHARTREUSE

© LA CHARTREUSE

© LA CHARTREUSE

LA CHARTREUSE €€

130, chemin de la Chartreuse
✆ 05 65 35 17 37
www.hotel-la-chartreuse.com

Ouvert toute l'année. Chambre double à partir de 69 €. Petit déjeuner 10 €. Etape VRP 95 €. Séminaires. Menus 20-70 €.

Au bord du Lot, non loin du pont Valentré, voici un douillet *home sweet home*. La Chartreuse est une maison qui respire la douceur de vivre. Il y a juste ce qu'il faut et même un peu plus. Les chambres, climatisées, avec salle de bains privée, TV et wifi offrent un confort 3-étoiles et une jolie vue sur le Lot et la vieille ville. Début 2019, la réception, le bar et le restaurant ont fait peau neuve. Côté restauration, c'est toute la gastronomie locale qui est mise en valeur, à déguster dans la salle donnant sur le Lot ou sur la terrasse au-dessus du Lot. Charmant.

© LA CHARTREUSE

© LA CHARTREUSE

AU COMPTOIR D'OLT €

274, allées des Soupirs
✆ 05 65 35 04 87

Ouvert toute l'année lundi au samedi le midi et 7/7 midi et soir en été. Menu 16-26 €. Terrasse. Salle de séminaires.

Adresse située vers un point névralgique de Cahors : le pont Valentré ainsi que du départ du petit train et du bateau touristique. Loin de l'adresse attrape-touriste, Le Comptoir d'Olt étale son savoir-faire au travers de ses plats comme l'aligot, le farçou, le pavé de romsteck, l'entrecôte d'Aubrac et son foie gras poêlé, ou encore une grande variété de salades et de charcuteries aveyronnaises. L'été vous avez la possibilité de vous rafraîchir les après-midis avec des glaces et des boissons. Le diable du pont Valentré vient même y danser dès la nuit tombée.

MARIE-COLLINE €

173, rue Clemenceau
✆ 05 65 35 59 96

Tous les midis du lundi au vendredi. Plat du jour 9 €. A emporter. Vegan et sans gluten. Terrasse.

Ni carte ni menu dans ce restaurant végétarien atypique aux portions très copieuses et d'un très bon rapport qualité-prix, Les entrées sont particulièrement originales. Élaborés à base de produits frais, les 2 plats du midi sont renouvelés tous les jours avec des variétés de tartes salées, petits pâtés de légumes et leur purée ainsi que des gratins de légumes. Possibilité de prendre des plats et desserts végétaliens, sans gluten, sans sucre, etc. Marie Colline prend soin de vos allergies ! Pensez à réserver, l'adresse a ses habitués.

LA GALETTE ENCHANTÉE €

45, rue du Président-Wilson
✆ 05 65 23 88 14
www.creperie-la-galette-enchantee-cahors.fr

Ouvert toute l'année du lundi au vendredi 9h-17h et le samedi 9h-21h. Carte 12€ env. Terrasse. A emporter. Salon de thé.

La Galette Enchantée nous accueille dans un décor nature avec du bois et des pointes de verdure encadrée. À la carte, une extraordinaire variété de 30 crêpes gourmandes version sucrée ou salée ainsi que des salades composées et des coupes glacées. La plupart des produits utilisés sont d'origine locale. La farine est issue d'un meunier lotois et l'établissement travaille également avec une apicultrice locale. Le cidre brut est bio et le demi sec vient directement du producteur de Normandie. Des détails qui feront le bonheur de nos papilles.

AU P'TIT BOUCHON €

7, place Claude-Rousseau
✆ 05 65 35 17 78
www.auptitbouchon.com

Ouvert toute l'année les midis du lundi au samedi. Réservation recommandée. Carte 15 € environ.

Idéalement situé, au cœur du vieux Cahors, ce restaurant propose une cuisine traditionnelle de bistrot, où la large place accordée aux produits frais est un gage de qualité. Les frites sont maison et les tagliatelles fraîches. La viande vient directement de l'Aveyron. Le P'tit Bouchon mise sur la convivialité, la simplicité et un excellent rapport qualité-prix. Vous y dégusterez des salades, des burgers et des plats traditionnels. Avec sa terrasse calme et ensoleillée, il n'est pas rare que le restaurant fasse rapidement le plein. N'hésitez donc pas à réserver !

LE LUSITANO €

18, Rue principale
ESPÈRE
✆ 05 81 42 22 79

Ouvert toute l'année du vendredi au mercredi midi et soir. Formule 13,90 €. Menus 20-25 €. Terrasse. Vente à emporter.

Chez Alfredo et Paola la cuisine est généreuse à l'image de l'accueil qu'ils vous réservent ! Dans la salle comme en cuisine on parle portugais. Chaque jour, ils proposent 2 plats à la carte sans oublier le fil rouge : la morue portugaise. Chaque plat est cuisiné par Paola avec amour et savoir faire. Sa cuisine est celle du quotidien. Une cuisine qui ne trompe pas. Les assiettes sont copieuses et ont le goût d'un pays mis à l'honneur dans toutes ses spécialités : cochon de lait, la morue bien sur mais également le « bolo de bolacha » et bien d'autres plats.

LA PARENTHÈSE €

10, Avenue Jean Jaurès
✆ 05 65 23 25 91
creperielaparenthese.eatbu.com

Ouvert toute l'année du mardi au samedi de 9h à 21h30. Réservation recommandée. Carte : 8 € environ. Terrasse.

Chez Dominique et Jean-Pierre la crêpe est au froment avant tout et elle est cuite à la poêle, ce qui lui confère ce petit goût maison que l'on adore. Accueil chaleureux, déco sans cesse renouvelée et surprenante et jolies assiettes pleines de saveurs. La carte de crêpes est alléchante tant dans sa version salée que sucrée. L'originalité est sans contexte le froment, exit le sarrasin ! C'est original et cette signature de l'établissement est tout à fait réussie. Les garnitures proposées explorent des saveurs classiques mais aussi des alliances plus subtiles.

© LAGARRIGUE

© LAGARRIGUE

© LAGARRIGUE

LAGARRIGUE €

531, rue Wilson
✆ 05 65 35 04 12

Ouvert du lundi au samedi midis + vendredi-samedi soirs. En continu l'été. Formule 15 €. Terrasse. Vente à emporter.

Un des plus beaux emplacements de Cahors, vue sur le Pont Valentré depuis la terrasse. Repris début 2021 par Geoffrey et Céline, Lagarrigue rejoint les meilleures adresses du Lot. Pour Geoffrey, chef cuisinier, les valeurs élémentaires de la cuisine sont primordiales : proposer du frais, de saison et des prix abordables. Il cuisine les spécialités de toutes les régions de France et d'ailleurs. Il s'engage aussi dans une démarche anti-gaspi et écologique que nous apprécions particulièrement ! L'été, vente de glaces artisanales et de boissons en continu.

© LAGARRIGUE

© LAGARRIGUE

LES PIZZAS DU CAMION JAUNE €

7, place Galdémar
05 65 22 14 79
Ouvert du mardi au samedi 8h-12h30/15h-19h. Pizzas 8-13 €. Pâtisseries marocaines. Uniquement à emporter.

Située sous la halle couverte du vieux Cahors, cette pizzeria à la devanture d'un camion jaune, nous offre une sélection de 30 pizzas, à prix compétitif, à emporter. Amoureux de fromages, de produits quercynois, avec une base crème, tomate ou bien végétarienne, chacun y trouve son compte. Les pizzas sont généreuses et leur goût de « reviens-y » nous aidera à remplir la carte de fidélité sans traîner. Spécialités marocaines, sucrées et salées, pour varier les plaisirs.

REST' Ô BISTRO €

11, place Saint-Maurice
05 65 35 60 86
Ouvert toute l'année du mardi au samedi. Formule du midi 13 €. Terrasse.

Restaurant situé face aux halles de Cahors. Petite salle, grande terrasse, carte délibérément restreinte et changeante pour coller aux produits de saison, excellent rapport qualité-prix. Cuisine de marché où le fait maison est roi. Comme au Pays basque, les entrées prennent l'allure de tapas ou de pintxos. Côté plats, faux-filet grillé sauce chimichurri, frites maison, gambas à la plancha risotto au quinoa, gratiné de lotte aux crustacés pommes au four… On termine avec du fromage de brebis au lait cru et sa confiture de cerise noire ou un dessert maison.

LA TABLE DE MARLAS €

662, Avenue Edouard Herriot
05 65 35 03 06
www.maison-marlas.fr
Ouvert de mai à fin septembre. 20-25 € env.

Attention, adresse non-attrape-touriste ! Pour découvrir la gastronomie locale et toute la palette gustative du canard, vous êtes au bon endroit. Il faut dire que derrière cette table estivale, on découvre toute une famille engagée dans l'élevage et la transformation traditionnelle depuis quelques décennies. Aujourd'hui dans la famille Marlas, je demande Kévin, héritier de ce petit paradis culinaire. Le canard, il a appris à l'élever, à le transformer et à le cuisiner pour le plus grand bonheur des *aficionados*. Un cadre familier, un peu comme à la maison. Superbe.

TOUAJIN €

174, rue de la Barre
05 65 30 04 37
Du mardi au dimanche 9h-21h. Couscous de 8 € à 14 €. Tajines de 10 € à 11,80 €. Vente à emporter. Traiteur. Sur place.

Amina cuisine dans un petit espace avec quelques tables des spécialités de la cuisine marocaine. Couscous, tajines, pâtisseries orientales, nos papilles voyagent au travers des plats maîtrisés et généreux. Sur place, à emporter ou en formule traiteur, il est possible de varier les plaisirs. Déjà choisi pour régaler des repas sportifs locaux, des mariages et diverses réceptions, l'établissement monte en assurance. Ouvert en soirée et à l'heure du goûter, nous nous laissons tenter par les douceurs sucrées à emporter dans notre découverte du vieux Cahors.

AUBERGE DES GABARES €€

24, place Champollion
05 65 53 91 47
Ouvert toute l'année. Fermé le lundi. Réservation impérative. Carte 16 € environ. Formule du midi 15 €. Terrasse.

Rapidement les tables se remplissent et une ambiance chaleureuse se crée. L'accueil est chaleureux. Ici tout le monde se connaît et vous adopte en quelques minutes. Dans les assiettes, toute la chaleur humaine du chef se transmet dans ses plats. L'hiver, la soupe est offerte et elle est très très bonne ! On cuisine ici des plats traditionnels comme la célèbre mique levée du jeudi, une institution lotoise. L'été c'est la terrasse, l'une des plus belles de la ville, qui vous attend sous sa glycine bicentenaire, avec une vue magnifique sur le Lot.

L'AUBERGE DU VIEUX CAHORS €€

144, rue Saint-Urcisse
05 65 35 06 05
www.aubergeduvieuxcahors.com
Ouvert du jeudi au lundi le midi et le soir. Menus de 25 € à 48 €. Terrasse.

L'Auberge du Vieux Cahors est installée dans une bâtisse à colombage de la vieille ville. Les plats sont des valeurs sûres et mettent en avant les produits du terroir. De la terrasse fleurie donnant sur le cœur historique à la salle du premier étage, d'où l'on peut contempler le Lot dans une ambiance chaleureuse, vous serez parfaitement à votre aise. Cadre magnifique au cœur de la cité médiévale, cuisine de terroir classique, goûteuse et reconnue, et charme de la terrasse.

LE BALANDRE €€

5, avenue Charles-de-Freycinet
✆ 05 65 53 32 00
www.balandre.com

Ouvert toute l'année du mardi au samedi le midi et le soir. Réservation recommandée. Menus de 40 € à 70 €. Terrasse.

Le Balandre est une étape gastronomique incontournable dans les saveurs du Quercy. Dans un décor raffiné et une ambiance feutrée dans la salle à manger Art déco égayée de vitraux, vous y dégusterez une cuisine d'exception du terroir et d'ailleurs. La cave n'est pas en reste avec quelque 6 000 bouteilles pour 850 références. Alexandre Marre aime partager sa passion pour la cuisine et la transmet dans ses assiettes. Un excellent restaurant gastronomique, à l'esprit inventif et à l'accueil impeccable et attentionné, dans un cadre parfait.

LA BALINAISE €€

219, rue du Maréchal-Foch
✆ 09 52 35 07 39
labalinaise.fr/

Ouvert du lundi au samedi midi et soir. Réservation recommandée. 15-20€ env. Terrasse. Vente à emporter.

Citra est indonésienne et cuisine admirablement les spécialités de son pays, Jérôme est lotois et s'il a adopté le style vestimentaire indonésien, il n'en a pas oublié Cahors où il a choisi d'implanter le restaurant. Dans les assiettes, le voyage est assuré et nous emmène dans les saveurs d'Asie. Un délice pour nos papilles en quête de nouvelles inspirations. Le choix est centré autour de quelques plats qui garantissent la fraîcheur des produits cuisinés. En salle, vous pourrez compter sur Jérôme pour vous conseiller avec le sourire.

CANNELLE ET PAPRIKA €€

58, boulevard Léon-Gambetta
✆ 09 80 32 63 35

Ouvert toute l'année du lundi au samedi le midi de 11h30 à 15h30. 10-15 € environ. Terrasse.

Version moderne de la crêperie bretonne avec des assiettes bien garnies et savoureuses ! Pour les amoureux de la galette au sarrasin, n'hésitez pas à passer le pas de la porte. En plat, la galette se marie avec épinards, gésiers, fromages et autres fantaisies salées. Et en dessert, la crêpe se fait douceur et se grime parfois en cornet croustillant pour les glaces. Commandez donc un café liégeois en dessert... étonnant ! La terrasse est appréciable aux beaux jours malgré sa proximité immédiate avec le boulevard, un peu bruyant.

LE BISTRO DE L'ISA €€

67, boulevard Gambetta
✆ 05 65 35 22 35
www.bistrodelisa.fr

Ouvert toute l'année 7/7. Service continu de 11h30 à 22h30. Plat du jour 10 €. Brunch le dimanche 20 €. Menu à 29 €.

© LI/ISA

Installé dans l'un des plus beaux écrins de pierre de Cahors, en plein cœur de la ville, le Bistro de Lisa a su tirer parti de l'ambiance typique des bistrots parisiens avec des mets raffinés et de saison, accessibles à tous, 7j/7. Le Bistro de Lisa, c'est aussi l'attention portée au client et une cuisine inventive. L'atout supplémentaire est un pâtissier en cuisine qui sert à l'assiette et à la minute des desserts irrésistibles, dignes des plus belles tables. Aux beaux jours, la grande terrasse, à l'ombre ou au soleil, est des plus agréable.

LA CHARTREUSE €€

130, chemin de la Chartreuse
✆ 05 65 35 17 37
www.hotel-la-chartreuse.com

Ouvert 7/7 midi et soir toute l'année. Menus 20-70 €. Formule midi 15,50 €. Terrasse. Traiteur.

Restaurant incontournable de Cahors. Situé sur les rives du Lot, il a été totalement rénové. Décoration chaleureuse et cosy qui met l'accent sur le vin et la rivière, comme en témoignent les immenses baies vitrées. La vue est imprenable ! Elle devient bucolique depuis la terrasse ombragée. Dans les assiettes, l'assurance de savourer des produits locaux est intacte et les classiques de la cuisine lotoise mis en valeur. L'établissement, qui bénéficie du label « Vignobles et découvertes », propose un véritable buffet pour (re) découvrir les vins locaux.

LES BONNES TABLES DU LOT

C'est en 1985 que le président du syndicat des hôteliers décide de créer l'association « Les Bonnes Tables du Quercy », l'ancêtre des Bonnes Tables du Lot. Elle rallie les toques blanches du département autour de valeurs communes, garantissant aux gourmets une sélection des meilleurs restaurants indépendants du Lot. Le plaisir de la table trouve chez ces chefs un sens noble, une certaine philosophie culinaire. Ils se définissent eux-mêmes comme des Artisans Cuisiniers. Le président de l'Association est actuellement David Blanco, chef du restaurant Côté Sud à Cahors. 37 membres ont été distingués Bonnes Tables du Quercy depuis la création de l'association.

A ce jour, voici la sélection des Bonnes Tables du Lot : Le Petit Relais à Calès ; Le Gindreau à Saint-Médard ; La Vieille Auberge à Souillac ; Cuisine Côté Sud à Cahors ; L'Hostellerie Belle Rive à Gagnac-sur-Cère ; Delicatessens à Milhac ; Le Château de la Treyne à Lacave ; Le Beau site Jehan de Valon à Rocamadour ; L'Auberge Lou Bourdié à Bach ; L'Allée des Vignes à Cajarc ; Le Vinois à Caillac ; La Bergerie à Saint-Pierre-Lafeuille ; Le Relais des Gourmands à Gramat ; L'Ô à la bouche à Cahors ; Le Belvédère à Rocamadour ; Le Médiéval à Puy-L'Evêque ; La Garenne à Cahors ; Le Château de Mercuès à Mercuès ; Au fil des Douceurs à Cahors ; Le Balandre à Cahors ; Saveurs des Halles à Martel ; Restaurant Côté Lot - Bistrot l'Aganit à Puy-L'Evêque ; Le Marché à Cahors.

Plus d'informations : www.bonnes-tables-lot.fr

LE CLOS GRAND €€

12, rue des Claux-Grands - **PRADINES**
✆ 05 65 35 04 39
www.leclosgrand.fr

Ouvert toute l'année du mardi au samedi midi et soir + le dimanche en été. Menus 16,90-36 €. Jardin. Terrasse.

Partez à la découverte d'une cuisine traditionnelle où les produits du terroir sont les stars incontestées. Au menu, un foie gras maison, confit de canard, agneau du Quercy ; toutes les viandes proposées sont issues de circuits courts. Le chef met en valeur les saveurs qui font la fierté du Quercy. Deux grands atouts, une magnifique terrasse ombragée et une grande véranda qui permet de jouir des extérieurs même lorsque le soleil est plus timide. En hiver, c'est tout le charme d'un feu de cheminée qui vous permettra de profiter de vos plats.

LE COURSON €€

28, allée Fénelon
✆ 05 65 35 10 74

Ouvert toute l'année sur réservation. Carte 15 € environ. Terrasse. Bar à vin.

Anaïs est cuisinière et Arnaud sommelier ; ce joli duo ravira les amateurs de vin avec le bar à vin donnant sur une partie bistrot. L'adresse est prisée et les réservations sont vivement recommandées. Côté assiette, c'est une cuisine faite pour plaire au plus grand nombre, élaborée avec des produits du marché du jour. Côté vin, nous craquons face au discours envoûtant du maître des lieux, passionné et passionnant, il nous propose un choix de bouteilles parmi plus de 250 références à dominante bio. Une belle adresse pour bien manger sans se ruiner !

LE DOUSIL €€

124, rue Nationale ✆ 05 65 53 19 67
ledousil.free.fr

Ouvert du mardi au samedi midi et soir et 7/7 en été. Réservation recommandée. Carte 15 € env. Terrasse. Bar à vins.

Le Dousil propose un voyage dans le vin avec au menu des crus du Sud-Ouest et du vignoble de Cahors de haute qualité. Ambiance conviviale et amicale dans un lieu magnifique. Nous dégustons ici du bon vin accompagné d'un peu de musique, de bonne humeur, de quelques tapas... Belle carte de fromages. Des plus petites aux plus grandes faims, nous trouvons sur la carte de quoi s'imaginer un moment culinaire comme nous en avons envie ; entièrement local et façonné de produits de qualité et en quantité ! Une belle qualité de service pour une adresse remarquable.

AU FIL DES DOUCEURS €€

32, avenue André-Breton
✆ 05 65 22 13 04

Ouvert toute l'année du mardi au samedi midi et soir. Menus 28-39 €. Terrasse.

En face du pont Valentré, bienvenue chez Muriel et Philippe Larguille. On vous conseille le risotto quercynois au rocamadour avec noix et jambon de magret ou bien les lasagnes de foie gras poêlé sauce aux truffes noires. Grand choix de desserts mais la spécialité locale est de rigueur : la Pescajoune, une crêpe gourmande aux pommes et au calvados. Parfaitement maîtrisé dans un travail de gourmandise absolue. Côté vin, outre les vins de Cahors, il y a quelques coups de cœur à déguster comme un Ventoux… avec modération bien sûr.

LA GARENNE €€

Saint-Henri
✆ 05 65 35 40 67
www.la-garenne-cahors.com
Ouvert toute l'année du jeudi au mardi le midi ; du jeudi au dimanche le soir. Menus de 21 € à 47 €. Terrasse.

Le restaurant est situé sur les hauteurs de Cahors dans une ancienne grange qui a gardé son charme avec son cadre rustique et ses poutres apparentes. L'authenticité a été gardée dans les moindres détails, jusqu'à reconvertir la mangeoire en cave à vin. Jacqueline et Michel Carrendier vous proposent avec le sourire de savoureuses compositions inspirées du terroir et des saisons. Ici, le charme de la pierre et des saveurs ne laissent pas indifférent. Et la terrasse est l'une des plus belles du département. Une référence gastronomique à Cahors.

LE MARCHÉ €€

27, place Jean-Jacques Chapou
✆ 05 65 35 27 27
www.le-marche-cahors.fr
Ouvert toute l'année du mardi au samedi midi et soir. Réservation recommandée. Menus 23-44 €.

Entre la cathédrale et les halles, le restaurant Le Marché est tenu par Amandine et Marc Bozzato. Design cosy chic tendance prune, crème et gris, fauteuils et méridiennes dans la première des trois salles, terrasse aux beaux jours, le cadre est à la hauteur de la qualité de la cuisine. Marc, le chef, a fait ses preuves chez plusieurs étoilés avant d'inventer sa propre carte, où la qualité des produits et des fournisseurs locaux saute aux papilles. La carte change presque tous les mois, la formule du midi toutes les semaines. De quoi donner l'envie d'y revenir...

L'INTERLUDE €€

30, boulevard Gambetta
✆ 05 65 22 09 90 - www.interlude-cafe.com
Ouvert toute l'année les midis du lundi au samedi et les soirs du mardi au samedi. Suggestion du jour à partir de 10€.

Face à la mairie, l'Interlude vit au rythme des Cadurciens. On s'y retrouve dès le matin pour un café, puis à l'heure de l'apéro, pour un déjeuner ou pour commencer la soirée. Derrière les fourneaux, c'est Romain qui s'affaire et les assiettes envoyées réveillent sans cesse les papilles. On respecte ici les bons produit locaux, de saison et les circuits courts. Pour les amateurs de la mer, vous trouverez à la carte du poisson frais de la criée ou encore un bar à huitres. Adresse incontournable de Cahors avec une jolie enseigne toute nouvelle.

L'Ô À LA BOUCHE €€

56, allées Fénelon
✆ 05 65 35 65 69
loalabouche-restaurant.com
Ouvert toute l'année du mardi au samedi. Réservation recommandée. Menus 21,50-48 €. Terrasse.

Dans un style épuré et lounge, Jean-François Dive, issu d'une école hôtelière belge, offre une cuisine inventive et raffinée. L'art du chef est certainement de réinventer les produits typiques locaux pour éveiller vos papilles. Des produits frais et savoureux vous donneront, nul n'en doute, l'eau à la bouche ! Pour les plus gourmands, un menu complet allant de l'apéritif jusqu'au café vous transportera dans des voyages culinaires. L'été, vous pourrez également profiter de la terrasse, spécialement en soirée. Bonne dégustation.

LES TERRASSES VALENTRÉ BY LA CHARTREUSE €€

Allée des Soupirs
✆ 05 65 22 53 20
Ouvert 7/7 9h-22h en saison estivale. Réservation recommandée. Menus 18-30 €. Terrasse. Restaurant et bar à vins.

En bordure du Lot et proche du Pont Valentré, la vue est imprenable et l'équipe des Terrasses Valentré bien chanceuse ! Côté assiette, les produits frais amusent les papilles. Au fil des heures, les différents services répondent aux envies de chacun : restaurant, bar à vins, tapas, glacier ou snack. Et quand bien même vous seriez matinaux, votre premier café vous sera aussi servi, avant d'entamer une croisière sur le Lot dont l'embarcation se trouve à deux pas. Un cadre charmeur !

BOULANGERIE DE BEGOUX

485, Route de Villefranche © 05 65 31 34 87
boulangeriedebegoux-cahors.fr

Ouvert du lundi au samedi de 7h à 19h30. Ouvert le dimanche (7h-13h). Formule snacking.

Serge Gayrard, artisan boulanger bien connu des locaux, a ouvert fin 2020 cette boulangerie sur la route de Villefranche-de-Rouergue à la sortie de Cahors. Véritable passionné par son métier, il réalise pain et viennoiseries maison et on ne s'y trompe pas : exit les magasins des chaînes industrielles ! Pour autant, le choix est là, avec une belle gamme de pains spéciaux (le nordique obtient notre préférence) mais également de la pâtisserie et des formules sandwiches afin de déjeuner sur le pouce. Tout au long de l'année des offres spéciales sont proposées.

L'ÉCLAT DU NOIR

64, rue de la Légion-d'honneur
© 09 50 85 01 17

Ouvert du mardi au samedi.

Marion et Cyril tiennent dans cette petite rue cadurcienne une chocolaterie extraordinaire. La fève de cacao est une pierre précieuse qui trouve ici son écrin. Cyril, artisan-chocolatier, travaille le chocolat comme un orfèvre façonne l'or et les diamants. Las matières sont nobles et choisies avec une grande attention. Dans l'arrière-boutique, 2 ateliers font vivre la production, le premier pour le chocolat, le second pour la biscuiterie. Belle une sélection de chocolat mais également un joli choix de macarons, madeleines, financiers, fruits confits, etc.

LE LAMPARO €€

76, rue Clemenceau © 09 70 35 13 97
www.le-lamparo.fr

Ouvert toute l'année du lundi au samedi midi et soir. Menu 23 € env. Carte 15 € env. Terrasse.

Face à la halle, la salle en étage éclairée aux lamparos vous accueille. Le service est rapide et efficace, même quand la salle est bondée. Dans l'assiette, copieuse et bien présentée, la cuisine est régionale mais sait aller plus loin avec le poisson bien présent en suggestion. Les viandes sont excellentes et les pizzas copieuses avec des garnitures locales ou traditionnelles. La carte des desserts se montre elle aussi copieuse, agrémentée de crêpes, de glaces et de coupes glacées. Une nouvelle salle supplémentaire porte la capacité à 190 couverts.

LES DÉLICES DU VALENTRÉ

21, boulevard Gambetta
© 05 65 35 09 86

Ouvert du mardi au samedi de 8h à 13h et de 14h30 à 19h30. Ouvert le dimanche de 8h à 12h30.

Roland et Annick Périn ont cédé Les Délices du Valentré à Cédric Fauvel en 2019. La relève est assurée avec ce jeune pâtissier de 35 ans qui était salarié de l'entreprise depuis 2005. Ce haut lieu du chocolat cadurcien reste une adresse de référence. Parmi les produits phares de l'établissement, on retrouve la coque, le pastis, les diamants du safran, le cabécou au chocolat, le cayrou. Côté salé, la quiche lorraine, les bouchées à la reine, la croustade jambon et fromage sont des valeurs sûres sur lesquelles continue de miser Cédric.

FRENCH COFFEE SHOP

165, rue Nationale
© 05 65 31 50 63
www.frenchcoffeeshop.com

Ouvert toute l'année. Le lundi de 12h à 19h ; du mardi au samedi de 8h30 à 19h. Wifi gratuit. Terrasse.

Au French Coffee Shop, tout invite à la convivialité et à la détente en dégustant un café, un chocotella ou une pâtisserie à l'intérieur ou en terrasse. L'enseigne est un lieu de rendez-vous apprécié par tous et très prisé. On peut consommer sur place ou à emporter. Ambiance, amicale, familiale et conviviale. On peut évidemment déguster un café « classique » ou un cappuccino et autre noisette mais aussi des recettes French Coffee Shop. Le frais n'est pas en reste avec des smoothies, mokafrio, friotella, chocofrio… Bonne dégustation !

LES GOURMANDISES DE LILU

27, Rue nationale
✆ 05 65 35 09 35

Ouvert du mardi au dimanche de 7h à 19h.

Pâtissier de formation, Jérôme Moulinou est devenu lotois après sa formation au Lycée Hôtelier de Souillac, une référence dans le métier. Après un parcours dans la restauration, il ouvre sa propre boutique à Cahors «Lilu» en hommage à ses deux filles Lina et Lucine. En 2021, il est candidat au titre de «Meilleure Boulangerie de France». Dans sa boulangerie, le pain y est croustillant et les pâtisseries font un carton ! Très belle maîtrise des techniques en pâtisserie, ce qui donne de très belles pièces. Vous trouverez également toute une gamme de salés.

LE JARDIN DES THÉS

12, rue Daurade
✆ 06 89 05 62 47

Ouvert du mardi au samedi. Terrasse. Boutique.

Vos sens sont rapidement mis en éveil devant ce salon de thé. D'abord votre vision, qui découvre une place entourée par l'architecture médiévale avec son bout de verdure abrité dans un square apprécié des riverains. Puis votre odorat et votre goût, qui rencontrent les pâtisseries faites maison, les glaces artisanales, cafés, thés, limonades, jus de fruits maison... Le tout bio. Les cafés et les thés sont proposés à l'achat en vrac. Le choix est large. Ce lieu est un petit paradis notamment pour les amateurs de thé et de café bien (trop) gourmands.

OH MY BEER

131, Rue Saint-Géry
✆ 05 65 35 18 08

Ouvert toute l'année.

Oh My Beer, c'est le bar à bière de Florent et Mélanie Troublé. Ils y proposent 4 bières pression et 39 références de bières à la bouteille. Avec ces breuvages, ils nous font voyager à travers le monde jusque dans le Lot. Leurs références sont aussi bien des bières locales comme Ratz, des bières d'abbaye et du monde. D'autres curiosités encore sont explorées par ces amateurs comme une bière aromatisée à l'ortie, une passion-mangue ou au quinoa. Côté restauration, le bar fait aussi des petits déjeuners le matin et des planches de charcuteries locales pour midi.

LE PETIT SALON

79, boulevard Gambetta
✆ 05 65 21 28 73

Ouvert toute l'année du mardi au samedi. Formule le midi à 13 €. Plat du jour 9 €. Terrasse. Boutique.

Malgré sa devanture plutôt quelconque, un salon de thé plein de charme et de délices avec une sélection de thés, cafés et pâtisseries faites maison. Dans un décor soigné et harmonieux, vous pourrez vous détendre et profiter d'un après-midi à l'anglaise ! Pour le repas, le petit salon fait aussi office de restaurant végétarien. À la carte, deux plats du jour différents vous sont proposés. Les produits utilisés sont de qualité. Aux fourneaux, le chef ne manquera pas de vous cuisiner de bons petits plats : tartes, pâtes fraîches. Une adresse appréciée des Cadurciens.

LE TIGER MILK

49, Rue Clément Marot
✆ 06 63 76 82 10
tigermilkbar.fr

Ouvert du mercredi au dimanche de 15h à 2h. Happy hours (tous les jours de 18 à 19h). 8 à 12 € le cocktail.

Aux manettes de ce bar à cocktails, deux sacrées nanas ! Lucie et Sasha. C'est cette dernière qui crée les cocktails ; elle en a imaginé 7 comme le Tiki Tiger, le Baume du Tigre, l'Al Capone, la Fée Verte… Sa spécialité c'est le gin. Le nom même du bar y fait référence puisque Tiger Milk était un terme utilisé au temps de la prohibition aux États-Unis pour commander un gin. Elle s'inspire des notes fruitées et épicées de cet alcool pour élaborer ses mélanges. Ambiance cosy et feutrée sur fond de musique soul et électro en passant par le jazz.

ATRIUM GEORGES VIGOUROUX

Route de Toulouse ✆ 05 65 2080 90
www.atrium-vigouroux.fr

Ouvert du lundi au samedi de 8h à 12h et de 14h à 19h et 7/7 en juillet et août de 8h à 20h.

Producteur vigneron, Bertrand Gabriel Vigouroux propose dans ses caves Atrium les vins de sa production où ses 2 Châteaux de l'appellation Cahors sont mis à l'honneur : Château de Haute-Serre et Château de Mercuès. Vous retrouverez dans ses caves Atrium plus d'une centaine de références, une large sélection de vins et spiritueux, des apéritifs et produits régionaux, un espace de dégustation et des conseils de professionnels. L'Atrium est l'ambassadeur des vins de la Maison Georges Vigouroux. Une superbe cave, que vous soyez connaisseur ou néophyte.

AU QUERCY BIO

477, avenue Maryse Bastié
✆ 05 65 23 00 39
www.au-quercy-bio.fr
Ouvert le lundi de 10h à 13h ; du mardi au samedi de 9h à 13h et de 14h à 19h.

Le Quercy est le pays de la gastronomie, mais avant tout du bien manger. Il est donc logique que Cahors accueille en ses murs cette épicerie polyvalente et très agréable, où l'on trouve un large choix de produits bio : fruits et légumes, rayon frais, pain, écoproduits d'entretien, produits cosmétiques et de bien-être, diététique ainsi que de nombreuses informations sur le monde de l'agriculture biologique locale. Ici plus qu'ailleurs, la transparence est de rigueur, et en cas de producteur en conversion, une mention le spécifie sur l'emballage du produit.

BIOCOOP BELLECROIX

356, chemin de Belle Croix
✆ 05 65 21 83 70
www.biocoopcahors.com
Ouvert du lundi au samedi.

Avec une surface de vente de 300 m², vous trouverez des produits naturels issus de l'agriculture biologique, du commerce équitable et une large gamme de fruits et légumes, épicerie, produits de beauté et d'entretien, cave… et même quelques spécialités régionales. Comme dans toute boutique Biocoop, c'est aussi la garantie de faire des courses raisonnables, dans un esprit de proximité avec les fournisseurs et du respect de l'environnement. Situé en périphérie de la ville, ce commerce offre l'assurance d'un stationnement serein.

BIOCOOP CATHÉDRALE

75, place Clément Marot
✆ 05 65 24 14 00
www.biocoopcahors.com
Ouvert du lundi 15h au samedi 19h.

Biocoop fait succès en terre cadurcienne ! Situé à côté de la cathédrale, en plein cœur de la vieille ville, le second commerce de l'enseigne s'offre un emplacement idyllique. Dans une architecture médiévale, entre pierre et métal, les étalages de produits bio s'épanouissent autant que les clients, ravis d'une telle surface en plein centre. À deux pas de la place du marché et de l'ensemble des autres commerces, la boutique répond à une réelle demande du mieux-manger, tout en faisant travailler les producteurs locaux. Boutique bien achalandée.

CHATEAU HAUT-MONPLAISIR

lieu dit Monplaisir - **LACAPELLE-CABANAC**
✆ +33 5 65 24 64 78
www.chateau-haut-monplaisir.com
Visites et ouverture de préférence sur réservation. Dégustation et vente. Visite des chais sur rendez-vous.

Cathy, Mathilde et Daniel Fournié travaillent en famille au cœur de l'appellation Cahors, dans les terres ancestrales du Malbec. Situé à Lacapelle-Cabanac, le Château porte très bien son nom « Haut-Monplaisir », pour la bonne raison que ses cuvées offrent bien du plaisir à nos papilles ! En collaboration avec le Château du Cèdre, ces vignerons ont su faire de ce domaine un des noms de l'appellation. Aujourd'hui avec près de 30 ha de vignoble, le domaine produit des vins les plus naturels possible. Des cuvées à découvrir directement au château !

CHÂTEAU LACAPELLE-CABANAC

LACAPELLE-CABANAC
✆ 05 65 36 51 62
www.lacapelle-cabanac.com
Ouvert du lundi au vendredi 9h-12h + 14h à 18h en été. Livraison possible.

Vignoble de Causse avec des rendements naturellement peu élevés : un gage de qualité pour cette production conduite en agriculture biologique et biodynamie. Ce terroir qui connut la vigne dès le XVIIIe siècle fait partie des références de l'AOC Cahors. Le tradition (80 % malbec, 20 % merlot) fera le bonheur des fins palais. Personnifié par un fruité intense avec des arômes de mûre et de cerise, souple et soyeux, il donne un vin subtil qui présage également d'une excellente garde.

CLOS D'AUDHUY

LACAPELLE-CABANAC
✆ 06 84 62 05 27
closdaudhuy.fr/
Visite et dégustation sur rendez-vous.

Benoît fait partie de cette nouvelle génération de vignerons qui redonne un souffle nouveau aux vins de Cahors. Avec sa cuvée phare des Polissons, hommage à ses enfants, il décline le malbec en deux couleurs et lui donne un peu plus de légèreté. Voici un vin facile à boire mais avec une palette gustative très intéressante. Depuis, il a également élaboré un blanc Sauvignone en IGP Cotes du Lot et une cuvée Queue de Pressoir en Vin de France. Oenologue de formation, c'est en 2014 qu'il reprend une partie du domaine familial en exploitant 15 ha. N'hésitez pas !

CRÈMERIE MARTY

160, rue Nationale
✆ 05 65 22 21 94
cremerie-marty.fr
Ouvert du mardi au dimanche.

Damien Marty est fromager affineur, héritier du savoir-faire de son père, Patrick. Il travaille avec une quarantaine de producteurs de toutes les régions. Des productions fermières et artisanales au lait cru. La boutique propose, au fil des saisons, 350 fromages affinés ou frais. Presque tout le plateau français ! Bien sûr, vous trouvez à l'étal une large gamme de fromages lotois et une production maison le Brie à la Truffe *Tuber Melanosporum*. Vous pourrez également acheter du lait cru et bien entendu de la crème fraîche. Une référence fromagère à Cahors !

DOMAINE DU SOULEILLAN

Flottes
PRADINES
✆ 05 65 35 61 72
domainedusouleillan.com/
Ouvert du lundi au samedi 10h-12h30/14h30-19h et 7/7 en été. Livraison possible.

Souleillan signifie « Soleil levant » en occitan. Il se lève et réchauffe les coteaux argilo-calcaires idéalement exposés à l'est. Les vignobles sont répartis sur les 22 hectares du domaine et travaillés avec passion depuis 1800 et les arrière-grands-parents Honoré et Marie. Les différents cépages sont le malbec, le merlot, le jurançon noir, le chardonnay et le sauvigon. Tous élaborés dans la tradition et le savoir-faire acquis depuis 4 générations. Ce domaine familial été primé par plusieurs médailles. Vous y découvrirez une dizaine de vins de pays et AOC Cahors.

DOMAINE RESSEGUIER

Chemin de Lacapelle
✆ 06 86 61 85 12
www.domaine-resseguier.fr
Visite et dégustation sur rendez-vous. Domaine certifié HVE (haute valeur environnementale).

Avec ses 8 hectares et demi de vignes, c'est un des seuls de l'appellation Cahors à se situer sur la commune cadurcienne ! Sur les hauteurs de la ville, il est disséminé autour d'une ferme typiquement quercynoise. Depuis 20 ans, c'est Laurent qui travaille ce petit domaine familial. Il produit 3 cuvées en rouge, 1 en rosé IGP côte du Lot et 1 ratafia, apéritif traditionnel de la région. Discret et humble, le vigneron aime partager sa passion du vin avec ses visiteurs. Il est intarissable sur ce qui fait son métier, ses aléas, ses savoir-faire.

CAHORS SAVEURS

366, quai Albert-Cappus
✆ 05 65 20 20 80
www.cahors-saveurs.com
Ouvert du lundi au samedi de 9h à 12h30 et de 14h à 19h30. Ouvert le dimanche de 9h à 13h. Livraison possible.

© @CAHORSSAVEURS

Cahors Saveurs c'est 400 m² consacrés à une large palette de produits du terroir. Belle vitrine des Cahors (dont le château de Rouffiac et le château Bovila, appartenant aux propriétaires), des vins du Sud-Ouest, Champagne, whiskies et autres spiritueux. Au total, plus de 500 vins référencés, 150 références en foies gras, plus de 400 références en épicerie fine. Le terroir du Quercy est à l'honneur avec les produits à base de truffes, de noix ou de figues, ou encore de safran. Cahors Saveurs c'est aussi un caviste et une épicerie fine en ligne.

LA FOURMI ROUGE

176, rue Nationale
✆ 05 81 70 63 40
Ouvert du mardi au samedi de 9h30 à 19h. Librairie-café.

Imaginée par Anne-Lise et Sarah, la Fourmi Rouge est une librairie-café qui termine la rue Nationale, véritable poumon commercial. La librairie propose des ouvrages de tous types, pour les grands et les petits. Les deux libraires apportent aux lecteurs des conseils avisés de professionnelles. Les lieux sont paisibles et invitent à la détente. Plusieurs tables, canapés et fauteuils ont été placés pour vous accueillir le temps d'une pause gourmande ! Café, thé, jus de fruit et des pâtisseries maison sont en vente. Un maître mot : la convivialité.

LES SAUCISSES DE LA BOUCHERIE COMPOZIEUX

La boucherie Compozieux, transmise de père en fils est une référence à retrouver sur le boulevard Gambetta à Cahors ! Déjà distributeur de la viande limousine Blason Prestige Label Rouge, ainsi que le porc des monts du Cantal « le Capelin » (porc élevé aux céréales et à la farine de châtaignes), l'enseigne est également réputée pour fabriquer une dizaine de saucisses sèches différentes : nature, aux noix, au roquefort, au cabécou, aux myrtilles, au piment d'Espelette, à l'ail, aux échalotes, au canard, pur bœuf, etc. Il faut découvrir les kilomètres de saucisses qui parent le comptoir ! Pour ces saucisses faites maison, Compozieux a été primé plusieurs fois par Saucicréor au concours international du meilleur saucisson. Les médailles, depuis 2009, ont couronné Compozieux : il a déjà reçu le bronze pour la saucisse sèche nature, celle à l'échalote et celle au foie gras ou encore l'argent pour celle au roquefort et deux fois le prix d'honneur pour la piment d'Espelette et le saucisson pur bœuf. La maison fabrique également des chorizos, des petits pavés nature, au poivre ou au piment d'Espelette. En novembre 2018, le patron de la boucherie familiale s'est vu remettre le diplôme de maître artisan, plus haute distinction de l'artisanat, par la chambre des métiers et de l'artisanat du Lot. Une véritable consécration pour celui qui a perpétué le nom de Compozieux au rang des meilleurs artisans bouchers. Un incontournable du panorama gourmand du Lot. Le plus difficile sera de choisir entre les différentes saucisses !

© SOPHIE AYMARD

GRAINS DE FOLIE

127, Rue Nationale
✆ 05 65 35 03 39
boutique-grainsdefolie.com
Ouvert du mardi au samedi de 8h30 à 12h30 et de 15h à 19h. Haute saison du mardi au samedi de 8h30 à 19h.

Il est des lieux « magiques » où l'œil ne sait où se poser, où les sens sont en éveil. C'est la cas à Grains de Folie avec le doux parfum des cafés verts - en grains ou moulus - en provenance du monde entier. Le magasin distribue aussi une centaine de thés en vrac, en sachets cristal ou encore des tisanes. Coin salon de thé avec également à la carte du chocolat à l'ancienne et des pâtisseries. Grains de Folie, c'est également une épicerie fine, une cave à vins et eaux-de-vie à l'accent international. Une adresse curieuse, voyageuse et gourmande !

HALLE DE CAHORS

Place Galdemar
Ouvert du mardi au samedi de 8h30 à 14h et de 15h30 à 19h. Ouvert le dimanche de 9h à 12h30.

Complètement rénovées en 2020, les Halles animent le centre-ville de Cahors. C'est l'endroit idéal pour ceux qui désirent acheter dans une ambiance conviviale des produits frais tous les jours de l'année : primeurs, épices, pizzas, viandes, charcuteries, poissons, fromages, vins, pains, traiteurs, pâtisserie, épicerie fine, vins et produits régionaux... C'est ici que bat quotidiennement le cœur de Cahors au rythme des produits frais et des saisons. Les Halles valent le détour pour l'ambiance, l'abondance et la qualité de ses produits.

LAGRÉZETTE CAHORS

Allée des soupirs
✆ 05 65 35 06 12
Ouvert du mardi au samedi de 10h à 12h et de 14h à 18h.

Juste à côté du majestueux pont Valentré, vous ne pouvez pas manquer la boutique du célèbre Château Lagrezette dont les premières vendanges eurent lieu en 1503. Elles furent organisées par Marguerite de Massaut, première femme propriétaire du domaine. Vous trouverez dans cette boutique tous les grands crus d'un domaine réputé pour son terroir d'exception. Autant de vins pour découvrir toute la complexité et la finesse du domaine de Lagrezette. Pour le découvrir, vous pouvez également vous rendre à Caillac au Château Lagrezette pour une dégustation au domaine.

LIBRAIRIE CALLIGRAMME

75, rue Joffre
✆ 05 65 35 66 44
Ouvert du mardi au samedi de 9h30 à 19h.
Juillet août ouverture du lundi après-midi en plus.

La librairie généraliste de Cahors. Elle accompagne les lecteurs cadurciens depuis des décennies, des premières lectures aux livres plus spécialisés. Lieu d'échanges, de proximité et véritable acteur culturel dans la ville, Calligramme compte parmi les boutiques incontournables. Comme une fenêtre ouverte, la librairie est un lieu de passage, de brassage. Avec son écrin de bois, son magnifique escalier en colimaçon, elle est de toute beauté ! Très belle sélection de littérature jeunesse. Une salle manga et bande dessinée est en projet au sou- sol.

MAISON SUDREAU

91, boulevard Gambetta
✆ 05 65 36 84 38
www.sudreau.fr
Ouvert du lundi au samedi de 9h30 à 12h et de 15h à 19h. Livraison possible.

Rien de plus appétissant que ce magasin entièrement dédié à la gastronomie. Cette épicerie créée en 1887 à Cahors connaît vite un franc succès pour la qualité de ses produits et de ses conserves, réalisées seulement en hiver. Dans les années 60, après 3 générations, l'entreprise se spécialise dans l'élaboration de foies gras et conserves fines sous l'impulsion de Jean Sudreau. Dans les années 1980, la maison poursuit sa spécialisation dans la gastronomie fine du Sud-Ouest : foie gras, charcuterie et autres confits de canards.

LES MACARONS DE PIM

50-85, Place Saint-Maurice
✆ 06 66 99 82 33
macarons-pim.fr
Ouvert du mardi au samedi de 8h à 14h et de 16h à 19h. Ouvert le dimanche de 9h à 12h30.

Produits artisanalement, les macarons de Pim sont colorés et explosent en bouche. Depuis décembre 2019, on trouve un stand dans la nouvelle Halle de Cahors. Une belle vitrine pour ces gourmandises. Pierre-Marie vend également ses macarons sur le marché de Prayssac le vendredi. Avec 25 parfums sur sa carte, le pâtissier offre une belle palette de saveurs aux gourmets. Il explore les goûts, des plus traditionnels aux plus innovants : café, chocolat, vanille, praliné, baie de Sichuan-cardamome, poivre de Timut-pamplemousse, cerise, kiwi, coco…

BOUCHERIE COMPOZIEUX

77, boulevard Gambetta
✆ 05 65 30 10 34
Ouvert du mardi au samedi 6h-12h45/15h-19h45. Distributeur automatique viandes et charcuteries 7/7 de 6h à 23h.

La boucherie Compozieux, c'est l'affaire d'une famille soucieuse de qualité. Ghislain, maître artisan boucher, en digne héritier de la passion qui fit la renommée de son père, vous propose des produits de boucherie, charcuterie, traiteur… Son bœuf du Limousin Blason prestige Label Rouge, son veau fermier du Limousin élevé sous la mère, son porc fermier de montagne le Capelin élevé aux châtaignes et son agneau fermier du Quercy en sont quelques exemples. Voici un des commerces les plus réputés de Cahors pour la qualité, le conseil et un service exceptionnel.

MARCHÉ DE PLEIN AIR DE LA PLACE CHAPOU

Tous les mercredis et les samedis matins.

Joliment ramassé devant la cathédrale avec ses tentes bariolées et ses bons produits, le marché de Cahors permet surtout d'aller à la rencontre de certains producteurs. Un superbe marché qui a su conserver son authenticité et qui fleure bon le Sud avec ses étals d'olives épicées, de fleurs et de produits du terroir. Les producteurs locaux et artisans y sont à l'honneur dans une ambiance chaleureuse. Place Chapou, c'est le royaume des bonnes affaires !

L'OUSTAL DU QUERCY

880, route de Toulouse
✆ 05 65 23 63 76
Mardi-vendredi 9h-19h, samedi 9h-13h/14h-19h et dimanche 9h-12h. Restauration sur place le midi.

Magasin d'une vingtaine de producteurs en vente directe depuis la ferme. Du 100 % lotois qui laisse aux saisons le soin de remplir les étals. Prennent ainsi place des fruits et légumes frais, une gamme de charcuterie, viandes et volailles, des fromages et produits laitiers, des conserves et du foie gras mais aussi un rayon caviste avec des vins de Cahors ; sans oublier le dépôt de pain (dont le Croustilot). À noter la présence d'une gamme bio. De plus, un service restauration est proposé : les produits vendus sont cuisinés dans un menu copieux et gourmand.

LE MEILLEUR DE NOS FERMES

Route de Figeac
LAMAGDELAINE
✆ 05 65 22 45 83
Ouvert du mardi au samedi de 9h à 12h30 et de 15h à 19h. Vente de journaux.

Un espace épicerie a vu le jour dans le bourg de Lamagdelaine. Boucherie, charcuterie, volailles, fruits et légumes, crèmerie et vins sont proposés à la vente en provenance directe des producteurs. Privilégiant le commerce local, les rayons sont garnis de produits du terroir tels que du foie gras, des douceurs sucrées, des préparations à base de noix et de châtaigne... Une belle boutique en zone rurale qui nous offre le plaisir de notre région à mettre dans nos assiettes.

SYNDICAT DES PRODUCTEURS DE FROMAGES ROCAMADOUR

430, avenue Jean-Jaurès
✆ 05 65 23 22 05
www.aop-rocamadour.com

En 1996, le fromage « pur chèvre » lotois si particulier a rejoint le « club » des AOC (appellations d'origine contrôlée), puis est devenu AOP (protégée). Les petits palets exclusivement élaborés à base de lait cru entier sont de fait une des fiertés gastronomiques du Lot. Texture fondante. 16 000 chèvres élevées. 30 millions de rocamadours produits par an. L'aire d'appellation est basée dans le Lot, mais comprend quelques zones limitrophes en Dordogne ou dans l'Aveyron, notamment.

OLALA FRENCH COSMETICS

giratoire jean baron
✆ 05 65 23 73 97
olala-cosmetics.com
100% Bio. Livraison possible (site internet marchand. Achat possible à la boutique du siège social).

Olala ! est une marque née en famille, qui se raconte comme un conte et qui a été conçue pour tous. Cette histoire, que l'on peut lire sur le site de la marque, c'est celle de Quentin, cofondateur, et de sa famille. Ensemble, ils ont imaginé des produits allant à contre-courant des slogans de la grande distribution. L'idée axiale de la marque c'est que le seul remède à apporter à la peau : c'est de la nourrir en fonction de son âge. Tout en douceur ! Olala c'est 4 gammes de produits pour les femmes, une pour les hommes, et une gamme de basique adaptée à tous.

TERRE GOURMANDE

764, Côte des Ormeaux
✆ 05 65 20 23 75
www.terregourmande.fr
Ouvert du lundi au samedi de 9h à 19h et le dimanche de 9h à 12h30.

Les rayons de l'épicerie présentent une gamme de produits de qualité. Bien loin de la grande distribution, l'enseigne affiche un souci d'authenticité avec des produits rares. Au rayon frais, la traçabilité des viandes et légumes est le gage de la qualité. Côté cave, Terre Gourmande favorise les grands crus et les millésimes. Au rayon sucré, des gâteaux, biscuits, chocolats du monde et toute une gamme de thés en vrac et de cafés donnent des idées gourmandes pour toutes les occasions. Enfin, des conserves, cuisinées à l'ancienne ne pourront que ravir vos papilles.

INTERMARCHÉ CAHORS TERRE ROUGE

avenue Edouard Herriot ✆ 05 65 20 58 58

Du lundi au samedi 8h30-19h30 + dimanche 9h-12h30. Drive. Station-service 24h/24h, station de lavage auto et laverie.

Un Intermarché à taille humaine au plus près des Cadurciens avec de nombreux produits locaux. Les rayons à la coupe : Boucherie, Poissonnerie, Charcuterie, Fromagerie vous proposent tout ce dont vous avez besoin pour mieux manger au quotidien. Le Drive vous donne la possibilité de faire vos achats sur Internet. Station-service ouverte 24h/24, lavage rouleau et haute pression, aire de service camping-car, location de véhicules utilitaires et de tourisme, gaz, laverie, etc.

V AND B CAHORS

528, Rue Pierre Mendès France

✆ 01 01 01 01 01

Ouvert du lundi après-midi au samedi 22h. Caviste. Bar.

221e V and B de France et l'un des rares situés en centre-ville. Alexandre tient boutique face au cinéma de la ville. Le concept V and B, c'est un espace bar pour la dégustation accolé à une cave - ou une cave prolongée par un bar ! Vous y dénicherez de belles références de vins, de bières mais également de spiritueux. La partie bar permet d'organiser régulièrement des soirées à thèmes, des dégustations, des retransmissions sportives... c'est ce qui fait l'ADN des lieux. Côté boutique, on trouve du bon conseil pour choisir parmi les nombreuses références.

VALETTE FOIE GRAS

Face à la cathédrale

✆ 05 65 35 31 44

www.valette.com

Ouvert 7/7. Livraison possible (boutique en ligne).

En plein cœur de Cahors, la boutique vous propose un large choix de spécialités gastronomiques : foies gras entiers traditionnels et créatifs, truffes noires du Périgord, pâtés fins, confits de canard, plats cuisinés, champignons et accompagnements, douceurs, apéritifs et vins du Sud-Ouest et un large choix de coffrets gastronomiques. Une référence en matière de conserverie traditionnelle du Sud-Ouest, la qualité des recettes est toujours au rendez-vous. En visite ou de passage sur Cahors, la Maison Valette vous réserve une dégustation gourmande.

VILLA CAHORS MALBEC

Place François-Mitterrand
✆ 05 65 23 82 35
vindecahors.fr/cs-fr/lounge/

Du mardi au samedi 11h-13h30/16h-19h et 7/7 en été 11h-19h. Dégustation à partir de 6 €. Cours de dégustation 15 €.

Véritable vitrine des vins AOC de Cahors, la Villa Malbec est l'espace officiel de dégustation des vins Malbec de Cahors dans son décor raffiné et lounge. L'établissement, issu de l'Union Interprofessionnels des Vins de Cahors, n'a pas vocation à vendre des bouteilles mais à présenter des produits de qualité. 86 vignerons y sont représentés. Régulièrement, la Villa Malbec organise des soirées de type after-work ouvertes aux néophytes comme aux amateurs. Vous ne manquerez pas d'y trouver un service de qualité. Un incontournable de l'œnologie lotoise.

VINS SUR 20

300, allée des Soupirs
✆ 05 65 31 78 55
www.vinssur20.fr

Ouvert du mardi au samedi de 14h30 à 18h30.

Vins sur 20 est un petit bijou pour les amateurs de vin et de bonnes choses, proche de l'emblématique pont Valentré. Avec un référencement de 800 vins classés par régions, le choix est vaste. Silvère et Laurent, deux passionnés et connaisseurs, partagent conseils et astuces pour nous aider dans nos achats. La partie épicerie fine continue de nous séduire avec ses conserves régionales, ses mets sucrés et son thé d'origine biologique. À noter aussi la présence d'apéritifs et de liqueurs. Une belle adresse où chaque visite est agréablement accueillie et guidée.

L'ARCHIPEL

Île Cabessut
✆ 05 65 35 05 86
cahorsagglo.fr/

Ouvert 7/7 de 11h à 20h de juin à septembre. Entrée 4,20 €. Enfant 2,30 €. Restauration. Shorts et bermudas interdits.

L'Archipel offre en été une piscine ouverte où l'eau est chauffée, c'est votre espace «eau et loisirs» à Cahors. En pleine chaleur, profitez des 2 bassins en plein air, le bassin sportif et le bassin ludique, sans oublier les tout-petits avec le champignon pataugeoire qui fera leur bonheur, un toboggan, 3 pantagliss des plages minérales ou gazonnées, et un joli point de vue, à partir de « l'île », sur Cahors. Bar-restaurant et coins pique-nique aménagés. Pour ce qui n'en serait pas équipé, un distributeur de maillot, lunettes, et bonnet de bain vous sauvera !

CAP NATURE

Chemin de l'Ile - **PRADINES** ✆ 05 65 22 25 12.
www.capnature.eu

7/7 d'avril à novembre. Accrobranche 12-21 €. Paintball 25-35 €. Canoë 8-5 €. Course d'orientation 7 €. Footbulle 20 €.

Accrobranche avec de nombreux atouts : ponts de singe, tyrolienne, filets… Plus de 110 jeux sont répartis sur des parcours adaptés à chaque âge. La pratique ne nécessite pas de compétence physique particulière et fait abstraction des notions d'extrême ou de compétition… Les parcours acrobatiques en hauteur sont accessibles à tous et pour tous les niveaux à partir de 2 ans, pour un très bon moment en famille ou entre amis. Autres attractions : bubble game, paintball, chasse au trésor, etc. La nature préservée du site participe à l'atmosphère de détente !

CENTRE ÉCOLE PARACHUTISME CAHORS

Centre Ecole de Parachutisme
✆ 05 65 21 00 54

Ouvert toute l'année. 250 € le saut en tandem + 90 € pour l'option suivi vidéo.

Ce centre-école forme au saut de base, de loisirs ou de compétitions. Pour les néophytes très tentés par le grand frisson, sauts découverte à 4 000 mètres, en tandem, soit 50 secondes de chute libre. Le Centre possède son propre avion, un Pilatus Porter B2H2 qui vous emmènera à 4 000 m en moins de 10 minutes ! Le club possède tout le matériel nécessaire à la formation. Sensations fortes en toute sécurité. Une expérience inoubliable, il « suffit » de sauter le pas…

ÉTRIER DE CAHORS-BEGOUX

Chemin de la Bouriette
✆ 05 65 22 38 89
www.etriercahorsbegoux.com

Cours particulier (1h) : 35 €. Stage de poney à partir de 3 ans.

Le centre équestre L'Etrier vous accueille aux portes de Cahors dans un lieu idéal, avec chevaux et poneys, encadrement assuré par des moniteurs diplômés. Initiation et perfectionnement, promenades à l'heure ou à la journée, randonnées accompagnées, se renseigner sur place. L'encadrement y est réputé pour être très attentif, les monitrices sont particulièrement sympathiques, et rien n'est laissé au hasard pour faire de ce moment, que vous soyez un cavalier débutant ou émérite, un moment privilégié. Possibilité de stage de poney à partir de 3 ans.

FERME ÉQUESTRE LE CHEVAL BLANC

Champ de Meyrac - **LACAPELLE-CABANAC**
✆ 05 65 36 58 20
www.chevalblanc-lot.com

Ouvert toute l'année. Enfant dès 10 ans. Forfait 2h de randonnée 34 €. Randonnée en liberté 2 h, 3 h ou la journée.

Sur un domaine de 20 ha, la ferme équestre est installée sur un coteau de la vallée du vignoble. Vous partirez pour 2 heures, une demi-journée ou pour la journée. Éleveur, loueur, dresseur et gardien d'équidés, Alain fait preuve d'un grand professionnalisme – sellerie, boxes, enclos et carrière impeccables. Vous pouvez également venir avec votre cheval et profiter des prestations offertes par la ferme. L'établissement propose également une pension pour vos amis les chevaux.

KARTHORS KARTING DE CAHORS

✆ 05 65 24 53 55
karthors.fr

7j/7 de 10h à 19h durant les vacances scolaires. Hors vacances mercredi - dimanche 10h/19h. 18 €/adulte et 14 € 7/11 ans

Sur un site exceptionnel, à la porte de l'autoroute A20 et à 10 minutes de Cahors, ce sont 800 m de parcours avec relief. Grâce à un équipement de choix, le kart accueille tout le monde à partir de 3 ans. Sur le circuit initiation, les Baby Karts s'adressent aux 3/6 ans, sur le grand circuit, les 7/11 ans bénéficient de sessions entre enfants. Puis dès 12 ans, en loisir, tout le monde peut profiter de sessions de 10 minutes en prenant place à bord de la dernière génération de bolides.

LOT OF SPORT

ALT 265 - Mont-Saint-Cyr
✆ 06 80 45 33 31
www.lotofsports.fr

Ouvert toute l'année. Course d'orientation, trail, rando, VTT, fatbike, tir à l'arc, escape game, etc.

L'idée de Lot of sport c'est de pratiquer des sports ludiques et «à la carte» ! En couple, en groupe, en famille, avec des enfants ou non, les sports s'adaptent à vos envies. De nombreuses formules sont proposées pour répondre à tous vos besoins. On peut ici pratiquer une activité pendant 1h, pendant un week-end ou une semaine de vacances. Que vous aimez courir, marcher, pédaler, sauter… pratiquer un sport que vous maitrisez ou en découvrir un nouveau… vous trouverez forcément chaussure à votre pied ! Belle palette de pratiques à la carte de Lot Of Sport.

LE GRAND PALAIS

Place Bessières, Rue Pierre Mendès
✆ 05 65 30 17 74
www.cinelegrandpalais.fr

Entrée 8,50 €. Abonnement 6,50 €. Enfant 5 €. Restauration. Plats chauds 7 €, desserts 4,50 €, le croc-ciné 4,50 €.

Avec ses 7 salles, le Grand Palais est un cinéma de proximité, implanté en plein centre-ville. Classé art et essai, c'est un lieu familial avec une programmation hétéroclite et variée. Il propose tout le confort des salles modernes : 1 050 places, accessibilité PMR, climatisation, projecteurs laser 2K et 4K, son 7.1 et Dolby Atmos, 3D, salle premium, etc. Bistro lounge et cosy pour boire un thé, déguster une glace, une crêpe et même manger un plat chaud élaboré par un traiteur. Le Bistro est ouvert toute la journée pendant les horaires d'ouverture du cinéma.

SAINT-PIERRE-LAFEUILLE

Saint-Pierre-Lafeuille est la porte d'entrée nord du Pays de Cahors. Le bourg, situé sur une crête, offre une belle vue sur la vallée du Lot, le causse et la Bouriane. Témoin de cet emplacement stratégique, le château fort de Roussillon du XIIIe siècle, classé Monument historique en 1929 mais qui n'est pas accessible aux visiteurs puisque étant privé. Ravagé par les assauts de l'Histoire, il a connu une réhabilitation depuis 1958, date de rachat du site par la famille Mailhol qui le sauva. Saint-Pierre-Lafeuille sous sa forme actuelle est très récente puisqu'elle a été créée le 12 janvier 1951, en se séparant de Maxou, commune voisine.

LA BERGERIE €€

D820
✆ 09 74 56 10 94
www.labergerie-lot.com

Restaurant ouvert du mardi soir au dimanche midi. Chambre double à partir de 72 €. Restauration 20-65 €.

La vallée, sur laquelle donnent toutes les chambres, garantit un calme absolu. Chacune d'elles possède une terrasse avec une vue magnifique, de quoi se réveiller de bonne humeur avec le chant des oiseaux. Le grand parc est agrémenté d'une piscine ouvrant sur le paysage caussenard à l'arrière de l'établissement. Côté restaurant, la Bergerie fait partie des tables de tradition. La salle toute en pierre est agrémentée d'un grand cantou. Les plats sont composés en fonction des produits de saison et surtout selon l'inspiration du chef.

CAMPING QUERCY VACANCES €€

Mas de Lacombe ✆ 05 65 36 87 15
www.quercy-vacances.com
Ouvert d'avril à fin septembre. Emplacement 2 personnes à partir de 15 €. Locatifs à partir de 250 €/ semaine.

Le Camping Quercy Vacances se prête parfaitement à la quiétude. Avec tous ses équipements et une équipe qui se met en quatre pour vous faire plaisir, ce camping est l'endroit idéal où poser son sac de voyage. Ici, la nature est reine et vous invite à la détente et au repos. Pour ceux qui préfèrent les activités physiques, un panel d'infrastructures et d'animations sont mis à votre disposition. Que vous choisissiez de partir à la découverte des trésors lotois ou que vous préfériez vous ressourcer au camping, ici vous aurez le choix de vos envies !

LES GRAVES €€

1459, avenue Saint-Pierre
✆ 05 65 36 83 12
www.camping-lesgraves.com
Ouvert du 1er avril au 31 octobre. Emplacement à partir de 6,50 €. Locatifs (2 à 4 pers.) à partir de 224 € la semaine.

Les Graves propose plusieurs types d'hébergements : des séjours en mobil-homes, en chalet, en chambres d'hôtes ou simplement en camping-caravaning. Quel que soit votre choix, vous profiterez d'un accueil de qualité et d'un site très agréable. Christian propose également un snack en saison pour les petites faims et vous fera découvrir des produits du terroir : foie gras, confit de canard, melon du Quercy, vins de Cahors : rouges et rosés... sans oublier les noix récoltées sur la propriété. Possibilité d'organiser des séjours à thème (VTT, randos pédestres...).

DOUELLE

Douelle a été le plus grand centre de batellerie du Lot. Village situé au centre du vignoble de Cahors, c'est là que s'effectuait l'embarquement du vin. Il tire donc son nom de son commerce de douves (lamelles de métal) – les douelles - de tonneaux. Son histoire est fortement liée à la rivière Lot. Jusqu'au XVe siècle, Douelle était rattaché au village voisin de Caillac. Au XVIIIe siècle, la commune fournissait des hommes pour la marine. Au XIXe siècle, Douelle est peuplé de mariniers, vignerons, tonneliers, charpentiers... jusqu'à ce que le tourisme fluvial vienne prendre le relais à la fin de XXe siècle, liant à jamais la commune à la rivière.

LE 46 €

151, rue des Mariniers
✆ 05 65 53 15 30
Ouvert toute l'année. Plat du jour : 8,50 €. Terrasse.

Voici une petite adresse où redécouvrir la simplicité ; celle d'un sourire qui vous accueille et d'une assiette qui ne déçoit pas. Le midi, on envoie des plats du jour savoureux qui jouent la carte du local. Si les produits travaillés dans la cuisine du 46 prônent les recettes du terroir, il n'est pas rare que l'on présente des plats un peu plus métissés comme des samossas aux cèpes ! Les prises de risque sont maîtrisées et les mariages réussis. Mention spéciale pour la fameuse « mique au pain levé », une belle soupe traditionnelle, servie tous les jeudis midi.

LES MARINIERS €

17, rue des Mariniers
✆ 05 65 20 02 06
www.lamarine-douelle.com
Ouvert toute l'année. Menus à partir de 11,50 €. Terrasse. Boutique.

Autour de Jean-Louis Malique, le restaurant Les Mariniers joue entre terre et mer. Pour les inconditionnels des produits de la mer, poissons et crustacés sont cuisinés ici avec goût. Les plus terriens d'entre vous ne seront pas déçus par la sélections terre : de la terrine de canard au célèbre fromage rocamadour en passant par la saucisse au foie gras... L'été, ne manquez pas de réserver au jardin, un vrai plus pour l'établissement. Le restaurant dispose d'une boutique du terroir garnie de spécialités du Sud-Ouest et d'une sélection de vins de Cahors.

CHEZ MALIQUE €€

19, rue des Tonneliers
✆ 05 65 20 02 03
www.chezmalique.com
Ouvert toute l'année. Menus 21,50-32 €. Jardin. Terrasse. Vente à emporter. Chambres 50 € la nuit.

Envie de douceur de vivre ? Située au bord du Lot à deux pas de Cahors, l'auberge familiale du vieux Douelle connue sous le nom de Chez Malique est un passage obligé tant pour son bien manger que pour son bien vivre. Le cadre est absolument superbe tant intérieur qu'extérieur, la cuisine traditionnelle quercynoise savoureuse et copieuse, et l'ambiance bon enfant. Nous vous recommandons tout particulièrement le fameux « pastis » en dessert, spécialité pâtissière lotoise. Réservez de préférence par Internet : rançon de la gloire, les patrons sont parfois débordés.

DOMAINE LE PASSELYS

699, rue de la Prade
✆ 05 65 20 05 76
www.lepasselys.com
Ouvert tous les jours de 9h à 12h et de 14h à 19h. Livraison possible, boutique en ligne.

Le domaine est le fruit de l'expérience de 8 générations de vignerons. M. Baudel, héritier d'une longue tradition viticole, travaille un vignoble de 7 hectares de terrasses argilo-siliceuses et dont les vendanges sont manuelles. Avec passion et gentillesse, Thierry et Marie-Hélène vous feront déguster le résultat de leur travail reconnu, à savoir : cuvée Tradition - 75 % malbec et 25 % merlot, Prestige [2005] - 100 % malbec, rosé [cabernet sauvignon], blanc sec et blanc moelleux. Le domaine, naturellement tourné vers le bio, expérimente les cépages résistants.

LE BOAT

✆ 05 65 20 08 79
www.leboat.fr
Fermé du 1er novembre au 1er avril. Ouvert du lundi au samedi de 9h à 12h et de 14h à 18h.

Un séjour fluvial ? Louez un bateau pour 2 à 12 personnes. Depuis la base de location de Douelle, naviguez vers l'ouest en direction de Luzech, le dernier village gaulois qui résista à Jules César. Vers l'est, vous pourrez amarrer votre bateau sans permis au pied du château de Mercuès, de la cité historique de Cahors ou encore du village de Larnagol avant de retourner vers la base en croisant les falaises de Bouzies et Saint-Cirq-Lapopie. Une initiation rapide sur place suffit à faire de vous un capitaine. Parking fermé pour votre voiture pendant la navigation.

MERCUÈS ★

Mercuès s'est forgé un nom à travers l'histoire de son château construit, détruit et reconstruit entre le XIIIe et le XVIIIe siècle. Les bâtiments les plus anciens remontent au Moyen Âge et l'on attribue sa construction aux évêques de Cahors. Avec ses atouts défensifs, le château joua un grand rôle dans les guerres de religions. A la Renaissance, il est aménagé pour accueillir les évêque de Cahors. Dans les années 1940 il est transformé en résidence hôtelière par son propriétaire de l'époque, Georges Héreil, grand nom de la construction aéronautique. A sa mort, ce sera Georges Vigouroux, négociant-viticulteur, qui dessinera son destin.

CHÂTEAU DE MERCUÈS €€€

Route du Château
✆ 05 65 20 00 01
www.chateaudemercues.com
Ouvert de fin mars à fin novembre. Nuitée à partir de 250 €. Petit déjeuner buffet 27 €. Restauration.

Le Château de Mercuès fait partie de ces endroits que l'on rêve, que l'on invente. Datant du XVIIIe siècle, il traverse les années et les différentes influences de l'art avant d'être racheté par Georges Vigouroux dans les années 1980. Cet hôtel offre au cœur du vignoble de Cahors un large éventail de prestations prestigieuses avec en prime une remarquable vue sur le Lot et les premières vignes. Les chambres ont toutes un style : Louis XIV, Louis XVI, Empire, Art déco des années 30. Mercuès fait le trait d'union entre qualité intemporelle et le chic absolu.

VALLÉE DU LOT ET DU VIGNOBLE DE CAHORS

Parapente à Douelle.

PIZZ ET PATISS €

364, Grand Rue
✆ 05 65 22 21 41

Ouvert du mardi au samedi 9h-14h / 18h-22h. Pizzas 10/15 €. Vente à emporter.

Amoureux fou de la cuisine italienne et des petites douceurs sucrées, vous voici au paradis ! Si votre chemin vous amène à traverser Mercuès, arrêtez-vous... et si votre chemin ne vous mène pas par ici, faites un détour. Belle déclinaison des pizzas confectionnées à base de produits frais et petite sélection de salades et pâtes. On apprécie particulièrement de trouver la célèbre bière italienne Moretti à la pression dans cet établissement. Côté pâtisseries, les gâteaux sont délicieux et se mangent sans faim... ou sans fin ! A consommer sur place ou à emporter.

CHÂTEAU LES BOUYSSES

1149, rue du lac de Courtil ✆ 05 65 20 08 77
www.chateaulesbouysses.fr

Ouvert du lundi au jeudi de 9h30 à 12h et de 13h30 à 17h30 ; le vendredi de 8h à 12h. Location séminaire.

Le domaine se répartit sur 24 ha de vignes et 24 ha de noiseraie dont la plantation a démarré en 1973. Le vin Château Les Bouysses est considéré comme le vin «étalon» du Cahors et sert de modèle à la viticulture locale. Un passage obligé donc pour tout amoureux du nectar de l'appellation. Possibilités de location de salle pour différentes festivités : mariage, anniversaire, séminaires, etc. Le château Les Bouysses offre en complément une formule gîte, décomposée en 4 chambres dans une aile du château et 7 chambres réparties sur 2 maisons dans le domaine.

SAINT-GÉRY-VERS

Petit village touristique niché dans un cirque de rochers au confluent du Lot et du Vers, Saint-Géry-Vers est issu du regroupement des deux villages de Saint-Géry et Vers depuis 2017. On peut encore voir les vestiges de l'aqueduc romain creusé dans le rocher qui acheminait à Cahors l'eau potable du Vers sur 33 kilomètres. Une grotte au-dessus de Vers aurait abrité une bibliothèque cathare. En aval, l'ancienne chapelle des Mariniers du XIIe siècle, bâtie en croix latine, porte aujourd'hui le nom de Notre-Dame-de-Velles. C'est un ancien pèlerinage des mariniers du Lot. Entre Vers et Saint-Géry se trouve le dolmen tumulus de Trégantou, en partie ruiné.

MUSÉE FERROVIAIRE MÉMORAIL QUERCY VAPEUR

Le Bourg ✆ 06 24 09 51 46
musee-ferroviaire-memorail-quercy-vapeur.business.site

Ouvert en juillet et août. Adulte 4 €. Enfant 3 €. Groupes sur réservation. Aire de pique-nique aménagée.

A l'abri des falaises mordorées de Saint-Géry, vous prenez place dans un petit train à vapeur ou thermique pour un parcours de 450 m pour traverser des infrastructures en modèle réduit : viaduc, une gare, un tunnel, un pont tournant et un château d'eau. Le musée, mémoire du chemin de fer de 1880 à nos jours, met en relief l'histoire du rail en présentant des équipements d'époque. Il est installé dans l'ancienne halle de marchandises de la ligne Cahors-Capdenac.

CAMPING MUNICIPAL L'ARQUETTE €

✆ 05 65 31 45 60

Ouvert du 1er mai au 30 septembre. Emplacement 2 personnes à partir de 12,90 €.

Ce petit camping municipal vous accueille dans une ambiance familiale et conviviale. Il est situé sur la berge du Lot, à 100 m du centre historique de Vers, avec des emplacements ombragés. C'est le lieux idéal pour se reposer et envisager des activités nature : randonnées, navigation, baignade, pêche, etc. Espace pour camping-cars avec accès aux sanitaires ainsi qu'à une aire de service. C'est un petit camping comme on les aime, tout simple mais plein de charme. Bucolique et zen !

LE CLOS DES DRYADES €

Lieu-dit du Bois Noir
✆ 05 65 31 44 50
closdesdryades.com

Ouvert toute l'année. Nuitée à partir de 59 €. Petit déjeuner inclus. Gites de 2/8 personnes. Table d'hôtes 22 €.

3 gîtes et 5 chambres d'hôtes sont dissimulés dans un environnement de chênes sur un domaine de 2 hectares permettant un contact proche avec la nature. Thierry, en véritable amoureux du Lot, vous guidera pour vos escapades lotoises, qu'elles soient à pied, à vélo, à moto ou en voiture. D'ailleurs les vététistes trouveront là des infrastructures adéquates pour découvrir l'eldorado quercynois. Entre le vaste cadre naturel, les activités et l'accueil, un séjour dépaysant et animé vous est concocté ! Une excellente adresse pour un séjour nature.

LA CHÊNERAIE €€

Lieu-dit Le Cuzoul ✆ 05 65 31 40 29
www.cheneraie.com
Ouvert d'avril à octobre. Emplacement 2 pers. 15/30 €. Locatifs à partir de 350 € / semaine. Restauration. Animations.

Voilà 30 ans que ce village de vacances quatre étoiles, avec ses 32 maisons, et 25 emplacements caravaning, est l'une des références du genre dans le Lot. Christophe, Marie, Camille et Pierre-Antoine vous accueillent avec des maisonnettes et des mobil-homes d'une capacité de 4 à 6 personnes répartis dans un parc de chênes. L'établissement est référencé Relais Motards, et les propriétaires sont eux-mêmes des adeptes des deux-roues. Restauration sur place. Equipement complet, équipe professionnelle et service à la hauteur, que demander de plus ?

DOMAINE DU MAS DE SABOTH €€

Mas Saboth ✆ 05 65 31 41 74
www.masdesaboth.com
Ouvert de mi-mars à mi-novembre. Locatifs (2 à 10 pers.) à partir de 309€/semaine. Hors saison nuitée 62€. Animations.

La famille Duquesne vous accueille sur ce domaine de 20 ha en surplomb de la vallée du Lot entre Cahors et Saint-Cirq-Lapopie. Depuis plus de 40 ans ce sont 3 générations de Duquesne qui font vivre les lieux. Tous les ingrédients et les activités indispensables pour passer de bonnes vacances sont réunis. De jolis chalets assurent le calme et la sérénité indispensables aux repos. L'équipe est disponible, efficace, souriante. L'espace Ô Zen, avec piscine couverte et chauffée, spa, sauna, salle de fitness, ainsi qu'un terrain multisport, complètent l'offre détente.

LES HAUTS DE SAULIES €€

Lieu-dit Sauliez
✆ 06 38 03 73 84
www.leshautsdesaulies.fr
Ouvert d'avril à début novembre. Chambre double 100 €. Diner 19 €. Animations.

Les Hauts de Sauliès, c'est une vaste maison d'hôtes bâtie sur les ruines d'un ancien château dont les pierres ont été réutilisées pour ériger la demeure : le résultat est enchanteur. Protégée par un parc verdoyant, cette maison offre espace et confort. Les 5 chambres d'hôtes décorées avec raffinement invitent au repos. Les repas de la table d'hôtes et le petit déjeuner se prennent dans la superbe salle à manger. Bibliothèque, piscine et salle de fitness aménagée dans une grange restaurée de 120 m² complètent l'offre. Irrésistible.

HÔTEL-RESTAURANT LA TRUITE DORÉE €€

Rue de la Barre
✆ 05 65 31 41 51
latruitedoree.fr
Ouvert toute l'année. Nuitée à partir de 75 €. Demi-pension. Menus 27-50 €. Espace bien-être 26 €.

Au cœur du village, dans une superbe et solide bâtisse quercynoise du XIVe siècle ou dans l'annexe en surplomb du cours du Vers, vous attendent des chambres et des chambres-studios aménagées avec une kitchenette. Une adresse nichée dans un cadre de verdure très agréable avec une magnifique piscine en arrondis. Tout est beau, raffiné et élégant. La pierre et le bois donnent une belle harmonie. L'esprit du Quercy rencontre ici la quiétude et l'allégresse.

BISCUITERIE DELFOUR DU MAS DE SABOTH

Mas-de-Saboth ✆ 05 65 31 43 33
biscuiteriedelfour.fr
Ouvert du lundi au vendredi 9h-12h30/14h-17h. De mai à septembre du lundi au samedi 9h-12h30/14h-19h. Vente directe.

La 5e génération a pris la relève de la biscuiterie avec ses 35 recettes anciennes. Croquants aux amandes, gâteau aux noix (AOP Périgord), bouchées aux châtaignes... Sans colorant, avec une farine lotoise et des noix du Périgord AOP, la famille Delfour nous offre une qualité d'antan qui se découvre dans leur boutique-musée. Sans oublier la Maryleine, produit phare de la maison avec son goût unique dont le secret de la recette familiale se transmet de génération en génération.

VALLÉE DU LOT ET DU VIGNOBLE DE CAHORS

LE MAS DE LA POMMERAIE €€

Les Masséries ✆ 05 65 31 99 43

mas-pommeraie.com

Ouvert de mi-mars à mi-octobre. Chambre double 70-105 €. Repas du soir sur réservation les mardis et samedis 27,50€.

Ferme typique du XVIIIe siècle entièrement restaurée. Maison de famille depuis 5 générations, elle fut un gîte rural dès 1966. Les cinq chambres d'hôtes de charme sont équipées de salles de bains privées avec vue sur la piscine et le jardin, constituant une halte reposante non loin du chemin de Saint-Jacques-de-Compostelle. L'environnement naturel et sauvage offre la possibilité de balades. Deux soirs par semaine, possibilité de déguster des spécialités quercynoises. Une belle adresse lotoise située à proximité de nombreux sites touristiques.

HÔTEL-RESTAURANT LA TRUITE DORÉE €€

Rue de la Barre

✆ 05 65 31 41 51

latruitedoree.fr

Ouvert tous les jours. Réservation recommandée. Menus de 27 € à 50 €. Jardin. Terrasse.

Fondé en 1888, ce restaurant familial surplombe le ruisseau Vers, bien connu des pêcheurs. La bâtisse quercynoise s'entoure de deux terrasses, d'un bar et d'une piscine. L'ambiance y est chaleureuse. La cuisine généreuse du chef Patrick Marcenac nous propose des produits locaux de qualité : truite déclinée en 3 préparations, saumon mariné ou bien magret de canard grillé. Les enfants sont traités en petits gastronomes et un vrai menu leur est proposé. Mérite amplement le détour.

ON PASSE À TABLE €€

Le bourg

✆ 05 65 31 43 73

Ouvert du mardi au samedi midi et soir et le dimanche midi. Carte 15 € env. Formule du midi 14 €. Terrasse. Bar.

Anciennement le Chabrot, l'établissement repris et repensé est une curiosité. La partie extérieure nous invite à nous détendre en terrasse au milieu de ce petit village de la vallée du Lot. L'accueil est convivial. La carte est truffée de produits régionaux : tourte de cèpes au confit de canard, cassoulet, foie gras de canard mi-cuit, côte de bœuf à l'os d'1,2 kg pour 2 personnes, carré d'agneau du Quercy et son jus aux girolles... Avis aux gourmands, les assiettes sont copieuses ! Une bonne adresse qui ne paie pourtant pas de mine mais comble les papilles.

DOMAINE DOLS

Bouziès Bas

✆ 05 65 31 26 86

Du lundi au samedi : l'hiver 18h-20h / l'été 14h-19h. Dégustation gratuite des vins. Livraison possible.

Propriété viticole la plus orientale de la vallée du Lot, au confluent du Lot et du Célé, établie depuis plus de 140 ans sur ces terres, la propriété appartient à Vincent Dols, ingénieur agricole et œnologue. Vincent perpétue la tradition familiale en proposant des vins issus de 12 cépages cultivés sur 18 ha : 1 cuvée 100 % syrah, 1 cuvée Tradition (60 % merlot, 20 % cabernet franc et 20 % malbec), 1 cru Sémenole blanc (60 % chardonnay et 40 % sauvignon blanc) et 1 blanc doux 100 % chenin idéal pour accompagner le foie gras et en apéritif. À découvrir !

CAJARC ★

L'histoire de la ville la plus ancienne nous ramène au temps des Gallo-Romains mais c'est aujourd'hui davantage son héritage médiéval qui frappe le visiteur. Elle fut une des premières « communes libres du Quercy » en 1256 et résista aux assaillants anglais tout au long de la guerre de Cent Ans, protégée par ses imposantes fortifications. Bastion protestant pendant les guerres de religion, Cajarc vit ses murailles rasées en 1623 sur ordre de Richelieu en personne. Plus récemment, la commune entra dans la postérité par le biais de Coluche et Guy Lux qui y réalisèrent « Le Schmilblick », parodie bien connue de jeu télévisé qui reste dans les mémoires.

CHÂTEAU DE LARROQUE-TOIRAC ★

LARROQUE-TOIRAC

✆ 05 65 34 78 12

www.chateautoirac.com

Visite du 1er mai au 30 octobre. En été, visite aux chandelles en costumes du XVIe siècle les mardis. Adulte 7-10 €.

Le château de Larroque-Toirac accroché en flanc de falaise, vers laquelle partent de vastes souterrains, a conservé son système défensif médiéval. Pris à plusieurs reprises par les Anglais et relevé de ses ruines au XIVe siècle sous Louis XI, ce château très pittoresque domine la vallée du Lot. Son donjon, autrefois haut de 30 mètres, a été ramené à 8 mètres en 1793. Ce qui frappe, c'est une mince et très haute tourelle de 7 étages surmontée de mâchicoulis.

MAISON DES ARTS GEORGES ET CLAUDE POMPIDOU ★

Route de Gréalou ✆ 05 65 40 78 19
www.magcp.fr
Ouvert toute l'année du mardi au dimanche 10h-13h/15h-18h. En hiver du mercredi au dimanche de 14h à 18h. Gratuit.

La Maison des Arts est née en 1989. Depuis ses origines jusqu'à aujourd'hui, elle n'a de cesse de promouvoir l'art contemporain et de soutenir des artistes. Chaque année, elle propose 3 expositions, 1 au printemps et 1 à l'automne et 1 parcours d'art en plein air pendant l'été. Sa programmation s'attache à valoriser les œuvres émergentes, à mettre en relation des artistes affirmés ou prometteurs dans un souci constant de partager plaisirs et interrogations avec le public.

MUSÉE DU RAIL

Cour de la gare - Ancienne halle à marchandises
✆ 05 65 40 57 90
www.tourisme-lot.com
Ouvert de début juillet à mi-septembre, les après-midi. Ouvert du mercredi au vendredi de 15h30 à 18h. Gratuit.

Ce musée du rail en 1988 avec pour objectif de valoriser ce patrimoine lié aux trains. Vous pourrez y admirer du matériel et des objets anciens préservant la mémoire. Situé dans une ancienne gare, il contribue à perpétuer les traditions, le savoir-faire et tous les métiers de la SNCF. Il est ouvert également lors de la journée du patrimoine des moulins et lors des journées du patrimoine national. A cette occasion, vous pourrez y admirer de jolies maquettes faites par un des adhérents. Un musée créé par des passionnés. A voir !

OFFICE DE TOURISME

La Chapelle
✆ 05 65 40 72 89
www.tourisme-figeac.com
Ouvert d'avril à octobre.

Retrouvez une mine d'infos toujours utiles à l'office de tourisme de Cajarc, antenne de l'office de tourisme de Figeac. Une équipe qualifiée saura vous conseiller chaleureusement pour faire de votre séjour dans la région une réussite. Tous les bons plans à portée de main, que vous cherchiez un hébergement, des infos sur les circuits de randonnée, une idée de sortie, les sites à visiter ou une bonne table. Rendez-vous à l'ancienne chapelle rue Françoise Sagan dans le centre de la cité. Magnifique endroit pour y loger l'office de tourisme !

DOMAINE DE GAYFIE €

Saint-Jean-de-Laur ✆ 06 78 36 41 00
www.gayfie.fr
Ouvert toute l'année. Maison pour 4 personnes 480-720 €/semaine. Tarifs pèlerins 40 € la nuitée. Restauration.

Situé sur un piton rocheux dominant la vallée du Lot, sur le Causse entre Cahors et Figeac à l'emplacement d'un ancien oppidum gaulois, ce vaste domaine de 145 hectares jouit d'un environnement préservé exceptionnel et d'une vue imprenable sur la vallée du Lot. Bordant le chemin de Saint-Jacques-de-Compostelle, le domaine propose 23 maisons, toutes différentes, disposant chacune d'un espace privatif. La piscine spacieuse et le tennis sont là pour vos moments de détente. A proximité, de nombreux parcours pédestres et équestres balisés sillonnent le domaine.

Carjac, petit village de la vallée du Lot.

HÔTEL-RESTAURANT LA PEYRADE €

Route de Cahors
✆ 05 65 10 42 03
hotel-gite-lapeyrade.fr
Nuitée à partir de 51 €. Gîte étape de 9 places à partir de 22 €/nuit. Restauration env. 15 €. Bien être.

L'hôtel dispose de 10 chambres qui jouissent d'une vue campagnarde. Ici, convivialité et respect de votre tranquillité sont assurés. De larges fenêtres permettent à la belle lumière des Causses d'inonder les chambres, toutes dotées d'une terrasse. Quant à la table, elle propose une carte volontairement restreinte où le chef exprime une cuisine de terroir faite de produits frais et de saison. Sur les hauteurs de Cajarc, vous pourrez profiter de sa quiétude.

AUBERGE DU PONT €

16, avenue Coluche
✆ 05 65 40 67 84
auberge-cajarc.com
Ouvert toute l'année du lundi au vendredi midis. Menu unique à 13,50 €. Terrasse. Vente à emporter.

Nous sommes ici dans un établissement dont sa dénomination d'Auberge prend tout son sens d'accueil. En cuisine on travaille des plats un peu comme à la maison, des assiettes généreuses et efficaces et des menus qui changent tous les jours. Pas de monotonie à l'Auberge du pont ! Le midi vous pouvez opter pour une jolie formule proposée également le soir notamment pour nos amis pèlerins ! Cette adresse fait du bien parce qu'elle est simple et authentique. Ouvrier, pèlerin, touriste ou habitué, vous êtes tous conviés au sourire et à la bonne humeur.

BLUE HOTEL CAJARC €€

380, avenue François-Mitterrand
✆ 05 65 40 65 35
cajarcbluehotel.fr
Fermé de novembre à mars. Nuitée à partir de 62 €. Petit déjeuner 12 €. Menus à partir de 24 €. Espace bien être.

Le Blue Hotel Cajarc est particulièrement confortable et accueillant. L'accueil est parfait, les propriétaires sont d'une gentillesse et d'un professionnalisme remarquables. Les chambres, joliment décorées, sont spacieuses et bénéficient de tout le confort moderne. Les extérieurs sont également très agréables, surtout aux beaux jours lorsque vous pouvez profiter de la grande piscine ou de la promenade dans le jardin, comme dans un écrin de verdure. Un spa avec hammam, bain à remous et sauna pour vous détendre après une longue journée de visites.

LA BOHEME €

3, bd du tour de ville
✆ 07 83 50 35 46
Ouvert toute l'année du mardi au samedi 10h-18h. Grandes tartines / salade 13,50 €. Terrasse. Boutique.

C'est un petit havre de paix et de douceur, un lieu où l'on aime prendre un peu de temps pour se retrouver autour d'un thé ou d'une tartine ! La Bohème propose des grignotis à toute heure de la journée pour des pauses salées ou sucrées. Les tartines proposées accompagnées de salade sont généreuses, saines et malines ! Les produits utilisés proviennent de producteurs locaux et bio. Les boissons, dans la même lignée sont exclusivement bio pour les jus et les sodas. Belle sélection de thé et de café. Pâtisseries maison et confiseries.

ÉCOASIS €€

Puy Clavel - **GRÉALOU**
✆ 06 71 00 48 30
www.ecoasis.fr
Ouvert toute l'année. Pèlerin en dortoir : 16 €. Chambre d'hôte : 70 € pour 2, petit déjeuner inclus. Dîner étape 15 €.

Situé sur le chemin de Saint-Jacques-de-Compostelle, cet établissement atypique est un lieu idéal pour faire étape. En bordure du Parc naturel régional des Causses du Quercy, Ecoasis accueille pèlerins, marcheurs et vacanciers. Audrey et Manu ont conçu cette maison en limitant au maximum son empreinte écologique : chauffe-eau solaire, chauffage à granules de bois, isolation naturelle et performante, toilettes sèches nouvelle génération, système d'assainissement par phyto-épuration… Accueil très chaleureux et cuisine délicieuse.

L'ALLÉE DES VIGNES €€

32, boulevard du Tour-de-Ville ✆ 05 65 11 61 87
alleedesvignes.com
*1 * Michelin. Ouvert du mercredi au samedi le soir, le dimanche. Réservation recommandée. Menus 59-89 €. Terrasse.*

Extraordinaire ! Dans l'ancien presbytère de Cajarc, Evgenia et Claude-Emmanuel Robin, maîtres des lieux, proposent un voyage intense au pays des saveurs multiples, décliné autour d'une cuisine gastronomique, à la fois de terroir mais aussi fine et moderne. La carte des vins propose une large sélection de millésimes qui associent les créations du chef Robin aux cépages. Une grande table que vous ne regretterez pas d'avoir découverte. Pour les passionnés, sachez que le restaurant propose des cours de cuisine et de pâtisserie thématisées ou sur mesure.

AU FIL DES SAISONS BOUTIQUE

2, boulevard Tour-de-Ville ✆ 05 65 40 93 63
aufil-dessaisons.com

Ouvert 7/7 en été 9h30-13h/15h-19h. Hors saison fermé dimanche après-midi et lundi. Anglais, espagnol et portugais.

Laurent, sommelier de formation, est un amoureux de vrais produits ! Au Fil des Saisons vend des produits de saison, mais aussi de pays et de caractère ! Côté cave bien sûr, le vignoble cadurcien tient une place de choix. Pour autant, la cave s'ouvre également sur des vins et alcools de France et du monde. Même ouverture sur le monde côté épicerie. Dégustations sur le thème des vins régionaux et autres, à l'arrière-boutique dans une vieille cuisine quercynoise aménagée ou en terrasse.

CHEZ MOULINO €€

22, place du Foirail
✆ 05 81 71 50 66

Ouvert toute l'année du mardi au dimanche midi et soir et 7/7 en été. Carte 15 € environ. Terrasse.

Chez Moulino est connu nationalement grâce à Coluche, habitué du café. En 1975 il s'inspire de cette adresse pour créer un de ses sketches les plus emblématiques : « Le Schmilblick ». Aujourd'hui le restaurant s'est fait un nom en privilégiant les produits locaux, une cuisine simple mais gourmande. Tagliatelles fraîches aux cèpes et ses copeaux de jambon, carré d'agneau de l'Aveyron (IGP) aux herbes de la garrigue et son écrasé de pommes de terre, les mets sont beaux et parfaitement maîtrisés. Venez découvrir leur terrasse «côté causse». Une bonne adresse.

LA PAUSE €€

78, boulevard du Tour-de-Ville
✆ 05 65 14 04 24

Ouvert toute l'année du lundi au samedi midi et soir. Terrasse. Vente à emporter.

Ouvert par Sébastien et Julien, la Pause c'est l'adresse du Tour de Ville de Cajarc pour un repas sans prise de tête et à prix doux ! Ouvert tous les jours, sauf le dimanche, en non-stop, c'est l'endroit idéal où boire un café le matin, manger un bout à midi ou encore se donner rendez-vous pour l'apéro autour d'une assiette grignotage. Son nom était tout trouvé : c'est l'endroit où faire une pause ! Le rideau est baissé à 2h du matin, ce qui laisse le temps de profiter de la soirée. Un endroit pour tout le monde, où on l'on prend très vite ses aises.

LE PRÉSIDENT €€

11, place du Foirail
✆ 05 65 40 75 75
brasserie-president.fr
Ouvert toute l'année. Snacking à toute heure. Menus 22-29 €. Formule du midi 13,50 €. Terrasse. Animations.

L'établissement joue la carte de la brasserie de terroir en travaillant des produits en circuit court dans le respect traditionnel de la gastronomie lotoise. En cuisine, c'est un chef local qui sévit pour le plus grand bonheur des palais aguerris. Dans une décoration de type brasserie, le Président c'est l'adresse de Cajarc que l'on ne doit pas manquer. Une grande salle ouverte peut accueillir jusqu'à 80 couverts et la terrasse joue les prolongations aux beaux jours. Pour les petits budgets, la formule midi en semaine est une aubaine. A découvrir sans tarder !

JEU DE QUILLES €€€

7, boulevard du Tour-de-Ville
✆ 05 65 33 71 40
Ouvert toute l'année du mardi au samedi midi et soir. Réservation recommandée. Carte : 28 € environ. Terrasse.

Ancien de chez Bernard Loiseau, Patrice Ponsolle officie au Jeu de Quilles, lieu incontournable si vous êtes de passage à Cajarc ou dans la région : des produits frais le plus souvent bio et locaux si possible, préparés avec passion par ce maestro des saveurs. De la classe, du goût, de la créativité, un cuisinier passionné, le tout pour un rapport qualité-prix plus que raisonnable. Parfois un petit temps d'attente entre les plats, mais la qualité de ceux-ci en est une raison suffisante. Pour accompagner, large choix de vins sélectionnés.

BOUCHERIE ESCROZAILLES

4, boulevard de la Tour de Ville
✆ 05 65 40 67 45
boucherie-escrozailles.com
Ouvert du mardi au samedi de 8h30 à 12h30 et de 15h à 19h ; le dimanche de 8h30 à 12h30. Vente à emporter.

Ses célèbres tripoux, fricandeaux, boudins et saucisses fraîches illustrent bien son savoir-faire. A Cajarc, comme à Limogne-en-Quercy, la boucherie Escrozailles constitue une adresse incontournable. Elle garantit des viandes goûteuses, achetées sur pied dans la région, des charcuteries savoureuses. En coulisse, dans la plus pure tradition, on prépare des conserves et des plats pour le rayon traiteur. Vous trouverez également une large gamme de produits locaux, des fromages du Cantal, de l'Aveyron, l'incontournable rocamadour et des vins de Cahors.

LES FINS GOURMETS

Place du Foirail
✆ 05 65 40 69 98
les-fins-gourmets.com
Ouvert du mardi au vendredi 9h-12h/15h-19h, le samedi 9h-12h/14h30-18h30 et le dimanche 9h-12h. Livraison possible.

En plein centre de Cajarc, la boutique est spécialisée dans les produits issus de l'élevage du canard : foie gras, rillettes, confit etc. L'histoire des fins gourmets est née il y a déjà plus de 20 ans. À l'origine, 4 agriculteurs lotois passionnés par leur métier décident de s'unir pour contrôler l'ensemble de la chaîne de production. De l'élevage à la vente en passant par la transformation des produits, tout est maîtrisé par ces professionnels. Le *made in Lot* fonctionne bien et promet qualité et respect du produit. Une bonne adresse pour gourmets et gourmands !

LA GRAINE EN VRAC

10, boulevard du tour de ville
✆ 05 65 10 66 68
Ouvert du mardi au samedi 9h30-12h30/15h-19h ; le dimanche de 9h30 à 12h30. En juillet-août ouvert également le lundi.

La Graine en Vrac est une supérette bio gérée par la souriante Angélique. Vous y trouverez les produits bio de qualité, le plus souvent de producteurs locaux, avec des fruits et légumes, viandes, fromages... et en vrac : légumineuses, riz, fruits secs... mais aussi des cosmétiques bio, des compléments alimentaires et des produits d'hygiène et d'entretien bio. Bref tout le nécessaire pour qui choisit de vivre proche de la nature et en la respectant. La boutique est très agréable avec un mobilier qui nous ramène aux épiceries de nos grands-mères.

CALVIGNAC

Village médiéval haut perché - 80 mètres -, poste de guet idéal qui permettait d'allumer les feux grégeois pour alerter de la menace d'envahisseurs. Les remparts du château protégeaient le village des agressions. On peut encore voir une partie de ces remparts et une porte fortifiée. Calvignac fait partie des villages typiques de la vallée du Lot, marqué par une histoire séculaire et d'une poésie faite de pierres et d'un souffle de nostalgie. De nombreux dolmens sont à voir sur la commune, preuves de la présence de l'homme il y a bien longtemps ! Ne manquez pas également de vous rendre sur le Rocher de la Baume, point de vue sur la vallée.

LOT & BIKE

1, Boulevard du Tour de Ville
✆ 06 23 11 62 50
www.location-velo-cajarc.com

Ouvert toute l'année. Location/ Vente/ Réparation. Location 1/2 journée à plusieurs jours, à partir de 25€ (VAE). ANCV.

Et si vous découvriez le Lot et le vélo autrement ? Installé depuis l'été 2020 sur le tour de ville de Cajarc, Lot & Bike vous propose la location de vélos à assistance électrique (VAE), VTT AE, VTC AE, VTC, vélo enfant, tandem… En quelques coups de pédales, la nature et le patrimoine Lotois s'offrent à vous… Entre causse et vallée, entre Lot et Célé, c'est vous qui choisissez ! Lionel & Marie vous conseilleront un parcours sur mesure, au plus près de vos envies. N'hésitez plus, foncez ! Le vélo devient désormais accessible à tous !

MAS DE GARRIGUE €€€

La Garrigue
✆ 05 65 53 93 31
masdegarrigue.com
Ouvert toute l'année. 4 chambres. Chambre double de 120 € à 130 €.

Quatre chambres restaurées avec soin, dans un style épuré, au coeur d'une bâtisse des XVe et XVIe siècles typiquement quercynoise, avec son pigeonnier fièrement dressé. Tout a été pensé pour offrir un gîte douillet et luxueux : choix des matières et des matériaux, salles de bains dans le pigeonnier, piscine chauffée, produits du terroir frais ; rien n'a été laissé au hasard. Sarah et Steve vous transmettront également leur passion pour la gastronomie, raison de plus pour rester à table. Une adresse de charme dans un cadre superbe.

CHEZ VALDINE

Peyrelevade
✆ 05 65 40 79 49
chezvaldine.fr
Ouvert toute l'année. 17 €/heure. Balade à la journée 55 € - Gîte 300-450 €/semaine.

Valdine, diplômée, accompagnatrice de tourisme équestre du ministère de la Jeunesse et des Sports - vous attend avec ses chevaux et ses poneys dans un superbe emplacement, isolé et calme. Pour les petits, la découverte de la ferme et de ses animaux est un vrai moment de détente et une source de joie. A chaque niveau, sa formule. Que vous soyez un cavalier averti ou un débutant, la balade à cheval vous comblera. En solitaire, en famille ou entre amis, voilà une adresse pour une sortie nature. Vous pouvez également séjourner au coeur de la ferme dans le gîte rural.

LUZECH ★

C'est une presqu'île qui se détache de l'un des méandres de la rivière Lot. Ici, les hommes font la ville de Luzech depuis le Moyen Âge. On remarquera un donjon du XIIe siècle, seul témoin de la prise de la ville par Richard Cœur de Lion en 1188, la chapelle des Pénitents bleus du XIIe siècle, devenu siège des Montagnards sous la Révolution, la chapelle Notre-Dame-de-l'Isle du XVIe, vénérée par les gabarriers, mais également les ruelles et les enseignes des échoppes. Luzech propose plusieurs lieux de visites intéressant dont le musée de la Planète des Moulins, le Musée Armand Viré et l'Ichnospace qui présente des traces de dinosaures.

LE DONJON DE LUZECH

Le donjon carré est caractéristique de l'école architecturale du Midi, contrairement aux tours rondes qui étaient en règle dans le domaine du roi de France. Datant du XIIe siècle, c'est le seul témoin de la prise de la ville par Richard Cœur de Lion en 1188 ainsi que de l'occupation des évêques de Cahors, co-seigneurs de Luzech au début du XIIIe siècle. En 1212, les croisés brûlent et pillent la cité au cours de la Croisade contre les Albigeois. L'évêque de Cahors Guillaume de Cardaillac racheta ce qui restait du château et devint de ce fait seigneur de Luzech.

Calvignac.

MUSÉE ARMAND VIRÉ ESPACE AMMONITES / ARCHÉOLOGIQUE

Rue de la Ville ✆ 05 65 30 58 47

Ouvert toute l'année du mardi au vendredi 10h-12h/14h-18h, le samedi 10h-12h. Adulte 3-5 €.

Ce musée est le produit des fouilles archéologiques. Le site découvert à la fin du XIXe siècle donne un aperçu précis des habitats de l'époque préhistorique. Grâce à ses collections de silex, céramiques, pointes de flèches, monnaie et à une miniature de la célèbre colonne de Trajan, il raconte l'occupation humaine du site du paléolithique au gallo-romain. Le terrain de fouilles est situé non loin de là, puisque l'oppidum est accessible par un sentier passant vers le donjon (GR36).

MUSÉE ICHNOSPACE

Rue de la Ville

✆ 05 65 30 58 47

Ouvert toute l'année du mardi au vendredi 10h-12h/14h-18h, le samedi 10h-12h. Uniquement sur rendez-vous. Adulte 3-5 €.

Le musée situé au-dessus de la médiathèque assemble toutes les traces et empreintes des dinosaures et autres espèces trouvées sur le site archéologique de Crayssac. Documentation, vidéo, planches explicatives, moulage permettent de bien comprendre les origines de ces monstres du passé. L'Ichnospace est le premier musée européen des traces et des empreintes fossiles. A voir aussi la salle des ammonites des Causses Jurassiques Supérieurs du Quercy qui permet de comprendre leurs évolutions à travers 10 millions d'années. 450 d'entre elles sont à découvrir.

MUSÉE LA PLANÈTE DES MOULINS

144, Quai Emile Gironde ✆ 05 65 31 22 59

museelaplanetedesmoulins.fr

Toute l'année ouverture sur réservation. En juillet-août du lundi au vendredi 10h-12h/16h-18h. Adulte : 6 €.

Collection de maquettes animées, mues par l'eau et le vent, qui nous raconte le génie des hommes pour apprivoiser les énergies naturelles. Cette belle évocation, à l'échelle de la planète, est un enchantement ! Alliant rigueur, fantaisie et poésie, elle donne envie de mieux connaître cette aventure humaine depuis ses origines à nos jours. Un grand choix de matériel d'expérimentation ainsi que de la documentation vous permettront de vous initier aux secrets de la conception des moulins.

OFFICE DE TOURISME LUZECH

90, Place des Consuls

✆ 05 65 20 17 27

cahorsvalleedulot.com

Ouvert de Pâques à Toussaint.

Cet office propose une multitude d'informations et de bons plans tant pour le voyageur que pour les professionnels du tourisme. Hébergement, aires de camping-cars, les bonnes adresses des vignerons du cru, des marchés de villages, aires de jeu pour les enfants, mais aussi le calendrier des sorties et animations, vie locale... Un seul endroit pratique et animé par une équipe à l'écoute et chaleureuse pour se faciliter la vie et organiser son séjour.

BASE NAUTIQUE DE CAÏX €

✆ 05 65 21 07 86

Base ouverte d'avril à octobre et camping en juillet-août. Emplacement à partir de 13 €. Snack. Location canoë 6€/h.

Aux abords du château de Caix et du Lot, à vous les vignobles et le patrimoine. Venez aussi profiter de cet ensemble de loisirs avec un espace de camping, un restaurant et une base nautique. Tout près du village de Luzech aux charmes reconnus, le séjour est agréable et reposant. Parfaitement équipées pour des moments de partage, Les Berges de Caix disposent d'un terrain de pétanque, de tables de ping-pong et de jeux pour enfants dans un cadre idyllique. Ouvert à l'année pour les camping-caristes, l'endroit est apprécié comme halte dans la découverte quercynoise.

DOMAINE LE PEYROU €€

✆ 05 65 30 51 98

lepeyrou.com/fr

Chambre double à partir de 74 €.

Situé sur un ancien domaine viticole, au centre d'un parc arboré de 4 hectares, et une superbe vue sur la vallée du Lot, le couple Martinot vous accueille chaleureusement dans 3 maisons indépendantes au cœur du parc, équipé d'une grande piscine, d'un court de tennis privé, et d'un boulodrome. Les chambres personnalisées sont toutes équipées de salles de bains privatives, tv, machine à laver, micro-ondes, et lave-vaisselle. Le plus, ce sont les lits à baldaquin. Idéals pour une semaine romantique. La luminosité et la quiétude du site sont exceptionnelles.

LE FIGUIER DE PAULINE €€

572, La Grave
✆ 06 20 10 32 28
le-figuier-de-pauline.fr

Ouvert toute l'année. Chambre double à partir de 75 €. Table d'hôtes 20-34 €. Panier pique-nique 10 €.

Véronique et Armel nous accueillent dans une ancienne propriété viticole de 1850 où 3 chambres d'hôtes à thème sont proposées. Le parc d'un hectare, la piscine et la terrasse sont l'union propice à la détente. Les 3 chambres sont équipées d'un petit coin détente avec leur cheminée et leur cafetière, elles offrent une ambiance chaleureuse grâce à la note boisée de la décoration. Côté gustatif, la table d'hôtes est proposée sur demande. Un piano est à disposition, sur lequel terminer une agréable soirée avant le petit déjeuner maison du lendemain.

AUX QUATRE VINS

Les berges de Caïx
✆ 05 65 21 07 86

Ouvert d'avril à octobre du jeudi au dimanche et 7/7 en juillet-août. Terrasse. Animations.

Situé au bord au Lot, Aux quatre vins est débordant d'atouts. En été, la spacieuse terrasse ombragée offre un moment de détente convivial. Leur cuisine régionale et fait maison, agrémentée d'une touche exotique, assure un plaisir gustatif. Agneau fermier, confit de canard, curry et épices diverses animent les assiettes. Côté ambiance, on insiste sur la bonne humeur en assurant de bons moments auprès des soirées musicales avec un karaoké bien sûr ! En basse saison, le service est assuré en fin de semaine, pour oublier les tracas quotidiens.

CHÂTEAU DE CAYX

✆ 05 65 20 13 22
chateau-de-cayx.com

Boutique ouverte 7/7 toute l'année 10h-12h30/14h-18h sauf dimanche. Visite guidée 7/7 à 15h en juillet et août 7 €.

Le château de Cayx, propriété de la famille royale du Danemark depuis 1974, voit son histoire se dérouler depuis le XVe siècle dans les méandres du Lot. Son vignoble est planté sur 24 hectares et bénéficie d'un emplacement de choix. La boutique du château permet de déguster les vins de Cayx. Vous pourrez également admirer à la boutique une petite partie de la collection d'art premier du Prince Henrik : jades asiatiques, statues et masques africains et œuvres Inuits. L'ensemble de la collection est à découvrir dans les caves voûtées du château.

CHÂTEAU DU PLAT FAISANT

Les Roques
SAINT-VINCENT-RIVE-D'OLT
✆ 05 65 30 76 38
chateauplatfaisant.fr

Ouvert du lundi au samedi sur rdv. Gîte classé 3 épis, disponible à la location. Livraison possible.

Entre Douelle et Luzech, Serge Bessières, qui représente la troisième génération de vignerons de la famille, et Caroline commercialisent le vin du domaine, dont les vignes ont plus de 40 ans d'âge. A goûter, la cuvée de l'ancêtre haut de gamme, 100 % malbec, qui mêle ses senteurs de violettes, de mûres et de cassis à un délicat arôme d'épices, ou encore la cuvée des générations, élevée dix-huit mois en barriques. A noter aussi la cuvée des générations aux arômes complexes de cassis, de poivre, de cuir et de vanille, le château du plat faisant et le petit rosé.

CHÂTEAU LES CROISILLE

✆ 05 65 30 53 88
lescroisille.com

Ouvert tous les jours de 9h à 12h et de 14h à 18h. Label biologique.

Le Château les Croisille est né d'un terroir abandonné aux genévriers, d'une vieille bâtisse en ruine et de la passion d'une famille qui lui a donné son nom, faisant revivre les chais abandonnés de la propriété en 1984. Aujourd'hui, le domaine dépasse les 20 hectares bien enracinés sur le magnifique terroir de Fages ainsi que sur les deuxièmes et troisièmes terrasses de Luzech. La famille Croisille reçoit les visiteurs au caveau pour vous parler de la passion qui l'anime et vous faire déguster la gamme des vins du domaine. Parmi les meilleurs vins du Sud-Ouest.

COMBEL-LA-SERRE

SAINT-VINCENT-RIVE-D'OLT
✆ 05 65 21 04 09
combel-la-serre.com

Ouvert du lundi au samedi de 9h à 12h et de 14h à 19h de préférence sur rdv. Ouvert le dimanche (uniquement sur rdv).

Domaine familiale depuis 1901, voici très certainement un des Vins de Cahors les plus prometteurs de sa génération. Dans la famille Ilbert, il y a eu l'arrière grand-père, le fondateur, puis le grand-père, le père (que l'on rencontre encore dans les vignes) et Julien, le fils accompagné de sa femme Sophie. Tous les deux ont repris le flambeau d'un terroir qu'ils défendent et qu'ils valorisent. Avec 23 hectares situés sur les plateaux Calcaires, Combel-la-Serre ce sont aujourd'hui 5 vins en AOP Cahors et 3 en IGP Côtes du Lot (une rouge, un rosé et un vin blanc).

DOMAINE DE LA BANIÈRE

Caïx 05 65 20 15 35
domainedelabaniere.free.fr
Ouvert tous les jours de 9h à 12h et de 14h à 18h. Vente de produits du terroir.

Situé en bordure du Lot, le domaine de la Banière, Borredon et fils, propriétaires récoltants, exploitent avec passion les 24 hectares d'où ils tirent les nectars Cahors Prelude 100% malbec, et le Domaine de Banière 80% malbec 20% merlot, sans omettre le blanc sec « brin de soleil » et le rosé « brise d'été », et enfin le ratafia. On apprécie tout particulièrement l'accueil chaleureux et les explications pertinentes loin des circuits habituels, et les crus tout à la fois souples et de caractère, qui raviront les palais les plus délicats.

DOMAINE DU PRINCE

Cournou
SAINT-VINCENT-RIVE-D'OLT
05 65 20 14 09
domaineduprince.fr
Ouvert du lundi au samedi de 8h à 19h. Livraison possible.

Un accueil d'une grande simplicité qui sent bon l'authentique, le bon sens et le savoir-faire du vigneron pur cep. Jacques Jouve, relayé depuis par ses fils Didier et Bruno et leur épouse, dont la famille produit du vin de Cahors dans la même propriété depuis plus de 3 siècles, aurait pu être lou prince, cet ancêtre qui livra du vin au roi de France. De retour, les villageois l'auraient surnommé ainsi : lou prince, celui qui a vu le roi. Le Domaine du Prince est vieilli en fûts de chêne. La cuvée traditionnelle est d'un excellent rapport qualité-prix.

DOMAINE LE BOUT DU LIEU

Le Bout du Lieu
SAINT-VINCENT-RIVE-D'OLT
05 65 30 70 80
domaineleboutdulieu.com
Ouvert tous les jours de 10h à 20h.
Sur rendez-vous uniquement.

Dans ce lieu prédestiné, car ce saint Vincent est le patron des vignerons, 17 ha au bord des méandres du Lot, le cépage de malbec s'épanouit pour donner des vins noirs puissants et élégants, une garantie obtenue par un rendement maîtrisé. Quatre crus malbec : domaine le Bout du Lieu aux senteurs de violette, médaillé d'Or au Concours général agricole 2017, l'Orbe Noir aux arômes de fruits noirs, l'Empyrée boisée et épicée, un 100 % malbec issu de vignes de 30 ans et enfin le rosé des nanas, aux fragrances de fleurs blanches et d'abricot.

LES CANALOUS

Route de Ciax
03 85 53 76 74
A partir de 469 € / Week-end. Croisières fluviales.

Les Canalous disposent d'une base de location de bateaux sans permis sur le Lot aval, au niveau de Luzech. Le temps d'un week-end, de quelques jours ou d'une semaine, partez à la conquête de la rivière Lot comme si vous étiez propriétaire d'un bateau. Vous rêvez de grand large ? De navigation en famille ou entre amis ? Vous pourrez choisir votre type de bateau et votre formule. Une façon originale de découvrir la vallée du Lot de Luzech jusqu'à Saint-Cirq-Lapopie. D'autres bases existent en Charente et en Aquitaine. Vente de bateaux.

ALBAS

Asservie au Moyen Âge et transformée en voie fluviale navigable, la rivière Lot a façonné l'histoire de sa vallée. Entre rivière et vignobles, Albas s'est faite du commerce des vins de Cahors mais aussi de l'emprise des évêques alors tout puissants qui ont choisi cette bourgade comme lieu de résidence. Dès le XIe siècle, le château dressé au sommet de la falaise manifestait le pouvoir du Seigneur Évêque de Cahors. Surnommée Albas la Jolie, elle s'est enrichie depuis l'été 2019 d'un jardin d'inspiration toscane situé sur l'une des terrasses surplombant le Lot, au pied de l'ancien palais épiscopal, un des plus beaux balcons sur la vallée du Lot.

DOMAINE DELMAS €€

609, Rue des Condamines - **PARNAC**
05 65 30 73 84
www.domaines-delmas.fr
Chambre double de 65 € à 95 €. Gîte de 315 € à 399 € la semaine selon la saison. Vignoble.

La demeure du Château Prieuré la Condamine est situé dans une bâtisse datant en partie du XIVe siècle. Les 4 chambres d'hôtes bénéficient du chai, du parc et de la rivière. Situées au 2e étage d'une magnifique maison vigneronne elles sont personnalisées par le nom d'un cépage utilisé dans la région - auxerrois, ségalin, tannat et merlot. Le château produit trois cuvées d'AOC Cahors : le château de Parnac, la closerie de Régagnac et l'Olympe de Gouges 100 % malbec. La gamme rouge est complétée par un rosé malbec et du ratafia. De quoi ramener du Lot chez soi !

LE SOLEIL €€

Rivière-Haute
✆ 05 65 30 91 90
chambredhote-lesoleil.com
Nuitée à partir de 60 € petit déjeuner inclus. Barbecue disponible.

L'adage de la maison résume à lui seul l'esprit des lieux : « Venez passer quelques jours chez des amis que vous ne connaissez pas encore ! » Au cœur d'un grand parc, cette maison respire la quiétude et le repos. La piscine couverte est parfaite pour les jours de grand soleil et notez qu'un barbecue est mis à votre disposition afin d'agrémenter votre séjour d'un peu de piment ! Dans l'ancien pigeonnier, le duplex, idéal pour une petite famille (4 à 5 personnes), dispose également d'une terrasse. Une adresse parfaite pour aller à la rencontre du soleil du Quercy.

LES HAUTS D'ALBAS €€€

✆ 06 83 80 14 44
leshautsdalbas.fr
Ouvert toute l'année. Env. 500-1200 € la semaine. Restauration. Animations.

Le Lot ici revêt un aspect sauvage, aventurier et terriblement exotique ! Neuf yourtes aux noms plus que lotois (Rocamadour, Padirac, Quercy, etc.) vous attendent, au milieu des bois. C'est un appel à l'ailleurs. Chaque yourte est tout équipée et propose 56 m² de surface habitable avec dôme translucide pour admirer les étoiles. Vous pourrez aussi profiter d'une terrasse circulaire. La nature ici est chatoyante, elle convie à la sérénité, au repos... Une piscine extérieure chauffée de 20 m x 5 m ainsi qu'un bassin intérieur composent un magnifique ensemble.

RESTAURANT LES JARDINS €€€

1533, route du Port de l'Angle - **PARNAC**
✆ 05 65 23 58 24
restaurant-lesjardins.fr
Ouvert du mardi au vendredi midi et soir + samedi soir. Menus 30-61 €. Formule midi 14,50 €. Jardin. Terrasse.

Le restaurant gastronomique Les Jardins propose une cuisine de voyages et d'émotions. Les assiettes, comme des œuvres d'art, vous ouvrent à chaque plat un éveil des sens et une invitation à l'ailleurs. Plusieurs menus sont proposés et chaque nom convie à éprouver quelques instants de bonheur : Osmose, Jardin des sens, etc. En cuisine, Marius imagine des recettes toujours plus savoureuses et en salle, c'est Astrid qui officie en tant que sommelière. Elle partage sa connaissance du vin pour proposer des accords parfaits avec les plats. Un ravissement !

CHÂTEAU ARMANDIÈRE

Port de l'angle
PARNAC
✆ 05 65 36 75 97
armandiere.com
Ouvert tous les jours de 8h à 12h et de 14h à 18h. Week-end et jours fériés sur rdv.

Le château Armandière est une propriété familiale depuis 4 générations et son vignoble en terrasse propose de nombreuses cuvées AOC prestigieuses et maintes fois récompensées, ainsi qu'un coup de cœur pour son savoureux apéritif nommé : «la Muse». Derrière le château, c'est un nom : celui Bernard Bouyssou, fils et petit-fils de viticulteurs. Détail de charme, le château dispose d'un embarcadère privé et vous pourrez y accoster au fil d'une balade sur le Lot. La péniche *Ô Phil du Lot* qui arrive de la base de Caïx y fait des haltes régulières.

CHÂTEAU EUGÉNIE

Rivière-Haute
✆ 05 65 30 73 51
chateaueugenie.com
Ouvert du lundi au samedi 9h30-12h30/14h-19h et le dimanche en été.

Vigneron indépendant, la famille Couture vous présente ses grands vins de Cahors, ainsi que sa gamme d'IGP Côtes du Lot, son apéritif traditionnel le ratafia et son jus de raisin. L'histoire de la passion de la vigne débute en 1470 dans la famille Couture, où l'on retrouve la trace d'un ancêtre, vigneron du seigneur d'Albas. Plus récemment, l'empreinte d'une arrière-arrière-grand-mère a donné son prénom à la propriété, et tous ces ancêtres ont légué des siècles de savoir-faire et d'amour pour le précieux liquide en robe grenat.

CHÂTEAU GRAND CHÊNE

Les Ons - **BELAYE** ✆ 09 61 32 82 70
Dégustation sur rendez-vous des cuvées du Château Grand Chêne et du Château Le Brézéguet situé à Saux.

Issu d'un terroir sidérolithique, très riche en fer, et composé des 3 cépages emblématiques du Cahors, le Château Grand Chêne est réputé pour la qualité de ses vins. On y retrouve des cuvées élaborées par Jean et son fils Christophe comme la cuvée Fer-Hic, un pur Malbec élevée en cave durant 20 mois ou la cuvée X4 élevée en fûts neuf pendant 20 mois. Pour les Longueteau, originaires des Antilles, le travail du vigneron a un sens réel et ils expérimentent leurs terres avec une attention toute particulière pour en tirer le meilleur. A découvrir sans tarder.

CHÂTEAU LA CAMINADE

PARNAC

✆ 05 65 30 73 05

chateau-caminade.com

Ouvert du lundi au vendredi 8h-12h/14h-18h. Samedi sur rendez-vous.

Vignoble familial depuis 4 générations, le Château la Caminade est une des productions les plus emblématiques du vin de Cahors. C'est au lendemain de l'officialisation de l'AOC Cahors, en 1973, que Marcel et son fils Léonce commercialisent leur production répartie sur les 35 ha du domaine. Abritée derrière les collines, la vigne, plantée sur d'anciennes terrasses d'alluvions, a trouvé là son terroir de prédilection. Dans la fraîcheur de leurs chais, vous pourrez déguster 4 cuvées aux arômes si caractéristiques et puissants des grands Cahors.

CHÂTEAU SAINT-DIDIER

Château Saint-Didier - **PARNAC**

✆ 05 65 30 78 13

vignobles-saintdidier-parnac.com

Ouvert de 9h à 12h et de 14h à 17h du lundi au vendredi. Dégustation et visites sur rendez-vous uniquement.

La famille Rigal veille aux destinées du château Saint-Didier Parnac depuis plus de 300 ans, puisque c'est en 1640 qu'un certain Monsieur Rigal donna le premier coup de pioche dans ce domaine du coeur de la vallée du Lot. Les 65 hectares idéalement situés donnent au vin une personnalité unique. C'est dans la magnifique cave voûtée datant de 1755 que le vin vieillit en barriques neuves. Le Château Saint Didier Parnac vinifie et élève une cuvée haut de gamme, l'Apogée (80% malbec, 15% merlot et 5% tannat), vieillie 12 mois en fut de chêne.

CHÂTEAU SAINT-SERNIN

Les Landes - **PARNAC**

✆ 05 65 20 13 26

chateau-st-sernin.com

Ouvert du lundi au vendredi. Possibilité de visite de groupes sur rendez-vous. Parrainage de pieds de vigne.

Le château appartient à l'histoire du Cahors, on retrouve une trace notariée de parcelles de vignes appartenant au sieur Fournié au XVIIe siècle. Anne et Jean-Michel poursuivent cette aventure du vin avec une approche différente du travail de la vigne, du vin et de sa vinification. C'est la rencontre d'un cépage ancestral, le malbec, de terroirs généreux et de 2 cultures ; métropolitaine et polynésienne dont est originaire Jean-Michel. Le Cahors AOC est élaboré avec le cépage malbec. Pour les vins de pays, c'est le ségalin qui est travaillé.

VIGNOBLES DIDIER PELVILLAIN

Lieu-dit Circofoul

✆ 05 65 20 13 13

vignoblespelvillain.com

Vente et dégustation du lundi au vendredi 9h-12h/14h-18h. Visites du chai Domaine du Théron à Prayssac sur rdv.

Le premier acte d'achat de vignes retrouvé remonte à 1868. Jeune, Didier Pelvillain rejoint ses parents sur le domaine familial. Toujours en quête d'excellence, aujourd'hui récompensé par la certification Exploitation de Haute Valeur Environnementale, il a impulsé le développement de son vignoble qui compte à présent 52 ha, répartis sur les 3 terroirs de l'appellation Cahors : Château du Port et Château de Cénac à Albas et Domaine du Théron à Prayssac.

VINOVALIE, CAVE DES CÔTES D'OLT

PARNAC

✆ 05 65 30 57 80

vinovalie.com

Ouvert du lundi au samedi 9h30-12h30/14h-18h30. Visite de la cave + visite du chai + dégustation : 5 € / pers.

Depuis 1947, la Cave des Côtes d'Olt produit des vins de haute expression, riches et harmonieux, élaborés principalement à partir du cépage Malbec, complété par les cépages Merlot et Tannat. Cette tradition de vignerons mariée à une solide connaissance de la vinification des meilleurs terroirs et d'une rigoureuse sélection parcellaire contribuent aux nombreuses récompenses reçues chaque année. Aujourd'hui, la seule coopérative de l'appellation regroupe 120 vignerons.

ANGLARS-JUILLAC

La famille Massaut construit au XVIe siècle un château, réplique de son grand frère, le château de Cousserans situé sur la commune de Bélaye. Ce n'est qu'en 1853 que la commune d'Anglars-Juillac est dessinée, formée d'un morceau d'Albas et d'un morceau de Belaye. C'est ici, au milieu des vignes, que la dernière compagne du Mime Marceau, Anne Sicco, prend en 2010 la direction artistique du Nouvel Espace Appia, ancienne friche transformée en scène contemporaine au cœur du vignoble lotois. Depuis, Anglars-Juillac s'est fait un nom à travers ce lieu dans l'univers du théâtre. Il participe au rayonnement culturel en milieu rural, une belle prouesse.

HOSTELLERIE CLAU DEL LOUP €€

Métairie haute ✆ 05 65 36 76 20
claudelloup.com

Ouvert toute l'année. Chambre double 100-120 €. Menus de 14,50 à 58 €. Animations. Dîners spectacle.

Maison de maître du XIXe siècle, au milieu des vignes, associant élégance, luxe et simplicité. Cinq chambres de charme personnalisées et très lumineuses, accompagnent harmonieusement le repos dans des teintes chaudes et pastels. Même les eaux bleues de la piscine répondent à l'élégance du lieu. Le parc est entretenu d'une main de maître. Le restaurant offre un cadre somptueux dans lequel la cuisine généreuse et créative de la maison s'exprime pleinement. Adresse de grande qualité.

CASTELFRANC

Face à Belaye, sur l'autre rive du lot, Castelfranc, l'ancienne bastide du XIIIe siècle de l'évêque de Cahors, est établie sur un tracé orthogonal. L'église Notre-Dame très remaniée (XIVe siècle), et sa très belle façade ouest, est surmontée d'un clocher-mur fortifié. Au milieu du cimetière se trouve une petite chapelle qui est un ancien lieu de pèlerinage. Plusieurs circuits pédestres permettent de découvrir de magnifiques dolmens et un calvaire (celui du Pech des Fourques) qui présente une vue imprenable sur la vallée. Les berges du Lot sont facilement accessibles pour la baignade, mais attention, cette dernière n'est pas surveillée.

LA VIGNE HAUTE €€

1, avenue des Tonneliers
✆ 05 65 53 08 45
lavignehaute.net

Ouvert toute l'année. Tous les jours sauf le mercredi. Carte : 17 € environ. Terrasse ombragée et parking client.

Face à la belle église de Castelfranc, le restaurant se fait discret derrière son décor végétal. La spécialité ici est la viande cuite sur les braises. La terrasse ombragée est particulièrement agréable. Canard et bœuf se partagent l'ardoise avec du magret, de l'aiguillette et de la côte à l'os de bœuf. Une des spécialités les plus remarquées : le soufflé au foie gras. Bravo pour le retour de la queue de bœuf cuisinée au vin de Cahors et coup de chapeau au foie gras poché au vin de Cahors et ses épices. Une superbe adresse à retenir absolument.

PRAYSSAC

Praysac, cité sous l'emprise de l'évêque de Cahors, passe de main au XIIe siècle lorsque l'évêque la céda au seigneur de Cessac, afin de régler ses dettes. Dominé par les châteaux de Calvayrac et du Théron (XVe siècle), Prayssac subit les ravages de la croisade des Albigeois. De nos jours, c'est une des villes de la Vallée les plus dynamiques. Son marché hebdomadaire du vendredi matin a été élu « Plus beau marché de Midi-Pyrénées» en 2019. Le patrimoine mégalithique de la commune est assez important, pour le découvrir vous pouvez emprunter le chemin des dolmens et y admirer le « fauteuil de César», le dolmens de la Bertrandoune ou encore de Quetty.

POTERIE DE LA MAISON ROSE

Niaudon
✆ 06 85 42 01 56
www.poteriedelamaisonrose.com

Ouvert toute l'année. Du mercredi au dimanche de 15h à 19h. Boutique.

Manon vous accueille dans son petit paradis de la poterie avec un plaisir affiché et se fera une joie de vous faire une démonstration. Dans cet endroit hors norme, vous découvrirez son atelier, dans lequel elle ne manquera pas de vous faire une démonstration de tournage, si vous en manifestez le désir ! A l'arrière, dans sa boutique, tasses, plats, ustensiles, épis de faîtage et objets de décoration vous attendent. Vous dénicherez à tous les coups un trésor...

BUREAU DE TOURISME

3, boulevard de la Paix
✆ 05 65 22 40 57
www.tourisme-cahors.fr

Ouvert en juillet-août dans le cœur tous les matins du dimanche au vendredi.

Voici un office où la convivialité est un maître mot et l'équipe professionnelle aura à cœur de vous apporter son aide et ses conseils avisés pour faire de votre séjour dans le Lot un moment privilégié. Que vous soyez en quête d'une bonne adresse de restauration, d'hébergement, ou d'informations concernant la randonnée, la vie locale, les visites et le vignoble, n'hésitez pas à faire appel à cette équipe enthousiaste. L'équipe de l'office de tourisme sera présente également sur le marché hebdomadaire du vendredi au printemps et à l'automne.

LES BOIS DE PRAYSSAC €€

Route Soeur Marguerite Meynen
✆ 05 65 35 65 22
village-vacances-lesboisdeprayssac.fr

Ouvert de mi-mars à mi-novembre. Nuitée à partir de 55 €. Animations. Excursions.

C'est ici, dans les hauteurs de Prayssac, sur 7 hectares de chênes et de pins, avec une vue extraordinaire sur la vallée du Lot que Virginie et Christophe ont trouvé leur paradis. Ils vous accueillent dans un petit hameau fait de maisonnettes arrondies et de chalets en bois. L'ambiance est chaleureuse à l'image de ces bois qui reposent et convient à la rêverie. Sur place, de nombreuses activités sont proposées avec notamment la piscine magnifiquement exposée au sommet du parc. Vous êtes à Prayssac, il ne vous reste plus qu'à vous détendre et profiter !

LE PUKEKO €

18, boulevard de la Paix
✆ 06 70 51 04 76

Ouvert du jeudi au samedi le midi et le soir. En été du mardi au samedi le midi et le soir. Formule du midi 14,50 €.

Savez-vous ce qu'est le pukeko ? Il s'agit d'une espèce de poule originaire de Nouvelle-Zélande. Elle ne sera ici pas proposée au menu mais ce restaurant porte bien son nom. La cuisine est bel et bien anglo-saxonne avec un bon choix de burgers généreux ou encore occasionnellement du fish and chips comme outre-Manche. Voilà qui ravit les nombreux anglophones établis dans la région mais pas seulement. L'établissement jouit d'une jolie petite terrasse qui ne gâche rien au plaisir. Pour accompagner votre café, un tendre cookie devrait vous plaire !

RESTAURANT LA VÉNUS €€

28, rue des Philips
✆ 05 65 22 47 10
lavenus-restaurant.com

Ouvert toute l'année 7/7 sauf mardi et mercredi soir. Réservation recommandée. Menus env. 30 €. Terrasse.

Gwladys et Nans le chef, proposent une belle palette de la gastronomie lotoise. Vous dégusterez un foie gras mi-cuit maison, un rouget à la cadurcienne ou encore la traditionnelle cuisse de canard confite accompagnée de frites maison. En dessert, notre faiblesse nous amène tout naturellement à sa tarte aux noix ou sa tourte du Lot. De bons produits, simples et une cuisine de terroir, interprétée avec justesse et gourmandise. La terrasse arborée permet de profiter pleinement des belles journées d'été et de prendre un repas à la fraiche.

VIGNOBLES DIDIER PELVILLAIN - DOMAINE DU THÉRON

Le Théron Haut
✆ 05 65 20 13 13
www.vignoblespelvillain.com

Visite commentée de la cave et du chai suivie d'une dégustation de vins sur rdv. + d'infos sur le site internet.

En 2013, Didier Pelvillain originaire d'Albas, décide de développer son vignoble au Domaine du Théron à Prayssac. 12 ha de vignes plantés sur les coteaux, entourent le chai, sur un terroir unique du vignoble de Cahors. Composé de sols peu argileux, de sables fauves, ocres et de pierres ferrugineuses, ce terroir apporte l'expression d'une très belle minéralité dans les vins. Le domaine est situé sur un site panoramique unique et allie accueil spacieux et chai des plus modernes.

© PELVILLAIN

© PELVILLAIN

RESTAURANT LE 14 - LES CATOUNES €€

14, place d'Istrie
✆ 05 65 22 43 43
Ouvert toute l'année. Carte 25 € environ. Formule du midi 16 €. Terrasse. Soirées à thème.

Concept original et très sympathique pour cette boutique-resto, où vous pouvez également acheter des vêtements et des objets déco. Sur la carte, des plats élaborés avec goût. Dans de copieuses assiettes, des produits de qualité, très bien cuisinés, alliés à des saveurs délicates et parfumées. Un régal absolu pour la vue, l'odorat et pour les papilles. L'hiver, il y a la grande cheminée, et aux beaux jours la terrasse. Si vous passez par Prayssac, ne loupez pas cette adresse !

LA TABLE DU MARCHÉ €€

3, boulevard de la Paix ✆ 05 65 35 58 48
www.la-table-du-marche-restaurant-prayssac.eatbu.com
Ouvert toute l'année. Réservation recommandée. Carte 25 € environ. Formule du midi 14 €. Terrasse.

Cuisine du sud-ouest généreuse et élaborée avec des produits locaux, viande à race et poissons frais livré quotidiennement. La carte change tous les 2 mois et l'ardoise est alléchante : escargots façon Bocuse, tête de veau sauce gribiche, souris d'agneau confite et, la saison venue, la mique. La cuisine retrouve aussi parfois des accents du Sud-Est : farcis niçois, pot au feu de la mer et sa rouille maison, pissaladière... Reste désormais à choisir votre table sur la jolie terrasse sous le châtaignier, la salle en pierres et briquettes ou sur la terrasse-balcon !

TERRE GOURMANDE €€

25, avenue Maréchal-Bessières
✆ 05 65 21 82 69
www.terregourmande.fr
Ouvert du lundi au samedi 9h-19h + dimanche matin + vendredi et samedi soirs en été. Env. 20 €. Terrasse. Boutique.

Le concept est tout simple : un restaurant dans une épicerie de terroir. Le chef cuisinier concocte des plats simples et sains, uniquement à partir des produits du magasin. Toute la semaine, il propose des plats de qualité qui varient selon les saisons. Dans la boutique, toute une gamme de produits frais, viandes, poissons et légumes, mais aussi conserves, vins, biscuits, gâteaux, chocolats, thé ou café... La traçabilité est affichée : tout est local ! Le rayon frais est alimenté uniquement par des producteurs régionaux qui travaillent dans le souci de la qualité.

CHÂTEAU CAMP DEL SALTRE

Camp del Saltre ✆ 05 65 22 42 40
chateau-camp-del-saltre-delbru.fr
Ouvert du lundi au samedi de 9h à 19h. Visite gratuite des chais. Vente coffrets cadeaux.

Le vignoble du Camp del Saltre, littéralement « le champ du tailleur de vignes », est une petite exploitation familiale qui s'étend sur 20 ha de vignes au cœur de l'appellation Cahors. Dominique et Gérard Delbru y travaillent 3 cuvées : le Château Camp del Saltre, souple, rond en bouche, la Chevalier de Malcoste, vieillie un 1 en fûts, légèrement vanillée, et la Révélation, vieillie 18 mois en fûts neufs et composée à 100 % d'auxerrois, aux arômes de fruits noirs. Visite des chais, dégustation et vente de produits locaux. À découvrir en toute convivialité.

CHÂTEAU LA COUSTARELLE

Les Caris
✆ 05 65 22 40 10
Ouvert du lundi au vendredi 9h-12h/14h-18h et le samedi sur rdv. Visite guidée sur rdv. Accueil en anglais.

Venez découvrir de belles cuvées dans une superbe salle de dégustation, face au beau village de Belaye, sur la rive droite du Lot. Propriété de 53 ha de Caroline et Nadine Cassot, le Château de la Coustarelle possède des vignes de 30 ans qui sont plantées sur un terrain de 30 ha à 80 % silico-argileux et à 20 % argilo-calcaire reconnues d'IGP Côtes du Lot et AOC Cahors. Ces 2 types de sols offrent un vin d'une étonnante typicité : tannique sans excès, ample et persistant à la bouche, recommandé par les plus grands guides et aux vignerons indépendants.

CHÂTEAU LES GRAUZILS

Gamot
✆ 05 65 30 62 44
Ouvert du lundi au samedi de 9h à 12h et de 14h à 19h.

Ce vignoble familial s'étend pour la majeure partie sur la commune de Prayssac. Fidèle au célèbre malbec qui donne sa si jolie robe pourpre, Philippe Pontié poursuit l'œuvre familiale. Ses 20 hectares en enherbement permanent sont le résultat d'une histoire d'amour, dans la continuité des générations qui s'y sont succédées depuis 1880. Le souci d'une qualité constante, le respect de la tradition et de l'environnement on permis au château des Grauzils et plus particulièrement à la cuvée Essentiel (élevée en fûts de chêne) d'obtenir un vin complexe et concentré.

CHÂTEAU LES RIGALETS

Les Cambous

✆ 05 65 30 61 69

Ouvert du lundi au samedi de 9h à 19h. Ouvert le dimanche sur rendez-vous.

Le terroir, par sa topographie, a permis l'élaboration - par des techniques culturales appropriées et des modes de vinification et d'élevage traditionnels - de trois cuvées : - Graves 80% de malbec et 20% de merlot. Le Prestige 90% de malbec et 10% de merlot avec un élevage en barriques. La Quintessence est une sélection des meilleures parcelles de 60 ans d'âge, 90% de malbec et 10% de tannat, vendange en sur maturité et élevage en barriques neuves. Vignoble situé en troisième Terrasse du Lot composée d'alluvions et de galets.

CHOCOLATERIE ZACAO

31, avenue du colonel Pardes

✆ 06 73 33 17 85

chocolateriezacao.com

Ouvert du lundi au samedi de 9h30 à 15h30 ; le dimanche de 10h à 18h30.

Isabelle est artisane chocolatière. Elle crée du chocolat avec des ingrédients cultivés dans un respect de l'environnement et de l'humain. Elle utilise de la pâte de cacao du Pérou issue de la variété Trinitario, à laquelle elle ajoute du beurre de cacao et du sucre de canne complet. Toutes ses créations contiennent 70% de cacao. Elle décline ensuite sa préparation en différentes recettes de bonbons, tablettes, pâte à tartiner, etc. Tous les fruits qu'elle incorpore à ses recettes sont confits par ses soins dans son atelier : oranges, citron et gingembre.

CLOS DE GAMOT

✆ 05 65 42 40 26

famille-jouffreau.com

Visite sur rendez-vous.

La famille Jouffreau entretient un vignoble de 25 hectares. C'est l'une des âmes de l'appellation Cahors, dont l'histoire est retracée par 30 fresques murales dans les caves souterraines. Le malbec est le cépage roi. Vinifié traditionnellement après avoir été vendangé à la main pour les vieilles vignes, son élevage en foudre de bois de chêne permet d'offrir des vins élégants, aux tanins équilibrés, enrobés et de longue garde, dont la collection de millésimes de la propriété témoigne. Un maître mot pour qualifier ce vignoble : la tradition depuis 1610.

QUERCY SAVEURS CHAI MARCO

Route de Puy-l'Evêque

✆ 05 65 24 96 19

Ouvert du mardi au samedi de 9h30 à 12h et de 15h à 19h et le dimanche de 10h à 12h. Livraison possible.

Franchir la porte de Marco, c'est accéder au meilleur du terroir du Quercy avec des conseils avisés. Sélection d'une centaine de cahors à prix propriété représentant 33 domaines viticoles. Apéritifs locaux : fénelon, ratafia, quercy des îles et eau de noix, ainsi qu'une sélection de produits régionaux à base de canard, de truffes, de noix. L'épicerie fine comporte tous les produits dérivés de cette noix et de cette truffe tant prisées... joli voyage dans l'univers gourmand !

PUY-L'EVÊQUE ★★

Cité du vin et de la batellerie, Puy-l'Evêque est perchée au-dessus la rivière Lot depuis le Moyen-Âge. C'était alors une importante cité. Ici s'amarraient les gabares en partance pour Bordeaux jusqu'au XIXᵉ siècle. Le tourisme et le vignoble sont aujourd'hui les deux piliers du dynamisme de Puy-l'Évêque. Le vin AOC Cahors produit ici contribue à faire rayonner Puy-l'Evêque. La navigation de plaisance a pris le relais du commerce fluvial, la rivière joue ainsi depuis la deuxième moitié du XXᵉ siècle un attrait touristique majeur pour la commune. Enfin, notons la présence des Porcelaines du Lot Virebent, labellisée Entreprise du Patrimoine Vivant.

OFFICE DE TOURISME DE PUY-L'EVÊQUE - VINOLTIS

place du Rampeau ✆ 05 65 21 37 63

cahorsvalleedulot.com/

Ouvert toute l'année du lundi au samedi et le dimanche en été. Espace de dégustations de vins de Cahors.

Ouvert au printemps 2020, l'espace Vinoltis, abrite l'office de tourisme et un espace scénographie autour du vignoble de Cahors. Au premier étage, le public peut visiter la grande salle d'interprétation où se trouvera – entre autres – une vidéo sur des témoignages de vignerons. Dans la partie inférieure, vous pouvez déguster en toute autonomie les cuvées de Cahors à l'intérieur ou sur la grande terrasse avec vue sur un jardin paysagé. Dégustations avec les vignerons organisées en été.

LE CLOS BOUYSSAC €

D 911 (Fumel-Cahors) et RD 65 - **TOUZAC**
✆ 05 65 36 52 21
leclosbouyssac.eu
Ouvert du 1er avril au 1er octobre. Emplacement 2 personnes à partir de 15,50 €. Locatifs à partir de 369 €/semaine.

Camping familial avec 85 emplacements, bien ombragés, situé en bordure du Lot, avec une très jolie plage et un accès direct du camping, pour la baignade, la pêche ou le canoë, le camping assurant la location pour des vacances «so quiet». Gîtes, emplacements ou bungalows, à vous de choisir... De nombreux services sont également disponibles sur place - alimentation, snack, bar, salle de télé -, et des loisirs : boulodrome, volley, salle de ping-pong, aire de jeux pour enfants rénovée, bibliothèque, informations touristiques, presse, animations culturelles.

VILLAGE CAMPING LES VIGNES €

✆ 05 65 30 81 72
camping-lesvignes.fr
Emplacement à partir de 5 €. Gîtes (4-6 pers.) à partir de 235 € / semaine. Lodge 4 pers. à partir de 195 € / semaine.

L'atout majeur de ce camping est sa situation géographique : havre de paix et de verdure pour les amoureux de la nature. En bordure du Lot, le village vacances profite d'une vue somptueuse sur la rivière et ses méandres. Sur le terrain verdoyant et bien entretenu, une partie est occupée par des bungalows, tandis que le reste est réservé aux emplacements. Les plages de gravier des berges du Lot sont accessibles par un escalier de quelques marches.

LA TRUFFIÈRE €

3, rue des Scafignous
✆ 06 76 96 84 05
Ouvert toute l'année. Nuitée à partir de 49 €. Restaurant du lundi au dimanche midi. Menu 15-25 €.

Le village de Puy-l'Évêque est un joyau. Terminer la balade avec une pause gastronomie à La Truffière enchantera votre journée. Alors pourquoi ne pas y passer la nuit et profiter de la douceur de la soirée sur place ? Cet hôtel-restaurant*** est un gage de bon goût et de convivialité. Côté cuisine, le chef propose une cuisine du terroir, authentique et fait maison, mais aussi un menu du jour en fonction du marché. Côté hôtel, les 10 chambres de l'établissement sont spacieuses, calmes et agréables. À choisir pour la qualité des prestations et le cadre idyllique.

BELLEVUE €€

Place de la Truffière
✆ 05 65 36 06 60
hotelbellevue-puyleveque.com
Chambre double 76-96 €. Petit déjeuner 10-12 €. Menu du midi du mardi au vendredi 19,50 €, menu du soir 36 €.

L'hôtel Bellevue est situé sur la partie haute de Puy-l'Evêque. Ses 11 chambres offrent une vue sublime sur le Lot et sa vallée. Elles sont confortables, spacieuses, et bénéficient d'une décoration personnalisée et raffinée. Coup de cœur pour la chambre blanche et son lit à baldaquin. Dans le large hall où Marie vous réserve un accueil bienveillant et dans la salle du restaurant de l'établissement où elle est au service, les murs sont décorés de toiles et de photographies d'artistes locaux. Un hôtel calme. Une étape idéale pour profiter du charme de Puy-l'Evêque.

Puy-l'Evêque, au bord du Lot.

DOMAINE DE LAVAUR €€

SOTURAC

✆ 05 65 36 56 30

domainedelavaur.fr

Ouvert toute l'année. 2 à 4 personnes à partir de 260 € par semaine.

Au cœur du Domaine viticole de Lavaur, le calme et la nature nous accueillent pour un séjour relaxant. À proximité des vignes et de la rivière Lot, cette bâtisse en pierre est idéale pour un séjour aux découvertes quercynoises. Composé d'un séjour, d'un coin cuisine équipée, de deux chambres, d'une salle de bains avec wc indépendants et d'une partie jardin avec jeux d'extérieur, ce gîte est fonctionnel et agréable. Il peut accueillir jusqu'à 4 personnes. Complétez votre séjour par de la randonnée et la découverte de la région.

HÔTEL HENRY €€

23, rue Docteur-Rouma

✆ 05 65 21 32 24

hotel-restaurant-henry.fr

Ouvert toute l'année. Nuitée 48-58 €. Petit déjeuner 6 €. Menus 20-28 €.

Situé dans le bas de la ville avec ses 16 chambres, dont la moitié donne sur la rue et l'autre sur le jardin - avec terrasses individuelles pour ces dernières. La décoration est simple. Côté restauration, c'est dans une grande salle au décor remis au goût du jour ou sur une terrasse ombragée par un magnifique tilleul centenaire et une pergola de vigne vierge que vous découvrirez la cuisine du chef, traditionnelle, quercynoise... et copieuse ! L'équipe de l'hôtel vous garantit un accueil chaleureux et convivial depuis 6 générations.

VILLAGE VACANCES L'ÉVASION €€

D28, Martignac ✆ 05 65 30 80 09

lotevasion.com

Ouvert de mars à octobre. Emplacement à partir de 23 €. Locatifs (4 à 8 pers. à partir de 260 € / semaine.

Sur les hauteurs de Puy l'Evêque, dans un cadre ombragé et couvert de chênes et de pins, le domaine de l'Evasion s'étend sur 8 ha. Espace aquatique chauffé de 250 m² avec plage et bain balnéo ! Soirées musicales, concours et tournois divers dans une ambiance familiale, de détente, de fête et de nature. Restaurant avec cuisine régionale. Un cadre idyllique propice à la détente, des animateurs sympas, et un accueil toujours souriant. Un bon plan pour des vacances en toute sérénité.

PETIT BISCUIT ET GOURMANDISE €

15, rue des Capucins

✆ 06 85 58 24 67

Ouvert du mercredi au dimanche 10h30-18h30. Brunch tous les dimanches 22 €. Plat du jour 10 €.

Au cœur du quartier historique, dans la très jolie petite rue des Capucins, est né en 2019 Petit biscuit & gourmandise. Cuisine ouverte sur une très jolie salle à manger cosy et raffinée. Pour déjeuner vous avez le choix entre 2 plats maison (végétariens et bio), élaborés selon les saisons. Côté sucré, farandole de desserts et de petits biscuits. Belle terrasse avec vue unique sur la vieille ville. Un trésor pour cet établissement qui se révèle être un vrai petit bijou.

LE PIGEONNIER DU LOT €

Promenade de Héron

✆ 05 65 21 37 77

Ouvert de Pâques à Toussaint 7/7j sauf le lundi. Exclusivement à la carte. Terrasse.

Alliance subtile d'un cadre de toute beauté et d'une cuisine raffinée. Pour les amoureux de la galette bretonne, c'est ici que vous trouverez l'une des meilleures crêperies. Spécialité de l'établissement, la galette est ici cuisinée avec saveur et goût. Pour ceux qui préfèrent les grillades, ne manquez pas l'entrecôte qui saura vous donner l'eau à la bouche. Enfin, et parce que ce n'est jamais de trop, le Pigeonnier, c'est aussi un cadre magnifique avec une vue extraordinaire sur la vallée du Lot. En été, nous vous conseillons la terrasse et sa verdure chatoyante.

LE CAILLAU €€

VIRE-SUR-LOT

✆ 05 65 23 78 04

www.lecaillau.com

Ouvert toute l'année. Carte : 15 € environ. Formule du midi 19,50 €. Terrasse. Boutique. Café. Gîte 2 pers. 96-170 €.

En venant s'installer dans cette belle maison en pierres, Chas et Caroline ont apporté dans leurs bagages un concept original : un café-atelier. Tout en mangeant des en-cas réalisés par leurs soins, vous laisserez libre cours à votre créativité en peignant sur de la poterie. Dans un cadre bois et pierre, la partie restauration nous ouvre sa simplicité en décoration et sa rigueur en cuisine. Associant couleur, texture, terre et mer, le résultat est bluffant ! Petite ou grande faim, chacun y trouve son compte. Un beau moment pour les papilles.

LES DODUS EN VILLE €€

11 bis, rue Marcouly
✆ 05 65 22 91 82
Ouvert du mardi au samedi le midi et le soir. 18 € env. Terrasse.

Voilà un lieu rétro, authentique et sympathique. Assiettes généreuses, cuisine traditionnelle et inventive, l'établissement ne vous décevra pas. A l'intérieur, tout n'est que joie et bonne humeur, dans un décor tout en couleurs avec un mur bleu, des banquettes rouge et des tables rustiques. Dans l'assiette, une cuisine qui suit le fil des saisons, avec beaucoup de légumes, des tartes salées et tous les accents du Sud et du Sud-Ouest. L'ardoise présente chaque semaine des nouveautés. Vous trouverez également des plats végétariens.

LE MÉDIÉVAL €€

24, Grand Rue
✆ 09 86 31 80 88
lemedieval-puyleveque.fr/
Ouvert toute l'année du mardi au samedi midi et soir. Réservation recommandée. 17 € env. Terrasse. Vente à emporter.

Dans le cœur historique de Puy-l'Évêque, se trouve l'enseigne Le Médiéval. Des notes viticoles agrémentent la belle salle voûtée. Cadre chic et travaillé dans les assiettes. Chaque aliment façonne un plat tant par sa présentation que par son éclat gustatif. Côté dessert, le plaisir n'est pas en reste. Chocolat ou citron, chacun d'eux est exploité sous toutes ses formes. La carte des vins nous offre, entre autres, une qualité locale qui s'apprécie et s'associe parfaitement avec les mets servis. Une bonne adresse où qualité et saveurs nous accompagnent.

LE MERCADIAL €€

Place du Docteur Demeaux
✆ 05 65 36 62 88
Ouvert 7/7 sauf le jeudi soir et 7/7 midi et soir. Suggestion du jour 18 €. Pizzas sur place ou à emporter. Terrasse.

Situé sur une petite place très sympa et sans voitures, ce qui est un plus indéniable pour profiter tranquillement de votre pause repas, le Mercadial vous accueille chaleureusement dans le magnifique village de Puy-l'Evêque. Les pizzas y sont fameuses, la cuisine simple et goûteuse, les desserts faits maison. Mention spéciale pour le baba au rhum. L'été, ses soirées-concerts organisées régulièrement sont un vrai bonheur, un endroit idéal à découvrir en amoureux, ou entre amis. Fait également office de cyber-base. Pizzas à emporter possible.

CHÂTEAU DU CAYROU

Château du Cayrou
✆ 06 84 77 89 47
Ouvert du lundi au vendredi 10h-17h et du lundi au samedi en été 14h30-19h.

Le château du Cayrou, érigé au XVIIe siècle, est un haut lieu de l'histoire dont les détails sont passionnants et romanesques. La visite du parc planté en 1856 et des magnifique chais sont déjà en soi un régal pour les yeux, puis vient la dégustation : les 30 ha de vignes, âgées de près de 40 ans, sont constituées pour 90 % de malbec et 10 % de merlot. C'est une authentique expression du cépage malbec, alliant sa puissance à la finesse des tanins. Lieu idéal, invitant à la flânerie et à la découverte du vin de Cahors et du patrimoine quercynois.

CHÂTEAU DU CÈDRE

VIRE-SUR-LOT ✆ 05 65 36 53 87
chateauducedre.com
Ouvert du lundi au samedi de 9h à 12h et de 14h à 18h. Certifié Agriculture Biologique. Accueil Lot Vigneron.

Vinification et élevage en foudre et fûts de chêne. Ces vins se distinguent par leur buvabilité jeunes et leurs grands potentiels de garde. Déjà converti en bio depuis longtemps, le domaine expérimente depuis 2014 des vins sans sulfites. Chaque cuvée est déclinée en 2 versions : 1 traditionnelle et 1 sans sulfite. Chacun se fera une opinion selon son palais. Unanimement reconnus par la profession, les vins du Cèdre sont régulièrement récompensés par la presse internationale. Un vin rare et une excellente entrée en matière pour découvrir ou redécouvrir le Cahors.

CHÂTEAU FAMAEY

Les Inqanels
✆ 05 65 30 59 42
chateaufamaey.com
Lundi-vendredi 9h-12h/14h-17h30. En été lundi-samedi 10h-18h. Dégustation et visite sur rdv. Gites 395-895 €/semaine.

Le château Famay est un domaine de 40 ha travaillés traditionnellement dans le respect de la nature en limitant le plus possible l'utilisation d'additifs. Les maitres des lieux sont belges, Luc et son fils Maarten cultivent des parcelles utilisées pour produire des vins en IGP Côtes du Lot et des productions AOP Cahors. Les meilleures parcelles du vignoble sont récoltées manuellement, faisant des vendanges une célébration annuelle traditionnelle. Le petit plus des lieux, ce sont les gites tenus par Maarten et son épouse Chrystelle au milieu des vignes.

CHÂTEAU GAUTOUL

Lieu-dit Meaux ✆ 05 65 30 84 17
chateaugautoul.fr
Ouvert de 9h à 12h et de 14h à 17h. Vigneron indépendant. HVE. Parking autocar. 5 € visite & dégustation.

© GAUTOUL

Sur les hauteurs de Puy-L'Evêque, dominant la courbe du Lot, le château Gautoul s'élève majestueusement. Tout en ce lieu respire la quiétude et la beauté du raffinement. La bâtisse, une chartreuse du XVIIe siècle se prête à tous les rêves pour celui qui sera sensible à sa beauté. Le vignoble qui s'étale sur 20 ha, exposés plein sud, afin que chaque grappe de raisin donne le meilleur d'elle-même. Les propriétaires du domaine pratiquent une culture raisonnée et s'appuient sur des cépages phares de l'appellation Cahors. La visite des chais est un moment rare.

CHÂTEAU LAMARTINE

Château Lamartine - **SOTURAC** ✆ 05 65 36 54 14
www.cahorslamartine.com
Avril-octobre : lundi au samedi 9h-12h/14h-19h. Novembre-mars : lundi au vendredi 9h-12h/14h-18h. Dimanche sur rdv.

Issu d'un très fameux domaine de l'époque gallo-romaine, le Château Lamartine est de ceux qui ont écrit l'histoire du grand Cahors à travers les âges. Lise et Benjamin Gayraud, 4e génération, cultivent le domaine où œuvraient déjà leurs ancêtres. Ils ont su conserver l'héritage familiale tout en innovant et en faisant évoluer leurs vins. Cuvée phare de la fratrie, Tendem se décline en blanc (alliance de Chardonnay, Viognier et Chenin) et en rouge (100% Malbec). Ils poursuivent les cuvées signatures du domaine : Château Lamartine, Cuvée Particulière et Expression.

CHÂTEAU LES HAUTS D'AGLAN

Rey-Auriat
SOTURAC
✆ 05 65 36 52 02
Du lundi au vendredi de 9h à 12h et de 14h à 17h. Sur rdv le week-end. Livraison possible.

Le Château Les Hauts d'Aglan a déjà vu 4 générations de vignerons se succéder sur ce vignoble de 14 ha. Il est situé sur des terrasses argilo-calcaires exposées au sud. Fruit d'un terroir exceptionnel et d'un cépage rare, le malbec, le vin de cette petite propriété et emblème de l'AOC Cahors est une référence parmi les vins de cette région. La famille Rey-Auriat produit chaque année 3 cuvées en assemblage ainsi qu'un 100 % malbec. Agriculture biologique depuis 2008.

CHÂTEAU PINERAIE

✆ 05 65 30 82 07
chateaupineraie.com
Ouvert du lundi au vendredi 8h-12h/14h-18h. Certification Terra Vitis.

Depuis 1638, la famille Burc cultive ce terroir idéal. Le vignoble s'étend sur 45 hectares soignés amoureusement ; pratique de la culture raisonnée, la majeure partie de la récolte est triée à la main pour ces 4 cuvées AOC Cahors : le château-pineraie (85% malbec, 15% merlot), la Pierre Sèche (85% Malbec, 15% Merlot, non vieilli en fût de chêne), l'authentique (100% malbec, élevé dix-huit mois en fûts neufs) et le rosé. Le vin s'épanouit dans un splendide chai où les 5e et 6e générations continues, vous feront partager leur passion.

CLOS D'AUDHUY

LACAPELLE-CABANAC
✆ 06 84 62 05 27
closdaudhuy.fr/
Visite et dégustation sur rendez-vous.

Benoît fait partie de cette nouvelle génération de vignerons qui redonne un souffle nouveau aux vins de Cahors. Avec sa cuvée phare des Polissons, hommage à ses enfants, il décline le malbec en deux couleurs et lui donne un peu plus de légèreté. Voici un vin facile à boire mais avec une palette gustative très intéressante. Depuis, il a également élaboré un blanc Sauvignone en IGP Cotes du Lot et une cuvée Queue de Pressoir en Vin de France. Oenologue de formation, c'est en 2014 qu'il reprend une partie du domaine familial en exploitant 15 ha. N'hésitez pas !

CLOS TRIGUEDINA

Les Poujols - **VIRE-SUR-LOT**
✆ 05 65 21 30 81
jlbaldes.com
Ouvert du lundi au samedi 9h-12h/14h-18h. Dégustation gratuite. Visite sur rdv, dès 5€. Offres sur-mesure possibles.

© CLOS TRIGUEDINA

Le Clos Triguedina, berceau de la famille Baldès, est entouré de 70 ha de vignes. Les premières parcelles ont été plantées ici en 1830 par Étienne, 7 générations avant Jean-Luc et son épouse Sabine. L'avenir est assuré grâce à leur fille, Juliette, vigneronne dans l'âme depuis son plus jeune âge, en passe d'assurer la suite. La gamme de vins produite ici est étonnante de générosité et fait parler d'elle chaque année dans le Guide des Meilleurs Vins de France. Bel espace muséographie ludique et pavillon de dégustation très agréable. Une des références du Cahors.

CLOS LA COUTALE

VIRE-SUR-LOT
✆ 05 65 36 51 47
closlacoutale.com
Visite sur rendez-vous.

Depuis 6 générations, le Clos La Coutale est une affaire familiale. Il s'étend sur 60 hectares situés sur les contreforts de la vallée du Lot. Les rendements maîtrisés donnent un vin de haute qualité et d'une grande régularité. Traditionnellement le raisin est égrappé et comme l'exige un bon vin de garde, la fermentation est conduite à 28° avec une cuvaison longue de 15 à 18 jours. Le Clos La Coutale soyeux et expansif, se maintient tous les ans au plus haut niveau. Un grand domaine classique mené par Philippe Bemède avec une qualité constante. Une référence.

DOMAINE DE LA PAGANIE

✆ 06 07 33 56 15
domaine-la-paganie.fr
Visite sur rendez-vous.

En 1912, l'arrière grand-père de Clément Henry, plante les premières parcelles de vignes du Domaine de la Paganie. Dès lors le malbec devient roi et les générations qui se sont succédé à la tête du vignoble n'ont eu de cesse de perpétuer les traditions. Ainsi les 6 hectares de vignes sont composées exclusivement de cépage Malbec et profitent du terroir argilo-calcaire des premières terrasses du Lot. La production reste confidentielle et mérite que l'on y prête attention. La récolte des vignes non désherbées est effectuée à la main. Vieillissement en fûts de chêne.

DOMAINE DE LAVAUR

SOTURAC
✆ 05 65 36 56 30
domainedelavaur.fr
Ouvert du lundi au samedi 9h30-18h30. Sur rdv, prendre contact par téléphone ou via formulaire de contact internet.

Le domaine de Lavaur, vignoble familial de la famille Delpech, se compose de 15 ha qui se partagent entre les abords de la vallée du Lot et ses premières terrasses rocailleuses. 2 cuvées sont présentes : prestige finement boisée et traditionnelle légèrement notée de fruits rouges, composées de 2 cépages : Malbec et Merlot. En cave, une mise en bouteille tardive : 24 mois et de vieux millésimes permettent au domaine de proposer des vins matures de caractères ronds et soyeux, des vins de garde ainsi que des vins de table avec un savoir-faire soucieux en qualité.

DOMAINE DES GRAVALOUS

PESCADOIRES
✆ 05 65 22 40 46
domainedesgravalous.fr
Ouvert du lundi au vendredi 9h-12h/14h-18h. Visite sur rdv (horaires caveau avec dégustation). Livraison possible.

Le domaine des Gravalous s'étend sur 24 ha entre Puy-l'Evêque et Prayssac. Vigneron indépendant, Hervé Fabbro propose deux gammes distinctes de vins, avec d'un côté les Côtes du Lot en blanc, rosé ou rouge et de l'autre côté les AOC avec trois cuvées : cuvée tradition plus typée, cuvée réserve élevée pendant douze mois en fûts de chêne, plus intense, et une cuvée prestige issue de vieilles vignes situées sur les troisièmes terrasses de l'appellation, aux arômes plus complexes. Également le ratafia, apéritif traditionnel et un jus de raisin naturel.

DOMAINE DU PEYRIÉ

Peyrié - **SOTURAC**
✆ 05 65 24 66 32
domaine-vignoble-peyrie.com
Ouvert du lundi au samedi 8h30-12h/14h-19h. Livraison possible.

Christian Gilis vous invite à venir découvrir les différentes cuvées issues de ses 15 hectares situés aux portes de l'appellation Cahors. Peyrié - qui vient du mot occitan « pierrier » signifiant « lieu où le sol est couvert de pierres » - est exploité par la famille depuis 1920. Christian entretient son vignoble avec soin en perpétuant les gestes d'antan. Le domaine du Peyrié a reçu de nombreuses récompenses, gage de qualité constante pour ce domaine à découvrir, lors d'une dégustation, seul ou à plusieurs. Accueil toujours agréable et conseils pertinents.

PORCELAINE DU LOT VIREBENT

Rue de l'Usine
✆ 05 65 36 46 31
virebent.com
Ouvert du lundi au samedi 10h-12h/14h-18h et 7/7 en été 10h-12h/14h-19h. Livraison possible.

Depuis 1924, cette manufacture de porcelaine façonne l'artisanat français. Dans le village de Puy-l'Évêque, l'entreprise est une institution qui abrite 11 ouvriers dans 2 500 m² d'atelier. Son succès est tel que certaines pièces font partie de l'exposition permanente du célèbre musée des Arts décoratifs de Paris ; quant à sa clientèle, elle s'étale sur plusieurs continents. La porcelaine Virebent attise la curiosité et ouvre ses portes dans une boutique et un petit musée.

GABARE JENY

La Promenade du Héron
✆ 05 65 20 03 25
www.copeyre.com
Ouvert d'avril à octobre, de 9h à 18h.

Découvrez la Vallée du Lot en respectant l'environnement. Avec les gabares Jeny 100 % électriques, vous observerez la faune et la flore autour de Puy l'Evêque sans bruit, en vous laissant bercer au fil de l'eau. Détente garantie ! La gabare est un bateau traditionnel des rivières pour le transport de marchandises dont l'exploitation remonte au XIXe siècle. Aujourd'hui, la gabare est axée slow tourisme. Activités possibles sur la base : Canoë, kayak, paddle board, bateau à pédales, bateau électrique sans permis, VTT, VTC. Restauration sur place, snack et boissons.

PISCINE DE PUY-L'ÉVÊQUE

Promenade de Héron
✆ 05 65 30 84 33
ccvlv.fr/bouger-se-divertir/piscine
Ouvert toute l'année. Entrée 3,60 €. Vestiaire gardé. Cabines, sanitaires, douches adaptés. Système de mise à l'eau.

L'équipe de 4 maîtres-nageurs de la piscine communautaire accueille petits et grands dans un environnement ayant reçu le label Tourisme & Handicap. Diverses activités sont programmées telles que l'aqua-bike et l'aqua-tonic. Des leçons de natation (individuelles ou collectives) sont données pour tous les âges et un forfait brevet de natation est proposé. Les bébés nageurs reçoivent les tout-petits de 4 mois à 3 ans et le jardin aquatique les 4/6ans. À chacun son programme pour un moment ludique. Une piscine avec de bons services.

DURAVEL ★

Duravel est l'une des plus anciennes localités du Quercy, située en bordure du pays des Cadourques, au carrefour de l'Agenais et du Périgord. Le bourg se niche dans les plis des collines boisées qui séparent la rivière Lot de son affluent la Thèze. Partout aux alentours, les activités humaines ont laissé les traces d'un lointain passé. Au Moyen Âge, la « ville murée » de Durivelleris se pressa autour de l'église romane Saint-Hilarion. La fondation du prieuré par l'abbaye de Moissac en 1055 transforma l'architecture de l'église. Des reliques dites de « trois frères du désert » : Hilarion, Poémon et Agathon, reposent dans un sarcophage derrière l'autel.

CHÂTEAU LA GINESTE

Chemin de La Gineste
✆ 05 65 30 37 00
chateaulagineste.fr
Ouvert tous les jours. Label biologique. Accueil Vigneron Lot.

Bâti et restauré sur l'ancien emplacement d'un relais de chasse ayant appartenu à Richard Coeur de Lion. Voilà une belle entrée en matière historique. Conduite en agriculture biologique depuis 2010 et sa certification ECOCERT, la production est d'une qualité constante lui assurant de nombreux prix dans la profession. Ses vins d'une grande complexité aromatique raviront les amateurs les plus pointilleux. À la tête du château, Ghislaine et Gérard sont passionnés d'œnologie. Un domaine qui mérite une attention toute particulière.

CHÂTEAU DE ROUFFIAC €€

RD911
✆ 05 65 36 54 27
www.chateau-de-rouffiac.com
Gîtes de France. Chambre double à partir de 70 €. Petit-déjeuner inclus. Table d'hôtes, 30 € par personne.

© @CHATEAUROUFFIAC

Un séjour sous les auspices de Bacchus. Situé au cœur d'un superbe vignoble de 70 hectares, ce château comporte 4 chambres dont une suite de luxe. En pénétrant dans le castel, le double escalier haussmanien augure bien du reste de l'ensemble. Les chambres sont lumineuses et habillées de jaune de Damas, avec cheminée, tableaux et mobilier Second Empire. Le confort est au rendez-vous. La table d'hôtes est à la hauteur de la réputation du cru, dont la vendange est faite à la main : les produits utilisés sont frais et la cuisine, du terroir.

LE CLOS D'UN JOUR

✆ 05 65 36 56 01
www.leclosdunjour.fr
Visite sur rendez-vous.

Dans le chai restauré de leurs mains, Véronique et Stéphane Azémar, commercialisent un vin, fruit d'un équilibre entre le sol, la plante, le climat et l'environnement et vendangent à la main, sur leurs 7 hectares. Ici les vins se bonifient en cuves, en jarres de céramique et en fût de chêne. Soucieux de la qualité et de l'environnement, le domaine est en bio. Le Clos d'un jour propose également un hébergement insolite en «bulles» transparentes, et pratique également la culture du safran, enchanteur pour les yeux en saison avant de venir régaler les papilles.

CLOS DU CHÊNE

Route de la Gineste
✆ 05 65 36 50 09
Ouvert du lundi au samedi 9h-12h/14h-18h et 7/7 en été.

La propriété vous propose 3 cuvées en AOC Cahors : Clos du Chêne, Mr Malbec, le Péché du Clos. Notre coup de cœur se porte sur le Mr Malbec qui traduit l'expression du cépage historique du Cahors, le malbec noir. Très bon rapport qualité-prix pour ce nectar issu d'une vigne de 35 ans d'âge, éclaircie et effeuillée manuellement : une couleur profonde et des tanins charnus à découvrir ! Ne manquez pas le moment dégustation en rouge et blanc qui se terminera par l'apéritif du vigneron, élaboré à base de jus de raisin et d'eau de vie « le ratafia du clos ».

MONTCABRIER

Située dans la vallée de la Thèze, cette bastide a été fondée à la fin du XIIIe siècle par le sénéchal du Périgord et du Quercy. Montcabrier s'organise autour d'une place à couverts avec des maisons du XVIe siècle avec échauguettes et fenêtres Renaissance. L'église Saint-Louis, datée du XIIIe siècle a été construite dans le village en lieu et place d'une chapelle romane en l'honneur de la canonisation de Saint Louis. Vous pourrez admirer dans les extérieurs de l'édifice une statue du Saint sculptée par un artiste local dans un chêne centenaire de la commune. La commune présente aussi des vestiges des remparts, d'une porte fortifiée et une tour d'angle.

FLORESSAS

Floressas, au nom si poétique, fut la patrie d'un poète occitan du nom de Paul Froment (1875-1898). Sa maxime était « Plus qu'un roi, le laboureur a le droit de se dresser ». Il a laissé deux recueils : A travers champs et Fleurs de printemps. L'histoire de ce petit village nous ramène au temps des chevaliers et des seigneurs. De ce passé médiéval subsistent deux châteaux : le château de Floressas (XIVe siècle) légèrement en retrait du bourg et le château de Chambert dont les vignobles étaient déjà mentionnés au XIIIe siècle. Aujourd'hui Floressas s'inscrit dans une stratégie d'œnotourisme notamment autour des vignobles Laur et Chambert.

CHÂTEAU DE CHAMBERT

Les Hauts Coteaux
✆ 05 65 31 95 75
chambert.com
Dégustations lundi au vendredi. Juin-septembre bistro le midi. Juillet/août : sortie VTT, atelier, visites guidées.

Sur les hauts coteaux de Floressas, le Château de Chambert est sans conteste un des fleurons du vignoble cadurcien. Il produit en conversion biodynamie de grands vins, fin et raffinés. Son terroir exceptionnel, en A.O.C. Cahors, permet au Malbec d'exprimer toute l'intensité et la richesse des arômes. Activités : dégustations, visites guidées, ateliers Vigneron d'un jour, rando, etc. De juin à septembre, le château s'enrichit d'un bistro ! Le cadre est raffiné et de la terrasse vous serez simplement saisi par la beauté de la vue... on ne vous en dit pas plus !

CHÂTEAU LAUR

Le Bourg
✆ 05 65 31 95 61
vignobles-laur.fr
Ouvert du lundi au samedi de 8h30 à 12h et de 14h à 18h. Ouvert le dimanche sur rendez-vous.

Le Château Laur, c'est 140 ans et 6 générations de passion pour le Malbec. Ancré sur le bord du causse avec une vue unique sur la vallée, le Domaine en conversion biologique se réparti entre terroirs de calcaires kimméridgiens du causse, gris rouges et argiles sidérolitiques. Ils sont mis en valeur au travers de leurs diverses cuvées en AOP Cahors et IGP côtes du Lot. Le Malbec y est décliné en rouge, rosé et en blanc. Le seul et unique blanc Malbec IGP en côtes Lot. Salle de dégustation et vue imprenable sur les vignes garantie.

CHÂTEAU PAILLAS

✆ 05 65 36 58 28
paillas.com
Ouvert du lundi au vendredi de 9h à 12h et de 14h à 17h30. Visite en saison le samedi, sur rendez-vous.

Le vignoble s'étendant sur 27 hectares d'un seul tenant bien exposé au sud au-dessus de la vallée du Lot. Il produit un vin 90 % malbec d'une grande régularité et d'une qualité qui en font l'un des plus beaux noms de l'appellation. Le chai de vinification est un parfait mélange de rationnel et d'esthétique, qui refuse le chêne pour préserver ce goût si particulier. Aujourd'hui c'est au tour de la 3e génération, avec Nathalie et Robert Lescombes, de faire fructifier le domaine familiale créé en 1978. Une valeur sûre et un accueil «vigneron», gage d'authenticité.

GREZELS

C'est un joli village situé au cœur du vignoble de la vallée du Lot, encerclé par les collines et bordé par la rivière Lot. Le village est dominé par le château de la Coste, forteresse du XIIIe siècle, carrée d'allure, offrant une jolie vue sur le vignoble et la vallée du Lot. L'histoire de Grézels est fortement entrelacée à celle de ce château. Fortement endommagé pendant la guerre de Cent Ans, il a d'abord été restauré au XIVe siècle, pillé pendant les guerres de Religions, transformé au XVIIe siècle et enfin vendu comme bien national après la Révolution. En 1960 il trouve enfin acquéreurs et ses nouveaux propriétaires le restaurèrent.

LA GUINGUETTE €€

Lieu-dit Bonnet
✆ 05 65 30 86 91
la-guinguette-grezels.fr
Du dimanche au jeudi le midi, vendredi et samedi midi et soir et 7/7 midi et soir en été. Carte 16 € env. Jardin.

L'endroit porte son nom avec poésie. Imaginez-vous au bord du Lot, dans un écrin de nature, loin de toute agitation et du bruit. Ici, le temps s'arrête, vous laissant alors tout le loisir de profiter. La Guinguette offre un moment de simplicité. Le cadre se prête à se laisser aller, comme sur une péniche. Les jeux pour enfants sont fortement appréciés par les familles. Les assiettes ne sont pas prétentieuses et on aime ce côté comme à la maison avec de la générosité et de la fraîcheur. Les arbres amènent l'ombre que l'on cherche tant en été. Une adresse à retenir.

DOMAINE LA BERANGERAIE

Cournou

✆ 05 65 31 94 59

www.berangeraie.fr

Ouvert tous les jours de 9h à 12h et de 14h à 17h30 sur rdv préférence. Ouvert le dimanche sur rdv uniquement.

50 ans d'expérience, une histoire de famille sur 3 générations. En 1971 la famille achète une ruine sans accès, ni eau ni électricité, et décide de faire revivre ce vignoble. 1971 c'est l'année de naissance de l'AOC Cahors. Aujourd'hui ce sont 35 hectares en lutte raisonnée, et des crus aux titres recherchés : Cuvée Juline, Cuvée Maurin, Quatre Chambrées, les Traversets, Nuit des Rossignols, etc. Tout est vendangé à la main, vinifié naturellement avec le moins d'intervention possible. Certifié HVE et TERRA VITIS, le domaine est avant tout tourné vers la nature.

MAISONS DAURA

Résidences Internationales d'Artistes
Région Occitanie

✆ 05 65 40 78 19

magcp.fr

Dans une magnifique bâtisse du XIIIe siècle, voici un lieu de recherche et de vie pour les artistes du monde entier. Jadis havre de paix pour Pierre Daura, sa famille et ses amis, les Maisons Daura, accueillent aujourd'hui des artistes en résidence, invités pour des séjours au printemps et à l'automne. Ils pratiquent différentes disciplines, fidèles en cela à l'esprit d'ouverture du peintre qui a toujours animé ce lieu de son vivant. Dédiées à toute création contemporaine, ces maisons sont gérées par la Maison des Arts Georges Pompidou de Cajarc.

SAINT-CIRQ-LAPOPIE ★★★★

Saint-Cirq-Lapopie fait partie des lieux que l'on garde en mémoire. Imaginez-vous arriver en 1950 à bord de la voiture du poète surréaliste André Breton, vous arrivez de Cahors et en apercevant la cité de Saint-Cirq-Lapopie une seule pensée vous vient : j'ai cessé de me désirer ailleurs - déclara le chef de file du mouvement surréaliste en parlant de son coup de foudre pour le village lotois. L'émotion que chacun peut ressentir en visitant pour la première fois la cité se réitère à chaque fois que l'on foule les ruelles pavées de ce drôle de village perché. Son histoire nous ramène dans les pas de nos ancêtres médiévaux qui ont bâti cette cité.

OFFICE DE TOURISME DE SAINT-CIRQ-LAPOPIE

Place du Sombral

✆ 05 65 31 31 31

cahorsvalleedulot.com/

Ouvert du mercredi au samedi de 9h30 à 12h30 et de 13h30 à 17h30.

Dominant la place du bourg, l'office de tourisme de Saint-Cirq-Lapopie vous invite à plonger dans l'histoire du village et de ses ruelles médiévales. Vous y trouverez des guides, des topo-guides (le coin regorge de magnifiques sentiers), un agenda et des informations sur les activités locales. Un lieu incontournable pour ne rien rater des merveilles de la région. A noter qu'une antenne est ouverte dans le village de Cabrerets de juin à septembre.

Saint-Cirq Lapopie.

GÎTE DE SAINT-CIRQ-LAPOPIE €

Place des Oules
✆ 05 65 30 29 04

Ouvert de Pâques à Toussaint. Accueil à partir de 16h30 au restaurant Lou Bolat. Tarif unique 42 € la 1/2 pension.

A la tête du restaurant voisin Lou Bolat, Marie et François vous accueillent chaleureusement dans ce gîte d'étape idéalement situé au sommet de la cité, avec vue imprenable sur les toits de l'un des plus beaux villages de France. Récemment rénové, équipé de salles d'eau flambant neuves dans ses 3 chambres partagées (linge de lit fourni), l'établissement offre toutes les garanties de confort et de repos aux pèlerins de passage. Ambiance conviviale et authentique.

CAMPING DE LA PLAGE €€

Porte Roques ✆ 05 65 30 29 51
campingplage.com

Ouvert du 17 avril au 30 septembre. Emplacement à partir de 10 €. Locatifs à partir de 41 € / nuit.

Panorama somptueux sur Saint-Cirq-Lapopie, le camping de la Plage est un petit paradis pour les amoureux de dame nature. Rien ne saurait ici briser la quiétude des lieux. Eden des familles en quête d'un retour aux sources, ce camping offre une multitude d'activités afin d'agrémenter vos vacances d'un peu de fantaisie et est le lieu idéal pour visiter la région. Vous bénéficiez d'un accès piéton pour vous rendre au village et d'un départ au chemin de halage situé à proximité. Partage et découverte seront les maîtres mots des lieux.

CAMPING LA TRUFFIÈRE €€

✆ 05 65 30 20 22
camping-truffiere.com

Ouvert du 1er avril au 30 septembre. Emplacement à partir de 20 €. Locatifs (4/5 pers.) à partir de 290 € / semaine.

Dans une chênaie de 4 hectares, ancienne truffière, le camping d'Yves et Myriam, situé à 2,5 kilomètres de Saint-Cirq-Lapopie, est un véritable havre de paix pour les familles. Il comprend 96 emplacements aménagés en terrasse et rafraîchie par les arbres. Il y a aussi les chalets de bois pour 4 à 5 personnes et les deux sanitaires - dont un chauffé et un avec bain bébé. Les nombreux sentiers qui partent du camping se prêtent à la randonnée pédestre, en VTT ou à cheval. Nouveauté 2021 : un tout nouvel espace aquatique. Parfait pour des vacances en famille.

HÔTEL-SPA LE SAINT CIRQ €€€

✆ 05 65 30 30 30
hotel-lesaintcirq.com

Ouvert toute l'année. Nuitée 68-248 €. Accès à l'espace bien-être (2h) 18-28 €.

Située juste en face du village de Saint-Cirq-Lapopie, panorama à couper le souffle. Eric Viven a créé un lieu avec l'emploi de matériaux nobles comme la pierre, le bois, les enduits à la chaux et la terre cuite. Dans un écrin de charme de 25 ha, planté d'arbres fruitiers, de vignes et d'enclos animaliers, il offre 26 chambres tout confort. Pour les appart'hôtel, la décoration a été chinée avec goût et raffinement. Après avoir œuvré plus de 25 ans en cuisine au Gourmet Quercynois, Eric travaille en collaboration avec l'établissement.

BAR-BRASSERIE LA TONNELLE €

Rue de la Peyrolerie
✆ 05 65 31 21 20

Ouvert en saison. Carte 15 € environ. Assiettes repas. Terrasse.

A l'orée de la rue principale du village, une oasis de fraîcheur aussi bien côté décor que dans l'assiette. On oublie la foule à l'ombre de treilles de vignes séculaires, et installés à des tables couvertes de céramiques colorées, on apprécie des spécialités de terroir déclinées avec générosité via des assiettes gourmandes, des salades copieuses ou des plats typiques de la région comme l'omelette aux truffes. La carte des vins fait la part belle au cépage local.

AUBERGE DU SOMBRAL €€

Place Sombral ✆ 05 65 31 26 08
aubergelesombral.wordpress.com/

Ouvert d'avril à novembre 7/7 le midi + vendredi et samedi soir. Menus 21-32 €. Terrasse. Chambres 60-95 €.

Une porte à ogive gothique, des pierres quercinoises grignotées de lierres, vous y êtes. L'Auberge du Sombral est une maison ancienne nichée au coeur de Saint-Cirq-Lapopie. On y vient de loin pour goûter les spécialités régionales. Les couleurs chaudes de la salle mettent en appétit, dans un climat convivial de grand restaurant de province. Le tout agrémenté du crépitement des bûches dans la cheminée, une fois passée la saison estivale. Côté hôtel, chambres joliment décorées dans cette ancienne bâtisse. Magnifique adresse au cadre enchanteur.

LE CANTOU €€

Rue de la Pelissaria

✆ 05 65 35 59 03

Ouvert de fin mars à début novembre du jeudi au mardi midi et soir. Menus 14-28 €. Terrasse.

Il y a un peu de Toscane à Lou Cantou. Deux salles, deux terrasses dont une protégée des rayons du soleil par des voiles orange. Le chef, Stéphane, travaille exclusivement des produits frais : panna cotta de brebis aux olives, taboulé de lentilles corail aux crevettes à la coriandre et pommes granny, parmentier de canard confit et patates douces aux épices et pour finir un tiramisu aux noix et au pain d'épices ! D'autres plats bien entendu sont proposés à la carte. Une carte qui fait la part belle à l'imagination et au voyage.

RESTAURANT LE LAPOPIE €€

Le Bourg ✆ 05 65 30 27 44

barlapopie.com

Ouverture début mars. 7/7 midi et soir. Menu 16,80-27,80 €. Plat du jour 10,50 €. Terrasse.

Sur les hauteurs de Saint-Cirq-Lapopie, cette adresse jouit d'un emplacement privilégié. La maison joue la carte de la tradition et propose des plats typiques du département : salade de gésiers, cassoulet maison, omelette aux truffes de Lalbenque, tripoux du Quercy, coq au vin... Les assiettes, gourmandes et savoureuses, se prêtent à toutes les papilles. Un excellent rapport qualité-prix pour une adresse qui fleure bon la gastronomie lotoise. D'ici la vue est magnifique. Incontournable. Il est préférable de réserver en saison.

LE GOURMET QUERCYNOIS €€

Rue de la Peyrolerie ✆ 05 65 31 21 20

restaurant-legourmetquercynois.com

Fermé en janvier et décembre. Ouvert 7/7 midi et soir. Menu 15/30 €. Terrasse. Boutique. Musée du Vin.

Faites d'une pierre deux coups. D'abord visiter au rez-de-chaussée le musée du vin, où vous saurez tout sur les vins de Cahors. Ensuite vous irez goûter la cuisine traditionnelle raffinée et sincère d'Arnaud dans un cadre de caractère, avec belle cheminée en pierre en salle ou vue sur le rocher des Lapopie sur la terrasse côté cour. Le canard y révèle son goût succulent, de même que l'escalope de foie gras poêlée déglacée au vinaigre balsamique et la souris d'agneau confite. En dessert optez pour le pastis provenant de la maison Lagarde à Cajarc. Belle adresse.

LE SAINT-CIRQ GOURMAND €€

Grand Route ✆ 05 65 35 30 30

lou-pastis.fr

Ouvert d'avril à novembre tous les jours de 10h à 17h. Terrasse. Vente à emporter. Boutique.

Le Saint-Cirq Gourmand, dont la spécialité est Lou Pastis Quercynois, est une échoppe de vente à emporter ou à déguster sur place (restauration, casse-croûte, pastis quercynois). Avec un concept : le slow food, c'est-à-dire un certain art de vivre, qui associe plaisir et responsabilité tant vis-à-vis des producteurs que de l'environnement. Le fait maison, avec des produits locaux, frais et de qualité, le plus souvent issus de méthodes culturales ou d'élevage privilégiant la lutte raisonnée, voire de l'agriculture biologique, est le maître mot.

L'OUSTAL €€

Le Bourg

✆ 05 65 31 20 17

loustal46.fr/

De Pâques à la Toussaint + toutes les vacances scolaires. 7/7. Fermé les jeudis hors saison. Menu 16-28 €. Terrasse.

Dans la partie basse du village, l'établissement séduit par son charme, avec sa terrasse à l'étage, ombragée de vignes, et sa vue immanquable sur les maisons typiques de Saint-Cirq. L'étroitesse des lieux dégage une certaine chaleur. Ensuite, on retient l'excellent rapport qualité-prix pour une cuisine traditionnelle et gastronomique de qualité : spécialités au foie gras, suprême de poulet, magret de canard... Et puis il y a les produits de la mer : tartare de dorade à la mangue et fruits de la passion, noix de Saint-Jacques au beurre blanc safrané.

LA TABLE DU PRODUCTEUR €€

✆ 05 65 22 18 37

latableduproducteur.com

Ouvert toute l'année 7/7 sauf les jeudis en basse saison hors jours fériés et ponts. Menu 16-30 €. Carte 15 € environ.

Au coeur de Saint-Cirq-Lapopie, la Table du Producteur s'appuie sur un double concept : une table bistronomique et une boutique. Côté restaurant, vous pourrez dégustez du foie-gras, du chou farci et bien d'autres spécialités locales. L'ambiance est conviviale et détendue. C'est l'adresse idéale pour découvrir les atouts culinaires du terroir. Pour les plus jeunes, l'assiette des canetons leur permettra également de goûter de nouvelles saveurs. Côté boutique, l'idée est de pouvoir emporter ce que vous aurez dégusté : foie-gras, vins, bières, confitures, etc.

LOU BOLAT €€

✆ 05 65 30 29 04
loubolat.fr

Mars à novembre. 7/7. Le soir uniquement de mai à fin septembre. Menu env. 25 €. Terrasses. Boutique. Glaces maison.

Situé au sommet d'un des plus beaux villages de France, Lou Bolat est l'endroit idéal pour apprécier le charme de Saint-Cirq-Lapopie. Sa terrasse domine le petit village qui avait jadis charmé André Breton. En ce lieu enchanteur, on se plaira à déguster une cuisine traditionnelle et savoureuse faite maison ; les plats chantent ici un terroir que l'on aime. La carte offre également un large choix de pizzas, galettes, crêpes, salades, etc. Le matin et l'après-midi, Lou Bolat propose ses glaces faites maison au-dessus du restaurant sa boutique de souvenirs.

LE MUSÉE DU VIN

Rue de la Peyrolerie
✆ 05 65 31 21 20
lemuseeduvin.com

Ouvert toute l'année et 7/7. Livraison possible.

Ancien et typique atelier de tourneur qui abrite la cave et le musée du vin. Le terroir, rien que le terroir. Voilà la devise des lieux. Foie gras, vin de Cahors avec les cuvées du musée mais aussi tous les produits à base de truffe, de noix, de safran et autres douceurs : apéritifs, digestifs, huiles, gâteaux, confitures, miel… La partie gourmande est le parfait complément de la partie musée avec le pôle du tonnelier où l'on découvre ou redécouvre les métiers et les outils autour de la vigne, comme un magnifique alcoomètre en cuivre.

© DENIS VANDEWALLE

Château des Anglais - Bouziès.

BOUZIÈS

Déjà poste de guet à l'époque de Philippe le Bel, certaines grottes ont été fortifiées pendant la guerre de Cent Ans et utilisées lors des guerres de Religion. Le « défilé des Anglais », étroit passage de la route sous des rochers, en est le plus pittoresque témoignage. Sur la route de Saint-Géry, un viaduc à sept arches est visible. C'est à partir du pont du chemin de fer au pied des falaises de Ganil que le chemin de halage, aménagement spectaculaire en faveur de la navigation au XIXe siècle, a été creusé sur près de 1 km dans la falaise à pic. En 1984, Daniel Monnier a sculpté la falaise de ce chemin sur 18 mètres de long et 3 mètres de haut.

LES CROISIÈRES WW DE SAINT-CIRQ-LAPOPIE

Port fluvial de Bouziès
✆ 05 65 31 72 25
croisieres-saint-cirq-lapopie.com

Ouvert d'avril à octobre, de 9h à 18h. Horaires des départs sur le site internet. Adulte : 14 €.

Promenades au fil de l'eau sur une boucle de 8 km dans la vallée du Lot. A bord d'authentiques gabares en bois, vous découvrirez les 7 merveilles du Lot du chemin de halage taillé dans la falaise au moulin d'Aulanac. Votre guide vous fera vivre un moment unique d'évasion et de culture. Une croisière permet aux randonneurs d'effectuer l'aller en bateau et le retour à pied en suivant le chemin de halage, ou l'inverse. Un service de location de bateaux sans permis est également proposé.

HÔTEL-RESTAURANT LES FALAISES €€

Le bourg ✆ 05 65 31 26 83
hotel-falaises-bouzies46.fr

Ouvert d'avril à octobre. Nuitée 60-89 €. Menu du jour 19,50 €, menu terroir à 29,50 €. Vente produits régionaux.

Hôtel-restaurant en face des falaises et non loin des embarcadères. Les menus pleins de saveurs et un bon service participent au plaisir des sens sur les deux terrasses ouvertes aux falaises et à la rivière. Autour de la piscine chauffée, service snack. L'après-midi et le soir, un snack glacier fonctionne au même endroit. Possibilité de louer des barques à moteur et des gabares. Un endroit plein de charme et un excellent point de départ à la découverte du Lot.

L'OUSTALOU €€

✆ 05 65 31 25 70
loustalou.net

Ouvert toute l'année. 3 chambres. De 50 € à 100 €. Petit déjeuner inclus.

L'Oustalou, en occitan « la petite maison », est une ancienne maison de meunier typiquement quercynoise, construite au XVIIIe siècle sur la route empruntée par les pèlerins de Saint-Jacques-de-Compostelle, présente un charme indéniable dont jouit cette petite propriété. Seulement 3 chambres mais un accueil comme on n'en fait plus ! La chambre le Cantou, la Mansarde et la Pitchoune respirent ce parfum de simplicité et d'authenticité. Ne manquez pas le petit déjeuner composé de mets à n'en plus finir ! Une très belle adresse confidentielle à échanger entre amis...

LES DEUX VALLÉES €

Lieu-dit Conduché
✆ 05 65 24 58 92
les2vallees.fr

Ouvert de mars à octobre du mardi au dimanche midi et soir. Gîte 7/7. Formule du midi 14 €. Terrasse.

Les Deux Vallées, à la fois café, bar, restaurant, gîte d'étape et boutique de produits régionaux sur l'ancienne ligne de chemins de fer qui reliait Cahors à Capdenac-Figeac. Une première terrasse donne sur le quai de la gare avec une vue exceptionnelle sur les falaises et le chemin de halage entre Bouziès et Saint-Cirq-Lapopie, la seconde, en bois, devant le bâtiment avec une capacité d'accueil de 40 personnes. Partie boutique. Cuisine inventive et copieuse façon bistrot gastronomique. Très bon rapport qualité-prix. A découvrir absolument !

KALAPCA LOISIRS

Lieu-dit Conduché ✆ 05 65 24 21 01
kalapca.com

Ouvert d'avril à octobre de 9 à 18 h. Canoë 1/2 j. 20 €, escalade 1/2 j. 30 €, initiation spéléo 1/2 j. 28 €.

Activités de plein air : canoë-kayak, escalade, spéléo, canyoning, parcours aventure en falaises, via-corda souterraine, via ferrata, mini accrobranche, randonnées pédestres... Kalapca est une base de loisirs au cœur du Parc Naturel Régional des Causses du Quercy à la confluence du Lot et du Célé, cadre idéal pour naviguer en canoë-kayak ou pour s'initier à la spéléologie. Kalapca s'adresse à tous les publics. Accueil également de stages, de séminaires. Tous les accompagnateurs sont diplômés d'Etat et le matériel fourni est récent, de qualité et performant.

CENEVIÈRES

L'origine du nom provient de la culture du chanvre « chènevières » sur les alluvions de la vallée. A voir à 2 kilomètres, un très beau dolmen au mas de Labat et, en direction de Limogne, sur le cours du Girou, la résurgence de Trou-Madame, rendu célèbre par son record du monde de plongée. A Saint-Clair, commune de Cénevières, on peut admirer une modeste petite église dont les fondations datent du XIe siècle. Elle a été établie à 50 mètres d'une source dite miraculeuse. On lui prêtait autrefois des vertus notamment dans le traitement ophtalmique. Elle fit l'objet d'une dévotion populaire locale. Cenevières c'est aussi son magnifique château.

CHÂTEAU DE CÉNEVIÈRES ★

✆ 05 65 31 27 33
chateau-cenevieres.com

Avril à octobre mardi, mercredi, jeudi et vendredi 10h-12h/14h-17h30, et samedi, dimanche et lundi 14h-17h. Adulte 8 €.

Le castel est situé en bordure d'une falaise dominant la vallée du Lot, et possède une tour romane de six étages avec une voûte en croisée d'ogives au rez-de-chaussée. L'édifice actuel fut construit au XVIe siècle. C'est ici que le futur Henri IV prépara l'attaque de Cahors. Vous pourrez voir les pièces du logis seigneurial, le grand plafond Renaissance à caissons ornés de fleurs, des tapisseries du XVe et XVIe siècles, des livres, des parchemins et un beau manuscrit du XIVe siècle. Surtout, faites-vous conduire dans la salle de l'Alchimie !

CAMPING MUNICIPAL DU GRAND PRE €

Le Bourg

✆ 06 02 23 64 70

Ouverture de juin à septembre. Emplacement à partir de 4,50 €. Point accueil et informations tous les jours.

Le camping municipal du Grand Pré à Cénevières propose 16 beaux emplacements herbeux, ombragés et calmes face au Lot, avec un accès à la rivière. Vous profiterez d'un terrain de foot, d'une table de ping-pong et de divers coins de pêche. Au sein du village, vous trouverez une épicerie multiservices, une agence postale, une bibliothèque équipée d'un point Internet et un snack-bar. Une base nautique toute proche vous permettra de profiter de canoës et de pédalos.

L'AUBERGE DES VERSANES €

Les Versanes

✆ 05 65 31 46 62

aubergedesversanes.com

Ouvert d'avril à octobre. Nuitée 58-91 €. Gîte 2 personnes 200-450 €/semaine. Location de draps.

Cette auberge est l'étape incontournable pour les pèlerins, les motards, les cavaliers et tous ceux venus découvrir ce petit bout de territoire aux accents lotois. Située dans la vallée du Lot, l'auberge propose le gîte et le couvert à prix accessibles. Dans les fourneaux, c'est une cuisine familiale qui est élaborée à partir de produits du terroir. Les accompagnements sont tous produits sur place dans le jardin. À la fin du repas, papilles et estomac seront comblés à tous les coups ! Un accueil charmant pour cette auberge très bien placée. On recommande !

TOUR-DE-FAURE

Petite devinette : comment appelle-t-on les habitants de Tour-de-Faure ? La réponse n'est pas aisée : les Montagnagais et Montagnagaises ! Pour comprendre ce démonyme il faut se replonger dans l'histoire de la commune qui s'appelait autrefois Montanhac qui signifiait le domaine de Montanius. Cette histoire se mêle pour beaucoup à celle du christianisme. Ainsi on trouva en 1858 une pierre gravée qui indiquerait l'emplacement sur la commune d'une église datant des premiers temps du christianisme. Vous pourrez admirer à Tour-de-Faure une tour de 4 étages datant du XVIIIe siècle, fief des Faure aux XVe et XVIe siècles qui lui laissèrent leur nom.

LE P'TIT POPIE €

✆ 05 65 20 16 96

Ouvert toute l'année. Formule du midi 14,90 €. Terrasse. Animations.

Voici un bar-brasserie où convivialité et gourmandise sont les maîtres mots. A la belle saison, l'idéal est de s'installer sur la verdoyante terrasse pour contempler la vue imprenable sur le village perché de Saint-Cirq-Lapopie. Assiettes de tapas à l'heure de l'apéro, et, au déjeuner comme au dîner, grillades ou salades et assiettes du terroir côtoient des plats plus sophistiqués empreints des classiques régionaux (comme le foie gras, le canard, l'agneau du Quercy et d'autres spécialités) cuisinés avec tact. Simple et savoureux !

TROUVAILLES EN QUERCY

✆ 05 65 23 91 36

www.lemuseeduvin.com/trouvailles-en-quercy.html

Ouvert du 1er avril jusqu'à la fin des vacances de Toussaint tous les jours de 10h à 19h. Boutique.

Musée du vin et bric à brac romantique... Assurément une escale insolite. Trouvailles en Quercy, c'est un jardin extraordinaire, situé au bord du Lot, adossé à la falaise, face à Saint-Cirq-Lapopie. A la fois une brocante et un espace déco où vous dénicherez à coup sûr la perle rare, mobilier de jardin, poteries, objets improbables, mais également une boutique de produits du terroir qui propose vins de Cahors, foie gras, délices de truffe, noix, safran... Une adresse décalée qui ravira petits et grands, à découvrir absolument !

L'OÏLO €€

Lieu-dit l'ile

✆ 05 65 24 78 91

Ouvert d'avril à fin septembre. Formule du midi 14,50 €. Pizza au feu de bois 10/15 €. Bar musical. Terrasse.

Une adresse comme on aimerait en dénicher bien plus souvent ! L'Oïlo jouit d'une vue unique et remarquable sur Saint-Cirq-Lapopie. En contrebas de la cité médiévale, transats et tables de jardin sont mis à disposition pour un apéro ou une pizza entre amis - pizzas exceptionnelles cuites dans le four à bois extérieur. Rendez-vous des bandes d'amis, des familles nombreuses et de tous ceux qui aiment faire la fête, l'Oïlo est une adresse atypique qui sent bon la douceur estivale et un excellent accueil dans un cadre simple et sans chichis.

La Toulzanie, quartier semi-troglodytique de la vallée du Lot.

MONTCUQ-EN-QUERCY-BLANC

La ville de Montcuq est passée à la postérité grâce à Pierre Bonte et Daniel Prévost dans un célèbre sketch composé pour l'émission « Le Petit rapporteur » dans les années 70. Depuis, Montcuq (prononcez bien la dernière lettre !) se targue de cette renommée et a baptisé une de ses rues du nom de l'émission qui l'a rendue célèbre. Mais Montcuq, c'est surtout une petite ville nichée sur une colline du Quercy Blanc, sur le chemin de Saint-Jacques-de-Compostelle. Montcuq présente de nombreux atouts, dont un patrimoine bâti de toute beauté et une vue à couper le souffle. Ici, on prend encore le temps de partager un moment autour d'une partie de pétanque.

Montcuq-en-Quercy-Blanc.

OFFICE DE TOURISME MONTCUQ EN QUERCY BLANC

8, rue de la Promenade
✆ 05 65 22 94 04
www.tourisme-cahors.fr
Consultez le site internet pour les jours et heures d'ouverture.

L'office de tourisme met à disposition du public un petit guide pour une visite de la ville en toute autonomie. Le guide de visite : *Sentiers Romans en Quercy Blanc* propose des éléments-clés pour faciliter la lecture des églises et chapelles d'origine romane. Des circuits de randonnée pédestre et de VTT permettent de découvrir les alentours. Un incontournable pour planifier ses vacances ou partir à la découverte de la région hors des sentiers battus.

LA BARGUELONNE €

5, avenue Saint-Jean
✆ 05 65 31 84 45
hotelmontcuq.free.fr
Ouvert toute l'année. Nuitée à partir de 57 €. Demi-pension. Menu du jour 13,90 €.

La Barguelonne et ses chambres aux noms de fleurs : lilas, muguet, capucine... convient au voyage et à la douceur. Chacune des 10 chambres de l'hôtel est décorée avec soin dans des tons printaniers et légers. La chambre des amoureux, simple et poétique avec sa terrrasse et vue sur jardin, vous ravira. Un cadre idéal pour se reposer et profiter du Quercy Blanc. De nombreuses formules vous permettent de confectionner un séjour sur mesure pour toute la famille. Pour les pèlerins, une formule étape leur est spécialement dédiée.

MAISON FORTE €€€

119, Chemin de La Combe du Moulin
maisonfortequercy.com/
Ouvert de Pâques à Toussaint. De 140 € à 190 € petit déjeuner inclus.

Il est des adresses qui se racontent par la pierre. Des lieux empreints d'histoire(s), comme un souffle qui vient vous cueillir, quelques vers de poésie gravés dans des matériaux. Maison Forte fait partie de ces invitations au voyage. Céline a ouvert cette maison d'hôtes en 2017 et assure depuis le même accueil souriant et plein d'énergie. La maison, en haut de la vallée du Tartuguié est construite de ces pierres typique du Quercy Blanc. Deux chambres aux noms romanesques vous attendent : La Pierre de Feu et Les Clayettes dans l'aile ancienne de la maison.

CAFÉ DU CENTRE €

6, place de la République
✆ 05 65 31 84 64
www.cafeducentremontcuq.fr
Ouvert toute l'année. Tous les jours le midi ; le vendredi et le samedi le soir. Carte : 15 € environ. Terrasse.

Indispensable au palpitement du centre-bourg, le Café du Centre comme son nom l'indique a tous les atouts pour animer la place centrale de Montcuq. Dans les belles pierres blanches du Quercy Blanc, il déploie sa belle terrasse à ceux qui ont envie de prendre le temps d'admirer cette belle cité. Quand les jours se font plus doux, c'est à l'intérieur que les Montcuquois se réfugient. Une adresse que l'on aime côtoyer souvent. Sur la carte, rien ne dément la qualité de cette brasserie, et du vendredi au dimanche, les pizzas s'ajoutent aux plats traditionnels.

LA BARGUELONNE €€

5, avenue Saint-Jean
✆ 05 65 31 84 45
hotelmontcuq.free.fr

Ouvert toute l'année lundi au jeudi midi/soir, du vendredi au dimanche midi. En été 7/7. Menu 15 € environ. Terrasse.

La table de la Barguelonne propose une cuisine traditionnelle et savoureuse. L'hiver, les plats servis sont copieux et imprégnés du terroir. L'été, la carte est plus légère et rafraîchissante, avec notamment une sélection de salades composées servies sur une belle et spacieuse terrasse boisée. Tout au long de l'année, vous retrouverez également une carte de généreuses pizzas à consommer sur place ou à emporter. Accueil très sympathique et bonne table avec des produits frais et du «fait maison» savoureux. Simple mais efficace.

LA TOUR DE MONTCUQ

✆ 05 65 31 80 05

Ouvert de juin à septembre. En juillet-août 7/7 de 10h30 à 18h30. Gratuit jusqu'à 12 ans. Adulte : 4 €.

Édifiée aux XII-XIIIe siècles, la tour de Montcuq est un donjon rectangulaire de 12 m sur 8,50 m abritant un escalier en vis. Témoin de l'architecture médiévale, la tour a donné à Montcuq sa silhouette si particulière. Pendant la saison estivale, la tour se visite. Au rez-de-chaussée vous découvrirez une exposition consacrée à Nino Ferrer. Une exposition saisonnière est logée au 1er étage tandis que les étages 2 et 3 sont quant à eux consacrés à une exposition sur le Moyen-ge. La terrasse panoramique au 5e étage offre une vue exceptionnelle sur le village.

LE CAFÉ DE FRANCE €€

5-7, place de la République
✆ 05 65 22 52 07
www.cafedefrance-montcuq.com

Ouvert tous les jours le midi ; du jeudi au samedi le soir. Plats de 14 à 24 €.

Dominant la place centrale du village depuis le XVIIe siècle, cette brasserie jouit d'une grande terrasse à l'ombre du grand marronnier qui prend tout son charme aux beaux jours. Lorsque le ciel fait grise mine, c'est avec un grand plaisir, tout simple, que vous pourrez vous réchauffer dans la salle de restaurant au coin d'un poêle à bois. Le Café de France offre toute sa générosité tant dans les assiettes que dans le service. On se sent bien ici, comme si on allait chez des bons copains. À choisir pour la convivialité et la simplicité de l'endroit.

BISCUITERIE DU QUERCY

✆ 05 65 31 83 71
biscuiteriequercy.com/

Ouvert du lundi au vendredi de 8h à 12h et de 14h à 18h.

Depuis ses débuts en 1967, cette biscuiterie a changé de nom mais appartient toujours à la même famille. Autrefois connue comme la biscuiterie les Saules, elle a été renommée en 2010 en biscuiterie du Quercy. Gamme de produits sans colorants, ni conservateurs et des produits phares : gaufres roulées (« Curbelets » en occitan, qui autrefois se fabriquaient dans les fermes au coin du cantou), cigares chocolatées et meringues traditionnelles nappées, aussi fabriquées à partir d'ingrédients issus de l'agriculture biologique pour une gamme bio et une gamme tradition.

L'OUSTAL DU LAC €€

Chemin de Saint Sernin Chemin de la plage
✆ 07 63 44 34 06

Ouvert de début juillet à fin septembre 7/7 de 11h à 23h. Menus de 18 € à 26 €. Formule du midi : 13,50 €.

L'Oustal du Lac est ouvert en été. Il surplombe le lac de Saint-Sernin à Montcuq sur lequel il offre aux clients une vue imprenable. Le restaurant est ouvert tous les jours midi et soir. L'après-midi vous pourrez également y trouver une terrasse pour vous désaltérer ou manger une bonne glace après la baignade. Cuisine traditionnelle fait maison. Réservation conseillée, les lieux étant très prisés lors de la saison estivale lorsque le lac se pare de ses atouts. En juillet et août si vous mangez à l'Oustal à midi, l'entrée du lac vous sera remboursée.

BRASSERIE ARTISANALE DE MONTCUQ - LA RAPIETTE

✆ 06 71 91 85 99

Stéphane Vettoretti a lancé cette brasserie artisanale à Montcuq en 2015. Depuis sa petite Rapiette - du nom du petit lézard endémique que l'on retrouve sur le logo - s'est fait une jolie place dans le paysage brassicole local. Il commence son aventure avec deux bières, une blonde et une rousse, puis rapidement une brune vient compéter l'offre. Sa gamme s'est élargie ensuite avec une Lager, une bière de fermentation basse, et enfin une bière blanche, légèrement acidulée.

FOCUS

UN DIMANCHE D'ÉTÉ À MONTCUQ...

SUIVEZ NOUS EN BALADE AU CŒUR DU QUERCY BLANC !

Dimanche matin, rendez-vous sur notre marché animé et coloré. Après un petit café sur la place du bourg, rencontrez tous les producteurs locaux et les commerçants. Visitez les boutiques où vous trouverez tout ou presque ! Promenez-vous dans les ruelles du vieux Montcuq et suivez les parcours botanique et médiéval. Au fil de la découverte du village, visitez les ateliers et galeries d'art : peintures, photographies, sculpture et art naïf. La Tour donjon du XIIe siècle, après l'ascension de ses 99 marches, vous offrira une vue à 360° sur la campagne environnante et vous fera découvrir des expositions sur Nino Ferrer et Montcuq au Moyen-Âge.

Après l'apéritif et un bon déjeuner dans un des nombreux restaurants, à 3 km, le plan d'eau de Saint-Sernin, labélisé Pavillon Bleu, vous propose un après-midi farniente sur sa plage de sable fin ou à l'ombre des arbres. La baignade est surveillée en juillet et en août et une zone de structures gonflables sur l'eau vous permet de courir, sauter et jouer en toute sécurité. Profitez du parcours sportif de santé, de la zone de pêche et des jeux destinés aux jeunes enfants. Le point goûter vous rafraîchira avec ses glaces et boissons.

Pour terminer cette journée en beauté, pourquoi pas un pique-nique auprès des barbecues, un dîner au restaurant du lac ou en ville. Les soirées estivales sont animées par les Associations locales : fêtes votives, festivals, randonnées nocturnes, concerts, théâtre, cinéma de plein air et à mi-septembre le Festival de la Rue des Enfants, spectacle de rue réputé.

Vous avez apprécié ce dimanche et vous désirez prolonger votre séjour : le site de l'Office de Tourisme vous proposera de nombreuses possibilités d'hébergements. Vous pourrez aussi utiliser le camping-car park. Mais surtout n'oubliez pas de faire le plein de nos produits locaux.

› **LA TOUR DE MONTCUQ**

MAIRIE DE MONTCUQ-EN-QUERCY-BLANC
✆ 05 65 31 80 05

CHÂTEAU VENT D'AUTAN

Moustans Haut
✆ 05 65 31 96 75
www.chateauventdautan.com
Ouvert du mercredi au lundi de 9h à 19h sur rdv. Culture bio-dynamique. Livraison possible (boutique en ligne).

Le Château Vent d'autan est au cœur du Quercy Blanc et cette propriété située sur 5,5 hectares de vignes travaille en biodynamie depuis 1991, de l'AOC Cahors bien sûr, mais aussi du Quercy. Le château Vent d'Autant est également un centre de remise en forme un peu particulier : la vino-cure ! Ici, il vous est proposé des bains de polyphénols anti-oxydants et des hydromassages, de la chaleur apaisante du sauna, de la chromothérapie, Shiatsu, etc. dans une atmosphère conviviale et tranquille, tout public. Une bulle de bien-être au cœur du vignoble.

LIBRAIRIE LIVRES BOOKS & COMPANY

11, Rue de Montmartre ✆ 05 65 24 35 77
www.livresbooksandcompany.com
Ouvert du mardi au samedi 10h-19h30 ; dimanche 10h-15h. Salon de thé bio. Petite restauration 5-9 € sur réservation.

Prenez le temps d'un livre, d'un thé, d'une soupe ou d'une tartine. Prenez le temps de grignoter dans le jardin, de vous réchauffer auprès d'un poêle à bois. Vous êtes convié à la simplicité d'un moment pour soi ou à partager. Vous trouverez plus de 3000 livres en français et en anglais mais aussi des thés et cafés bio, des jus de fruit, des petits gâteaux maison, des encas salés. C'est un endroit chaleureux, comme une parenthèse que l'on aime ouvrir... et tarder à refermer.

MARCHÉ

Chaque dimanche matin.

C'est une tradition, toute l'année, Montcuq s'anime autour des étals gourmands de son très convivial marché dominical, réputé et classé parmi les 100 plus beaux marchés de France. Plus d'une centaine de producteurs locaux s'y donnent rendez-vous. En été, le marché est secondé par le marché des producteurs de pays le jeudi matin, à l'ombre des marronniers de la Promenade. Vous y trouverez de nombreux produits typiques de la région : miel, vin, fromage de chèvre... Le village dispose de trois parkings aux abords afin de vous garer facilement.

VINS ET SAVEURS

20, avenue de la Promenade
✆ 05 65 35 57 15
Ouvert du mardi au samedi de 9h30 à 20h30 ; le dimanche de 9h30 à 14h30 et 7/7 en été. Cave, bar à vin et restaurant.

Jérôme, caviste passionné, accueille et conseille les amateurs de vins et les fins gourmets dans sa jolie boutique. Ici, vous trouverez 100 cahors et coteaux-du-quercy à prix propriété, mais également des vins de la France entière, ainsi que des produits du terroir, des spiritueux, etc. La qualité est sans contexte le maître mot des lieux. Depuis peu, la cave est également un bar à vin avec un service restauration. Passage obligé pour les amoureux du terroir quercynois et de toutes les petites gourmandises tant affectionnées par les palais.

PLAN D'EAU SAINT-SERNIN

✆ 05 65 31 80 05
Baignade surveillée du 1er juillet au 31 août. 7 €/véhicule. Restauration. Ouvert hors saison : promenade, pêche.

Lorsque le soleil du Quercy pointe au zénith et que la chaleur devient intenable, il fait bon se mettre à l'ombre ou profiter de la fraîcheur de l'eau. La plage à Montcuq, c'est possible grâce à cette zone de baignade surveillée en été. Le plan d'eau de 4,5 ha est un atout de taille ! Tout est prévu pour que les estivants prennent du bon temps sur le sable blanc. Un chalet restaurant, une aire de pique-nique et une aire de jeux complètent la gamme de services. Farniente, baignade, mais aussi pêche et canoë (sans location de matériel) sont aussi possibles.

QUERCYCLES

3, Rue du Petit Rapporteur
✆ 06 28 25 17 60
Ouvert 7/7 pendant les vacances scolaires. Mercredi, samedi, dimanche ou sur rdv hors vacances. Location 1h / 15h.

Dans le centre-bourg de Montcuq, la petite boutique de Philippe a vu le jour en 2021. Paradis pour les adeptes du vélo à assistance électrique, Quercycles propose la location, la vente (revendeur agréé de la marque Starway) mais aussi un service d'entretien et de réparation. Soucieux de la qualité de son service, Philippe propose ses conseils avisés afin de vous aider à dessiner votre itinéraire. C'est toute la gentillesse et les qualités d'accueil made in Dunkerque que l'on retrouve chez Philippe. Il a mis quelques années à peaufiner son concept et c'est réussi !

BARGUELONNE-EN-QUERCY

Barguelonne-en-Quercy est une commune nouvelle née en 2019 de la fusion des communes de Bagat-en-Quercy, Saint-Daunès et Saint-Pantaléon. Elle tire son nom d'un ruisseau, la Barguelonnette ou Petite Barguelonne, sous affluent de la Garonne, qui arrose deux départements voisins, le Lot et le Tarn-et-Garonne. Terrain de craie et d'argile blanche, la commune est caractéristique des paysages du Quercy Blanc. Les trois villages qui la constituent ont tous en commun de jolies églises et un patrimoine bâti de pierres blanches. L'église de Saint-Pantaléon date du XIIe siècle et celle de Saint-Daunès présente une peinture de Marguerite-Zéolide Lecran.

LA FERME QU'ES AQUÒ ?

✆ 06 85 32 83 72

fermequesaquo.fr

La boutique à la ferme est ouverte du lundi au samedi de 9h à 18h sur appel. Ateliers : 7,50 €/adulte.

C'est dans le Lot où elle a grandi que Delphine a souhaité recréer une ferme pédagogique avec pour objectif de sensibiliser les publics aux rythmes des cultures et aux productions respectueuses de la nature. Avec un esprit paysan et pédagogue, Delphine multiplie les approches pour que l'apprentissage soit réel et concret. De nombreux ateliers et animations sont organisés afin de comprendre le monde agricole et ses savoir-faire : les gestes, les rythmes, les saisons, les récoltes, la cuisine et le goût des bons produits. Vente de pruneaux, raisin de table et noix.

CAMPING DES ARCADES €€

Le Moulin de Saint-Martial

✆ 05 65 22 92 27

www.des-arcades.com

Ouvert de mai à septembre. Emplacement à partir de 20 €. Mobil-homes (4 à 8 places) à partir de 290 € / semaine.

Au milieu d'une campagne apaisante, au cœur du parc de 12 hectares de prés et de bois, vous profiterez des atouts du camping des Arcades, comme son étang de pêche, sa piscine et ses toboggans et ses nombreuses animations estivales. Le cœur du camping se situe au pied du «Moulin de Saint-Martial», un somptueux moulin à eau du XIIIe siècle en pierre blanche du Quercy. Ce qui prime dans ce camping c'est l'espace ! Tous les emplacements sont au minimum de 100 m^2. Le camping est également équipé de locatifs avec 17 mobil-homes et 2 tentes lodge.

LE MOULIN DE SAINT-MARTIAL €

✆ 05 65 22 92 27

www.des-arcades.com

Ouvert en saison du mardi au dimanche le midi et le soir. Réservation recommandée. Carte : 12 € env. Terrasse.

Le restaurant du camping des Arcades, ouvert à la clientèle extérieure, a été entièrement rénové. Un bar extérieur a été créé. A table, c'est ambiance brasserie, avec des planches de charcuterie, fromage, crudités et frites, burgers maison, pizzas, salades, pièce du boucher, tartare de bœuf, sans oublier les incontournables magrets et confits sélectionnés chez des producteurs locaux. Une cuisine simple, familiale, à base de produits frais et à un bon rapport qualité-prix.

AUBERGE DE LA TOUR €€

133, Grand'Rue - **SAUZET**

✆ 05 65 36 90 05

www.aubergedelatour.com

Ouvert toute l'année, 7/7 en été. Menus de 16,50 € à 25 €. Formule du midi : 14 €. Gîtes. Nuit à partir de 63 €.

Les menus copieux et locaux sont un régal pour nos papilles ; retenez le magret de canard grillé, le rocamadour fermier, le foie gras maison ou la belle entrecôte grillée... La formule du dimanche est appréciable par sa générosité et son coût en fin de semaine. La carte des vins n'est pas en reste et met en valeur les productions locales, qui, disons-le, méritent leur place. Pour savourer et découvrir ces bonnes odeurs, il est préférable de réserver afin que votre place au milieu des pierres, des assiettes colorées et de l'ambiance chaleureuse, soit préservée.

MAS DEL PÉRIÉ

Le Bourg - **TRESPOUX-RASSIELS**

✆ 05 65 30 18 07

www.masdelperie.com

Ouvert du lundi au samedi de 9h à 12h et de 14h à 18h. Dégustation gratuite.

Le Mas Del Périé est situé sur les plus hauts coteaux de Cahors à la jonction des terroirs des coteaux du Quercy et ceux de Cahors. Cette petite exploitation familiale produit quatre vins de Cahors issus de parcelles âgées de 40 ans et travaillées dans le plus grand respect de l'environnement : travail du sol mécanique, biodynamisme et agriculture biologique pour cet encépagement : le malbec (côt). Sur 23 hectares, Fabien Jouves produit une belle gamme de vins dont chacune des cuvées affirmant son caractère propre, porte le nom de la parcelle dont elle provient.

VALLÉE DU LOT ET DU VIGNOBLE DE CAHORS

LENDOU-EN-QUERCY

La commune nouvelle Lendou-en-Quercy est née en 2018 de la fusion des communes de Lascabanes, de Saint-Cyprien et de Saint-Laurent-Lolmie. Elle tire son nom du Lendou, affluent gauche de la Barguelonnette. Dans un décor typique du Quercy Blanc, le patrimoine architectural de la commune nouvelle est celui de son histoire. Lors de vos promenades, admirez l'église Saint-Laurent de Lolmie de 1863, le château de Marcillac à Saint-Cyprien, datant des XIIe et XIIIe siècles, le château de Lolmie et en contrebas de la route à Lascabanes, une source dite miraculeuse. Enfin, Nino Ferrer, grand amoureux du Quercy Blanc vécut à Saint-Cyprien et y est mort en 1998.

PORTE-DU-QUERCY

Porte-du-Quercy est une commune nouvelle qui a vu le jour en 2019, elle rassemble les communes de Fargues, Le Boulvé, Saint-Matré et Saux. Cette commune élargie est située dans le Quercy Blanc et propose de nombreux sentiers de randonnée. Vous aurez le loisir de parcourir un paysage typique, caractérisé par des reliefs doux, une roche calcaire à couleur claire et des prairies verdoyantes. La viticulture est ici très présente et permet une économie liée au commerce du vin et à l'œnotourisme. Par ailleurs, les cultures maraîchères et les vergers se sont également imposés au cours du XIXe siècle permettant une diversification des cultures.

L'ÉTAPE BLEUE €€

Durand
✆ 05 65 35 34 77
www.gite-etape-bleue.com

Accueil pèlerins Nuitée 14 €. Petit-déjeuner 6 €. Demi-pension 34 €. Nuitée en chambre d'hôtes 56 €.

A 800 mètres du chemin (retour direct sur le chemin), les pèlerins sur la voie de Saint-Jacques-de-Compostelle seront ravis de faire halte à cette Etape Bleue tenue par d'anciens pèlerins. Accueil particulièrement convivial, conseils, quatre chambres agréables (avec douche et WC) pour 10 personnes avec possibilité de bénéficier de soins de pieds et massages pour se relaxer. Autre bonheur de l'Etape, la cuisine réalisée à partir de produits locaux bio. L'étape bleue est également une chambre d'hôte ouvert aux touristes de passage dans la région.

MAISON DULER - DOMAINE DE SAINT-GERY €€€

Saint-Géry ✆ 05 65 31 82 51
www.saint-gery.com/paysan/naissance-dun-vignoble

Chambre double à partir de 157 €. Petit déjeuner 33 €. Restaurant gastronomique : menus de 57 € à 227 €/ pers.

Chez les Duler, on aime l'authenticité du luxe. Dans une nature préservée, au milieu des chênes truffiers, le domaine est un joyaux. Les chambres ont toutes un style différent mais un point commun : la pierre et le bois. La piscine est alimentée d'eau de source naturelle. La cuisine est à la hauteur des lieux : bio-logiquement gastronomique et luxueuse, avec le diamant noir du domaine comme ligne de conduite culinaire, le porc noir gascon, le foie gras... Uniquement sur réservation.

LE PERCHOIR DU QUERCY €€

746, Chemin des Boulbènes
✆ 06 38 41 12 36
www.leperchoirduquercy.fr/

Ouvert toute l'année. Gite de 1 à 8 personnes. 3 chambres. A partir de 150 € la nuit. Bain nordique.

Face à la cité de Montcuq, avec une vue spectaculaire sur les collines « toscanes » du Quercy Blanc, ce gîte porte bien son nom. Ce chalet magnifique et bien pensé vous offre l'évasion et la quiétude d'un Quercy sauvage et authentique. Il est composé de 3 chambres. Un filet tendu au-dessus du living invite à la détente. Ce living s'ouvre lui sur une terrasse et une vue à couper le souffle. En été, les cigales vous chantent leur douce chanson du Sud. Dehors, le bain nordique et les terrasses du gîte conviennent à la détente. Un véritable havre de paix. On adore !

DOMAINE DU CRUBEL

Lieu-dit Crubel
✆ 05 65 23 38 32
www.domaineducrubel.fr

Livraison possible. Paniers gourmands de 30 € à 51 €.

Alain et Sylvianne sont éleveurs, gaveurs et transformateurs de canards et oies depuis plus de 30 ans. Élevées en plein air dans la plus pure tradition du Sud-Ouest, les volailles du Crubel reçoivent des soins attentionnés et complets. Foie gras, confits, rillettes, plats cuisinés : tout est confectionné sur place et dans le respect des produits. L'été, un restaurant à la ferme ouvre ses portes. Les plats sont conçus autour et à partir des produits de la ferme. Un petit élevage traditionnel pour des produits du terroir de grande qualité.

CASTELNAU-MONTRATIER-SAINTE-ALAUZIE

Vieilles bâtisses aux façades marquées par le temps, fontaines ruisselantes et lavoirs rappelant le dur labeur des anciens... Castelnau-Montratier est ancrée dans son temps, le passé côtoie le présent à travers un patrimoine unique. En entrant dans la ville, vous ne pourrez pas manquer les 3 moulins à vent, témoins d'une région agricole depuis la nuit des temps. Admirez aussi ses caselles, (cabanes en pierre sèche), ou encore ses églises romanes. 6 voies romaines passaient par là. La ville fut rasé par la guerre puis reconstruite par le seigneur de Ratier en 1250. Le château lui date du XIIIe siècle, il a un temps rempli la fonction d'hôpital.

MOULIN A VENT DE BOISSE

CB non acceptée. Enfant -12 ans gratuit. Visite guidée 3 €, contactez l'office de tourisme.

Reconstruit en 1813 à partir et de la même manière que celui se trouvant initalement au lieu-dit L'arbre del Canou, son propriétaire et meunier ayant décidé de le déplacer à l'endroit actuel en raison de coups de foudre intempestifs et trop souvent répétés. Il était complémentaire du moulin à eau de Lamothe à Césac. Situé à 7 km de Castelnau, il est mentionné au XVIIe siècle, et sa construction à l'identique autorise à le dater de cette époque. Il appartient à la commune de Sainte-Alauzie. Il se visite aujourd'hui ponctuellement, sur rendez-vous.

LE BARDOUQUET €€

19, place Léon-Gambetta

✆ 05 65 21 28 14

Ouvert toute l'année 7/7. Carte : 20 € environ. Chèque Restaurant. Terrasse.

Au cœur du village, sous les arcades de la place Gambetta, le Bardouquet est le café, glacier, brasserie incontournable de la ville. L'été, la terrasse est un lieu très prisé pour se détendre et profiter du cadre de la ville. En saison, des concerts sont donnés tous les mercredis sur la place. La terrasse devient alors les gradins privilégiés du spectacle. Le menu du jour est sur l'ardoise toute l'année et varie au fil des saisons. La gastronomie du sud-ouest est également mise à l'honneur. Penser à réserver aux beaux jours, surtout les jours de marché.

LA GRANGE DU LEVAT €€

Lieu-dit Le Levat

✆ 05 65 21 98 15

www.lagrangedulevat.fr

Ouvert toute l'année. Menus de 18,50 € à 32 €. Formule du midi : 14,50 €. Chèque Restaurant. Terrasse.

Nathalie et Arnaud servent une cuisine maison, élaborée à partir de produits régionaux, frais, de saison et de tradition ! La grande maison dans laquelle ils accueillent les gourmets est typique des causses du Quercy blanc, ce qui confère à donner du charme à cet endroit. Les hôtes, des professionnels de la restauration depuis 20 ans, s'attacheront à vous faire découvrir les trésors de la gastronomie du Sud-Ouest. Une des spécialités du chef est certainement le foie gras poêlé et le ris de veau. Une adresse incontournable pour amateurs de cuisine authentique.

SAINT-PAUL-FLAUGNAC

La commune nouvelle de Saint-Paul-Flaugnac est née en 2016 du regroupement des deux communes de Flaugnac et Saint-Paul-de-Loubressac. Les villages de Flaugnac et Saint-Paul-de-Loubressac sont situés à l'extrémité d'un promontoire, dominant la vallée de la Lupte. Labouffie, nom initial de Saint-Paul, fut au XIIIe siècle un bastion des Templiers de la commanderie de Cahors. Des vignes plantées sur la commune font partie de l'aire d'appellation des Coteaux du Quercy. Enfin, des chemins de randonnée balisés permettent aux visiteurs de découvrir les paysages alentour. Vous pourrez admirer le Dolmen de la Lécune, au lieu-dit Les Trois Pierres.

AU CHARME DU LEVAT €

Lieu-dit le Levat

✆ 05 65 21 93 16

www.aucharmedulevat.fr

Ouvert toute l'année. Chambre double à partir de 46 €. Petit déjeuner : 7,50 €. Chèque Vacances. Menu à 15,50 €.

Cajolé dans un petit hôtel calme et agréable, disposant d'un joli parc idéal pour la détente aux beaux jours, vous aurez ici l'opportunité de trouver un refuge de qualité lors de votre périple en terres lotoises. Cet établissement jouit d'un cadre de verdure et de quiétude. Avec ses 8 chambres seulement, Au Charme du Levat assure un accueil familial, convivial et de qualité. Chaque chambre est équipée de façon à vous assurer tout le confort dont vous aurez besoin. Pour les enfants, des aménagements sont prévus pour assurer les besoins de distractions.

LABASTIDE-MARNHAC

Labastide-Marnhac est une de ses plus anciennes bastides de la région, fondée par le seigneur de Lard. Située sur le GR 65, la via Podiensis du pèlerinage de Saint-Jacques-de-Compostelle du Puy-en-Velay à Saint-Jean-Pied-de-Port, la commune possède un magnifique château déjà cité au XIIIe siècle. Le Dolmen de Peyrelevade aurait été édifié aux environs de l'an 2000 av. J.-C. On peut également admirer trois églises, celle de Labastide-Marnhac et les deux églises annexes de St-Rémy et de Salgues. La commune est également riche d'un petit patrimoine rural : fontaine, lavoir, moulin de la Courounelle (1772), travail à ferrer de Poudans, etc.

CHÂTEAU

www.labastide-marnhac.fr

Possibilité de louer des chambres ou des salles. Renseignements auprès de la mairie.

Situé à dix kilomètres au sud de Cahors, le château qui date du début du XIVe siècle, mais édifié sur les ruines du précédent attesté dès le XIIe, domine les alentours de Cahors. Des remparts la vue s'étend jusqu'aux Pyrénées, lui conférant un rôle historique important dans la région. De multiples apports, rénovations et constructions se sont succédé jusqu'à nos jours. La mairie propose la location de chambres et de salles à l'intérieur du château. Vous trouverez dans un site prestigieux, des salles de séminaire, formation et de réceptions privées.

LE VERT €€

Le Vert ✆ 05 65 36 51 36

www.levertfrance.com

Ouvert toute l'année. Gite à la semaine de 2400 à 3400 € selon la saison. Service traiteur avec un chef sur demande.

La maison, grande bâtisse en pierre, est nichée dans la verdure. C'est un ancien domaine viticole qui domine la campagne environnante. Le Vert vous propose 6 chambres, réparties en deux maisons pour une capacité d'accueil de 12 personnes. Une chambre d'hôtes avec terrasse privée est également disponible. SI vous le souhaitez, vous pouvez également faire appel à Bernard Philippe, chef de cuisine de l'Hostellerie du Vert, reconnu par les plus prestigieux guides gastronomiques. N'hésitez pas à vous renseigner pour la mise en place d'une formule personnalisée.

CHÂTEAU LATUC

Château Latuc

✆ 05 65 36 58 63

www.latuc.com

Ouvert du lundi au samedi de 9h à 12h et de 14h à 18h. Ouvert le dimanche sur rendez-vous. Livraison possible.

Si vous êtes amateur de bon vin, Geneviève et Jean-François Meyan vous proposent de venir faire une halte au château Latuc. Vous y serez très agréablement reçu. Les cuvées château-latuc et château-latuc-prestige, élevé 12 mois en fûts de chêne, sélection des meilleures parcelles - sont à goûter absolument. Des vins souples et fruités comme on les aime. Et pour ceux qui voudraient visiter l'église de Cabanac, dont on dit qu'elle fut construite par les Anglais durant la guerre de Cent Ans, c'est ici que vous trouverez la clef !

MAUROUX

Aux confins de l'Agenais et du Quercy, le village de Mauroux est situé sur un plateau calcaire. On peut encore voir les ruines du château ayant appartenu aux barons d'Orgueil au XIIe siècle. Au nord-ouest de Mauroux, se trouvent les ruines de la ville médiévale d'Orgueil, aujourd'hui envahie par la végétation. L'église Notre-Dame date du XIVe siècle, elle est magnifiquement bien conservée. La tour-clocher, flanquée d'une abside remarquable couverte de lauzes, domine la campagne environnante. Pour les amateurs d'architecture, sachez que l'église comprend trois formes de voûtes : en ogives, en berceau plein cintre et en cul-de-four.

MAS DE SABY

✆ 05 65 24 60 22

www.masdesaby.com

Ouvert du lundi au samedi toute l'année. Livraison possible. Coffrets cadeaux.

C'est dans une ancienne ferme toute en pierre, dans des locaux modernes parfaitement intégrés, au site que Denise et Rachid Chioukh élaborent leurs conserves selon des méthodes purement traditionnelles - gavage au maïs, respect du savoir-faire artisanal - alliées à des normes actuelles. Ils participent à des tant régionaux que nationaux et reçoivent de nombreux prix. Depuis 1995, ils ont obtenu une quarantaine de médailles au concours général agricole de Paris ! Une gamme complète de produits du terroir, savoureuse et de très belle qualité artisanale.

LALBENQUE ★

Chaque année, le village de Lalbenque est sous le feu des projecteurs avec la venue des différents médias pour le célèbre marché aux truffes. Pour vivre et comprendre le village à 100 %, tâchez d'y passer au moins une fois le premier mardi de décembre à 14h pour le lancement de la saison. Les paniers truffés sont eux à retrouver tous les mardis d'hiver par la suite, une particularité locale particulièrement appréciée. Le village ne se limite pourtant pas à cela puisque l'église gothique Saint-Quirin notamment, de la fin du XVe siècle, fait partie du patrimoine culturel riche de Lalbenque, avec également une magnifique tour-pigeonnier à lanterneau.

FERME DE VANADAL

Les Grèzes - **ESCAMPS** ✆ 06 59 37 34 21

fermedevanadal.fr

Ouvert toute l'année sur rendez-vous. Gite en location à l'année. Visite guidée. Boutique. Animations.

Benjamin Zimra est paysan distillateur comme on n'en fait plus. Son monde est composé de plantes, d'huiles essentielles et d'hydrolats. Dans sa ferme de Vanadal, située à Escamps dans le Lot, il cultive 7 plantes différentes en agriculture biologique : thym à thymol, romarin pyramidal, sarriette des montagnes, origan carva, sauge sclarée, lavande maillette et hélycrise italienne ou immortelle. Intarissable sur les propriétés de ses plantes, Benjamin connaît leurs spécificités sur le bout des doigts. Il ne distille que des plantes qui poussent dans le Lot et uniquement en agriculture biologique. Il cultive, récolte, distille et vend ses productions chez lui à la ferme ou sur les marchés de Lalbenque et de Limogne. Son savoir-faire, il aime aussi le partager, notamment par des visites de sa ferme. Il propose à la vente des huiles essentielles mais également des hydrolats, tisanes, huiles, gels douche, shampoings, etc. Sur rendez-vous, Benjamin vous fait découvrir avec passion son métier et sa distillerie qu'il a lui même construite. Voilà une sortie originale qui peut passionner petits et grands ! Incontournable.

Côté gîte, il peut accueillir jusqu'à six personnes. Il est situé au cœur de la ferme de Benjamin, en plein Parc Naturel Régional des Causses du Quercy. Vous logerez alors dans une maison Quercynoise du XIXe siècle typique, entièrement restaurée. Environnement très calme et ressourçant, entouré de chevaux, de poules et d'une nature toute puissante. Un petit eldorado lotois qui sent bon la Provence.

LES SENTEURS DU QUERCY

Mas de Fraysse

ESCAMPS

✆ 05 65 21 01 67

www.senteursduquercy.com

Du mardi au vendredi de 10 h à 12 h et de 14 h à 18 h ou sur RDV (par téléphone ou email).

La pépinière d'Escamps est un véritable festival de senteurs. D'avril à juin, les couleurs varient et les formes offertes par dame Nature se révèlent magiques. À noter la fleuraison des iris en mai, où vous pourrez observer l'une des collections les plus vastes de France. L'équipe sur place est passionnée et passionnante. N'hésitez pas à poser des questions que vous soyez novices ou passionnés curieux. Outre la pépinière qui propose la vente d'espèces en tout genre, les amateurs trouveront sur le catalogue en ligne des espèces plus rares !

OFFICE DE TOURISME DE LALBENQUE

38, place de la Bascule

✆ 05 65 31 50 08

www.tourisme-cahors.com

En été ouvert 7/7. Se renseigner pour les horaires et les jours d'ouverture hors saison.

Le pays de Lalbenque est une région où il fait bon vivre. Pour tous ceux qui croiseront Lalbenque et son pays, l'office de tourisme est le point de passage obligé pour ne rien oublier ! À l'accueil vous trouverez de très nombreux prospectus et documents divers pour vous guider dans votre découverte de cette terre. À acheter, des cartes de randonnées pédestres, cyclistes ou équestres pour découvrir le pays de Lalbenque par ses petits chemins de terre.

GITE LA BORIE DU MOULIN €€

1807, Chemin de Loubejac

✆ 05 65 53 69 45

www.laboriedumoulin.com

Ouvert toute l'année. A partir de 360 €/semaine. Label Tourisme & Handicap. Wifi gratuit. Tv satellite.

Classé 4 étoiles, ce gîte de 55 m² est composé d'une chambre avec un lit double, d'un salon / salle à manger avec un canapé convertible, d'une cuisine et d'une salle de bain. Tout le gîte a été aménagé pour les personnes à mobilité réduite, homologué Tourisme Handicaps pour les 4 formes d'handicap. En plein cœur du Parc Naturel Régional des Causses du Quercy, il jouit d'une vue magnifique sur les confins du Quercy Blanc. De sa petite terrasse, c'est la nature qui explose. La piscine ouverte de juin à septembre se marie parfaitement au cadre verdoyant.

GITES DU MAS DE SEMBELOU €€

Mas de Sembelou - **CREMPS** © 05 65 31 64 82
www.gites-cremps.com
Gîtes de France 3 épis. Ouvert toute l'année. De 230 € à 690 € la semaine selon saison. Gîtes de 2 à 4 places.

La famille Hatterley vous accueille dans quatre gîtes restaurés avec soin, dont trois sont situés sur la propriété familiale et un au cœur du village. Ces gîtes de caractère présentent un cachet rustique. Dans une véritable forge originale du village, vous séjournerez dans un mobilier quercynois avec des pierres apparentes. Dans le fournil et la girouette, les chambres ont été entièrement aménagées pour vous offrir confort et authenticité. Dans un espace de plus de 100 m², le gîte de la grange, lui, bénéficie d'un bel ensoleillement dans une pièce épurée.

LES GLYCINES €€

Mas de Batié
CREMPS
© 05 65 31 60 98
Gîtes de France 4 épis. Chambre à partir de 95 € petit déjeuner inclus. Repas : 25 € à 40 €.

Voici le lieu idéal pour les familles avec un bébé ou les jeunes couples. La chambre, aménagée dans ce qui fut la grange, est particulièrement spacieuse et confortable. Elle est équipée d'un lit double et d'un lit en 90 et dispose d'une salle d'eau et de WC indépendants. Nul besoin d'aller loin pour se restaurer, la table d'hôte remplit merveilleusement sa fonction et vous permettra de savourer les produits frais de la région dont la truffe et le safran de la propriété. La propriété de 3 hectares est composée de chênes, jardin fleuri, piscine...

LA TISSANDIÈRE €€

10, rue des Tisserands
© 05 65 31 66 32
www.latissandiere.fr
Chambre double à partir de 79 €. Petit déjeuner : 10 €. Repas du mardi au samedi le soir et le samedi midi. 25-30 € env.

Au cœur du village et face à l'église se trouve cet hôtel de charme et de caractère. Une belle halte pour parfaire une visite au pays du diamant noir. Au pied du célèbre marché aux truffes du Quercy, la Tissandière vous ouvre ses portes pour de belles nuits quercynoises. La grande bâtisse en pierre entièrement rénovée cache une décoration intérieure boisée et colorée mêlant sobriété et confort. L'écrin idéal pour savourer les délices de son salon de thé. Le petit déjeuner finira de vous séduire avec des mets locaux sucrés et salés.

AUX BIENVENUS €

Le bourg - **FONTANES**
© 05 65 22 23 19
www.restaurantbar-auxbienvenus-fontanes.fr
Du lundi au vendredi 8h/20h et dimanche matin. En été, samedi-dimanche jusqu'à 18h. Menu du jour 13 €. Bar, épicerie.

Aux Bienvenus dans le petit bourg de Fontanes, c'est le concept du «multi-services» villageois. C'est tout à la fois le petit resto sympa (24 couverts en salle, 24 en terrasse) Une cuisine traditionnelle maison goûteuse, élaborée principalement avec des produits frais et locaux, une ambiance familiale, un bar à thèmes avec des soirées salsa, paellas, concerts... une épicerie (avec des produits locaux et régionaux) ainsi qu'un dépôt de pain et de gaz. Une halte très sympathique, une ambiance chaleureuse et une terrasse très agréable aux beaux jours.

LE BISTRONOME €€

89, rue du Marché-aux-Truffes
© 05 65 31 64 31
Ouvert du mardi au samedi le midi ; du jeudi au samedi le soir. Menu du jour 13,50 €. Terrasse. Animations.

Le Bistronome à Lalbenque, au cœur du village célèbre pour son marché aux truffes, est un bar, un resto, un bar à vins, où l'on boit, rit, mange et où l'on danse aussi… Vous pourrez y déguster « sur le pouce » et à toute heure des plateaux de fromages et autres planches de cochonnailles, ou bien des plats et menus traditionnels. Une ambiance fabuleuse, des patrons adorables, des concerts et des soirées de grande qualité. La terrasse-plage en été fait fureur auprès des enfants et des autres. Un lieu qui respire la bonne humeur et la joie de vivre.

LE CLOS CACHÉ €€

La placette
ESCAMPS
© 05 65 24 56 26
Ouvert toute l'année sur réservation uniquement. Menus de 48 € à 80 €. Jardin. Terrasse.

Nichés dans la campagne d'Escamps, les lieux, dans la pure tradition de l'architecture quercynoise, offrent déjà leurs charmes. Dans l'assiette, c'est une cuisine authentique concoctée avec tout l'art des recettes ancestrales. Un menu unique permet à Mireille et Denis de travailler avec des produits frais et de saison. Ici ni carte ni menu, le nombre de places étant limité, le restaurant est ouvert uniquement sur réservation au moment de laquelle on vous demandera si vous êtes plutôt viande ou poisson... Laissez-vous surprendre !

LE LION D'OR €€

104, rue Marché-aux-truffes
© 05 65 31 60 19
www.leliondorlalbenque.com
Ouvert toute l'année 7/7 midi et soir. Pizzas de 12 à 15 €. Plats 18-23 €. Chèque Restaurant. Terrasse. Animations.

Au Lion d'Or à Lalbenque l'assiette est à l'image du terroir : généreuse, noble et gourmande. Ici c'est le pays de la Truffe, alors quand le marché du mardi en hiver se termine, nous partons boire un coup au bar avant de déguster le menu spécial marché au préalablement réservé. À la carte : foie gras, saint-jacques, omelette aux truffes, andouillette 5A, burger du Quercy et une belle assiette de fromages suivie de sa crème brûlée au safran. Et nos papilles tombent sous le charme du Lot. Belle carte de pizzas sur place ou à emporter.

FOURCHETTES ET COUTEAUX €€€

26, rue du Marché-aux-Truffes © 06 13 54 54 81
www.fourchettes-et-couteaux.com
Ouvert toute l'année du jeudi au dimanche midi et soir sur réservation. Menus : 25-33-44 € et menu tout truffe 59 €.

Fourchettes et Couteaux allie finesse et élégance pour un style parfaitement maîtrisé. Cet établissement gastronomique nous propose une carte modifiée chaque mois. Une recherche perpétuelle d'alliance de saveurs dans des mets locaux, qui séduit. Idéalement placé dans la capitale quercynoise de la truffe, ce restaurant met à la carte, chaque jour de marché aux truffes, un menu où le diamant noir est à l'honneur. Entrée, plat et dessert : dans tous ses états, ce joyau gustatif met nos papilles en éveil. Une belle adresse.

LA TABLE DE HAUTE-SERRE €€€

CIEURAC © 05 65 20 80 20
www.hauteserre.fr
Ouvert toute l'année sur réservation. Consultez le site internet pour les horaires. Menus 26-70 €

À quelques kilomètres de Lalbenque, célèbre capitale de la truffe noire, et de Cahors, s'élève le Château de Haute-Serre. Un lieu baigné de soleil dès les premières heures de la journée... Étape ultra gourmande sur la route des vins, lieu de rendez-vous pour les œnophiles et les épicuriens, la Table de Haute-Serre propose un concept inédit de bistronomie récompensé d'un BIB gourmand. Dans le décor d'un chai en pierre, la cuisine créative, moderne et colorée du Chef Allan Duplouich fait l'unanimité. Une des plus belles adresses du Lot.

BRASSERIE ARTISANALE RATZ

725, avenue Saint-Exupéry - **FONTANES**
© 05 65 53 05 63
www.biereratz.fr
Ouvert du lundi au samedi de 10h à 18h - en été 19h. Visites sur réservation du lundi au samedi.

Christophe Ratz s'est fait la main en Belgique et en Angleterre avant d'ouvrir sa propre brasserie en 2001, à Fontanes, à quelques encablures de Cahors. Alliance de pur malt, de houblon aromatique, de levure et d'eau lotoise, ses bières sont naturelles et non pasteurisées. En un peu plus de quinze ans, Christophe Ratz a mis au point une quinzaine de recettes, déclinées en plusieurs gammes : tradition, spéciale, bio, R de Ratz, auxquelles il faut rajouter les bières saisonnières.

CHÂTEAU DE HAUTE-SERRE

Château de Haute-Serre
CIEURAC
© 05 65 20 80 20
www.hauteserre.fr
Fermé en décembre et mars. Dégustation des vins du vignoble : 5-10-20 €. Visites sur réservation.

Propriété Viticole en plein cœur de l'appellation de Cahors sur les plateaux Kimméridgiens, elle est l'une des plus anciennes de l'appellation. Bertrand Gabriel Vigouroux 4ème de sa génération y produit des Malbecs de Cahors. De nombreuses activités y sont proposées pour vous permettre de vous immerger dans ce lieu authentique : visite du vignoble et des chais ponctuée par une dégustation, ateliers de dégustation ou ateliers vendanges aux mois de septembre et octobre, repas champêtre, jeux en bois, parcours d'orientation, escape games, etc.

FERME DE TANDOUNET

© 06 75 54 39 75
Boutique à la ferme ouverte sur demande. Bienvenue à la ferme.

Chez Anne-Marie, on élève les canards à l'ancienne, en petite production, dans le respect des animaux, des saisons et des méthodes ancestrales. Les volatiles ont de grands parcours sur lesquels ils peuvent courir, se dépenser, vivre au grand air ! En hiver, vous trouverez à la ferme de Tandounet des canards entiers désossés au foie gras, des magrets de canard au foie gras, du foie gras mi-cuit... Tout au long de l'année, dans la boutique de la ferme, l'éleveuse propose du foie gras, du pâté au foie truffé, des fritons, des gésiers...

AUJOLS

Le petit village d'Aujols ne manque pas de charme et ses atouts patrimoniaux ne sont pas négligeables avec son église du XIXe siècle, ses remparts du XIIIe et bien entendu son lac entouré de vingt lavoirs « papillon ». Situé au centre de la commune, ce petit lac est une curiosité à voir. On peut imaginer face à la poésie des lieux le quotidien des lavandières de l'époque, agenouillées devant les lavoirs pour frotter et battre le linge. En 1870 le lac fut agrandi. En période estivale on peut apercevoir au fond du lac les vestiges des premiers lavoirs ensevelis. On cessa progressivement de laver le linge au lac à partir des années 1950.

BELFORT-DU-QUERCY

Ancienne bastide du XIIIe siècle, Belfort-du-Quercy a été fondée par la famille de Penne autour d'un château et de deux tours de guet. Détruite au fil des siècles, la petite bastide médiévale a longtemps été laissée à l'abandon. Un deuxième village, plus moderne, prend alors vie sur un plateau du Quercy blanc. Admirée pour ses vieilles bâtisses en pierres blanches, Belfort-du-Quercy renferme comme un secret quelques trésors. A voir, la chapelle Saint-Jean-des-Arcades (datant du XVe siècle) et le four à pain traditionnel de Loubéjac entièrement restauré. Bien d'autres petites pépites sont à découvrir lors de promenade dans le bourg et les environs.

VAYLATS

C'est un petit village du Causse, un village tranquille où la vie est douce. L'histoire de Vaylats révèle que ses terres étaient déjà cultivées au IIe siècle av. J.-C. Depuis, la guerre de Cent Ans, les guerres du XXe siècle et l'exode rural ont fini par ruiner cette région agricole. On a retrouvé les traces d'un oppidum, qui a pendant un temps été un candidat au titre d'Uxellodunum, le dernier bastion gaulois à résister contre César. On retrouve les traces de la seigneurie à Vaylats dès le milieu du XIIIe siècle. Mais le village actuel ne fut édifié qu'à partir de 1470, autour d'un château, complètement détruit au moment de la Révolution française. Quelques siècles plus tard, fin XIXe, l'abbé Jean Liausu débutera la construction d'un couvent à l'emplacement du château afin d'y installer sa communauté : Les Filles de Jésus. Une petite communauté de religieuses y vit toujours. Après avoir fait l'école pendant plus d'un siècle puis accueilli les pèlerins du chemin de Saint-Jacques-de-Compostelle, les religieuses ont aujourd'hui confié l'activité du Couvent à une association. Le village compte également un café-épicerie, un producteur de fromages de Rocamadour, un garagiste, des yourtes pour les vacances, une enceinte sportive équestre, etc. La butte de Vaylats appelée «le Pech de la Pauze» s'élève à 327 m, c'est le point culminant de la commune. Il a été agrémenté d'un panneau explicatif sur les particularités géologiques du territoire par le PNR des Causses du Quercy. Se garer près de la mairie et prendre le chemin à pied qui longe le nouveau cimetière.

CATUSSE EN QUERCY

Sautel
MONTDOUMERC
✆ 05 65 24 20 21

Ouvert du lundi au vendredi 9h-12h et 14h-18h. Vendredi jusqu'à 17h. Livraison possible (achat en ligne).

La conserverie où sont fabriqués les produits Michel Catusse a également sa boutique qui allie modernité et tradition. Les gourmands ne seront pas déçus : vous y trouverez tous les produits traditionnels à base d'oie et de canard, pâtés fins, foie gras, mini-boudins blancs au foie gras truffés, cassoulet d'oie aux haricots tarbais, confit, truffes, champignons, pâté au rocamadour, plats cuisinés… et bien sûr du vin de Cahors et des coteaux du Quercy. Une très bonne enseigne renommée dans la région du Lot. À mettre dans ses valises absolument !

PHOSPHATIERES DU CLOUP D'AURAL

Route de Varaire - **BACH** ✆ 06 03 93 45 91
www.phosphatieres.com

Ouvert d'avril à fin octobre. Adulte : 8 €. Accueil enfants. Visite guidée. Buvette. Boutique. Espace pique-nique.

Anciennes mines de la fin du XIXe siècle, les phosphatières du Cloup d'Aural offrent un magnifique regard sur la vie minière de cette époque. Leur exploitation a permis la découverte de fossiles vieux de plus de trente millions d'années. En descendant dans ces exploitations à ciel ouvert les visiteurs seront surpris de découvrir toute une végétation particulière aux régions tropicales, entre lumière et monde souterrain. Chemin de randonnée des temps géologiques de 9,2 km.

HOSTELLERIE DU COUVENT DE VAYLATS €

Le Bourg
✆ 05 65 31 63 51
www.hostellerieducouvent.fr

Ouvert toute l'année sur réservation A partir de 30 € / nuit. Séminaires. Restauration.

Voyageur exigeant, en quête d'émotions et de beauté ; vous ne serez pas déçu par l'Hostellerie du Couvent de Vaylats. Témoin de son temps, ce couvent est né au début du XIXe siècle, lors de la fondation de la Congrégation des Filles de Jésus en 1820 par l'abbé Jean Liausu. Près de deux siècles plus tard, tout le charme de son architecture a été conservé avec ses tourelles, son cloître restauré et ses belles pierres blanches quercynoises. Adresse atypique.

LES GÎTES DU MAS D'ASPECH €€

Lieu-dit Le Mas d'Aspech - **BELMONT-SAINTE-FOI**
✆ 06 89 94 48 76
www.location-gite-quercy.com

3 gîtes (2 à 4 places) à partir de 280 €/semaine. Panier petit déjeuner 14 €. Repas 25 €. Piscine privative.

Les gîtes ont su conserver toute la saveur et l'âme quercynoise au cœur du Parc Naturel des Causses du Quercy. Deux maisons de caractère et un pigeonnier vous sont proposés lors de vos séjours lotois le temps d'un week-end, d'une semaine ou plus. Loin de la fièvre urbaine, le Mas d'Aspech mise sur la proximité avec le calme et la quiétude de la nature, ici souveraine. Depuis 2016, chaque gîte est désormais équipé de sa piscine privative... Bon séjour !

AUBERGE DU MAS D'ASPECH €€

Lieu-dit Le Mas d'Aspech - **BELMONT-SAINTE-FOI**
✆ 05 65 31 04 59
www.aubergedumasdaspech.com

Sur réservation lundi, mardi, vendredi et dimanche midi, vendredi et samedi soir. Menus 18-38 €. Formule midi 14,50 €.

En cuisine, on officie dans la plus pure tradition de la restauration traditionnelle. À la carte, les spécialités quercynoises rivalisent de saveurs et de raffinement : soupe campagnarde cuite au feu de bois, poule au pot, foie gras poêlé aux câpres, tête de veau, chou farci, confit de canard, civet de lièvre et autres gourmandises du terroir. La cuisine du chef satisfait à bien des égards les papilles des palais les plus avertis. De décembre à mars, il peut même vous concocter un menu «tout truffe», de l'apéritif jusqu'au dessert.

LOU BOURDIE €€

Le Bourg
BACH
✆ 05 65 31 77 46

Ouvert toute l'année les midis sauf mercredi et samedi. Le soir sur réservation. Menus de 15 € à 55 €. CB non acceptée.

Chez Monique Valette, la cuisine est une histoire de famille. C'est dans les jupons de sa grand-mère qu'elle a appris les recettes du terroir. L'omelette aux truffes, véritable institution du Quercy, est servie copieusement selon les traditions ancestrales. Près de la grande cheminée de la maison familiale, Monique prend soin de ses clients comme s'ils étaient ses invités. Mais qu'on se le dise : le régime est ici considéré comme une entorse aux coutumes et au savoir-vivre... Réservez impérativement, l'adresse est très appréciée dans la région.

CAFÉ DE L'ORME

Place de l'Ormeau
✆ 05 81 70 43 41

Ouvert toute l'année. Terrasse. Restauration. Epicerie de dépannage et dépôt de pain.

Le Café de l'Orme est un très ancien café, tenu il y a de nombreuses années par une famille bien connue du village dont seuls les plus anciens pourront vous parler. Fermé pendant des décennies, il a connu un second départ il y a quelques années. Aujourd'hui, il est le seul point de commerce du village. On y trouve du pain, un tout petit rayon épicerie (dépannage pour les marcheurs du chemin de Saint-Jacques de Compostelle) mais c'est avant tout un endroit où se retrouver pour boire un café. Vous le trouverez en face de l'église, sur une toute petite place.

MAS DE RAOUNEL

✆ 05 65 24 73 54

Ouvert du lundi au samedi de 8h à 12h30 et de 17h à 19h. Ouvert toute l'année.

Amoureux des chèvres, bienvenue ! La famille Gouraud élève un troupeau de 250 chèvres dans leur ferme, à la sortie du village de Vaylats sur la route de Caussade. Le père et le fils produisent des AOP Rocamadour fermier parfumé, onctueux et crémeux à souhait ! On peut l'acheter en vente directe (la meilleure façon de se rendre compte du travail effectué sur place) ou passer commande par téléphone. On retrouve également les produits du Mas de Raounel sur le marché de Lalbenque le samedi matin et dans quelques boutiques locales. Une excellente référence.

LIMOGNE-EN-QUERCY

Limogne-en-Quercy est un petit bourg très dynamique qui centralise commerces, services et vie populaire. Il faut venir le dimanche matin assister au marché hebdomadaire, s'asseoir à la terrasse du café et humer les parfums qui flottent dans l'air. On peut alors saisir ce qui fait de ce village tout son charme. Dans la Maison du Pays de Limogne, au centre du village, on trouve l'office de tourisme, une salle d'exposition et un musée d'Art et de Traditions populaires. Agrémentant les alentours du village, de nombreux dolmens, pigeonniers, gariottes et un beau lavoir biface couvert avec abreuvoir se dressent pour éveiller la curiosité du touriste.

SENTIER BOTANIQUE DE CANTAGREL

Départ à la maison des associations.
https://patrimoine-limogne.fr/sentier-botanique-de-cantagrel

Info auprès de l'office du tourisme. Suivre les panneaux fléchés depuis la maison des associations. 1 h env. Gratuit.

Au pied de la maison des Association, à deux minutes à pied du centre-ville, sur la route de Villefranche, suivre le parcours fléché. Ce sentier, bordé de murets de pierres sèches et de champs fermés par des barrières en bois, fait environ 2 kilomètres. Les sols, perméables, permettent l'implantation d'espèces résistant à la sécheresse. Le sentier est accessible à tous avec de bonnes chaussures et toute l'année. Une balade poétique dans l'intimité du Causse du Quercy.

MOULIN À VENT DE LA BOSSE

La Bosse
PROMILHANES
✆ 05 65 31 52 71

Ouvert de mi-juin à fin septembre. Gratuit jusqu'à 6 ans. Adulte : 3 €. CB non acceptée. Aire de pique-nique.

Le moulin fut construit en 1828 et resta en activité jusqu'au début de la Première Guerre mondiale, puis épisodiquement jusqu'en 1932. Son meunier a tout essayé pour rentabiliser son œuvre. Le vent, bien sûr, puis la locomobile, le moteur à gaz pauvre, pour finir par l'abandonner. Il fallut plus de 10 années de restauration pour lui redonner tout son éclat. A l'écart du bourg, il faut emprunter un petit sentier pédestre pour y accéder et admirer son imposante silhouette.

TRUFFES PASSION

151, chemin du Joncas ✆ 06 21 52 77 70
www.truffespassion.fr

Les vendredis à 10h30 sur réservation découverte du marché aux truffes en hiver et dégustation. Adulte 6,50 €.

Marie-France Ourcival est Madame *tuber melanosporum*, la truffe noire du Périgord ! Passionnée du diamant noir, elle entraîne les visiteurs dans l'univers de la truffe et leur en fait découvrir les moindres secrets. Elle guide les papilles lors de journées dédiées. La journée débute de bonne heure sur le marché aux truffes de Limogne. En saison (décembre à mars), la visite se poursuit dans un verger truffier où elle fait une démonstration très pointilleuse de «cavage», avec un chien dressé à cet usage. Sur réservation, Marie-France propose une petite dégustation.

MUSEE D'ARTS ET TRADITIONS POPULAIRES

55, Maison du Pays de Limogne
✆ 05 65 24 34 28

Ouvert toute l'année. Ouvert à l'année aux mêmes horaires que ceux de l'Office de Tourisme. Gratuit.

L'aventure de ce musée a commencé en 1997 lorsqu'une importante collection d'objets et de mobiliers XIXe siècle fut prêtée à l'association Découverte et Sauvegarde du Patrimoine. Aujourd'hui la très riche collection se déploie dans 3 salles : outils des paysans lotois, travail du bois, ustensiles et meubles de cuisine d'une ferme typique avec sa cheminée, le berceau, le lit et son « moine ». Des reconstitutions de pièces avec meubles et accessoires nous font voyager dans le temps.

CAMPING LE BEL AIR €€

311, rue de la Piscine
✆ 05 65 24 32 75
www.camping-le-bel-air.fr

Ouvert de mars à octobre. Emplacement 2 pers à partir de 15 €. Mobil-homes (2 à 4 places) à partir de 270 €/ semaine.

43 emplacements, plus 5 mobil-homes en location dans ce joyau de la nature au coeur du parc naturel des causses du Quercy. Ambiance sereine et bucolique assurée, l'ombrage confortable et les prestations de qualité vous raviront. Accès wi-fi gratuit, piscine, aire de jeux pour enfants, épicerie de dépannage, snack et possibilité de livraison de pain et viennoiseries... Un accueil convivial et une situation idéale pour d'excellentes balades et activités. Nombreuses possibilités de visites touristiques, et proximité avec les nombreux marchés en saison estivale.

L'AUBERGE DE LA GRANGE DU CROS €€

Le Cros - **SAILLAC** ✆ 05 65 24 77 13
www.aubergrangistes.com
Ouvert toute l'année sur réservation. Menus à partir de 25 €. CB non acceptée. Accueil des groupes. Jardin. Terrasse.

La pierre et le bois : le décor de l'auberge de la grange du Cros est en accord avec la cuisine des lieux, authentique. Rebecca vous fera profiter de sa cuisine familiale et Thierry complète le tableau avec le sourire de l'aubergiste d'antan. Terrine de lapin aux noisettes, poule vallée d'Auge, plateau de fromage… Le menu change chaque semaine ce qui est gage de qualité. La grange peut accueillir des groupes entre 20 et 50 personnes toute l'année. Parking pour voitures et bus.

L'ESPRIT DU CAUSSE €€

Le Bourg - **CONCOTS** ✆ 05 65 22 37 66
lesprit-du-causse.com
Mardi au vendredi et dimanche sur réservation. 29-34 €. Formule du midi 14,50 €. Chambres d'hôtes 90 €/nuit avec spa.

Avec son vieux parquet, ses grosses poutres et sa vaste cheminée, l'Esprit du Causse porte donc bien son nom et perpétue une tradition d'accueil et de bien manger vieille de plus de deux siècles. Le chef Romain Bouëtard propose une cuisine bistronomique réputée pour son raffinement. La carte des vins, qui fait la part belle aux vignerons en bio ou en reconversion, et l'accueil chaleureux que vous réserve Marlène, l'épouse de Romain, sont à la hauteur de leur réputation. Une adresse incontournable du Lot qui se distingue par son excellent rapport qualité-prix.

RESTAURANT LE JARDIN €€

14, Rue de Cenevières ✆ 09 81 69 52 74
Ouvert toute l'année. Réservation recommandée. Menus de 25 € à 33 €. Formule du midi 19,50 €. Terrasse.

Le midi, le chef de cuisine et le patron des lieux - fort de ses 25 années d'expérience - joue la carte fraîcheur avec 2 entrées et 2 plats au choix, fromage et/ ou dessert. La qualité des produits est indéniable et Philippe en cuisine les travaille avec talent. Le chef apporte une place privilégiée aux légumes de saison qu'il sublime à merveille. Dans les assiettes pas de fausses notes, c'est joli pour les yeux et pour les papilles. En été, le restaurant sort sa terrasse pour profiter du beau village de Limogne-en-Quercy. Une adresse à mettre en favori.

LE VINAGROU €€

Mas de Vinagrou - **CONCOTS**
✆ 05 65 22 58 08
www.vinagrou.com
Ouvert toute l'année sur réservation. Menu 25 €. Formule du midi 14,50 €. Chambres d'hôtes 68 € pour 2 pers.

Le restaurant est logé dans un corps de ferme et les chambres d'hôtes dans un autre. Aux commandes de la cuisine, Stéphane propose des menus basés sur le terroir et le poisson. Quelque soit le menu, la soupe respecte la tradition quercynoise en étant servie en début de repas. Pour la partie gîte, c'est Sandrine qui s'y colle. Les 4 chambres sont aménagées sous les toits en gardant l'esprit rustique du lieu, à savoir, pierres et poutres apparentes. Les accès aux chambres sont indépendants. Une adresse authentique qui mérite qu'on s'y attarde.

BOUCHERIE ESCROZAILLES

Place Jean Louis Belvezet
✆ 05 65 24 31 18
www.boucherie-escrozailles.com
Ouvert du mardi au samedi 8h30-12h30 / 15h-19h ; le dimanche 8h30-12h30. Ouvert le lundi matin 8h30-12h30 en été.

Marie-Claude et Philippe Escrozailles se sont taillé au fil des ans une réputation d'excellence. Il n'est qu'à voir la fréquentation de la boutique de Limogne le mardi, jour des confits de porc. Tradition oblige, la boucherie achète ses bêtes sur pied dans la région. L'étal de charcuterie propose ses inévitables fritons de porc et de canard, pâtés, rillettes, saucisses sèches et saucissons... Au rayon traiteur chaque jour à son plat à la demande. L'établissement propose également un large choix de conserves, fromages, vins et autres produits locaux.

LES FINS GOURMETS

Grand'Place
✆ 05 65 40 71 41
www.les-fins-gourmets.com
Ouvert du mardi au samedi 9h30-12h15 / 15h-19h. Ouvert le dimanche de 9h à 12h15. Livraison possible.

Quatre sympathiques agriculteurs sont regroupés pour perpétuer le savoir-faire hérité de leurs parents et grands-parents en matière de gavage de canards et de fabrication de produits. Le gavage se fait exclusivement au maïs, les produits fabriqués sont totalement naturels. Vous pourrez retrouver leurs produits dans leur boutique maire à Limogne-en-Quercy mais également dans 2 autres boutiques à Cajarc et Villefranche-de-Rouergue. Une sélection gourmande de produits du terroir préparés dans la plus pure tradition qui vous ravira les papilles.

IMPRIMERIE TRACE

Le Bourg - **CONCOTS**
✆ 05 65 23 26 89
www.imprimerietrace.fr

Reliure artisanale ; typographie ; sérigraphie manuelle... L'imprimerie Trace, créée en 2004 à Concots, s'est spécialisée dans les techniques d'impression traditionnelles. L'entreprise travaille pour différents donneurs d'ordre, mais elle crée également sa propre papéterie : affiches, carnets et calendriers, cartes postales ou livres, en vente sur sa boutique en ligne et chez certains revendeurs de la région. Régulièrement des animations sont organisées au sein de l'imprimerie afin de découvrir le monde merveilleux de l'impression artisanale.

CENTRE ÉQUESTRE PONEY CLUB DE LIMOGNE

Mas de Bassoul
✆ 05 65 31 67 91
www.fraysse-equitation-lot.ffe.com
Différents cours du mardi au samedi.

Didier, moniteur diplômé d'Etat et accompagnateur de tourisme équestre, aime les chevaux et les fait aimer. Chevaux et poneys vous attendent, que vous soyez débutant ou confirmé. Vous pourrez vous initier et vous perfectionner jusqu'à la compétition. Des stages à la carte sont même prévus pour les plus aguerris. Les balades vous feront découvrir le Lot. Une approche complète et pédagogique du cheval, et un apprentissage ludique pour ce centre équestre en pleine nature.

BEAUREGARD

Beauregard est une bastide située dans le Parc naturel régional des Causses du Quercy. Le premier nom de Beauregard était Bel Regard remplacé par *Beauregard* qui désigne une belle vue ou un beau manoir. Sa création remonte au Moyen Âge aux alentours du XIIIe siècle. Caractéristiques d'une bastide, les rues du village rectilignes et l'on trouve la Place de la Halle au centre même du village. Celle-ci date du XVe siècle et présente une solide charpente couverte de lauzes. Près du centre-bourg, le château de Marsa, malheureusement privé, est un très bel édifice remanié au fil des siècles, sa tour carrée date vraisemblablement du XIIIe siècle.

LUGAGNAC

Bienvenue dans le village de Louis Malle. Le cinéaste naquit un vieux manoir en 1966 et le restaura. Ce manoir, Le Coual, servit notamment de décors au tournage de son œuvre très personnelle *Black Moon*. En se promenant dans le petit bourg, on est saisit par le charme des pierres qui semblent raconter bien des histoires. La caractéristique majeure du village se situe dans les entrées des maisons. En effet, toutes les propriété - de petite maisons quercinoises typiques - possèdent un portail avec un linteau (de pierre pour la plupart) qui donnent une harmonie particulière au village. Lugagnac possède en outre un très joli petit patrimoine.

VARAIRE

Ne laissez pas Varaire sur votre chemin ! Ce petit village recèle de tout ce que l'on aime. Autrefois, la commune était traversée en son sud par la voie romaine reliant Caylus à Cahors. Ce très vieux chemin été appelé le « Cami Gasco ». La croix de Pétronille que l'on trouve au bord de la voie romaine marque l'emplacement d'un hôpital connu sous le nom de Saint-Jacques-de-Peyronèse qui accueillait les pèlerins au Moyen-Âge. L'hospitalité a forgé l'identité du village qui possédait encore deux auberges au XVIe siècle. Aujourd'hui, le village a encore un hôtel-restaurant qui accueille les pèlerins de Compostelle. Une petite épicerie anime le bourg.

LES MARRONNIERS €€

Le Bourg
✆ 05 65 31 53 85
Ouvert toute l'année. Menu 20 € env.

Sur le chemin de Saint-Jacques-de-Compostelle, sur ce causse de Limogne où pousse le « diamant noir », on vous propose omelette aux truffes, poule farcie, lapin et lièvre, agneau et canard fermiers, accompagnés de champignons (cèpes, morilles) et légumes du potager. Sans oublier la salade de noix, les cabecous, le pastis et autres clafoutis aux prunes de la Saint-Jean. L'été, l'assiette garnie est bien « garnie » (magret, foie gras). Le gîte réserve le meilleur accueil aux randonneurs à pied, à cheval ou en vélo. Il se situe à la croisée des GR65, GR36 et GR46.

PAYS BOURIAN

La Bouriane, avec son nom de conte de fées, est une région vallonnée recouverte de forêts de châtaigniers. De son regard, la Bouriane embrasse le Périgord et la Dordogne. C'est autour de la ville médiévale de Gourdon que de petits villages s'égrainent au fil des chemins. Il fait bon vivre dans ce coin du Lot qui reste l'un des plus authentiques. Par sa ruralité profonde, la Bouriane est un beau terrain de jeu pour tous les amoureux de la nature. Randonnée pédestre, circuits en vélo ou à cheval, vous trouverez en Bouriane des itinéraires permettant un vrai contact avec la nature. Nous vous conseillons de faire des détours, de vous laisser surprendre par ces petits villages… comme celui des Arques, vitrine du travail de l'artiste Zadkine, ou encore Catus et son lac Vert. Aménagé pour la baignade, la pêche et la détente, le lac de Catus est un espace de loisirs. La Bouriane, c'est aussi la mique, un plat typique et authentique !

Pays Bourian
2,5Km
Siorac-en-Périgord
Belvès
Groléjac
Cénac
Domme
Saint-Cybranet
Daglan
Saint-Pompont
Saint-Martial-de-Nabirat
MILHAC
Payrac
GOURDON
LE VIGAN
LÉOBARD
SALVIAC
CAZALS
GINDOU
LAVERCANTIÈRE
LES ARQUES
Villefranche-du-Périgord
Sauveterre-la-Lémance
Frayssinet-le-Gélat
GOUJOUNAC
Montgesty
CATUS
SAINT-MARTIN-LE-REDON
Calamane
SAINT-GERMAIN-DU-BEL-AIR
UZECH
USSEL
NADILLAC
LAUZÈS
GINOUILLAC
SÉNIERGUES
MONTFAUCON
COEUR DE CAUSSE
Labastide-Murat
SOULOMÈS
P.N.R. des Causses du Quercy
Réserve Naturelle
Rocamadour-l'Hospitalet
Alvignac les Eaux

CAZALS

Ce bourg est construit sur le plan d'une bastide. Initialement baptisé Montolza, il fut fondée en 1319 par le sénéchal du roi d'Angleterre, Guillaume de Toulouse. Ses origines remontent pourtant au Xe siècle : une petite communauté rurale s'installe autour de l'église Notre-Dame-de-Ginolhac, formant un premier noyau. Il est également fait mention d'un ancien château dans un traité conclu en 1193 entre le comte de Toulouse et Richard Cœur de Lion. Plus tard, sur une hauteur, des habitants viennent se grouper au pied du castrum des seigneurs de Gourdon. Ce n'est que lors de la création de la bastide que la vie économique bat son plein grâce aux marchés.

MUSÉE MONTOLZA MECANIC ART

Le bourg
✆ 05 65 22 89 00
www.montolza.com

Ouvert de juillet à octobre le jeudi et le dimanche de 10h à 18h. Adulte : 5 €.

Le Musée de Mecanic Art Montolza présente plus de 100 œuvres (bandes dessinées, journaux, lithographies, photographies, tableaux, timbres, cartes postales, dessins, broderies) relatives à cet art né au XIXe siècle et consacré à la naissance et aux évolutions de la civilisation industrielle. Patrick André Laubie, fondateur de ce musée, s'appuie sur 101 années, 101 œuvres déterminantes pour l'Humanité. Est réunie dans ce musée toute l'évolution de l'humanité du Vélocipède à Apollo 11.

OFFICE DU TOURISME DU PAYS DE CAZALS-SALVIAC

Rue de la République
✆ 05 65 22 88 88
www.tourisme-cazals-salviac.com

Ouvert toute l'année. Horaires d'ouverture en fonction des saisons, voir site internet. 2 bureaux : Cazals et Salviac.

Idéalement bien situé au coeur de la Bouriane, entre Cahors et Sarlat, à mi-chemin des vallées du Lot et de la Dordogne, à deux pas des sites majeurs du Lot et du Périgord noir, le Pays de Cazals-Salviac vous attend. L'office de tourisme met à votre disposition une mine d'informations afin de profiter au mieux de votre séjour. Au pays du foie gras, des cèpes, de la truffe et de la châtaigne, le Pays de Cazals-Salviac vous invite à venir découvrir ses richesses.

LA CAMINADE €€€

✆ 05 65 21 66 63

Ouvert toute l'année. Chambre double à partir de 85 € petit déjeuner inclus. Piscine extérieure à l'eau salée.

Joëlle et Christian ont restauré avec goût et raffinement un ancien prieuré du XIIe siècle qui fut par la suite une gendarmerie royale puis impériale. Sa position au-dessus de Cazals offre une vue privilégiée sur la campagne environnante. Les chambres sont claires et spacieuses. Le petit déjeuner est très copieux et les confitures délicieuses. Possibilité de faire la cuisine soi-même avec la mise à disposition d'une cuisine d'été à l'extérieur. L'endroit est magnifique, reposant, l'accueil très chaleureux. Une adresse de qualité pour un séjour inoubliable.

AUX 4 SAISONS €€

Le Bourg - **MARMINIAC**
✆ 05 65 21 42 81
www.auxairsdefanny.com

Ouvert toute l'année. Réservation recommandée. Menus de 20 € à 26 €. Formule du midi : 14,90 €. Terrasse.

Élégant et raffiné : voici les adjectifs que l'on peut utiliser pour qualifier cette adresse. C'est le rendez-vous des gourmets et des amoureux des belles assiettes. De tous ceux qui aiment se mettre à table. Esther et Julien font de la cuisine un art qui se partage. Ils aiment les bons produits et livrent dans les assiettes des trésors d'inspiration. Les menus varient en fonction de l'inspiration du moment et des produits de saison. Chaque samedi midi, le chef propose un plat traditionnel : boeuf bourguignon, la mique du Quercy, moules-frites, etc.

AUBERGE DE LA PLACE €€

Place Hugues Salel
✆ 05 65 22 86 96
aubergedelaplace-cazals.fr

Ouvert toute l'année, pour les horaires consulter le site internet. Menu 25 €. Suggestion du jour : 13 €. Terrasse.

Bien connue des « locaux » l'Auberge de la Place est une de ces adresses que l'on s'échange entre amis. Une cuisine traditionnelle de terroir, parfois revisitée avec bonheur, simple et de bon aloi. Vous vous y régalerez de foie gras maison, de ravioles ou d'omelettes aux cèpes, mique levée... La maison propose également un bel assortiment de plats à base de poisson. L'accueil toujours chaleureux et la jolie terrasse ombragée donnant sur la place au centre du bourg invitent à la douceur de vivre typique du Sud-Ouest. Une adresse à retenir sans hésiter.

AUX DÉLICES DE LA SERPT €€

Lieu-dit la Serpt - **FRAYSSINET-LE-GÉLAT**
✆ 05 65 36 66 15
Ouvert toute l'année. Menus de 16 € à 28 €. Jardin. Terrasse. Boutique.

A la confluence du Lot, du Lot-et-Garonne et de la Dordogne, Marie-France et Didier ont ressuscité cette ferme d'où émerge un magnifique pigeonnier. Vous dégusterez ici des recettes à base de canard. Tourin, mique levée et cassoulet y sont servies. En sortant de table, allez faire un tour à la boutique, histoire de prolonger le plaisir gustatif chez soi. Une excellente ferme-auberge traditionnelle, une cuisine de terroir concoctée avec les produits frais de la ferme, copieux et au très bon rapport qualité-prix. Pensez à réserver... succès oblige.

LES ARQUES

Le village des Arques trouve son origine dans un prieuré-doyenné dépendant de l'abbaye de Marcilhac entre 1182 et 1193. Après les assauts de la guerre de Cent Ans, des constructions viendront transformer le village en place forte jusqu'au milieu du XVIe siècle. Ce sont alors les guerres de Religion divisant le monde chrétien qui détruiront en partie le village. Les Arques a lié son histoire à celle d'un artiste majeur du XXe siècle, le sculpteur Zadkine. Tombé amoureux de la bouriane, il s'installa dans sa maison-atelier des Arques en 1934. Cette maison est aujourd'hui un musée dans lequel vous pourrez contempler son travail et nombre de ses œuvres.

LES MARAIS ★

Ouvert toute l'année, en accès libre.

Situé aux abords du bras mort du canal, dans la vallée de la Masse, le site est classé en espace naturel sensible. Parcours long de 5 à 6 kilomètres au cœur des marais. Muni d'un livret que l'on vous donnera au Relais Découverte des Arques, vous pourrez déambuler à la découverte de la richesse paysagère, patrimoniale et écologique, grâce à des bornes. Une superbe promenade à la rencontre d'une faune et d'une flore rares avec quelques perles du patrimoine : le moulin de la Masse, la chapelle Saint-André ou encore des vestiges d'activités sidérurgiques médiévales.

MUSÉE ZADKINE ★★

✆ 05 65 22 83 37
Fermé en janvier et les jours fériés. Jours d'ouverture selon la saison. Gratuit jusqu'à 12 ans. Adulte : 3 €. Boutique.

Au début des années 1930, accompagnée de sa femme, Ossip Zakine trouve aux Arques un site idéal de créations. Aujourd'hui, dans son musée, son église ou dans ses ruelles, le petit village peut se vanter d'héberger les œuvres de l'un des plus grands sculpteurs du XXe siècle. Un musée qui se prolonge aujourd'hui dans le village : la *Pietà* et le *Grand Christ* ont tout naturellement trouvé place dans l'église et des œuvres en bronze sont exposées en plein air, dont *La Grande Prisonnière*, récemment prêtée par le musée Zadkine à Paris.

LA RÉCRÉATION €€

Le Bourg
✆ 05 65 22 88 08
www.la-recreation-restaurant.com
Réservation recommandée. Menus de 28 € à 49 €. Jardin. Terrasse. Vente à emporter. Cours de cuisine. Traiteur.

Sous la glycine centenaire ou sous le préau de l'ancienne école, la cuisine de Ludovic Soupirot est un délice. On sert des ravioles de homard sauce corail, des croustillants de Saint-Jacques aux cheveux d'ange, du suprême de caille (désossée...) au foie gras, ou encore le biscuit au chocolat et sa sauce à la poire. La cuisine est d'inspiration quercynoise et mondiale, élaborée en fonction des produits du marché. Le jeune restaurateur a également développé toute une gamme traiteur et propose des cours de cuisine deux samedis par mois.

GINDOU

Village détruit par les Anglais au XIVe siècle, Gindou possède malgré tout une église du XIIe siècle qui est un modèle d'architecture de l'époque. A deux pas, un autre épisode historique compliqué pour le village vit les croisés de Simon de Montfort détruire le fort de Maussac. L'église du hameau renferme un joli bénitier - elle est classée monument historique. Mais Gindou est surtout connu pour son festival de cinéma qui a traditionnellement lieu fin août avec, comme particularité, la projection de films en plein air sur un écran de 12 mètres de base. C'est un lieu de plein air spécialement dédié au cinéma, une spécificité unique en Europe.

PAYS BOURIAN

GOUJOUNAC

Entre la rivière de la Masse et celle de la Thèze, vous pénétrez ici dans la patrie du cycliste Laurent Roux et du peintre spécialisé en trompe-l'œil Jean-Pierre Verneuil que vous retrouverez bien naturellement chez les particuliers, dans les restaurants et les chais de toute la vallée. Goujounac a également donné son nom à une variété de châtaignes endémique : le marron de Goujounac, utilisé principalement en conserverie. Ce petit village est bâti avec cette pierre dorée typique de la région, ce qui offre au bourg son mordoré. Admirez le tympan sculpté de l'église du XIIe siècle où figure le Christ en majesté entre les symboles des évangélistes.

LAVERCANTIÈRE

Fortifié au XVe siècle, la commune de Lavercantière fut ravagée par la peste en 1506. Son château, remanié au XVIIe siècle, est un beau site à découvrir. A voir par ailleurs : les églises de Saint-Quirin et Saint-Martin datant du Moyen Age. La chapelle serait l'ancienne chapelle de l'hôpital. Le sentier d'interprétation du Frau invite à une balade instructive inoubliable. Tout près, à Rampoux, on peut admirer une église romane - classée Monument historique - avec un clocher carré à tourelles d'angle, la chapelle est décorée de superbes peintures murales de la fin du XVe siècle et de non moins admirables fresques à la voûte du chœur.

CAMPING DES 46 RAINETTES €€

✆ 06 50 57 29 90

www.camping46rainettes.com

Ouvert d'avril à sept. Emplacement 2 pers dès 14 €. Tentes lodges équipées et mobil-homes dès 32 € la nuit. Epicerie.

Fabrice et Céline sont à la tête de ce camping accueillant. Entre Quercy et Périgord, à l'embranchement de trois départements (Lot, Lot-et-Garonne et Dordogne), classé trois étoiles et situé sur un demi-hectare de pinède, le Camping des 46 Rainettes de Goujounac, calme et ombragé, est une valeur sûre de la région. Les tarifs y sont avantageux, les possibilités d'activités nombreuses, et il est agréablement situé dans un beau petit village lotois, à une trentaine de kilomètres du Périgord noir et cinquante de Lascaux et du gouffre de Padirac. Quiétude assurée.

HOSTELLERIE DE GOUJOUNAC €€

Le Bourg ✆ 06 09 01 59 35 - www.goujounac.com

Réservation recommandée. Formule du midi : 15 €. Chèque Vacances. Terrasse. Nuit à partir de 70 € / nuit pour 2 pers.

L'accueil chaleureux d'Annemarie et d'Edwin fait de cet établissement une adresse plus que recommandée. Que ce soit dans l'une des deux salles rustiques agrémentées d'une belle cheminée ou sous le chèvrefeuille de la terrasse près de la fontaine, vous pourrez goûter aux produits frais régionaux préparés maison : magret de canard grillé aux fruits rouges, gigolette d'agneau à la crème d'ail ou encore l'omelette aux cèpes. Quant au vin, large choix de cahors et d'autres régions. Notez que le menu change toutes les deux semaines en fonction des produits de saison.

LE SENTIER D'INTERPRÉTATION DU FRAU ★

D25

✆ 05 65 41 53 21

Ouvert toute l'année. Accès libre.

Cette forêt tire son nom du latin *fraus*, signifiant « la tromperie », car elle était autrefois un repaire de bandits. En 1200, ses sols ont été défrichés par les moines du Dégagnazès pour en chasser les brigands. Elle s'est transformée en paysage de bruyère utilisée pour la toiture des loges - abris de berger. Le circuit proposé part à la découverte de l'environnement local en dix étapes. Le sentier débute devant la reconstitution d'une loge (un abri végétal), il passe ensuite devant le géant du Frau, - un genévrier centenaire de 10 mètres de haut - puis devant les ruines de la maison de la Toun - du nom d'une femme qui vécut là, seule, jusqu'en 1919. Les stations suivantes évoquent la sylviculture, l'exploitation artisanale du minerai de fer, les libellules, les rapaces, les nénuphars et l'évolution de la lande. Les plus sportifs pourront poursuivre par le parcours de santé sur lequel on rencontre 15 postes d'exercices à effectuer à son rythme, expliqués par de petits panneaux de bois. Des emplacements de pique-nique sont également judicieusement disposés çà et là. C'est une petite balade très facile à parcourir avec les enfants qui trouveront leur compte grâce à une petite mascotte repérable sur les bornes. 2,5 km de chemin à découvrir le long d'une lande à bruyère et à ajoncs, réservoir écologique de ce lieu. De la documentation est à télécharger sur le site internet de Lot Tourisme pour en apprendre encore plus ! Une heure pour le tour complet. Balade facile.

BALADE

CONQUÉRIR LA BOURIANE !

En 1 jour, découvrez la Bouriane à travers 5 sites de visites incontournables. Cet itinéraire de 50 km peut être suivi en vélo électrique ! Pour en louer un, contactez les Vélos Verts du Lot. (1) Départ des Arques pour découvrir les œuvres de Zadkine. Une partie est visible en extérieur et dans l'église. Le reste de la collection se trouve dans le musée établi dans l'ancienne maison-atelier de l'artiste (Entrée 3 €). (2) Puis passage par le village des potiers du Lot, l'Oulerie de Uzech. Point d'intérêt atypique, Uzech rassemble une communauté de potiers. Vous pourrez y programmer un atelier poterie (30 €/ pers. / h) (3) Après l'effort, le réconfort ! Pique-niquez au bord du Lac de Gourdon, Ecoute-s'il-pleut. Profitez pour découvrir la cité médiévale de Gourdon. Très beau patrimoine bâti. (4) Puis pédalez jusqu'aux Grottes de Cougnac. Ces grottes se caractérisent par une prodigieuse végétation minérale entourant de remarquables peintures préhistoriques. Avec celles de Pech Merle à Cabrerets, ce sont les seules grottes présentant des œuvres pariétales dans le Lot. (Entrée 9 €). (5) La dernière visite est à faire absolument : la Maison du Piage à Fajoles. Espace muséal où on trouve le résultat des recherches menées par les archéologues sur le site. (Entrée 4 €). Vivez l'expérience de la Préhistoire.

SALVIAC

Les ruisseaux de Pâques et de l'Orajou se rejoignent dans ce village au riche patrimoine. La légende raconte que l'église fut reconstruite vers 1280 à l'initiative du futur pape Jean XXII. A l'intérieur : un beau retable du XVIIe siècle et de magnifiques vitraux du XVIe siècle. Le château Lacoste, dit des Templiers, possède une tour Renaissance et une fontaine du XVIe siècle qui valent bien évidemment le détour. La chapelle Notre-Dame-d'Olm du XVe siècle, construite sur le ruisseau de Pâques, possède une remarquable Vierge à l'Enfant du XVIIe siècle. Salviac, c'est aussi le Musée du Machinisme agricole et de l'Automobile, un petit paradis.

MUSÉE DU MACHINISME AGRICOLE ET AUTOMOBILE

Lieu-dit Pépy
✆ 06 81 09 98 05
www.musee-agricole-salviac.com
Ouvert d'avril à mi-novembre. 8 € adulte. 5 € pour les 5/12 ans. Accessible aux bus, camping-car et caravanes.

Sur plus de 6 000 m², Benoît a rassemblé plusieurs centaines d'outils agricoles allant du simple outil au tracteur. Plus de 200 tracteurs exposés mais également des voitures (Traction Avant, l'imposante Citroën SM de 1969 ou encore la vénérable Citroën Trèfle de 1923) et des motos ne manqueront pas de faire remonter des souvenirs à certains. À n'en pas douter, le jeune public devrait être conquis. De très belles pièces dont certaines très rares. Superbe visite.

OFFICE DE TOURISME DU PAYS DE CAZALS-SALVIAC

Boulevard Hugon
✆ 05 65 41 57 27
www.tourisme-cazals-salviac.com
Ouvert toute l'année. Horaires d'ouverture en fonction des saisons, voir site internet. 2 bureaux : Cazals et Salviac.

De nombreux documents sont disponibles pour découvrir la région : attractions touristiques de la Bouriane, les hébergements disponibles, les bonnes tables, les circuits de randonnée, les activités et manifestations culturelles, etc. Accueil très souriant. Entre Quercy et Périgord, cette région est attractive notamment pour des vacances en pleine nature. Dans un décor typique, Salviac est une petite commune aux forts atouts touristiques. À découvrir.

FOIE GRAS MARTEGOUTE

Route de Cazals ✆ 05 65 32 00 79
www.foiegras-martegoute.fr
Ouvert du lundi au vendredi de 9h à 12h et de 14h à 18h30 ; le samedi de 9h à 12h. Livraison possible.

Bien connus des gourmets du Sud-Ouest, les foies gras de Philippe et Isabelle Martegoute sont une référence de qualité. Les canards sont gavés sur place et transformés aussitôt, assurant fraîcheur et qualité des produits. La boutique dispose d'un rayon frais pour ce qui est des magrets, foie gras frais, aiguillettes... Comme toute bonne épicerie qui se respecte, d'autres produits du terroir trouvent leur place sur les étals avec du vin de Cahors, le gâteau aux noix de Rocamadour, la confiture de châtaignes... Conseils, qualité et excellent accueil au rendez-vous.

GOURDON ★★

Gourdon est la capitale de la Bouriane. Comme en témoigne la Grotte de Cougnac, l'homme s'y est installé très tôt. Mais c'est le Moyen Âge qui marque l'apogée de la puissance seigneuriale et artisanale de Gourdon. Perché sur une butte - où il ne reste plus que des vestiges de l'ancien castrum - à la limite du Quercy et du Périgord, le village fut la dernière ville forte du comté de Toulouse. Gourdon fut le siège de l'une des plus puissantes familles du Quercy car la ville occupe une position qui l'impliqua dans les guerres qui ravagèrent la région entre le XIIe et le XVIIe siècle. Les seigneurs de Gourdon ont marqué l'histoire principalement par le biais de Bertrand de Gourdon à qui l'on attribue le meurtre de Richard Cœur de Lion qui s'était emparé de la ville en 1189. En 1562, ce sont les Huguenots qui la pillent et détruisent ses monastères. Du château et des remparts, rasés au XVIIe siècle, ne reste que la forme circulaire des promenades. Place forte de la Bouriane, cette région boisée du Lot, Gourdon est certainement la ville la plus périgourdine du Lot. Elle attire pour un certain art de vivre, ses promenades et ses cafés. L'été est animé par de nombreuses manifestations culturelles qui offre à la ville un beau dynamisme. La tradition culinaire est ici encore fortement ancrée. Ainsi, tout le gourdonnais est riche d'un patrimoine culinaire dont la continuité est assurée : élevage de canard, foie gras, mique levée, etc. C'est un condensé de toutes les saveurs du Lot que vous trouverez dans les fermes bourianes. Amis gourmets, bienvenus à Gourdon !

Grottes de Cougnac.

GROTTES DE COUGNAC ★

✆ 05 65 41 47 54
www.grottesdecougnac.com
Ouvert de Pâques à Toussaint. Adulte : 9 €. Enfant de 5 à 12 ans : 6,50 €. Restauration. Boutique. Aire pique-nique.

Pendant un peu plus d'une heure, vous allez pouvoir admirer des milliers de concrétions - stalactites et stalagmites - et des peintures rupestres datant de 30 000 ans. La première grotte présente une végétation minérale merveilleuse qui compose certainement l'un des plus beaux plafonds de France. L'autre grotte offre le spectacle des plus vieilles peintures figuratives animalières datées accessibles au public. Les peintures représentent de grands cervidés, des mammouths, et surtout des figurations humaines fléchées ou blessées.

MAIRIE DE GOURDON

Place Saint-Pierre
✆ 05 65 27 01 10
www.gourdon.fr
Le bâtiment se visite uniquement lors des Journées du patrimoine, via une visite guidée.

Sur la butte à côté de l'église Saint-Pierre, se trouve une imposante structure architecturale abritant l'hôtel de ville. 4 bâtiments accolés (XIIIe, XVIe et XVIIe s.), témoignent en un seul lieu de l'Histoire gourdonnaise. La partie la plus ancienne fait de cette mairie l'une des plus anciennes de France. Dans les sous-sols nous découvrons la cave et le puits qui alimentait l'hôtel de ville. De cette découverte, nous apprenons l'existence de puits privés toujours alimentés et présents dans la plupart des maisons particulières situées sur la butte.

MAISON DU PIAGE

Le Bourg - **FAJOLES**
✆ 05 65 32 67 36
www.maisondupiage.fr
Ouvert sur réservation d'avril à octobre. Gratuit jusqu'à 7 ans. Adulte : 4 €. Atelier 5 €. Boutique.

Le Pays Bourian abrite un site archéologique unique fouillé dès 1958 mondialement renommé pour avoir prouver la coexistence de l'homme de Néandertal et de celui de Cro-Magnon. Ce gisement correspond à des occupations de chasseurs-cueilleurs paléolithiques. La visite conduit sur une balade à la découverte de la vie préhistorique des derniers hommes de Néandertal et des premiers hommes modernes. Des ateliers pédagogiques sont proposés aux enfants sur des thématiques : bijoux, musique, etc. Un lieu idéal pour apprendre de façon ludique et conviviale !

OFFICE DE TOURISME INTERCOMMUNAL

20, boulevard des Martyrs
✆ 05 65 27 52 50
www.tourisme-gourdon.com
Ouvert toute l'année, se renseigner sur les jours et heures d'ouverture sur le site internet.

Animations diverses et visites guidées de la cité médiévale de Gourdon (visites classiques, les sensorielles, les flambeaux, Rallye des P'tits Bouts : visite en famille...). L'office propose également toute une gamme de documentations très complète. Calendrier des animations, sentiers de randonnée, manifestations locales, bons plans, restaurations, hébergements et loisirs. L'équipe en place est accueillante et apte à vous renseigner en professionnelle du tourisme.

HÔTEL-RESTAURANT LA PROMENADE €

48, boulevard Galiot-de-Genouillac
✆ 05 65 41 41 44
Ouvert toute l'année. Chambre double de 65 € à 80 €. Petit déjeuner : 9 €. Demi-pension. Restauration.

L'hôtel se dresse sur le boulevard Galiot-de-Genouillac et tire son nom de cette situation géographique. La terrasse protégée par des glycines est annonciatrice de quiétude. N'ayez crainte, le calme est au rendez-vous… avec dix chambres aux quatre ambiances différentes. Parking à proximité. Accès Internet, chaise bébé, double vitrage, terrasse privative, Wifi gratuit… tout est réuni pour un agréable séjour. Une petite adresse idéale pour se poser et découvrir la région à votre rythme.

MOULIN DES DONNES €

Le Moulin des Donnes - **CONCORÈS**
✆ 05 65 31 03 90
www.camping-moulindesdonnes.com
Ouvert toute l'année. Emplacement 5 €. Locatifs de 2 à 6 de 190 € à 550 € la semaine. Aire camping-cars.

Aménagé autour de l'ancien moulin, dans un ensemble de fermes et de maisons restaurées, l'activité du camping est rythmée par la rivière Céou passant à ses pieds. Dans l'un des corps de ferme, vous trouverez un bar avec jeux, billard, baby-foot et un point vente de produits locaux. Les emplacements sont spacieux, ombragés et les loisirs variés. A l'entrée, la piscine est un véritable appel à la baignade. Idéal pour un séjour familial avec un authentique esprit campeur, tout cela à quelques encablures des grands sites touristiques du Quercy et du Périgord.

CAMPING DOMAINE LE QUERCY €€

Ecoute S'il Pleut ✆ 05 65 41 06 19
www.domainequercy.com
Ouvert 24 avril au 19 septembre. Emplacement à partir de 17,60 €/2 pers. Locatifs 4/10 pers à partir de 182 €/semaine.

Ce camping quatre étoiles est un havre de fraîcheur et de verdure, avec ses piscines, ses toboggans aquatiques et ses équipements sportifs. Dans un écrin de 5 h de nature, de collines boisées et au fil de l'eau, ce camping est idéalement conçu pour des vacances sereines. Les parcelles spacieuses et ombragées invitent à la détente. Un lac situé en dehors du camping permet de pêcher, se baigner ou simplement bronzer à l'ombre des grands arbres. Un bol d'air pur pour des vacances au vert.

CAMPING LES RIVES DU CEOU €€

Pont de Rhodes - **SAINT-CHAMARAND**
✆ 07 82 15 10 40
www.camping-lesrivesduceou.com
Ouvert d'avril à septembre. Emplacement à partir de 11 €. Locatifs à partir de 119 € la semaine. Snack-bar. Pêche.

Le Ceou, rivière de première catégorie borde le camping et vous convie à toutes les distractions liées à la pêche, la détente et les balades. Vous avez rendez-vous ici avec la quiétude, la nature et le bien-être. Sur place, une belle piscine, un service de restauration, une épicerie, des terrains de sport et un étang de pêche vous offriront tous les services indispensables ! Dans un cadre verdoyant, le camping des rives du Ceou répond à une envie irrésistible de retour à la nature.

LA METAIRIE DES SONGES €€

1711, voie route de flagel
✆ +33 (0) 9 61 29 75 84
www.lametairie-gourdon.com
Chambre double à partir de 70 € / la nuit. Table d'hôtes : 36€/pers.

Cette solide bâtisse du Lot en pierres blondes, en haut d'une petite vallée, dans son écrin de verdure, devrait vous séduire. Clare et Mark accueillent les touristes de passage de tous pays. On aime cette chambre d'hôtes autant pour la beauté des lieux que pour la qualité de la table et un rapport qualité-prix à souligner. Les quatre chambres, Monet, Cézanne, Degas et Van Gogh sont décorées avec goût. Amoureux des espaces mansardés, les deux dernières sont pour vous. Un accueil parfait, chaleureux et prévenant dans un cadre idéal et une excellente table.

MOULIN DES FUMADES €€

Le Moulin des Fumades - **PAYRIGNAC**
✆ 05 65 41 04 70
www.lemoulindesfumades.com
Ouvert toute l'année. Chambre simple 80 €/ 90 € ; chambre double 90 €/100 € ; chambre triple 120 €/140 €.

Patricia vous accueille dans sa propriété de charme. Une très belle demeure au cœur d'un parc fleuri superbe. Les 3 chambres, toutes uniques et situées dans une annexe de la maison, apportent tout le confort nécessaire. Les petits déjeuners sont copieux avec des produits régionaux et frais... Sur le domaine de 3 hectares, un moulin à huile de noix a été rénové et se visite en haute saison. Pendant la saison des noix, le moulin reprend son activité et vous pouvez repartir avec de l'huile issue de vos noix. Un petit paradis à découvrir.

L'HOSTELLERIE DE LA BOURIANE €€€

Place du Foirail ✆ 05 65 41 16 37
www.hotellabouriane.fr

Ouvert toute l'année. Chambre double à partir de 85 €. Petit déjeuner 8 € / 14 €. Restauration menus de 35 à 55 €.

Cette vieille demeure quercynoise est ouverte depuis 1898 et toujours tenue par la famille Lacam. Elle dispose d'une terrasse couverte, d'un salon de détente. Un ascenseur conduit aux chambres, rénovées, calmes et tout confort. Le restaurant est très apprécié et mené de main de maître par madame. Les plats - une cuisine traditionnelle - sont élaborés à partir de produits frais et accompagnés de grands crus. Cave à vins : 557 références. Une adresse incontournable à Gourdon.

DELICATESSENS €€

Le bourg
✆ 05 65 32 70 56
www.delicatessens.fr

Maître Restaurateur. Menu à partir de 35 €. Formule du midi 19 €. Terrasse. Epicerie, relais poste et traiteur.

Ce restaurant au décor soigné et moderne s'accorde au travail culinaire proposé. Des plats colorés et parfumés dans un menu restreint et façonné de produits frais et locaux, qui nous propose 4 choix différents dans ses entrées, plats et desserts. Delicatessens nous offre une explosion de surprises. Un service traiteur permet de renouveler cette expérience lors d'occasions spéciales. Sans oublier le salon de thé et l'épicerie, autant d'atouts pour un plaisir gourmand démultiplié. Justine et Benoît vous accueillent désormais à Gourdon et plus à Milhac !

LOT'ANTIQUE €€

29, rue du Majou
✆ 06 51 43 95 69
lotantique.fr

Ouvert du jeudi soir au dimanche soir sur réservation. Menus 20 € /40 € environ. Terrasse. Vente à emporter.

Lot'Antique, c'est l'adresse confidentielle que l'on se murmure entre connaisseurs. Il est préférable de réserver, le nombre de place étant limité par le concept de qualité que s'impose le patron. Ici tout est frais, local, majoritairement bio et travaillé avec amour, donc en petites quantités. Goûtez au Lot'antique burger, un régal pour les papilles : rocamadour gratiné, haché de viande de canard mariné au miel... et bien sûr du pain Croustilot. C'est goûteux, inventif et raffiné ; du traditionnel revisité pour notre plus grand plaisir.

LA MARCILLANDE €€

Le Champ-Payrignac
PAYRIGNAC
✆ 05 65 41 69 01

Ouvert toute l'année. Fermé le lundi soir. Réservation recommandée. Menu à partir de 10,50 €. Terrasse. Traiteur.

Imaginez-vous dans un cadre champêtre, au bord d'un lac, assis dans une salle lumineuse et fleurie avec une vue sur le plan d'eau de Payrignac ! Dans ce restaurant, vous dégusterez une cuisine copieuse qui fait honneur au terroir : pastis périgourdin sauce aux cèpes, mique au petit salé tous les jeudis, cuisse de canard confite. La carte offre également un large choix de grillades. Commande de plateau de fruits de mer. La Marcillande est de ces restaurants de campagne qui entretiennent la vie du village. Une adresse à retenir.

UNE FERME EN VILLE THOCAVEN

38, boulevard Mainiol
✆ 05 65 37 16 08
www.foies-gras-thocaven.com

Ouvert du mardi au samedi de 9h à 12h et de 14h à 19h et le lundi en été. Livraison possible dans toute la France.

Thocaven, c'est la référence des produits régionaux du Quercy depuis 1983. Élevés en toute liberté, les canards sont nourris et gavés dans la plus pure tradition. Vous trouverez : foie gras, magret, tournedos au foie gras, saucisses de canard, figues, pruneaux, abricots fourrés au foie gras, apéritifs et vins locaux, conserves artisanales allant du cassoulet au civet de canard en passant par les cous farcis... L'établissement propose également toute une gamme d'épicerie fine.

PAYS BOURIAN

LE POT OCCITAN €€

39, boulevard Mainiol
✆ 05 65 41 11 81
Ouvert toute l'année. Tous les jours le midi et le soir. Menus de 25 € à 50 €. Carte : 20 € environ. Terrasse. Tabac.

© SOPHIE AYMARD

Mobilier et chaises en bois, ambiance chaleureuse, banquettes en cuir cosy... C'est le décor du Pot Occitan, adresse incontournable. Côté papilles, on n'est pas déçu ! Dans cette brasserie aux airs de bistro, les suggestions de Fred, le chef, viande ou poisson, font aussi saliver. Les desserts sont faits maison et répondent à la hauteur des attentes. Possibilité de week-ends gourmets, sur commande : ris de veau, tataki de thon rouge, pavé de turbot... L'accueil et le service d'une équipe familiale vous feront passer un excellent moment.

AU PETIT BOUCHON €€

31, boulevard Cabanès
✆ 05 65 41 13 26
Ouvert toute l'année du mardi au dimanche le midi et le soir. Env. 13€. Soirées concert. Chèque Restaurant. Terrasse.

Isabelle propose une restauration traditionnelle dans un cadre très agréable, avec terrasse et salle en pierres apparentes avec sa mezzanine. Salades géantes et grillades sont les spécialités de la maison. La salade royale et l'assiette mix grill devraient satisfaire les plus affamés. Un accueil sympathique, une cuisine authentique et une carte brasserie sans chichis. Nous vous recommandons tout particulièrement les burgers qui font sensation. Sur le tour de ville, c'est une adresse sûre dans laquelle on peut manger sans sourciller.

PIZZERIA LA NOTTE €€

30, rue Corps-Franc-Pommiès
✆ 05 65 41 27 70
Ouvert de Pâques à Toussaint. Menus de 14 € à 25 €. Pizzas de 9 à 14 €. Terrasse. Vente à emporter.

Avec une carte bistrot et goûteuse, l'établissement la Notte vous séduira. Pizzas, salades, pâtes mais également des entrées, des viandes et des desserts : le choix est là. La carte est revisitée 3 à 4 fois par saison, ce qui ne laisse pas le temps de se lasser ! Le chef utilise des produits frais et locaux. Les pizzas à la pâte croustillante sont délicieuses. L'adresse est à retenir pour profiter du calme avec une belle vue depuis la terrasse. L'authenticité du lieu sublime une cuisine savoureuse et osée. Service rapide et sympathique.

RESTAURANT MOURGUES €€

Le Bourg - **PEYRILLES**
✆ 05 65 31 01 05
www.restaurantmourgues.fr
Ouvert toute l'année sur réservation. Menus à partir de 19,50 €. Formule du midi 13,50 €. Terrasse. Vente à emporter.

Ici, la cuisine d'antan rime avec convivialité : mique à l'ancienne, pain brioché cuit dans le bouillon de soupe au chou servi avec le petit-salé. En dessert, pâtisseries maison comme la tarte au citron ou la mousse aux noix. Même le menu ouvrier propose un très bon rapport qualité-prix avec des proportions copieuses. L'accueil des maîtres des lieux, Véronique et Jean Claude Babet, est un plus que l'on apprécie. Pour celles et ceux qui souhaitent découvrir la fameuse mique levée de la maison, il est impératif de réserver à l'avance.

COFFEE SHOP LA FABRIQUE

Place de la Libération ✆ 05 65 32 03 98
Ouvert du lundi au samedi. Terrasse. Concerts. Bibliothèque. Expos artistes. Espace de travail et d'activités.

Ce coffee shop est une adresse incontournable du gourdonnais. A la tête du café, c'est Nora et Cedric qui impulsent aujourd'hui une énergie folle en ces lieux. Ils ont voulu un lieu de rencontre, de convivialité et de détente. Ici on se retrouve autour d'un café ou d'un thé, entre amis, un peu comme on se donnerait rendez-vous dans son salon. Concerts et soirées rythment régulièrement le coffee shop, au fil des saisons. A suivre sur Facebook. Ambiance garantie. A découvrir d'urgence. Leur slogan « une envie sucrée ou salée sur place ou à emporter... »

BOUTIQUE GODARD

21, boulevard du Docteur-Cabanès
✆ 05 65 41 01 55
www.foie-gras-godard.fr
Ouvert du mardi au samedi de 9h30 à 12h30 et de 15h à 19h. L'été 7/7. Coffrets gourmands à partir de 12 €.

La boutique Godard de Gourdon vous accueille dans la cité médiévale pour vos emplettes de produits du terroir. Cet établissement renommé, qui dispose d'un spacieux parking accessible en bus, vous fera découvrir ses joyaux de la gastronomie quercynoise. Foie gras bien sûr, mais aussi confits, truffes, cassoulets sans oublier son épicerie fine composée d'huile d'olive, de moutarde, de confitures, etc. Le tout, préparé dans la plus pure tradition familiale avec des produits sélectionnés et des producteurs locaux depuis 1978. Une enseigne et un gage de qualité.

FOIE GRAS GODARD - CHAMBON & MARREL

Route de Salviac ✆ 05 65 41 03 97
www.foie-gras-godard.fr
Ouvert du lundi au vendredi de 8h à 12h30 et de 14h à 19h ; le samedi de 9h30 à 12h30. Boutique en ligne.

C'est en Quercy-Périgord que la Maison Godard a été créée en 1978 par Alain et Michèle Godard. Sont élaborés foies gras, confits, pâtés et plats cuisinés, dans un respect de qualité et d'authenticité. En 1992, la Maison Godard rachète Chambon & Marrel, l'un des plus ancien négoce de truffes. En 2006, l'entreprise familiale devient Godard-Chambon & Marrel. Tous les foies gras d'oie sont certifiés origine du Périgord (label IGP) et les foies gras de canard origine Sud-Ouest et Périgord.

LO VINOTIER

23, boulevard du Docteur-Cabanes
✆ 05 65 37 74 86
Ouvert du mardi au samedi de 9h30 à 12h et de 15h30 à 19h. En haute saison et pour les Fêtes la cave est ouverte 7/7.

Florent, le maître des lieux, aime le vin, les bonnes bouteilles et se révélera être un excellent guide. Lo Vinotier - le vendeur de vin en patois - propose des vins du terroir, mais également des crus d'autres régions de France. Le magasin dispose aussi d'une cave à bière, à whisky et à rhum. Tout l'univers du vin est présent avec des idées cadeaux et une gamme d'épicerie fine italienne. Une adresse gourmande idéale pour préparer une soirée ou simplement découvrir de nouveaux crus grâce aux dégustations organisées le samedi en présence d'un vigneron.

LÉOBARD

Léobard, à l'ouest de Gourdon, domine par le nord la vallée du Céou, un affluent de la Dordogne. Sur la rive opposée, au sud, il ne faut pas passer à côté de l'Abbaye-Nouvelle, le trésor de Léobard. Abbaye-fille de l'abbaye d'Aubazine en Corrèze, elle a été fondée au XIIIe siècle par des moines cisterciens. Complètement dévastée par les siècles, les guerres et les méfaits du temps, l'ancienne abbatiale tient encore aujourd'hui debout, mais en ruine et ouverte à tous les vents. On vient ici pour ressentir une atmosphère très particulière, dans cet endroit reculé, où le vent et les oiseaux sont les seuls habitants de cette carcasse de pierre médiévale.

LE VIGAN

Accolée à la ville de Gourdon, la commune du Vigan n'est pas négligeable. Citée pour la première fois entre 898 et 902 lors de la visite de l'évêque de Cahors, Gausbert, Le Vigan est alors une petite cité construite autour d'un monastère dédiée à la Vierge. En 1309, l'évêque de Cahors transforme la collégiale en abbaye qui devient puissante localement. Cette imposante bâtisse est aujourd'hui le témoin de ce riche passé. Outre ses atouts en termes de patrimoine, Le Vigan peut également compter sur son lac (plan d'eau 2e catégorie) qui fait le bonheur des pêcheurs : truites arc-en-ciel, truites faro, carpes, gardons, ablettes, black-bass.

MANOIR LA BARRIÈRE €€

La Barrière
✆ 05 65 41 40 34
www.manoirlabarriere.fr
Ouvert toute l'année. Nuitée à partir de 75 €. Table d'hôtes sur réservation env. 30 €. Piscines. Sauna.

Corinne et José vous accueillent dans leur superbe manoir du XVIe siècle composé de 2 chambres et 3 suites décorées avec goût entre vieilles pierres et poutres apparentes. Leur fraîcheur est un délice durant les chaudes journées d'été ! Dans le parc, sous des arbres centenaires, vous profiterez d'une grande piscine, du clapotis d'un petit ruisseau et d'un étang poissonneux ! Une autre piscine, intérieure et chauffée, ainsi qu'un sauna, sont à votre disposition. Corinne vous régale à sa table d'hôtes sur réservation et José propose des balades en voiture ancienne.

LE RÊVE €€

✆ 05 65 41 25 20

www.campinglereve.com

Ouvert fin avril - fin septembre. Emplacement à partir de 38 € le week-end. Locatifs : cabane, chalet et lodge.

Le Lot jouit d'une nature préservée, ce camping aussi. Situé dans la campagne gourdonnaise, en pleine nature, le camping porte bien son nom : le rêve ! De nombreux services sont prévus afin de faciliter votre séjour. Idéalement situé vous serez proche de tous commerces et services nécessaires à votre plus grand confort lors de vos vacances. Petits et grands peuvent partager les plaisirs de l'eau grâce à deux piscines : la grande pour les adultes et la petite pour les bambins. Pour les petites faims, le restaurant du camping est là pour ça.

MILHAC

Milhac était à l'origine située sur un itinéraire bis entre Gourdon et la vallée de la Dordogne, évitant aux marchands de rencontrer les mauvais génies qui peuplaient alors le marécage de la Germaine ou Marcillande. Entre histoire et légende, Milhac nous raconte en creux un récit médiéval encore prégnant. Il suffit pour cela de lever les yeux vers le château construit au bord d'une grande falaise ; il subit bien des remaniement à travers les siècles. A le regarder de plus près, on imaginera les pillages, les assauts et les incendies qui en modifièrent constamment ses lignes jusqu'au XXe siècle où il fut réhabilité et transformé en gîte.

PÉCHÉ MIGNON €€

Au-dessus de l'église

✆ 05 65 32 64 88

restaurant-pechemignon.com/

Ouvert toute l'année sauf en janvier. Menu suggestion à 23,90 €. Formule du midi : 13,90 €. Terrasse.

Si la gourmandise est votre péché mignon, nul doute que ce charmant restaurant vous comblera. Une élégante salle de pierres et de poutres, une décoration soignée, une terrasse ombragée et fleurie, un accueil chaleureux. En cuisine Laura propose une cuisine du terroir influencée par les saveurs du monde. Régulièrement renouvelée, la carte réserve quelques surprises. Les produits lotois prennent des accents méditerranéens : tajine au canard, couscous d'agneau. En dessert, quand la saison s'y prête, il ne faut pas louper la nage de fraises gariguettes au basilic.

CHÂTEAU VIEUX €€

✆ 05 65 41 02 11

www.aubergealafermeduchateauvieux.com/

Nuitée à partir de 57 € petit déjeuner inclus. Animaux acceptés. Restauration : 26 €. Vente de foie gras.

Le Château Vieux est une maison authentique, chambres et table d'hôtes rustiques dans un style périgourdin qui séduira les amoureux de la tradition. Repas gastronomique ou menu du jour, Josiane, fin cordon bleu, saura réjouir les papilles. Les produits sont frais et proviennent de la ferme. Vous pourrez également participer aux activités de la ferme, ramasser vos légumes ou encore apprendre à cuisiner les recettes ancestrales. Cet établissement est situé à la porte du Lot et de la Dordogne, un atout majeur pour partir à la découverte de 2 départements d'exception.

LA SCUDERIA €€

D673

✆ 05 65 32 14 39

Ouvert toute l'année. Pizzas de 8,50 à 10,50 € ; Burgers à 12 ou 13,30 €. Terrasse. Vente à emporter.

Bonne surprise en passant au Vigan près de Gourdon en découvrant au cœur du bourg cette pizzeria crêperie. L'accueil y est chaleureux et Sébastien, le chef des lieux fait tout pour vous mettre à l'aise. Pizzas et galettes sont copieuses et savoureuses. La simplicité est ici de mise et ça fonctionne très bien. L'été, la terrasse est un plus indéniable. L'intérieur est petit mais amical. C'est une petite adresse de village que l'on aime et qui permet de s'arrêter pour découvrir le Vigan et son impressionnante église ! Ne pas hésitez à pousser la porte.

LES GÎTES QUERMAURELLE €€

La Maurelle

✆ 05 65 41 40 54

www.quermaurelle.com

A l'année 3 gîtes et 3 piscines + espace bien-être Sauna, spa, solarium. A partir de 450 € la semaine.

Les gîtes Quermaurelle, tous bâtis dans la plus pure des traditions du Périgord, se déclinent en trois maisons de caractère aux noms évocateurs : la Bergerie, la Maison de la Vallée et la Villa de l'Etang. Construites en pierre de Sarlat pour deux d'entre elles, ces maisons peuvent accueillir jusqu'à quinze personnes sur les trois gîtes. Les trois gîtes sont tous indépendants les uns des autres et bénéficient d'une piscine privative chacun. Ils sont tous pourvus d'un grand confort et d'une qualité sans fausse note. Accueil familial très chaleureux.

CATUS

Une légende rapporte qu'un chat terrorisait le pays. Le seigneur promit sa fille en mariage à celui qui rapporterait l'animal mort. Un jeune homme beau et courageux releva le défi, épousa la fille et c'est ainsi que le nom de Catus vient nommer le bourg. Village d'eau, Catus est un bourg médiéval dans lequel vous sillonnerez, dans des ruelles d'époque, découvrant aux détours de celles-ci de très belles demeures remontant aux années 1500. Riche d'une abbaye construite à la fin du Xe siècle par un seigneur auvergnat et à laquelle on accède par l'église romane Saint-Astier, Catus vous ravira également par la présence de son beau lac Vert.

BUREAU D'INFORMATION TOURISTIQUE DE CATUS

✆ 05 65 20 86 40

Ouvert de mai à septembre.

L'office organise des ateliers pêche pour les enfants en saison et 3 randonnées nature dans l'été. Pour connaître les modalités et les dates, n'hésitez pas à vous renseigner auprès d'une des hôtesses. L'office a également le privilège de disposer d'une salle d'exposition permettant aux artistes locaux et d'ailleurs d'exposer leurs œuvres (photographies, peintures...). Une halte incontournable, une mine de renseignements et de conseils, pour partir à la découverte de la région.

MANOIR DU ROUERGOU

Le Rouergoux - **SAINT-MÉDARD**

✆ 05 65 21 42 59

www.rouergou.com

Ouvert 7/7 du 1er juillet au 30 sept et vacances scolaires 10h-12h/15h-19h. Toute l'année sur rdv. Visite : 5 €.

Le manoir du Rouergou est un lieu unique chargé d'histoire. Représentatif de l'architecture quercynoise des domaines vinicoles et truffiers des XVIIe et XVIIIe siècles, ce superbe ensemble a le charme de ces témoins du passé. Le manoir tire son nom de la région d'origine des émigrants du Rouergue venus repeupler le Quercy, d'abord après la guerre de Cent Ans puis au début du XVIIe siècle. Les vignes y ont été replantées en 1992. L'ensemble peut se visiter et est également disponible à la location, pour des manifestations dans un cadre inoubliable.

OBSERVATOIRE D'ASTRONOMIE DE GIGOUZAC

Les Crozes - **GIGOUZAC**

✆ 06 87 83 25 52

www.astrosurf.com/clubgigouzac

Coupole de 3 m de diamètre avec un télescope Newton de 310 mm. Contacter l'association pour accéder à l'observatoire.

Le club d'astronomie s'adresse à un large public, que vous soyez débutant ou confirmé, curieux ou passionné. Au cours de soirées découverte, on apprend à se repérer dans le ciel, à reconnaître les différentes constellations, les planètes, les étoiles, les nébuleuses et les galaxies. Des manifestations à thème et des journées spéciales ponctuent la vie de l'observatoire. Réunion tous les 15 jours le week-end à 21h à l'observatoire, si le temps le permet.

AUBERGE LE CLAUX €

Le Bois du Claux - **BOISSIÈRES** ✆ 05 65 21 54 10

www.aubergeleclaux.fr

Ouvert d'avril à novembre. Chambre double de 63 € à 69 €. Petit déjeuner : 10 €. Wifi gratuit. Repas 20 € en DP.

Jolie petite auberge idéale pour se ressourcer en pleine nature, typique du Pays Bourian. Après le petit-déjeuner, pris sur la terrasse fleurie si le temps le permet, vous pourrez partir la journée en visite ou randonnée, puis revenir en fin d'après-midi vous détendre près de la grande piscine ombragée par des chênes centenaires, avant de dîner sur la terrasse ou dans une très belle salle ouverte sur la nature. Les sept chambres sont réparties dans les quatre pavillons du parc. Carole vous propose une cuisine élaborée à partir de produits du terroir et de saison.

CHEZ LYDIA ET MICHEL €€

Bertouille - **BOISSIÈRES**

✆ 05 65 21 43 29

www.micheletlydia.fr

Gîtes de France 3 épis. Chambre double 80 €. Gîtes de 4 à 6 personnes à partir de 490 €. Dégustation de vin. Animations.

Dans une maison typique quercynoise, chaleureuse et tout confort, équipée d'une magnifique piscine intérieure, au milieu des chênes dominant la vallée de Boissières et de Calamane, Lydia et Michel, originaires de Belgique, transmettent leur amour et leur connaissance du Lot. Chambre et gîte allient modernité et charme du mobilier glané dans les brocantes. Spacieux, lumineux et décorés avec goût. Côté restauration, c'est une cuisine du terroir que Michel vous concoctera. Des séjours à thèmes sont organisés. Une petite perle dans un écrin de verdure.

LE MAS DE TRESSE €€€

Le Bourg
SAINT-MÉDARD
✆ 05 65 23 20 07

Gîtes de France 3 épis. Ouvert d'avril à mi-novembre. A partir de 480 € la semaine. Piscine couverte.

Le Mas de Tresse est une ancienne propriété viticole de 1850 dans un écrin de verdure. À l'abri du très beau village de Saint-Médard, la propriété se déploie sur 1,7 hectare de chênes assurant calme et sérénité. La bâtisse a su garder son côté rustique, mais avec tout de même un bon confort de modernité. D'ailleurs, ce n'est pas la belle piscine sous abri qui nous contredira. Les pêcheurs n'auront que 200 mètres à faire pour trouver la rivière le Vert, tandis que les randonneurs pourront profiter des 14 promenades à thème à proximité.

LE GINDREAU €€€

SAINT-MÉDARD ✆ 05 65 36 22 27
www.legindreau.com

Ouvert toute l'année sur réservation.
1 étoile Michelin. Suggestions de 75 à 95 €.
Formule du midi : 45 €. Terrasse.

Le chef Pascal Barbet, figeacois, retrouve le bonheur de cuisiner les produits de son département, dont il dit qu'ils font partie de son ADN. Cuisinier sensible, dénicheur de producteurs, le chef propose une cuisine sublimée, d'une stupéfiante vérité guidée par le rythme des saisons. Il excelle à faire chanter les goûts, les saveurs, les odeurs de son enfance ancrés dans sa mémoire. Cuisinier sensible aux techniques impeccables, il est animé de la passion du bon et du beau. En saison, la truffe noire trouve à la carte une place importante. Une adresse d'exception.

GHISLAINE BORIE

Siffray
✆ 05 65 22 77 81
www.foie-gras-ghislaine-borie.fr

2 gîtes disponibles. Boutique en ligne.

Sur la route de Sarlat en provenance de Catus, vous ne pourrez pas rater cette ferme où les canards égayent le paysage le long de la route. Vous trouverez dans la petite boutique de la ferme du canard sous toutes ses formes, du poulet élevé en plein air, du boeuf et du veau de race Salers. Ici, on pratique une agriculture durable, une alimentation saine sans OGM, et les recettes sont élaborées de façon traditionnelle. Une adresse authentique pour une production artisanale. Ghislaine propose également des gîtes à la ferme dans deux maisons de charme.

LE LAC VERT

Près de la Font
✆ 05 65 20 86 40

Ouvert toute l'année. Pêche. Baignade surveillée de 13h à 19h en juillet - août. Accès gratuit.

En été, ce plan d'eau est très fréquenté, les activités ne manquent pas : baignade libre et surveillée, vastes étendues ombragées, bateaux à pédales, canoë, tennis, VTT, aire de jeux, randonnées… Le lac Vert de Catus porte bien son nom puisque non seulement il se situe dans un cadre verdoyant, mais ses 7 hectares d'eau proviennent de la rivière, le Vert. Voici un site naturel familial et convivial à 20 minutes seulement de Cahors, une belle option pour les journées chaudes d'été. Les pêcheurs apprécieront quant à eux les aménagements créés pour leur activité.

UZECH

Vous trouverez deux dénominations pour ce village : Uzech ou Uzech-les-Oules. L'histoire de cette commune est liée au travail de l'argile par les potiers pendant des siècles. La toponymie même des Oules viendrait donc de l'occitan *ola* qui désigne un pot de terre cuite. Jusqu'en 1956, date à laquelle disparaît le dernier potier du village, toute l'activité économique d'Uzech tenait à la poterie. Pendant quelques décennies, cet artisanat est complètement laissé à l'abandon, jusqu'au début des années 1990 où il se réinstalla grâce à l'intervention d'une association de bénévoles amoureux de céramique. Peu à peu des potiers ont réinvesti le village, lui redonnant son ADN.

L'OULERIE

Las Nofios
✆ 06 89 04 69 90
www.poterie-uzech-artisanat.com

Ouvert du mercredi au dimanche de 14h à 18h et en été 10h à 12h - 14h à 19h. Stages de poterie enfant et adulte.

Quatre ateliers de potiers et un espace d'exposition de poteries anciennes retracent la tradition séculaire du village. Aujourd'hui, des créations contemporaines, autant utilitaires que décoratives, reprennent la tradition et viennent côtoyer les pièces les plus anciennes à l'oulerie. L'oule est un récipient en terre cuite qui avait trois utilités : la conservation des aliments confits, la chasse au pigeon et la protection des toits avec l'épi de faîtage. Le 4e dimanche d'août, une grande foire de la poterie est organisée à Uzech.

NADILLAC

Ce qui se remarque à Nadillac, c'est d'abord le viaduc de la Rauze sur lequel passe l'autoroute A20. Long de 556 mètres, avec une hauteur au plus fort de 101 mètres, le viaduc offre une vue spectaculaire aux automobilistes. Comme son nom l'indique, il enjambe la vallée de la Rauze, petite rivière, sous-affluent de la Garonne par le Lot et le Vers. Ce viaduc a été entrepris en 1999 et inauguré en 2001. Lors de la construction de l'autoroute, la « Pierre Plantée » de Nadillac, appelée aussi « *Peyro Lebado* », un monolithe vertical d'environ 1,45 mètre de haut a été renversé par les travaux et redressé depuis. L'église du village a été construite en 1884.

COEUR-DE-CAUSSE

Cœur-de-Causse est une commune nouvelle née en 2016 du regroupement de cinq communes : Beaumat, Fontanes-du-Causse, Labastide-Murat, Saint-Sauveur-la-Vallée et Vaillac. On retiendra Labastide-Murat, une bastide aquitaine fondée en 1290 pour le compte d'Édouard Ier, roi d'Angleterre. Ses origines nous ramènent quelques décennies plus tôt, en 1238, lors de la construction sur la route de Cahors à Paris d'une habitation de campagne fortifiée destinée à accueillir les pèlerins de Saint-Jacques-de-Compostelle et Rocamadour. Son histoire a été marquée par un de ses enfants, le maréchal d'Empire et roi de Naples, Joachim Murat (1767-1815).

SAINT-MARTIN-LE-REDON

Aux confins du Lot et du Lot-et-Garonne Saint-Martin-le-Redon est un charmant petit village médiéval construit à proximité d'une source d'eau minérale nommée Saint-Martial. Le village est situé dans la vallée de la Thèze, il semble avoir été occupé depuis le paléolithique. Les terres sont riches et y expliquent l'implantation de l'Homme. A l'époque gallo-romaine, une voie traverse le village pour le relier à Duravel. Au Moyen Âge, la voie romaine devient le chemin des Auvergnats. De nos jours, c'est un sentier de randonnée. Venez découvrir la curieuse tour gothique de Mescalpres dans les bois, l'église romane, les tours du château de Guiral.

LE MOULIN DE GUIRAL

✆ 05 65 36 53 26

www.moulindeguiral.fr

Toute l'année, horaires sur le site. Forfait pêche à la journée : 15 €. Truite à la vente. Gîte dès 350 €/semaine.

La ferme piscicole de Laurent est un petit paradis pour les pêcheurs. Sa passion il la transmet volontiers. Aux confins du Lot, le Moulin de Guiral c'est à la fois un lieu de production (Truites arc-en-ciel et Farios, etc.), un spot de pêche privé (matériel mis à disposition) et un lieu de villégiature pour des vacances entre amis ou en famille. Vous serez logé dans un gite en pierres et colombages avec un jardin au milieu de la ferme piscicole et ses étangs de pêche. C'est toute cette philosophie que vous pourrez découvrir en visitant aussi sa ferme pédagogique.

MUSÉE MURAT ★

Place Tolentino

✆ 05 65 24 97 82

www.amismuseemurat.fr

Ouvert du 15 juillet au 15 septembre de 10h à 12h et de 15h à 18h. Entrée 3 € et 1,50 € pour les 5-12 ans.

Installé dans la maison natale du Grand-duc de Berg, le musée rappelle les grandes étapes de la vie de celui qui fut le bélier des armées napoléoniennes, brave plus que de raison, plus guerrier que politicien. Itinéraire d'un enfant gâté par la fortune, né dans une auberge, puis soldat, général, maréchal et enfin roi de Naples, qui connu les pluies de Bohême, le soleil de Toscane, les glaces de la Moscova, la boue des champs de batailles et les ors des palais. La visite nous réserve la découverte d'objets personnels ainsi que des tableaux remarquables !

PARC NATUREL RÉGIONAL DES CAUSSES DU QUERCY ★★

11, rue Traversière

✆ 05 65 24 20 50

www.parc-causses-du-quercy.fr

Le Parc naturel régional des Causses du Quercy couvre environ 176 000 hectares entre Figeac et Cahors. Là se succèdent grottes et gouffres, paysages sculptés par les rivières du Lot et du Célé, architecture rurale typique ainsi qu'une faune et une flore riches en espèces rares. 1 000 km de sentiers balisés, 270 km de chemins de grande randonnée. La nuit venue, le spectacle continue pour les amateurs d'astronomie dans l'un des ciels les plus préservés de France.

HÔTEL-RESTAURANT LA GARISSADE €€

20, place de la Mairie ✆ 05 65 21 18 80
www.garissade.com

Chambre 75-140 €. Demi-pension. Petit déjeuner 9,50 €. Menus 19-33 €). Panier pique-nique. Paddock chevaux.

L'équipe de La Garissade, hôtel 2-étoiles, vous accueille chaleureusement dans une belle demeure du XIIIe siècle entièrement rénovée. Idéalement situées au cœur du Lot et du Parc Naturel Régional des Causses du Quercy, ces 19 chambres sont un point de départ idéal pour découvrir les merveilles de Rocamadour, Cahors, Saint-Cirq-Lapopie, Figeac… Les chambres sont climatisées et décorées avec sobriété. Aux beaux jours vous prendrez petits déjeuners buffet et dîners en terrasse.

FERME DE LARCHER €€

Larcher
✆ 05 65 31 10 39
www.fermedelarcher.com

Ouvert de Pâques à Toussaint tous les week-ends de mai, juin et septembre et 7/7 en juillet à août.

Patrick et Cécile avec leur fille Emmanuelle continuent le travail du canard sur la ferme commencé il y a 4 générations. Ils proposent leur savoir-faire à travers la vente des produits fermiers (foie gras, fritons de canard, pâté quercynois...) et la table en saison. Une adresse où le canard est roi (et l'agneau excellent), couronnée d'une qualité constante comme maître-mot. En saison, la Ferme ouvre sa table et sert ses produits. Pensez à réserver à l'avance, l'adresse est très prisée, pour sa qualité d'accueil tant que pour la qualité des produits !

HÔTEL-RESTAURANT LA GARISSADE €€

20, place de la Mairie
✆ 05 65 21 18 80
www.garissade.com

Ouverture de fin mars à fin octobre 7/7 midi et soir. Menus 19-33 €. Formule du midi 15 €. Terrasse. Paddock chevaux.

Le restaurant du soir « La Garissade » vous propose une cuisine authentique et soignée qui met en valeur les producteurs de notre région et les produits frais issus des fermes alentour. Vous serez servis avec convivialité sous les étoiles ou à l'intérieur dans les salles aux murs de pierres blondes. A midi carte fraîcheur pour alléger votre budget et vous poser sans trop vous retarder.... Vous vous restaurerez à l'ombre de la tonnelle de vigne vierge.

COMITÉ DÉPARTEMENTAL DE SPÉLÉOLOGIE

Mairie
✆ 05 65 40 74 57
www.cds46.fr

Informations concernant stages et formations sur le site Internet.

Le Lot est un vaste terrain de jeu pour les amoureux de la spéléologie et certains puristes affirment que c'est ici qu'a été créée la discipline, avec Martel et Viré comme précurseurs. A l'instar d'autres sports, il est nécessaire d'être encadré par des professionnels. Dans le Lot, le réseau des associations est suffisamment dense pour le faire, de nombreux clubs sont disponibles et vous trouverez toutes les infos auprès du comité, pour une découverte ou plus, pour les plus aguerris.

GINOUILLAC

Il semblerait qu'en 627 un monastère existait à Ginouillac. Personne ne peut attester de son emplacement exact. Trois saints y auraient pris l'habit religieux : saint Cyprien, saint Aman et saint Sones. Dans l'église Saint-Etienne de Ginouillac se trouve une Vierge de piété polychrome en pierre du XVIe siècle. Le village en lui-même est assez typique de cette région du Lot. L'autre curiosité de la commune est un dolmen de type coudé très peu courant dans le Lot. Nommé le dolmen des Cloups, il est très apprécié des amateurs et reste pour tous une construction très impressionnante. Le château de Ginouillac est privé mais joli à regarder.

GÎTES DE LA BOHÊME €

Lieu-dit Pouzalgues
✆ 06 82 45 24 81
gitesdelaboheme.com/

Ouvert toute l'année. De 410 € à 650 € la semaine selon saison et le type d'hébergement. De 65 à 100 € la nuit.

Entre Sarlat et Rocamadour, en plein cœur du Parc Naturel Régional des Causses du Quercy, les Gites de la Bohême vous accueillent pour un séjour qui restera gravé dans l'album souvenir. La maîtresse des lieux, Marie, cavalière de dressage et de spectacle, propose à la location roulottes, chalets ou yourte, entourés par les chevaux et leurs prairies, avec un accès à la piscine dans un cadre de verdure superbe. A noter, la possibilité de venir en vacances avec votre cheval pour découvrir la région et ses trésors. Superbe, pour les amateurs de pleine nature.

LAUZÈS

Petite bourgade située dans le centre du département, on ne vient pas à Lauzès par hasard ! Sa dénomination provient de l'occitan Lausa qui qualifie une dalle de pierre taillée dans la roche et qui sert principalement dans la couverture d'un bâtiment. On appelle cette pièce une lauze. En effet, ce type de construction est caractéristique de la commune. Le bourg s'anime autour d'un petit bistrot et d'une église. Pour un peu, nous pourrions être dans un roman à la Pagnol. Ici, une atmosphère particulière invite à la détente et à la rêverie. C'est toute l'authenticité rurale qui vous est offerte à vivre, brute et sincère, comme un cadeau précieux.

OSTERIA IL GRAPPOLO €€

1, place de l'Ancien-Couvent
✆ 05 65 31 11 80
https://www.osteriailgrappolo.com/
Ouvert toute l'année. Réservation recommandée. Menus à partir de 38 €. Formule du midi : 22 €. Terrasse.

Benvenuti in Italia, comme l'indique l'ardoise à l'entrée de ce charmant restaurant. La Belge Anne-Catherine et l'Italien Roberto ont décidé de s'installer dans le Lot pour créer leur taverne. Aux fourneaux, Roberto affiche une parfaite maîtrise de la cuisine transalpine. Certains produits comme la charcuterie, le fromage, café, les vins, etc. sont importés par le chef. Vous pouvez en acheter sur place. Si l'on ajoute le service souriant d'Anne-Catherine et l'agréable terrasse ombragée, cette adresse a tout pour combler les amoureux de la cuisine italienne.

MONTFAUCON

Montfaucon constitue le centre géographique du département. Ce n'est pas une commune très importante, néanmoins, lors de la construction de l'autoroute, un site préhistorique du Néolithique final fut découvert au lieu-dit Les Bouriates situé à 750 mètres à l'est du bourg de Montfaucon. Une construction rectangulaire fut mise au jour. La datation au carbone 14 d'un fragment de poteau calciné a indiqué la plage 2853-2499 av. J.-C. Sa position en hauteur était en effet un choix stratégique d'habitat protégé pour l'homme. La ville fut fondée au Moyen Âge et prit la forme d'une bastide. Aujourd'hui Montfaucon est connue pour son centre de rééducation.

CAMPAGNAC DU CAUSSE €€

Lieu-dit Campagnac ✆ 05 65 21 92 65
Ouvert toute l'année 7/7 sauf le lundi en hiver. Menu à partir de 15 €. Terrasse jardin et terrasse fermée.

Au rendez-vous du bon temps, de la poésie et du rythme qui s'assouplit, nous vous recommandons de vous arrêter ici. À la belle saison, les terrasses se prêtent merveilleusement à la dégustation à l'ombre des arbres, sur un transat ou dans les herbes folles. Quand les jours deviennent plus frileux, c'est la chaleur de la pierre qui prend le relais et vous réconforte autour d'un feu de cheminée. La poésie se lit aussi dans les assiettes qui dessinent avec génie des alliances gustatives remarquables. Mais ne dévoilons pas tous les secrets...

SAINT-GERMAIN-DU-BEL-AIR

Saint-Germain-du-Bel-Air fait partie de ces communes portant un toponyme bien farfelu ! Il est basé sur le prénom de nombreux saints : Germain. La fin en Air évoque une plaine. Dans cette partie de Bouriane, on pêche, on se détend et on communie avec la nature ! Pour ce faire, vous pourrez vous délasser au bord du plan d'eau de la commune. Un petit paradis pour les pêcheurs (plan d'eau première catégorie) mais aussi pour les sportifs. Les lieux présentent de beaux aménagements : sentiers de randonnées balisés, un terrain de tennis, un skate-parc, un terrain de foot et une aire de jeux et de pique-nique. Le tout entouré d'arbres et de vert !

SENIERGUES

La paroisse de Séniergues est née aux début du XIIe siècle. Vers 1291, le roi Édouard Ier d'Angleterre décida d'y établir une bastide. Le Moyen Âge sera mouvementé pour la commune : on vend, donne, échange les terres. Mariages et guerres façonnent l'histoire des grandes familles qui feront de Séniergues une terre plutôt riche. Après la Révolution, la commune est rattachée à celle de Montfaucon et il faudra attendre 1932 pour que chacune reprenne son indépendance. Pendant la seconde Guerre Mondiale, Noël Poujade, le maire de Séniergues, premier depuis son indépendance, organisa la résistance dans ce secteur. Il fut fusillé en 44 par les Allemands.

DOMAINE DE LA FAURIE €€€

Lieu-dit La Faurie
✆ 05 65 21 14 36
www.camping-lafaurie.com

Ouvert du 1er mai à fin septembre. Emplacement à partir de 25 €/nuit. Locatifs à partir de 33 €/nuit.

Au sommet d'une colline, dans un cadre bucolique, le camping respire l'authenticité quercynoise avec son pigeonnier traditionnel, sa grange et ses murets en pierre sèche. Entre la Dordogne et le Lot, au milieu d'un parc de 27 hectares, vous aurez le choix entre de nombreux types d'hébergement et vous profiterez des nombreuses sorties nature organisées : pédestres, canoës-kayaks, spéléologie... Bel espace aquatique. Coup de cœur particulier sur le magnifique panorama offert par la terrasse du bar sur les paysages vallonnés du Lot.

SOULOMÈS

Vous voici dans « le lieu où il ne reste qu'un seul habitant » ! Soulomès aurait compté qu'un seul habitant après la guerre de Cent Ans. L'histoire de la commune est celle de l'homme. Des travaux d'électrification du village en 1995 permirent de mettre au jour une nécropole du IXe siècle, attestant de la présence humaine à cette époque. En 1160 une commanderie de l'Ordre du Temple voit le jour à Soulomès. On peut encore y admirer des vestiges attenant à l'église Sainte-Madeleine. Datant du XIIe siècle, l'édifice de style Gothique dépendait initialement de l'abbaye de Marcilhac-sur-Célé avant d'être cédé à l'ordre de Saint-Jean de Jérusalem.

RELAIS DU CAUSSE €€

Le bourg ✆ 05 65 30 35 67
www.relaisducausse.fr

Ouvert toute l'année. Chambre simple de 45 € à 70 € ; chambre double de 55 € à 80 €. Vente de produits de la ferme.

Le Relais vous accueille d'abord avec un kir de bienvenue. Les trois chambres confortables et lumineuses, Abécédaire, Nature & Chocolat et Compostelle vous séduisent par leurs différences, avec dans la première un coin salon et sa salle d'eau, la deuxième son salon, sa salle de bains privative avec douche et baignoire et la troisième équipée d'une douche. Ne pas se laisser décevoir à la vue de la façade grise de la bâtisse quand on sait que celle-ci renferme des chambres et une salle à manger hautes en couleur. Une belle étape sur le chemin de Compostelle.

USSEL

Ussel est une petite bourgade située près de la source du Vert, entre Causses et Bouriane. On y produit ici un fromage renommé, le Bleu des Causses, un fromage persillé cousin du Roquefort. La nature explose de toute part et offre un terrain de jeu pour les adeptes de randonnées que ce soit à pied ou à vélo. Ussel est connu pour son théâtre de verdure, en pleine nature, où de nombreux spectacles y sont organisés en période estivale. Une association fait vivre le lieux : l'association Amphithéâtre d'Ussel. Dans les ruelles du centre bourg, vous pourrez admirer une architecture très typique du Lot. Comme dans beaucoup de village, l'église est à voir.

UN CANARD SOUS L'OLIVIER €

Lieu-dit Pouzat
✆ 05 65 23 64 89

Ouvert toute l'année. Menu unique du soir 33 €. Formule du midi : 16 €. Terrasse.

Située sur l'ancienne N20, Ussel voit sa halte culinaire faire peau neuve. La bâtisse blanche attire l'œil avec son enseigne intrigante : un canard sous l'olivier, qui plus est, gardée par un ami canin. La carte varie suivant l'heure du repas. Le midi : 2 formules, façonnées par la cuisine du jour, sont proposées. Quant à ceux qui choisiraient de faire une pause en soirée, ils profiteront d'un éclairage chaleureux et d'un menu copieux. Côté vin, le choix est généreux et met en avant les vignobles locaux. Une adresse agréable sur le trajet des découvertes lotoises.

ORGANISER SON SÉJOUR

Quel mode de transport privilégier pour venir dans le Lot ? Comment dessiner son itinéraire et choisir le logement pour ses vacances ? Quels sont les médias qui couvrent l'actualité locale ? Autant de questions que vous pourrez vous poser au moment de préparer votre séjour dans le Lot. Vous trouverez dans les prochaines pages quelques pistes pour solutionner toutes ces questions. Ce département est encore très rural et les infrastructures pour vous déplacer resteront centrées autour de la voiture pour les trajets principaux. Tourné néanmoins vers un slow tourisme qui prend aujourd'hui tout son sens, n'oubliez pas que le Lot est aussi un terrain pour les randonnées. Il est notamment traversé par deux variants du chemin de Saint-Jacques-de-Compostelle. C'est un département très touristique, vous n'aurez pas de difficultés à trouver un hébergement et des activités qui vous ressemblent surtout si vous êtes en quête d'authenticité.

S'Y RENDRE

Situé sur l'axe Toulouse-Paris, le Lot est desservi par l'autoroute A20 et par la ligne SNCF Paris-Toulouse. Par l'autoroute, vous rejoignez Paris en 5 h environ et Toulouse en 1 h. Cahors peut être rejointe par les sorties 57 et 58. Pour ceux qui préfèrent les rails, vous pourrez descendre en gare de Cahors, Souillac et Gourdon. Enfin, il est également possible de se rapprocher du Lot par voie aérienne même s'il n'est pourvu d'aucun aéroport. Le Lot se situe à proximité de 3 aéroports : celui de Toulouse-Blagnac au sud, celui de Brive-Vallée de la Dordogne au nord ou encore celui de Rodez Aveyron à l'est. Une fois arrivé dans l'un de ces trois aéroports, il vous faudra opter pour une voiture de location, un voyage en bus ou en train TER selon votre destination finale. Si les transports en commun ne sont pas inexistants, il reste plus simple d'avoir son propre moyen de locomotion : voiture, vélo ou marche !

AÉROPORT BRIVE-VALLÉE DE LA DORDOGNE

NESPOULS

✆ 05 55 22 40 00

www.aeroport-brive-vallee-dordogne.fr

Lundi/vendredi 6h-21h30, dimanche 15h-21h30, toute l'année, samedi 10h- 17h (nov/mars) 6h30 - 17h30 (avril/oct)

Inauguré en juin 2010, l'aéroport Brive Vallée de la Dordogne est l'un des plus récents aéroports de France. Il a été édifié pour désenclaver le nord du Lot, le Périgord et la Corrèze. Cet aéroport régional dessert, en vols réguliers, Paris, Londres et Porto. C'est aussi une porte ouverte vers l'étranger, relié au monde grâce aux nombreuses destinations « vacances » proposées avec une connexion permise via Orly et Lyon avec des prix très attractifs.

AÉROPORT DE TOULOUSE-BLAGNAC

✆ 08 25 38 00 00

www.toulouse.aeroport.fr

Situé à moins de 30 minutes de route du département du Tarn, l'aéroport Toulouse-Blagnac permet de rejoindre plusieurs destinations internationales et nationales en quelques heures. Il est très facile d'accéder à la gare de Toulouse Matabiau depuis le réseau ferré tarnais. Depuis la gare, le métro toulousain ou la navette de l'aéroport vous amènera jusqu'à l'aéroport de Toulouse-Blagnac en quelques minutes. Facile d'accès et bien aménagé, c'est une solution pratique pour voyager.

AÉROPORT RODEZ AVEYRON

Route de Decazeville - **SALLES-LA-SOURCE**

✆ 05 65 42 20 30

www.aeroport-rodez.fr

Sur place aéro-club Distributeurs de billets. Restaurant. Parking (2h gratuites) et abonnements possibles.

L'aéroport de Rodez-Aveyron propose plusieurs vols hebdomadaires à destination de Paris, via Amelia International. A Rodez, la compagnie Ryanair assure aussi, principalement en été, une liaison vers Manchester en Angleterre, Bruxelles en Belgique et Dublin en Irlande, à des tarifs défiant toute concurrence. L'occasion de s'offrir un peu d'inédit depuis Rodez. Un service de restauration complète l'offre de l'aéroport. Voici un petit aéroport de province qui offre une porte d'entrée pour accéder également aux départements limitrophes.

GARE SNCF DE CAHORS

66, place Jouinot

CAHORS

✆ 3635

www.gares-sncf.com/fr/gare/frzao/cahors

Guichet ouvert du lundi au vendredi : 8h30 - 17h30 et le samedi : 8h30 - 13h30.

Principale gare du département, elle est desservie chaque jour par des trains de réseau Intercités (ligne Paris - Cahors - Toulouse - Cerbère) ; des trains du réseau Intercités de nuit (ligne Paris - Toulouse) et des trains du réseau TER Occitanie (ligne Toulouse-Matabiau - Brive-la-Gaillarde), ou encore des navettes en bus pour Figeac, Anglars, Puy-l'Evêque, Cajarc... En gare : une salle d'attente, des bornes de retrait pour les billets TER et Intercités ainsi qu'un guichet. Des machines à café et distributeurs sont à votre disposition.

SÉJOURS ET CIRCUITS

Partir l'esprit tranquille, avec un programme bien ficelé et une équipe au poil, voilà les raisons qui poussent de plus en plus de voyageurs à faire appel à des compagnies touristiques. Que ce soit pour organiser un séjour sur-mesure ou trouver des compagnons de route, elles facilitent vos recherches et vous accompagnent dans les démarches. Si certaines d'entre elles proposent des destinations paradisiaques à l'autre bout du monde, d'autres se sont spécialisées dans les trésors locaux. Au cours de leurs sorties, vous serez plongés dans tout ce qui fait la richesse et la beauté du département du Lot. Dans une ambiance généralement très conviviale, au milieu de la nature ou dans les rues des plus beaux villages lotois, vous serez amené à découvrir une autre facette des lieux. Selon vos préférences, faites appel à des spécialistes des séjours sportifs ou détente. Vous repartirez la tête pleine de souvenirs !

CARREFOUR VOYAGES

✆ 08 92 01 50 15

www.voyages.carrefour.fr

Partir sans dépenser trop ? C'est la proposition faite par Carrefour Voyages dans les 115 agences du réseau. Les conseillers vous proposeront croisières, circuits organisés, des séjours (ski, bien-être, plage), week-ends et voyages sur mesure. Promotions et départs de dernière minute sont également au menu ! France, Espagne, Grèce, Turquie, Cuba, États-Unis… Le catalogue est vaste et parcourt l'intégralité du globe. N'hésitez pas à consulter le site Internet pour connaître les exclusivités voyage et les bons plans du moment.

LASTMINUTE

✆ 08 92 58 61 32

www.lastminute.com

Des vols secs à prix négociés, dégriffés ou publics sont disponibles sur Lastminute, agence de voyage en ligne. créée il y a plus de 20 ans. On y trouve également des week-ends, des séjours, de la location de voiture... Mais surtout, Lastminute est le spécialiste des offres de dernière minute permettant ainsi aux vacanciers de voyager à petits prix sans avoir à s'y prendre plusieurs semaines à l'avance. Que ce soit pour un week-end ou une semaine, une croisière ou simplement un vol, des promos sont proposées et renouvelées très régulièrement.

E.LECLERC VOYAGES

✆ 08 25 88 46 20

www.leclercvoyages.com

E.Leclerc a sélectionné pour vous les offres des meilleurs voyagistes. Un grand choix de formules, vous pouvez payer en plusieurs fois, l'agence s'adapte à votre statut, allant de monoparental, à jeunes mariés, ou encore à spécial enfant. Des conseillers vous aident pour voyager, et petit plus : un carnet de voyages vous sera donné avant le départ en vacances. S'adaptant à chaque voyageur, il vous est proposé des destinations partout dans le monde. En général, niveau prix, vous pouvez trouver des formules plus économiques que chez les spécialistes.

QUOTATRIP

www.quotatrip.com

QuotaTrip est une nouvelle plateforme de réservation de voyage en ligne qui met en relation des voyageurs à la recherche d'expériences authentiques et uniques et des agences de voyages locales sélectionnées pour leurs compétences et leur sérieux. Le réseau de QuotaTrip couvre près de 200 destinations du monde entier. Le but de ce rapprochement est simple : proposer un séjour entièrement personnalisé aux utilisateurs. QuotaTrip promet ainsi l'assurance d'un voyage serein, sur mesure, sans intermédiaires et sans frais supplémentaires.

SE LOGER

Le département du Lot s'appuie sur le tourisme depuis déjà bien longtemps et a permis ainsi à des familles de pouvoir travailler et vivre ici. Ainsi, le parc hôtelier lotois est assez riche et vous devriez trouver la bonne formule selon vos envies. Les villes comme Cahors, Figeac ou Souillac disposent de quelques hôtels dont certains de très bon standing. L'hébergement en chambres d'hôtes et en gites s'est fortement développé ces dernières années et l'offre est assez importante. Enfin, l'hôtellerie de plein air est accessible à peu près partout mais elle est surtout développée dans la vallée de la Dordogne. Le côté atypique avec cabanes dans les arbres, lodges et autres yourtes est assez répandu dans le département. Si nombre des hébergements proposés dans le Lot restent tout à fait abordables, une poignée d'établissements de luxe élève également le niveau des services proposés et s'adresse à une clientèle exigeante.

COUCHSURFING €€

www.couchsurfing.com

Tarif d'adhésion autour de 20 €.

Couchsurfing est le service d'hébergement gratuit en ligne regroupant le plus d'adhérents. Il suffit de s'inscrire pour accéder aux profils des locaux ou faire sa demande d'hébergement pour quelques jours voire quelques mois. En échange, vous pouvez par exemple inviter votre hôte à manger, lui offrir quelque chose de votre pays ou bien l'accueillir chez vous. Le site Internet met en place des systèmes de contrôle : notation des membres, numéro de passeport exigé à l'inscription, etc. Les participants ont accès à des hébergements volontaires dans plus de 200 pays.

CAMPING CHÈQUE

www.campingcheque.fr

Camping Chèque est la garantie du meilleur tarif auprès de plus de 300 campings de 2 à 5 étoiles en basse saison dans 28 pays d'Europe (et le Maroc). Quelle que soit la destination, ce Camping Chèque permet d'économiser de 10 à 60 % sur les tarifs des campings. Le prix comprend un emplacement standard avec votre camping-car, tente ou caravane pour 2 personnes, avec électricité, douche chaude et un chien (si le camping l'accepte). Une façon de voyager au moindre prix en mode slow tourisme, au plus près de la nature dans des campings de qualité.

GÎTES DE FRANCE LOT €€

182, Quai Cavaignac

CAHORS

✆ 05 33 09 27 37

www.gites-de-france-lot.fr

Gîtes de France Lot vous propose une large gamme d'hébergements gîtes, chambres d'hôtes, insolites, etc., réservables en ligne 24h/24 et 7j/7, toutes durées de séjour. Location sèche, formule tout compris, en couple, en famille ou en groupe… il y en a pour tous les goûts. Profitez également de leurs séjours à thème : pêche, insolite, bien-être, cheval, randonnées, œnotourisme… Pour réserver vos vacances, rendez-vous sur le site Internet, ou contactez leur centrale de réservation qui vous conseillera avec plaisir et vous apportera les renseignements nécessaires.

BIENVENUE À LA FERME 46 €€

430, avenue Jean Jaurès - **CAHORS**

✆ 05 65 23 22 20

Ouvert toute l'année.

Bienvenue à la ferme est un réseau imaginé par les Chambres d'Agriculture. La marque rassemble une communauté d'agriculteurs qui allient productions et accueil touristique dans les fermes. Créé en 1988, Bienvenue à la ferme est le premier réseau national de vente directe et d'accueil à la ferme. Outre la vente des productions, ce réseau propose également des solutions d'hébergements touristiques : gites, aire de camping, chambres d'hôtes, etc. Dans certaines fermes, les services sont étendus à la restauration et au loisir avec animations, ateliers et boutique.

SE DÉPLACER

Pour se déplacer dans le Lot, il est toujours plus facile de compter sur ses propres moyens en utilisant son véhicule ou en privilégiant le slow tourisme et sillonner à pied, en vélo ou à cheval les nombreux chemins du département. Néanmoins, il est toujours possible d'utiliser les transports en commun... il faudra simplement bien planifier ses trajets et s'armer de patience ! Le bus n'est pas inexistant dans le département, il reste cependant encore sous-exploiter, et demeure presque exclusivement réservé aux scolaires. Rien ne vous empêche cependant, pour les voyages en groupe, de faire appel à des sociétés privées ! Enfin, il reste le co-voiturage. Depuis l'explosion du partage des trajets, de nombreuses aires de covoiturage ont éclos un peu partout. De façon alternative, la mobilité dans le Lot c'est aussi la navigation fluviale sur les rivières Lot et Dordogne. Il existe plusieurs sociétés de location de bateaux de plaisance.

BABOU MARINE

Port Saint-Mary
CAHORS
✆ 05 65 30 08 99
www.baboumarine.com

Location de bateaux d'avril à novembre. Bateaux de 2 à 12 personnes à partir de 497 € la semaine.

Babou Marine est le spécialiste bateaux à Cahors. Les services sont multiples : location de bateaux à la semaine ou des gabares à l'heure, vente des plus grandes marques de bateaux, neufs ou d'occasion, avec livraison partout en France, entretien et réparations. Difficile de passer à côté si vous êtes passionnés de navigation en eau douce. En bateau habitable sans permis, sa flotte prévue pour 2 à 12 personnes, Babou Marine guide vos premiers tours de barre, vos premiers passages d'écluse, et vous transmet toutes les ficelles de la navigation.

EUROPCAR

512, avenue Jean-Jaurès
CAHORS
✆ 05 65 22 35 55
www.europcar.fr/agences/france/cahors/cahors-gare

Ouvert tous les jours.

Europcar propose plusieurs formules : de la location de voiture à l'heure, à la journée, de courte durée, à la semaine, au mois ou de longue durée. L'agence propose des locations de voiture, voiture de remplacement et des utilitaires. Selon vos besoins, Europcar déploie son catalogue : voitures citadines, automatiques, écologiques, voitures de luxe ainsi que mini vans et camions. L'enseigne assure aux clients des véhicules récents, une assistance routière 24h/24 et un service rapide. Une enseigne sûre pour vous assurer une location sereine.

AVIS

512, avenue Jean-Jaurès - **CAHORS**
✆ 05 65 30 13 10
avis.fr/services-avis/location-voiture/europe/france/cahors/gare-de-cahors

Ouvert du lundi au vendredi de 8h à 12h et de 14h à 18h et le samedi de 8h à 12h.

Avis est un loueur de voiture mondialement connu. Mais pas seulement ! Les agents d'Avis conseillent et renseignent sur le choix du véhicule, sur les services, les accessoires... De la simple réservation d'une journée à plus d'une semaine, Avis s'engage sur plusieurs critères, sans doute les plus importants. Proposition d'assurance, large choix de véhicules de l'économique au prestige (petites citadines, berlines équipée, 4x4, cabriolets, minibus, prestige, etc.) avec un système de réservation rapide et efficace. Une agence complète en terme de services de location.

V-LOT

355, rue pièce grande Parc d'activités Cahors Sud
FONTANES ✆ 05 65 35 83 20
v-lot.fr/

Du lundi au vendredi 9h-12h/14h-17h30 et en été du mardi au samedi 10h-12h30/13h-18h. Location journée, semaine ou plus.

L'essor du vélo à assistance électrique n'a pas épargné le Lot. Plusieurs agences se sont créées en quelques mois et proposent la location de vélos. Ici, c'est un magasin de vélos lotois, déjà bien implanté dans le paysage de la petite reine locale, Véloclic. Le département est déjà bien équipé en matière d'infrastructures routières pour circuler en deux roues. V-Lot s'appuie sur ces balisages pour vous proposer des itinéraires sur-mesure dans la vallée du Lot. Possibilité de livraison des vélos sur votre lieu de vacances ou retrait en magasin à Fontanes.

S'INFORMER

Le Lot est une terre qui aime l'information et qui chérit ses médias. Ils sont très nombreux au regard de la densité de population du département. La presse écrite, longtemps dominé par le quotidien régional *La Dépêche du Midi*, est particulièrement riche avec deux hebdomadaires (*La Vie Quercynoise* et *Le Petit Journal*). Ces trois titres fonctionnent très bien jusque dans les milieux les plus ruraux grâce à un réseau de correspondants de presse encore bien vivant. D'autres titres papiers tirent encore des exemplaires comme le bimenstruel *Dire Lot Magazine* ou encore le journal satirique et d'opinion local *Le Lot en Action*. Côté web il faut mentionné l'essor d'un pure player qui a su s'imposer dans le paysage médiatique : Medialot. Très cadurcien au départ, ce journal 100 % web se présente comme un blog et titre sur tout le Lot. Côté radio, le Lot a sa propre fréquence : Antenne d'Oc mais également Présence Lot et Totem.

LOT TOURISME

CAHORS

tourisme-lot.com

Pas d'accueil physique du public.

Cette agence est l'outil officiel du Département du Lot chargé de préparer et de mettre en œuvre la politique départementale de développement touristique. Lot Tourisme affiche une ambition claire pour le département du Lot : développer le tourisme, diffuser, communiquer et promouvoir le territoire. Pour cela, l'ADT s'est doté d'un site Internet très complet centralisant toutes les informations pratiques, édite des brochures pour vanter les mérites du Lot et effectue des salons de tourisme en France et à l'étranger et mène des actions auprès de la presse.

DIRE LOT

CAHORS

✆ 06 88 93 67 17

direlot.fr/

Abonnement 1 an 6 numéros 43 €.

Créé à l'automne 1987 par Guy Pautis, un des pionniers de la presse magazine de territoire, *Dire Lot* est un bimestriel aujourd'hui dirigé par Vincent Besserve, qui l'a repris depuis 2011. Magazine de valorisation du patrimoine lotois. Les sujets sont variés et traités avec un regard toujours singulier. Vie économique, politique, culturelle, patrimoniale, gastronomique, ou encore environnementale, *Dire Lot* s'attache à aborder le Lot dans toute sa diversité. Dire Lot sort plusieurs hors séries par an. Une version internet est désormais en ligne.

LA DÉPÊCHE DU MIDI

4, place Emilien-Imbert

CAHORS

✆ 05 65 36 09 40

ladepeche.fr

Quotidien. Cahors sport le lundi.

La Dépêche du Midi est le quotidien de référence dans toute la région Midi-Pyrénées depuis plus de 140 ans. Chaque édition est composée de 2 cahiers, le premier traite des sujets dits nationaux ou internationaux et est commun à l'ensemble des éditions. Le second lui est propre à sa circonscription. Le Lot possède ainsi son propre cahier. Le journal est élaboré chaque jour grâce au travail conjoint des localiers présents sur le terrain mais également grâce à un maillage très serré d'un réseau de correspondants sur toutes les petites communes du département.

LA VIE QUERCYNOISE

51, cours de la Chartreuse

CAHORS

✆ 05 65 53 65 40

actu.fr/lot/

Accès internet entièrement gratuit. Hebdomadaire papier en kiosque tous les jeudis.

La Vie Quercynoise est le plus ancien et le premier hebdomadaire d'informations locales du Lot, dont la raison d'être pourrait être résumée en ces termes : «créer du lien et cultiver l'identité d'un pays». Créé aux lendemains de la Seconde Guerre mondiale, il a su s'imposer au fil des années comme un média de référence. il marque toujours l'accent sur des sujets sociaux et de proximité. C'est aujourd'hui également un journal en ligne nommé Actu Lot. Ce journal de qualité allie la réactivité et le recul journalistique que l'on attend.

Sud de France
LE MEILLEUR DE L'OCCITANIE
La Région Occitanie Pyrénées · Méditerranée
JE DIS OUI AUX PRODUITS D'OCCITANIE !
Le meilleur de la région est sur
TOUS OCCITARIENS.fr
POUR VOTRE SANTÉ, ÉVITEZ DE GRIGNOTER ENTRE LES REPAS. MANGERBOUGER.FR

INDEX

© PHILIPPE PATERNOLLI - STOCK.ADOBE.COM

Panorama sur la ville de Cahors.

I

J

K

L

M

© FREEPROD - STOCK.ADOBE.COM

Rocamadour.

N

O

P

EDITION
Directeurs de collection et auteurs : Dominique AUZIAS et Jean-Paul LABOURDETTE
Responsable d'édition : Sophie AYMARD
Auteurs : Sophie AYMARD, Frédéric FILALI, Isabelle BOFFELLI, Meagan COUSY, Nadège RENE, Thibaut SOUPERBIE, Denis VANDEWALLE, Jean-Paul LABOURDETTE, Dominique AUZIAS et alter
Directeur Editorial : Stéphan SZEREMETA
Rédaction France : Elisabeth COL, Tony DE SOUSA, Mélanie COTTARD, Audrey VEDOVOTTO
Rédaction Monde : Caroline MICHELOT, Morgane VESLIN, Pierre-Yves SOUCHET, Natalia COLLIER, Laureen DUCHESNE

FABRICATION
Responsable Studio : Sophie LECHERTIER assistée de Romain AUDREN
Maquette et Montage : Julie BORDES, Delphine PAGANO
Iconographie et Cartographie : Anne DIOT assistée de Julien DOUCET

WEB ET NUMERIQUE
Directeur Web : Louis GENEAU DE LAMARLIERE
Développeurs : Adeline CAUX et Kiril PAVELEK
Intégrateur Web : Mickael LATTES
Webdesigner : Caroline LAFFAITEUR
Community Traffic Manager : Alice BARBIER, Mariana BURLAMAQUI et Vincent PHAM

DIRECTION COMMERCIALE
Directeur commercial : Guillaume VORBURGER assisté de Manon GUERIN
Responsable Régies locales : Michel GRANSEIGNE
Responsables Développement régie inter : Jean-Marc FARAGUET et Guillaume LABOUREUR
Chefs de Publicité : Camille ESMIEU
Chefs de Publicité Régie nationale : Caroline AUBRY, François BRIANCON-MARJOLLET, Perrine DE CARNE MARCEIN

DIFFUSION ET PROMOTION
Directrice des Ventes : Bénédicte MOULET assistée d'Aissatou DIOP
Responsable des ventes : Jean-Pierre GHEZ assisté de Nelly BRION
Relations Presse-Partenariats : Jean-Mary MARCHAL

ADMINISTRATION
Président : Jean-Paul LABOURDETTE
Directrice des Ressources Humaines : Dina BOURDEAU assistée de Sandra DOS REIS et Eva BAELEN
Directrice Administrative et Financière : Valérie DECOTTIGNIES
Comptabilité : Jeannine DEMIRDJIAN et Adrien PRIGENT
Recouvrement : Fabien BONNAN assisté de Sandra BRIJLALL et Vinoth SAGUERRE
Responsable informatique : Elie NZUZI-LEBA

PETIT FUTÉ LOT
LES NOUVELLES EDITIONS DE L'UNIVERSITE
18, rue des Volontaires - 75015 Paris.
✆ 01 53 69 70 00 - Fax 01 42 73 15 24
Internet : www.petitfute.com
SAS au capital de 1 000 000 € - RC PARIS B 309 769 966
Couverture : Rocamadour © Rrrainbow
Impression : IMPRIMERIE CHIRAT - 42540 Saint-Just-la-Pendue
Achevé d'imprimer : avril 2021
Dépôt légal : 31/05/2021
ISBN : 9782305055916

Pour nous contacter par email, indiquez le nom de famille en minuscule suivi de @petitfute.com
Pour le courrier des lecteurs : info@petitfute.com

IMPRIMÉ EN FRANCE